CHONGQING
NEWSPAPER

1897-2022
重庆报业创刊号档案资料汇编

重庆报纸记忆 系列丛书

主编　向泽映　　副主编　谢宗文　田宏明　蔡朝晖

重庆市报业协会 编

图书在版编目（CIP）数据

重庆报业创刊号档案资料汇编：1897–2022 / 重庆市报业协会编．—北京：冶金工业出版社，2022.7

ISBN 978-7-5024-9619-7

Ⅰ．①重… Ⅱ．①重… Ⅲ．①报业—新闻事业史—史料—汇编—重庆—1897–2022 Ⅳ．① G219.247.19

中国国家版本馆 CIP 数据核字（2023）第 160679 号

策划编辑：重庆市兰台档案研究院

装帧设计：重庆市兰台档案研究院

重庆报业创刊号档案资料汇编 1897–2022

出版发行 冶金工业出版社 **电　话**（010）64027926

地　址 北京市东城区嵩祝院北巷 39 号 **邮　编** 100009

网　址 www.mip1953.com **电子信箱** service@mip1953.com

责任编辑 曾 媛 美术编辑 彭子赫 版式设计 彭子赫

责任校对 石 静 责任印制 禹 蕊

北京捷迅佳彩印刷有限公司印刷

2022 年 7 月第 1 版，2022 年 7 月第 1 次印刷

889mm × 1194mm 1/16；15.5 印张；464 千字；236 页

定价 378.00 元

投稿电话（010）64027932 投稿信箱 tougao@cnmip.com.cn

营销中心电话（010）64044283

冶金工业出版社天猫旗舰店 yjgycbs.tmall.com

（本书如有印装质量问题，本社营销中心负责退换）

回望是为了奋进

向泽映

摆在读者面前的这本散发着油墨清香的《重庆报业创刊号档案资料汇编》，是重庆市报业协会组织汇编的颇具珍藏价值的《重庆报纸记忆》系列丛书开篇之作。

有人说，这是重庆市报业协会所作的一件功德无量的“抢救性”工作。此说固然也有一些道理，但我并不完全赞同。与其说编纂《重庆报纸记忆》系列丛书是在抢救所谓“正在消失的报纸”，倒不如说这是在融媒体背景下对重庆报业发展的阶段性回望与历史经验的梳理总结。其目的在于以史为鉴、面向未来，更好地做好党的新闻舆论工作。

前几年，“报纸消亡说”曾不绝于耳。美国一位教授甚至预言：2043年的一个清晨，读者把最后一张报纸扔进了垃圾桶。与这些悲观论调相反，我坚定地认为报纸的未来不是“消亡”而是“重生”。当前报业景气度的滑降可以视为“否定之否定”发展历程中必然而正常的曲折境遇。从这个角度而言，市报协编纂《重庆报纸记忆》系列丛书谈不上“抢救”什么，毕竟报纸没有、也不会就此作古。或许，有人说像我这样坚定的“挺报派”多少会有一些“骨灰级”报人的情感掺杂其中。但我自感认知与判断是基于对媒介特性的理性分析。麦克卢汉说，媒介是人的延伸。作为文字和印刷传播的主要载体，报纸具有质感丰富、仪式感强、易于保存传承的特点，是信息内容客观、秩序、权威和深度思考的象征。报纸对于人的意义与延伸功能任何时候都不会湮灭，甚至在某种机缘之下会有超乎想象的发展，正如被汽车挤压得几乎没有生存空间的自行车在国人蜂拥健身的潮流中重新炙手可热。就在这本《重庆报业创刊号档案资料汇编》编纂时，国内著名传播学者辜晓进撰文介绍：《纽约时报》2021年数字订阅和内容付费收入突破14亿美元，远超其4.98亿美元广告收入；全美报纸数字发行收入111亿美元，首次超过88亿美元广告收入。这组数字表明，传统报业在经受互联网冲击和拥抱互联网之后重新焕发强大生命力。这也预示着一个新型报业时代的来临，是对“挺报派”无声而有力的佐证和支持。

在属性上，这本《重庆报业创刊号档案资料汇编》收集、整理、再现了重庆主要报纸创刊号的面貌、内容及有关沿革，也是新闻史料和档案的汇编。每份报纸的创刊号，既是报纸诞生的标志、发展的起点，更是重庆报业发展史上一座座不朽的“里程碑”，见证、浓缩了一个时代的特点、气息，有着不同于平日报纸的特殊意义。把报纸创刊号作为媒介记忆搜集、整理并结集出版，是一项非常有价值的工作。此前，传媒学界业界，都有人曾萌发此愿，但皆未付诸实施。这本《重庆报业创刊号档案资料汇编》是国内第一部关于报纸创刊号的专辑、专著，也是重庆市报业协会出于报纸行业性组织的使命和职责，所进行的一项具有开创性填补空白的工作。

重庆人爱办报、会办报。许多在中国新闻发展史上有过重要影响的著名报纸便诞生在重庆。这些报纸有的已经成为历史记忆，如陈毅、萧楚女等共产党人担任过主笔的《新蜀报》(1921年创刊)等；有的还处在新闻舆论工作主战场发挥着引导舆论、服务人民的重要作用，如由邓小平同志亲笔题写报名的《重庆日报》(1952年创刊)等。新陈代谢是世间普遍规律。如同每天都有大量互联网新媒体诞生，也有不计其数的网站倒下，单份报纸的兴亡更替是再正常不过的传媒现象。人们记忆犹新的《重庆时报》《重庆经济报》已经湮灭在历史长河之中，但作为报业新生力量的《新渝报》在今年6月又呱呱坠地了。所以，不能因为某份报纸的关停就"兔死狐悲"一番，更不能武断地惊呼"报业要亡了"。这本《重庆报业创刊号档案资料汇编》依着报业发展的历史原貌，也把那些已停办报纸的创刊号纳入其中。如果说市报协编辑出版《重庆报业创刊号档案资料汇编》也有"抢救"之功，以关停的报纸而言或许不无道理。

然而，如前所述，我们真正的初衷是想由"创刊号"这个独特视角切入，总结重庆报业发展历史经验。正如《中共中央关于党的百年奋斗重大成就和历史经验的决议》所指出，"看清楚过去我们为什么能够成功、弄明白未来我们怎样才能继续成功"。回望是为了获得启示、激励奋进。重庆每份报纸的创刊号都具有重要的历史节点意义，从中可以窥见重庆报人的求索与奋斗。进入新时代，世界面临"百年未有之大变局"，重庆报业发展来到新的历史关头。我们要发扬好一代又一代重庆报人敢闯敢试、敢为人先的创新精神，筚路蓝缕、以启山林的开拓精神，始终激扬着奔腾不息的生气、锐气、朝气，在深入推进媒体融合发展中重塑充满时代气息、饱含生机活力的现代新型报业，更好、更出色地履行党的新闻舆论工作的职责、使命。

作为20世纪80年代川大历史系毕业生和有过30余年新闻从业经历的资深报人，我对新闻史特别是报史研究有着可以理解的偏好、情怀。借担任重庆市报业协会第二届会长之机，我为报协学术专委会特别策划了"重庆报纸记忆"研究选题，拟定了系列丛书出版计划，即《重庆报纸记忆·创刊号》《重庆报纸记忆·号外》《重庆报纸记忆·告别版》。今年，出于全市宣传文化系统行业协会整合需要，重庆市报业协会也即将退出历史舞台。但无论如何，"重庆报纸记忆"这项有意义的研究工作还要高质量地推进下去，要奉献更多更好的成果。

不敢言"序"，且为写在前面的话。

2022年6月10日

(向泽映　中国报业协会副理事长，重庆市报业协会会长)

出版说明

一、本书是重庆市报业协会组织编纂的《重庆报纸记忆》系列丛书开篇之作，共收录1897年10月至2022年6月，在重庆境内创刊发行，或迁渝出版发行的报纸创刊号及创刊相关档案资料291件，涉及报纸106种。

二、本书所收录报纸按内容分类，并根据各类报纸特点或以地域编排，或以时间编排，或参考《重庆志·报刊志（1986—2008）》等编排。同时，所收录报纸大多经历更名变化。凡创刊时间在1949年10月1日后、且发生更名的，均以断限内最后一次更名作为该报报名纳入目录页。凡创刊或迁渝出版发行时间在1949年10月1日前的，则以此次收集到的该报最早报名纳入目录页。

三、本书力争全面收录重庆境内创刊发行报纸的创刊版面，对于因故破损、缺失等无法收录创刊版面的报纸，以与创刊时间临近的报纸版面替代。同一报纸的内容权重以该报最早的创刊版面为主，其余档案资料次之。

四、本书所涉及报纸的档案资料主要来源于重庆市报纸出版发行机构、政府机关、企事业单位等所保管留存的相关档案资料，以及重庆图书馆、重庆市档案馆馆藏。在收录汇编过程中，重点参考了《重庆市志·报刊志（1986—2008）》《重庆报史资料》《重庆近代报纸提要》等。

囿于编者水平和资料征集、考证等局限，疏漏和失误在所难免，敬请读者谅解并指正。

目录

第一部分——综合报

第二部分——都市报

第三部分——行业报

第四部分——企业报

第五部分——高校报

第六部分——1949年以前报纸

第一部分

综合报

《新华日报》

1949年12月10日创刊

《新华日报》作为中共中央西南局机关报，于1949年12月10日创刊，1954年8月31日终刊，共出版1628期。

《新华日报》在中共中央西南局领导下，继承发扬老解放区党报和原《新华日报》的光荣传统，结合实际，把宣传党的路线、方针、政策，反映广大人民的心声，作为报纸的首要任务，及时报道党、政府、军管会的政策、法令，以及各地贯彻执行的情况、问题和经验。在解放全西南，建立革命政权和革命秩序、征粮、剿匪、减租退押、土地改革，以及镇反、抗美援朝运动中，在宣传过渡时期总路线、中华人民共和国宪法草案、恢复和发展国民经济中均作出了积极贡献。

重庆民生路的《新华日报》营业部旧址

《新华日报》创刊号 第一版 第四版

《重庆日报》

1952年8月5日创刊

《重庆日报》作为中共重庆市委机关报，于1952年8月5日创刊，由邓小平同志亲笔题写报头及贺词“发展生产，交流城乡，是城市工作的中心任务”。

《重庆日报》紧紧围绕市委市政府中心工作，高举旗帜、引领导向，围绕中心、服务大局，为全市改革发展稳定各项事业营造良好舆论氛围，成为市内覆盖面最广、发布信息最权威、采编阵容最强大、综合实力最雄厚的大型综合性日报，屡获“中国年度十大党报”“中国百强报刊”“中国品牌媒体百强”等殊荣。

《重庆日报》深入推进媒体融合发展，不断提升党报的传播力、引导力、影响力、公信力,现已构建重庆日报APP、重庆日报网、重报数字(电子阅报屏)、重庆日报手机版、重庆日报官方微博、重庆日报官方微信、理论头条、重报大数据研究院等“报网端微屏”全媒体矩阵，打造“新闻+政务+服务+智库”平台，加快“重庆党报全媒体生态系统”建设，积极探索新闻大数据开发运用，着力建设新型主流媒体。

重慶日報
人民的新重慶
第一號
今日共四版
電話號碼
42221號
41662號
41117號
訂閱處：當地郵局及各地郵局
一九五二年八月五日內容提要
★中國共產黨重慶市委員會關於「重慶日報」的決定
★發刊詞：貫徹羣衆辦報的方針，辦好我們自己的報紙。
★張霖之：爲發展生產，繁榮經濟，建設新重慶而服務。
★曹荻秋：辦好重慶日報。
★王維綱：祝賀重慶日報誕生。
★社論：慶祝勞動人民文化宮開幕。
★南日將軍痛斥對方片面休會。（以上一版）
★重慶新面貌：重慶市勞動人民文化宮。（二版）
★黨的生活：共產黨員徐占榮積極領導增產節約。（三版）
★中央貿易部葉季壯部長爲進一步活躍市場繁榮國家經濟發表談話。（四版）
發展生產，交流城鄉，是城市工作的中心任務。祝賀重慶日報創刊 鄧小平
爲發展生產，繁榮經濟，建設新重慶而服務！
張霖之
中國共產黨重慶市委員會關於「重慶日報」的決定
貫徹羣衆辦報的方針 辦好我們自己的報紙
——發刊詞
社論
慶祝勞動人民文化宮開幕
辦好重慶日報
曹荻秋
祝賀重慶日報誕生
王維綱
本市勞動人民文化宮今天開幕
南日將軍痛斥對方片面休會
朝中人民部隊繼續打擊進犯敵軍

《重庆日报》创刊号 第一版

第二版
(星期二)
一九五二年八月五日
慶祝勞動人民文化宮開幕
曾獻秋
慶祝重慶市勞動人民文化宮開幕
祝賀勞動人民文化宮開幕 團結廣大勞動人民，發揚他們的生產積極性，提高他們的文化學習，增進勞動人民的健康 張霖之
三區在十五個私營工廠商店中試行訂立勞資集體合同獲成績
重慶市勞動人民文化宮
公營重慶皮革廠技術員羅成賢
以奶膠代替冷膠作輪帶革黏合劑成功
巴縣一區農民教育委員會
總結六七兩月工作
工人生活
軋鋼工人徐安平的家
讀者來信
祝賀重慶日報創刊
市店員工會賀函
一零一廠通訊組來信
朝天門搬運站加強安全衛生
搬運工人傷病率已減少
安樂洞派出所蘇林同志來信
天原電化廠電機部學工李培光
動腦筋修好五百只炭精刷
讀者來信綜述
必須制止體罰兒童的行爲

《重庆日报》创刊号　第二版

中华路《重庆日报》创刊时旧址(高崎　摄)

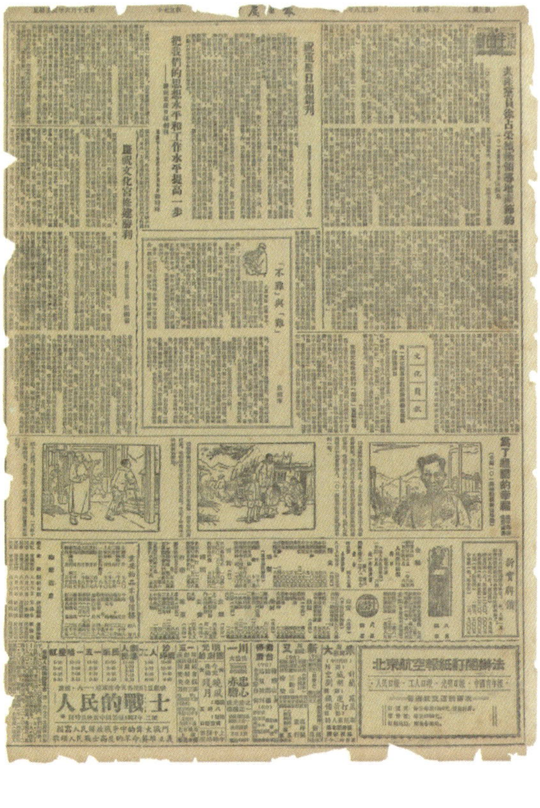

人民的戰士

《重庆日报》创刊号　第三版

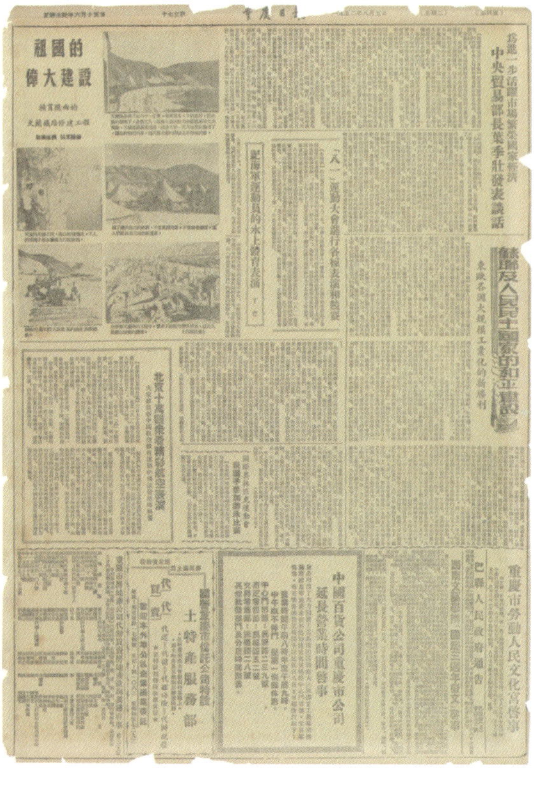

祖國的偉大建設

中國百貨公司重慶市公司延長營業時間啓事

土特產服務部

重慶市勞動人民文化宫啓事

《重庆日报》创刊号　第四版

《酉阳报》

1949-1950年出版发行《战斗报》 | 1950年更名《群众报》 | 1956年创刊《酉阳报》

1956年6月1日创刊

《酉阳报》于1956年6月1日创刊，是目前重庆市唯一具有国内统一连续出版物号的县级党报。

1949年，刘邓大军入川后成立新华社分社，出版发行《战斗报》，1950年4月1日更名为《群众报》。随着四川省涪陵地区的成立，《群众报》部分编采人员和设备迁涪陵继续办《群众报》，留下部分编采人员筹办《酉阳报》，并于1956年6月1日创刊。

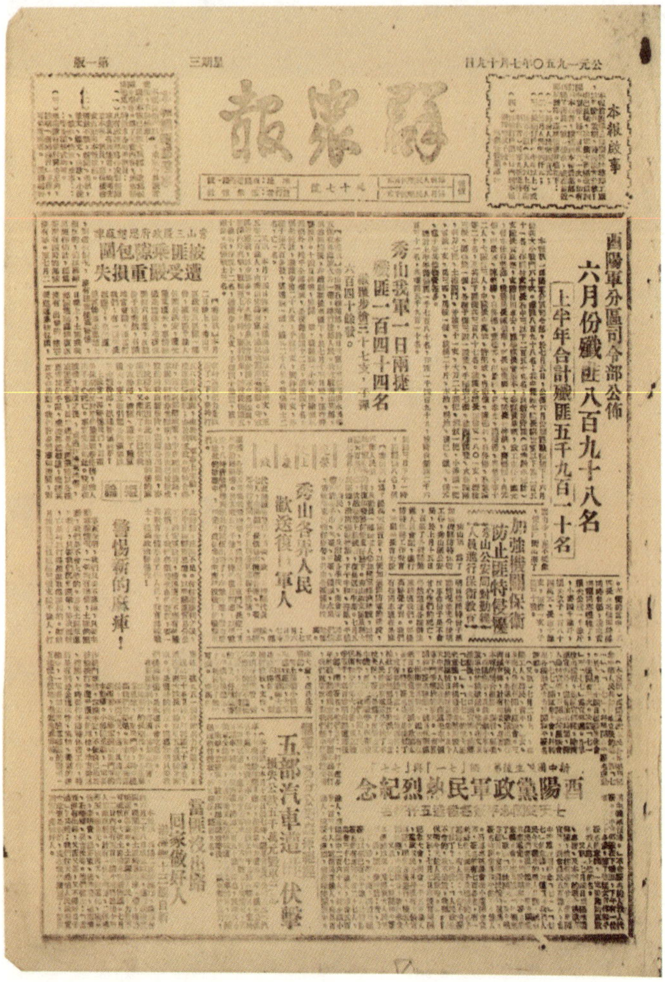

第一版 星期三 公元一九五〇年七月十九日

群眾報

第十七號

本報啟事

酉陽軍分區司令部公佈
六月份殲匪八百九十八名
上半年合計殲匪五千九百一十名

秀山我軍一日兩捷
殲匪一百四十四名

被匪乘隙包圍
遭受嚴重損失

短論
警惕新的麻痹！

秀山各界人民
歡送復員軍人

加強機關保衛
防止匪特侵擾

酉陽黨政軍民紀念烈士

五部汽車遭伏擊

回家做好人

《群众报》第17号 第一版

2009年，《酉阳报》数字报上线，2017年，《酉阳报》手机版上线，实现网上传播，移动端阅读。2020年12月，经整合原酉阳报社、酉阳广播电视台，成立酉阳土家族苗族自治县融媒体中心，形成报、台、网、端、微、抖音号等多媒体平台矩阵，传播力、影响力得到了进一步提升。

酉阳报

一九五六年六月一日　农曆丙申年四月二十三日　星期五

報　價：每月一角二分　每季三角六分
訂報處：郵局和代辦所

創刊號
五天出一回
今日共兩版

社　址：酉陽和平路第七號
電　話：二十三號

縣黨代表大會勝利閉幕

中國共產黨酉陽縣第一次代表大會已在五月二十一日召開，二十五日勝利閉幕。出席這次大會的代表有四百一十三人，列席的有三十一人。

大會首先聽取了"中共酉陽縣委工作報告"。報告肯定了各方面工作中取得的成績，同時也指出了在工作中還不同程度地存在着右傾保守思想、主觀主義、教條主義以及忽視群衆路綫等思想方法和工作作風。大會還聽取了中共酉陽縣紀律檢查委員會的工作報告。經過兩天半的小組討論和大會發言，代表們一致通過了這兩个報告，并以批評和自我批評的精神，揭發和批判了工作中的錯誤和缺點。

大會最后通過了今后工作的決議，選擧了中共酉陽縣委會和出席省黨代表大會的代表。在充分發揚民主的基礎上選出了十七名縣委委員、六名候補委員和三名省黨代表大會代表。（陳淖）

中國共產黨酉陽縣
第一次代表大會決議

中共酉陽縣第一次代表大會聽取了"中共酉陽縣委工作報告"和"中共酉陽縣紀委工作報告"后，經過討論和審查，對縣委半年多來在各个工作戰綫上特別是農業合作化和農業生產發展上所取得的成績表示滿意；同時，對各項工作中存在的錯誤與缺點的批判分析和今后改進的意見認為也是恰當的必要的。大會一致通過批准了這兩个報告。

大會認為，為了消除和克服我們在思想上工作上的各種錯誤與缺點、順利完成黨交給我們的各項艱巨繁重任務，因此，必須嚴肅、認真的在黨內開展反對右傾保守思想和官僚主義的工作作風，以及驕傲自滿、享樂腐化、貪污盜竊、無組織無紀律等一切不良的傾向，和壞人壞事的斗爭。以增強黨的戰斗力；增強黨的團結和提高黨的領導水平。

大會認為，今后的工作任務，必須以全面實現全國農業發展綱要為中心，因此，當前必須以農業生產為主，大力鞏固提高現有農業社，幫助全面修訂好不合理的勞動定額，制訂切實可行的年度和季度勞力調配計划，搞好活路短期安排，解決和處理好一切有礙生產和團結的問題，堅決貫徹中央勤儉辦社的指示，建立和健全好財務制度，搞好小春預分，作好一切准備，創造條件，為今年秋后全縣實現高級農業合作化而努力。當前生產應突出抓住水稻、紅苕的栽插；小春收獲，各種作物的田間管理，防旱防洪；為保證完成和超額完成今年的農付業生產任務而努力。與此同時，必須作好工業生產、財經貿易、政法、文教衛生等各方面工作，為提前實現第一个五年計划而奮斗。

大會一致認為，在上級黨委的正確領導和全體同志的積極努力下，以及充分發動依靠群衆，完成上述各項任務是有信心的，並願在各个工作戰綫上盡最大的努力，取得更多的勝利，以上述實際行動來迎接黨的八次全國代表大會的召開。

中共酉陽縣第一次代表大會
一九五六年五月二十五日

兒童撿粮隊

米旺鄉民主農業社的十七个兒童，在村團支部的幫助下，組成了一个撿粮隊。這个隊成立后，在兩天內就撿了九十零半斤豌豆和十八斤大麥。撿粮隊隊員冉義仙說："我們要珍惜勞動成果，保證顆粒還家，為社會主義立功。"（唐蘭）

種完包谷又積肥

丁市區宜居鄉桐木第二社的包谷種完后，發現肥料不夠，淋包谷和栽紅苕就要缺五萬一千多斤肥料。社里立即安排了勞動力，調配十八个婦女積肥，社委會還分工社主任劉淑鈞專門領導這一工作。全社在五天中就積了馬桑葉、黃金葉、野棉花等肥料一萬二千一百斤。

他們把採來的葉子準備做成兩種肥料：一種是淡糞水和葉子泡在池子里，十天后就變成清糞，用來淋包谷；一種是把葉子筆細堆成堆子，放一層葉子潑上一層淡水糞，十天后就漚成乾糞，用來栽紅苕。這樣，在五月底全社的缺肥困難就可解決了。（張海晶）

中共酉陽縣委
關於出版"酉陽報"的決定

（一）由於農業合作化的迅速發展，已經引起了農業生產的新的高漲，農民群衆對文化生活的要求也日益迫切和增加，農民群衆文化水平的提高和文化生活的丰富，反過來又將推動合作化運動和農業生產的更快發展。在新形勢的要求下，經縣委研究，上級黨委批准，決定創辦酉陽報，並于六月一日正式出版。

（二）酉陽報是縣委的機關報，八開兩版，每五天出一期，它的主要任務是向農民群衆宣傳社會主義思想、黨和國家的政策、指導各項工作、動員與組織廣大農民在工人階級領導下實現農業社會主義改造、發展農業生產和支援國家社會主義工業化而斗爭。

（三）酉陽報是我縣各級黨組織用來開展批評和自我批評的一个強有力的武器。它將經常反映黨的生活中的重要問題，反映人民群衆的生活、意見和要求，反映各方面工作中的情況和問題，傳播各項先進生產經驗，開展批評和自我批評，表揚成績和優點，揭露各方面工作中的缺點和錯誤，同各種不良傾向和壞人壞事作斗爭。

（四）酉陽報是以農民為主要讀者對象的報紙，因此必須堅定不移地貫徹通俗化的方針，在內容和形式上力求生動活潑和多樣化，使粗識字的人能看懂，不識字的人能聽懂。

（五）我縣各級黨組織、全體黨員、區鄉干部和全體農民群衆都應充分利用報紙來推進生產、工作和學習。為了把報紙辦好，都應積極參加辦報，搞好通訊、發行和讀報等工作。能寫稿的都應積極為報紙寫稿。經常向報紙反映情況、提出意見，表示喜歡什麼，不喜歡什麼，以便改進報紙工作。

兒童們歡歡喜喜過節日

為了慶祝"六一"兒童節，今天酉陽城區酉師附小、鐘多小學和酉一中等的一千多个少年兒童分別擧行小型運動會、成績展覽會和晚會，並出兒童節特刊。運動會有藍球、乒乓、小皮球、接力賽跑、拔河、跳高、跳遠、滾鉄環和踢毽等項目，成績展覽會展出兒童的工藝品和作業，晚會節目有戲劇和跳舞等。

一定要做到滿栽滿插

補好爛秧和浮秧

銀嶺鄉白沙村第一農業社的秧子已經栽完了。因為地勢高氣候冷，有一百六十三挑田的秧子爛了。栽秧的時候，有的活路做得不下細，一百窩秧子中有八窩到十窩浮起來了。社里發現爛秧和浮秧后，就組織力量搶救，把爛秧嚴重的六十三挑田重新栽過二道，浮秧也完全補栽上。

（姚昭美）

不荒蕪一塊田土

五月二十三日，白竹鄉召開農業社干部會議，研究了處理荒蕪田土的問題。全鄉有十挑半田和三十挑半土沒有耕種。這些土地有的是外鄉的，有的是社外的，因為土地多勞力少耕種不出來，有的因為土地瘦薄不願再種了。會上研究：外鄉的寫信通知當地農業社，限定時間耕種，過時由本地農業社把它耕種出來，缺勞力的單干户，由社里幫助解決人力和畜力的困難，萬一耕種不出來的，經業主同意也可以由農業社耕種。地主、富農荒蕪的田土，由農業社監督他按時耕種出來。（長芝、廷耕）

女社員冒雨栽秧

五月十三日下了一場大雨。麻旺區銀嶺一社根據婦女社員的勞力情況，安排了六个勞力弱的婦女打牛草和引水灌田，二十七个勞力強的婦女搧田坎和打干田。婦女們都很高興。二隊女社員王fa香、楊昌素等三人，第二天冒着大雨栽秧，全身衣服都濕透了，還是干了一整天，在老農民的幫助下，她們很快就學會了栽秧。三隊冉賢香和一隊馮玉珍等四人，兩天就打了十二挑半干田，她們還說：不許漏掉一點水，保證滿栽滿插。（劉玉邦）

黑夜整乾田

一个伸手不見五指的黑夜，隆隆的雷聲夾着雨聲，看樣子是要發山水了。板溪鄉壩水二社的老社員冉啓涵心里暗暗地想到："我們這里好久沒有下雨了，社里的七挑半干田都開了裂，秧也栽不下去，這時下了大雨，應該抓緊把它打起來才對"。他對社員們說："今晚雨落得這樣大，一定要發大水，我們今晚去搶水把干田打起來。"在監委主任冉懋揚和付主任楊貞香的積極支持下，共組織了十九个人去搶水打田。雨剛停，他們就下田了，有的打亮，有的犁田，有的搭田坎，大家緊張地工作了半夜。天亮的時候，七挑半干田已經是水汪汪的了。老農民冉薩宣說："往年這些田呀，下一次大雨才打一坵，現在建了社，一夜就打完了。"

（李浪）

酉阳群众报社物资
托管清单

创刊初期抄收电讯、图书资料存放及暗室点

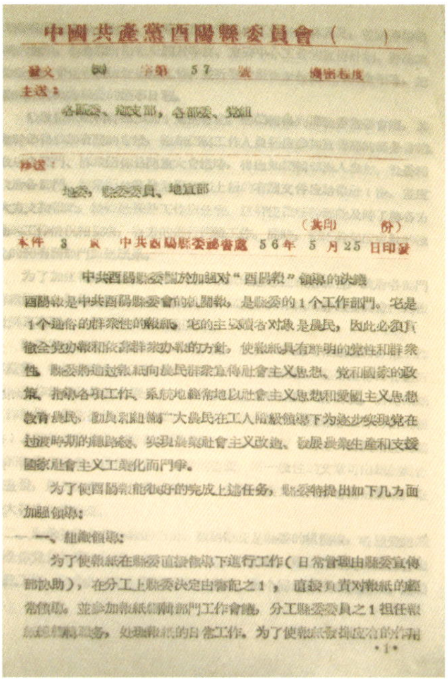

中國共產黨酉陽縣委員會（ ）

發文 (56) 字第 57 號 機密程度

主送：

各區委、鄉支部，各部委、党組

抄送：

地委，縣委委員、地宣部

（共印 份）

本件 3 頁 中共酉陽縣委辦公室 56年 5 月25 日印發

中共酉陽縣委關於加强对“酉陽報”領導的決議

酉陽報是中共酉陽縣委會的機關報，是縣委的1个工作部門。它是1个通俗的群眾性的報紙，它的主要讀者对象是農民，因此必須貫徹全党办報和依靠群眾办報的方針，使報紙具有鮮明的党性和群眾性。縣委將通过報紙向農民群眾宣傳社會主义思想、党和國家的政策，指导各項工作，系統地經常地以社會主义思想和愛國主义思想教育農民，動員和組織廣大農民在工人階級領導下为逐步实現党在过渡時期的總路綫、实現農業社會主义改造、發展農業生産和支援國家社會主义工業化而鬥爭。

为了使酉陽報能很好的完成上述任务，縣委特提出如下几方面加强領導：

一、組織領導：

为了使報紙在縣委直接領導下進行工作（日常管理由縣委宣傳部協助），在分工上縣委決定由書記之1，直接負責对報紙的經常領導，並參加報紙編輯部門工作會議，分工縣委委員之1担任報紙總編輯職务，处理報紙的日常工作。为了使報紙發揮应有的作用

·1·

中共酉阳县委关于加强对《酉阳报》领导的决议

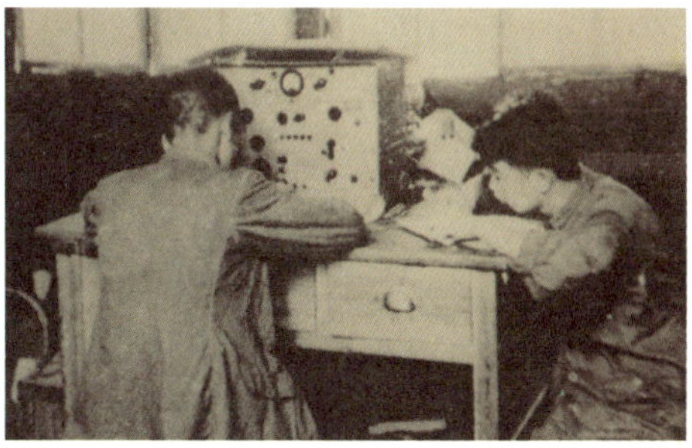

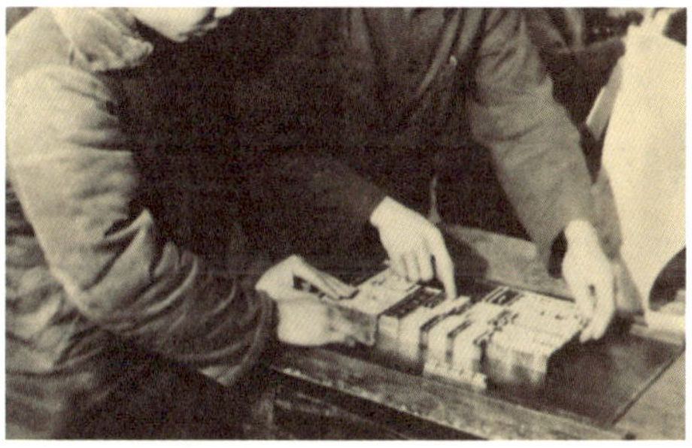

①

②

③

④

⑤

① 抄收电讯

② 排版

③ 打版

④ 装订

⑤ 切报纸、成报

《重庆政协报》

1984年创刊《重庆政协》 | 1991年更名《政协时报》 | 1997年更名《重庆政协报》

1984年4月5日创刊

《重庆政协报》于1984年4月5日创刊，是中国人民政治协商会议重庆市委员会主办的一张宣传中国共产党领导的多党合作和政治协商制度，宣传党的爱国统一战线，反映全市政协工作的政治类综合性报纸。创刊初期为《重庆政协》，曾于1991年11月8日更名为《政协时报》。1997年1月，更名《重庆政协报》。

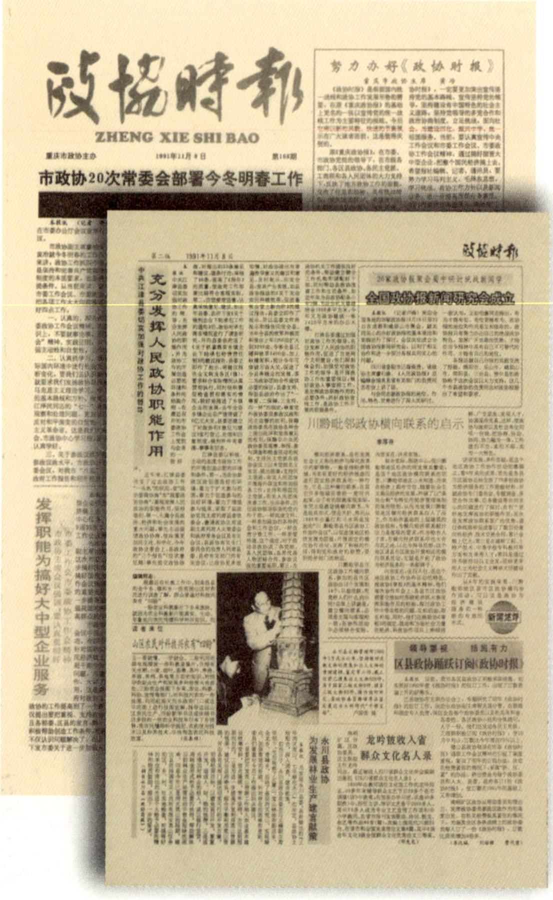
政協時報
ZHENG XIE SHI BAO
市政协20次常委会部署今冬明春工作
努力办好《政协时报》
充分发挥人民政协职能作用
全国政协报新闻研究会成立
川黔毗邻政协横向联系的启示
发挥职能为搞好大中型企业服务
区县政协踊跃订阅《政协时报》

《政协时报》第168期 第一版 第二版

重慶政協報
CHONGQING ZHENGXIE BAO
中国人民政治协商会议重庆市委员会主办
梁平县政协发挥优势 服务经济建设成绩斐然
加强企业协作 促进经济发展
梁平县政协厂长经理联谊会活动有声有色
发挥政协优势 服务经济建设
督查纪要
围绕中心 虚实并举
梁平县政协科教兴农研讨会硕果累累
梁平县政协专版
双桂英雄志 高歌唱大风

《重庆政协报》总第436期 第一版 第二版

重庆政协

CHONGQING ZNENG XIE

第一期　　1984年4月5日

全国政协经济建设组来渝调查经济改革情况

全国政协经济建设组赴渝调查组在组长孙越崎，副组长戎子和、罗涵先的带领下一行八人，于三月十五日由京来渝。

此次来渝是为了协助党和政府调查了解我市经济体制综合改革的情况，研究改革工作中一些带根本性的问题。调查组在渝期间，先后听取了市体改委、市税局、市财政局和市劳动局等单位的负责同志关于本市经济体制综合改革概况，以及实行利改税、财政收支及财政体制改革、工资改革等情况介绍，并分别召集了一些基层单位负责同志座谈，还到重庆工业品贸易中心作了实地调查。

二十二日视察嘉陵机器厂摩托车总装车间，并听取市经委军工处关于军工与民用生产相结合的情况汇报，还在该厂召开了部份科技人员座谈会。

市政协常委会热烈讨论
如何开创政协工作新局面

本报讯　重庆市政协于三月十三日召开第八届常委会第二次会议，会期两天。

这次常委会议，审议了市政协八届一次常委会议以来的工作报告和一九八四年上半年工作计划要点，听取关于检查落实我市统战政策情况的汇报，并传达了全国政协第四次文史资料工作会议精神。会议通过任命崔成礼同志为市政协副秘书长，王猛同志为市政协祖国统一工作组副组长。

会议期间，委员们结合我市实际，对如何为社会主义现代化建设服务，和如何开创政协工作新局面问题，进行了热烈地讨论，提出了建议和意见。

市政协主席刘连波，副主席孟广涵、刘西林、宦世安、于伟民、陈叔敬、王际强、刘宗宽、王文彬、蒋书楠、凌文远，出席了这次会议。

各区、县政协负责同志，列席了会议。

五个月来

市政协开展各项活动

本报讯　重庆市政协八届常委会第一次会议后，至今已经五个月了。五个月来，在中共重庆市委的领导和有关单位的支持下，经过全体同志的努力，作了很多工作，取得一定成绩。

根据上级政协指示精神，努力开创政协工作新局面，政协首先抓住学习贯彻党的十二大精神和《邓小平文选》这件头等大事，围绕《关于建设有中国特色的社会主义》这个中心组织直属组学习讨论了：关于坚持和改善党的领导；关于坚持和发展毛泽东思想；关于抵制和清除精神污染等专题，又传达学习了二中全会有关整党决定。通过学习，一致认为《邓小平文选》是建设具有中国特色的社会主义的指南。相信通过整党，中国共产党将会更加伟大、正确、光荣，并表示一定帮助党把党整好。

政协认真贯彻落实胡耀邦同志关于"知情、出力、落实政策"的三点指示，曾会同市委统战部、各民主党派、工商联和无党派人士组成八个落实统战政策联合检查组，深入各区县和市的宣传、经委、建委、兵器工业部四个大口进行检查，采取听汇报，开座谈会，走访，接待等方式接触了党内外同志近一千人，广泛征求意见，还重点查阅了一些案件的档案。通过检查，了解到绝大部份政协委员中的冤、假、错案在政治上的平反已经基本落实，对一些老大难问题的解决也起了促进作用。

为了纪念毛主席诞辰九十周年，缅怀毛主席一九四五年抗战胜利后到重庆与国民党进行和平谈判的丰功伟绩，政协组织了题为《毛泽东思想与具有中国特色的革命建设道路》的报告会，与有关单位配合出版了《重庆谈判纪实》一书，政协地方史资料组和文史资料委员会分别出版了《〈沁园春·雪〉考证》和纪念毛主席九十诞辰专辑的《重庆文史资料》第十八辑。这些书的出版，为研究中共党史和中国现代史提供了相当珍贵的参考资料，深受各界欢迎，尤其是《重庆谈判纪实》，初版三万册，一抢而空。

重庆是西南重镇，是长江上游的经济中心，是经济体制综合改革试点城市，因此，引起全国人民的关注。政协八届委员会成立以来，先后接待了各省、市、自治区和地、市、县级政协参观团六十六批约六百人，其中不少是专业性参观团，如交流咨询服务工作经验；文物工作经验；文史资料工作经验等，在交流中互相受到启发，也加强了联系。

在新春佳节，举行了大型联欢会，大家欢聚一堂，回顾过去，展望未来，共话大好形势、前途美景，从而加强了政协委员间的联系，交流思想，增进团结。

"每逢佳节倍思亲"，政协还联合市委统战部、市委对台办公室举行了台胞、台属迎春茶话会，参加茶会的台胞台属与市级领导亲切交谈，共叙家常。大家一致拥护邓颖超同志在全国政协元旦茶话会上的讲话，表示一定要为祖国统一和四化建设出力。

此外，慰问计划生育积极分子，看望敬老院的老人，祝贺打击刑事犯罪分子中受奖立功单位，视察和宣传保护妇女儿童合法权益，以及调整工作委组，开展各项活动，加强机关自身建设。

总之，换届以后，八届一次常委会提出的任务基本完成，新旧交替后工作逐步正常进行，政协委员表示满意。

肝胆相照　　荣辱与共　它山篆刻

李大维盛赞重庆好
他说，这在台湾是不可能想象的

驾机起义归来的李大维，去年初夏来重庆参观，我在渝州宾馆和他见面时，他盛赞重庆好，他说："重庆的气候好，风景好，社会风气好，吃的东西好，我很喜欢这个城市。"

李大维又说，台北市也很繁荣，但社会风气不好，犯罪率很高。夜间在台北市街头散步，红男绿女，纸醉金迷，触目皆是腐朽堕落的景象，令人生厌。去年六月十日夜里，李大维闲步街头，参观重庆的夜市，给他留下深刻的印象。他在解放碑附近，见八一路一带，摊贩云集，四川著名小吃品种繁多；顾客人山人海，处处闹热欢畅。李大维看得兴起，也挤进一个小摊上吃了一碗辣呼呼的川味红油抄手。意犹未足，他又在旁边一个小摊上吃了一碗甜蜜蜜的富有特殊风味的醪糟小汤元。走出夜市摊贩区，李大维见几个小孩在买冰糕，他也拿了五分钱买了一支冰糕，含在嘴里凉悠悠地，悠然自得地回到招待所。

李大维说："我在台湾听说大陆同胞的工资低，生活困难，穿不暖，吃不饱。现在看来，大陆同胞的工资说来是低一点，但生活是满好的。那天晚上我参观重庆的夜市，只花了四角钱，吃得舒服，玩得痛快，这在台湾是不可能想象的。"

李大维说这番话又快一年了，今天重庆的社会风气比去年更好，市场也更加繁荣了！　　（王　宜）

本报专访

春风回大地　驷马犹可追
——记市政协常委叶谦吉教授

江　遥

烈士暮年，壮心不已！

党的十一届三中全会一声春雷，叶谦吉教授结束了二十多年蒙尘含垢的蹉跎岁月。从此，这位年近古稀的老学者，老专家，沐浴着党的知识分子政策蔼蔼春风，心情舒畅，精神焕发，奋力耕耘著译不止，获得了累累硕果。

他先后翻译了《宏观经济模型在经济学课堂教学中的应用》一文和《现代农业企业管理》一书，共三十五万字。接着，在没有助手，没有充足参考书籍的情况下，编辑了《英汉农业经济词典》。他抓紧一切可以利用的时间，为青年教师当人梯，帮他们修改论文英文稿，补习英语口语，给他们和美籍学者之间搭桥；他促进了重庆大学与美国加大圣地亚哥分校之间建立起学术交流友好协作关系；他参加金刚公社农业现代化试点顾问组；帮助医院翻译引进的输气器械说明书……，生命不息，奋斗不止！

他的这一切作为，充分说明了年龄并不能限制人发挥作用，思想境界升华了，中国知识分子就会展示理想的画卷，叶老暮年又生辉，便是一个很好的印证。

怎么对待人生？不同的人有不同的回答。有人曾劝过叶老，你经过那么多坎坷折腾，何不在有限之年，修心养性，逍遥逍遥呢？不！这不合他的心意。即使在一九五七年被打成"右派"之后，也没有虚掷年华，那时他白天劳动"改造"，夜里自学到凌晨两点，每个星期记熟五百个俄语单词，半年就能阅读翻译俄文专业书籍，还攻下了概率论、控制论、线性规划、经济学模型等新科学理论基础，从而运用数学从事研究分析经济问题，写出了《农村人民公社劳动力安排和合理使用的经济数学模型》专论。

后来，他又钻研"现代管理科学"，写出了《试论农村人民公社管理体制的改革》一文，在重庆市农业现代化学术讨论会上宣读，获致了高度评价。最近一个时期，他又进入科学的另一个新领域，正在孜孜不倦地研究农业生态问题，通过对川东几个县丘陵地区的实地调查，写出了《生态农业——我国农业发展的一次绿色革命》一文，在全国第一次农业生态经济学讨论会上宣读后，在国内外引起了广泛重视。他在以上两篇论文中提出的论点和建议，已被政府采纳，并在各地进行试点。前不久，他又写了《生态农业户试点实施方案》，已被市现代化领导小组核准在金刚公社试点。

不惮平凡，他默默地诚挚地辛勤耕耘着，从不懊悔过去，一心响往未来。青山夕照明如许，他慨叹自己匆匆早过了古稀年，"往事任消逝，来日恨不长"，恨不能重返青春年华，而意犹未尽，于是在这两句之后他又补上"春风回大地，驷马犹可追"！

诗，完整地表达了叶教授内在的精神美。

编者的话

《重庆政协》，今天和读者见面了。

它的主要任务是高举爱国旗帜，围绕八十年代的三大任务，为宣传爱国统一战线，宣传爱国主义思想，体现人民政协的"政治协商、民主监督"的职能，发挥人民政协在四化建设中"智力库"的作用。通过它，传达上级的有关指示，反映政协委员的意见、要求、建议，交流经验，沟通信息，加强市政协和区、县政协之间的联系，集思广益，群策群力，为开创政协工作新局面而努力。

《重庆政协》的读者对象，主要是政协委员、各民主党派和爱国团体的成员、知识分子和统战系统的工作人员。我们衷心希望得到各民主党派、各爱国团体和区、县委统战部以及区、县政协的大力支持，从内容到形式、从笔风到文采，多提意见，多提批评与建议，并积极协助组织稿件，帮助我们把《重庆政协》办好。

《三峡都市报》

1950年5月15日创刊
创刊报名《万县日报》

1950年创刊
《万县日报》

1997年并入
《三峡经济报》

1998年更名
《万州日报》

1998年更名
《三峡都市报》

2003年停办
《万州日报》

并入
《三峡都市报》

《万县日报》于1950年5月15日创刊。

1953年至1971年，《万县日报》先后更名为《万县报》《卫东报》《新万县报》。

1997年11月，万县市人民政府机关报《三峡经济报》并入万县日报社，于1998年1月1日更名为《三峡都市报》。

1998年，重庆直辖，《万县日报》更名《万州日报》。2003年底，《万州日报》停办，并至《三峡都市报》。

萬州日報
WANZHOU RIBAO
热烈庆祝
重庆市万州移民开发区 万州区 成立挂牌
三峡连盛事 喜庆汇万州
万州移民开发区 万州区挂牌仪式今日举行
《万县日报》今日更名
创一流 兴万州
下岗再就业，可喜 就业再下岗，怨谁
巫溪缓解生猪销售难
巫山视二期移民为"一号工程"
长万线及万县变电站投产
忠万路忠县段竣工

《万州日报》第14330期　第一版

三峡都市报
SANXIA DUSHIBAO
万县反腐 弄翻二百多人
两节物丰 购物莫急
云阳检察院赔钱
脉脉此情对您诉
充分肯定 良好祝愿
丽华上门谢公安 公安直夸丽华勇
万元年薪呼唤下岗职工
鞍子坝 五显庙 肉贩洒泪

《三峡都市报》创刊号　第一版

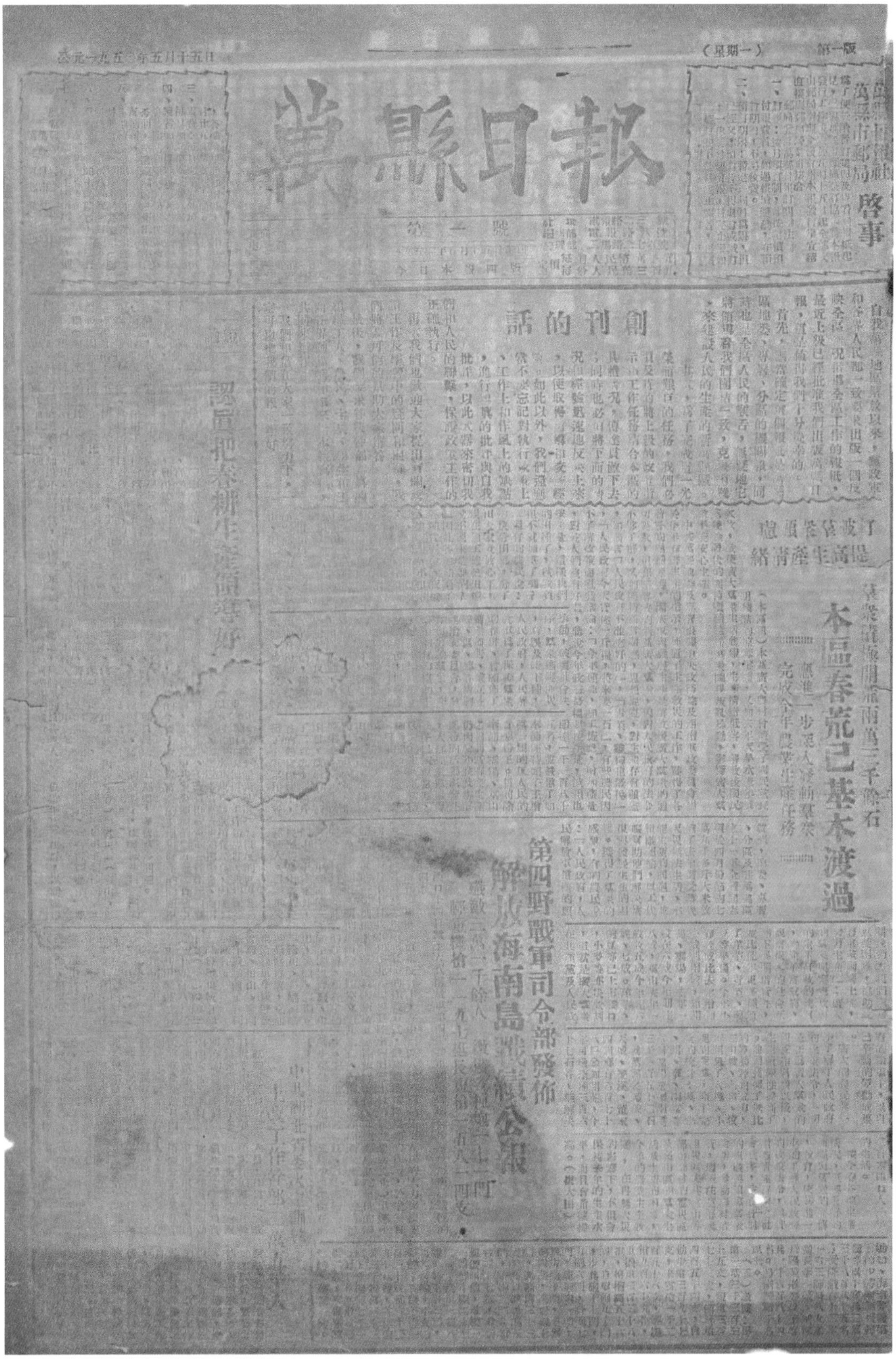
萬縣日報

第一號

萬縣市郵局啓事

創刊的話

提高生產情緒

本區春荒已基本渡過

第四野戰軍司令部發佈

解放海南島戰績公報

認眞把春耕生產領導好

《万县日报》创刊号 第一版

《万州时报》

2013年12月23日创刊

2013年8月，国家新闻出版广电总局批复同意创办《万州时报》，与《三峡都市报》共同担负起万州区主流媒体的职责。万州区在重庆市区县中拥有两张公开出版发行报纸刊号。

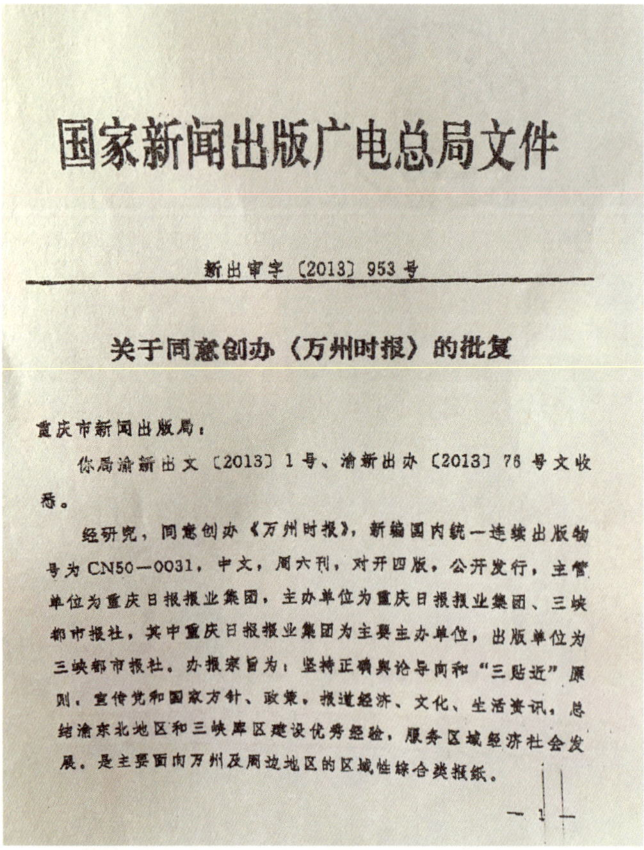

国家新闻出版广电总局文件

新出审字〔2013〕953号

关于同意创办《万州时报》的批复

重庆市新闻出版局：

你局渝新出文〔2013〕1号、渝新出办〔2013〕76号文收悉。

经研究，同意创办《万州时报》，新编国内统一连续出版物号为CN50—0031，中文，周六刊，对开四版，公开发行，主管单位为重庆日报报业集团，主办单位为重庆日报报业集团、三峡都市报社，其中重庆日报报业集团为主要主办单位，出版单位为三峡都市报社。办报宗旨为：坚持正确舆论导向和“三贴近”原则，宣传党和国家方针、政策，报道经济、文化、生活资讯，总结渝东北地区和三峡库区建设优秀经验，服务区域经济社会发展，是主要面向万州及周边地区的区域性综合类报纸。

— 1 —

国家新闻出版广电总局

关于同意创办《万州时报》的批复

萬州时報

WANZHOU SHIBAO

国内统一连续出版物号CN50-0031
三峡都市报社出版

2013年12月23日 癸巳年十一月廿一/星期一
总第1期 今日4版

《毛泽东年谱（1949－1976）》出版

新华社北京12月22日电 为纪念毛泽东同志诞辰120周年，中共中央文献研究室编撰的《毛泽东年谱（1949－1976）》，由中央文献出版社出版，22日起在全国发行。全书共6卷，近300万字。

《毛泽东年谱（1949－1976）》是一部记述毛泽东同志从中华人民共和国成立到他逝世27年间的生平、业绩的编年体著作，比较全面地反映了他的思想、理论、决策、工作方法和各种活动，反映了他领导建立和建设新中国的历程。从这部年谱的记述中，还可以了解毛泽东同志在27年间是怎样工作和生活的。这部年谱以中央档案馆保存的档案资料为主要依据，发表了大量未编入毛泽东著作集中的讲话和谈话，同时又使用了其他文献资料和访问材料，内容非常丰富。

这部年谱的出版，对于研究建国以来毛泽东同志的思想理论与工作实践，研究党领导社会主义革命和建设的成就、经验和艰辛探索，研究中国特色社会主义理论体系的由来和形成基础，有着重要意义。

1993年12月出版的《毛泽东年谱（1893－1949）》（共3卷），经过修订后再次出版，同时在全国发行。

为生态涵养发展凝聚强大正能量

——写在万州时报创刊之际

重庆市委常委、万州区委书记 徐海荣

平湖万顷迎碧波，扬帆起航正当时。

沐浴着党的十八届三中全会的春风，承载着广大读者的期盼，在全区吹响生态涵养发展集结号的关键时刻，万州区委机关报——万州时报今天正式创刊了。这是推动万州经济社会发展、丰富全区人民精神文化生活的一件大事、喜事，意义深远，可喜可贺！

万州时报生逢其时。党的十八届三中全会发出了全面深化改革的动员令，市委四届三次全会赋予了万州新的定位和机遇，区委四届四次全会对万州在加强生态涵养中加快发展作出了全面部署，重庆第二大城市和三峡库区经济中心建设进入了新的阶段。踏上新的征程，万州需要进一步夯实舆论主阵地、拓宽宣传主渠道，更好地唱响主旋律、发出好声音、凝聚正能量、营造好氛围。应运而生的万州时报使命光荣、责任重大。

作为党和人民的耳目喉舌，万州时报担负着宣传党的主张、弘扬社会正气、通达社情民意、引导社会热点、疏导公众情绪、搞好舆论监督的重要职责。希望广大新闻工作者充分认识肩负的重大责任，以高度负责、奋发有为的精神，积极作为，不辱使命，为万州生态涵养发展凝聚强大正能量。

必须坚持党性原则，牢牢把握正确导向。高举中国特色社会主义伟大旗帜，自觉同以习近平同志为总书记的党中央保持高度一致，坚持党管媒体不动摇，坚持马克思主义新闻观，坚持政治家办报，始终保持正确的政治方向、政治立场、政治观点。坚持团结稳定鼓劲、正面宣传为主，把体现党的主张和反映人民心声统一起来，把党和政府的声音传播好，把社会进步的主流展示好，把人民群众的心声反映好，积极营造健康向上的主流舆论。严格宣传纪律，增强政治敏锐性和政治鉴别力，做到守土有责、守土负责、守土尽责，在重大问题和敏感热点问题上把好关、把好度。

必须坚持服务大局，推动万州科学发展。深入学习贯彻党的十八大、十八届三中全会和习近平总书记系列重要讲话精神，自觉把新闻宣传各项工作置于党和国家的大局、置于市委、区委的统一部署，做到正确认识大局、善于把握大局、自觉服从大局、坚决维护大局。大力宣传党的理论路线方针政策，大力宣传中央、市委和区委的重大决策部署，大力宣传全市加快五大功能区域建设的新思路、新进展、新成效，大力宣传全区经济社会发展的良好态势，把干部群众的思想和行动凝聚到改革发展稳定上来。弘扬求真务实的科学精神，营造低调务实、少说多干、敢于担当、积极作为的浓厚氛围，形成干事创业的良好风尚。

必须坚持以人为本，满足群众精神文化需求。树立以人民为中心的工作导向，把服务群众同教育引导群众结合起来，把满足需求同提高素养结合起来，坚持贴近实际、贴近生活、贴近群众，把笔头对准基层、对准百姓，宣传人民群众的伟大实践和火热生活，宣传人民群众中涌现出来的先进典型和感人事迹，宣传社会各方面温暖人心的善行义举，在全社会唱响昂扬向上的正气歌。围绕国计民生中的热点问题，讲清楚"怎么看"、"怎么办"，找准思想认识的共同点、利益关系的交汇点、化解矛盾的切入点，引导人们多看主流、多看本质、多看光明面，引导社会情绪、社会心理朝着积极健康的方向发展。进一步提高舆论监督水平，坚持准确监督、科学监督、依法监督、建设性监督，更好地维护人民利益，密切党群干群关系，促进社会和谐。

必须坚持改革创新，提高舆论引导能力。创新理念，保持思想的敏锐性和开放度，打破传统思维定势，树立及时准确、公开透明、全面客观的舆论引导理念。创新形式，不断改进话语体系和表达方式，用事实说话、用典型说话、用数字说话，用群众喜闻乐见的形式表现新闻，不断增强报道吸引力和感染力。创新方法，把握好新闻报道的时、度、效，解决好"什么时候说"、"说什么"、"怎么说"的问题，做到关键时刻不失语、重大问题不缺位，牢牢掌握舆论引导话语权。创新手段，主动适应社会信息化持续推进的新情况，加强传统媒体与新兴媒体融合发展，充分运用新技术创新传播方式，不断增强主流媒体的传播力公信力影响力。

祝愿万州时报扎根沃土、提高质量、办出水平，成为一张让区委放心、让人民满意的好报！

万州机场改扩建一期项目完工

停机位由三个增加到五个 助航灯光系统得到改造

本报讯 （记者 周麒麟）昨日，记者从万州机场有限公司获得喜讯，经过半年的紧张施工，万州机场扩建一期工程全面完工，并通过竣工验收。计划在2014年春运前完成行业验收并投入使用。

万州机场作为渝东北和三峡库区重要的区域性支线机场，2003年6月29日建成通航。万州机场改扩建项目纳入了《中国民用航空发展第十二个五年规划（2011年至2015年）》。此次建设完工的改扩建一期新建停机位项目是根据万州机场近年来航空运输业务发展较快的态势和运行情况，为进一步提高安全运行保障能力而实施建设的。该项目新增2个停机位，由原来的3个停机位增加到5个停机位。

据悉，该项目于今年6月开始实施，总投资1494万元。根据国家民航局与重庆市政府签署的《关于加快推进重庆民航建设发展的会议纪要》"加大对万州机场改扩建项目的资金支持"精神，民航西南地区管理局给予710万元建设补助资金。

据介绍，项目的实施并建成凸显四大作用：确保机坪有序运行，有效杜绝和防止安全事故的发生。之前仅有3个停机位，航班密集到达时不能满足需要，通用航空飞机有时不得不停放在草坪或消防通道上。机坪扩建后可基本满足目前航班和通用飞机停放需要。增设跑道中线灯后，提高了万州机场航班起降飞行安全保障条件。通过提高机场安全运行保障能力后，万州机场可作为重庆江北机场和周边其他机场的备降机场。

据机场公司负责人介绍，下一步，万州机场将积极准备实施扩建升级项目，该项目是整个机场改扩建重点。改扩建建设内容主要包括：延长跑道250米达到2850米，停机位增加到9个，增设跑道消防，新修一条垂直联络道，新建候机大厅，对空管、安检、消防等设施设备相应升级，进行航空口岸建设，开通国际航线，配套建设货运楼和机场旅客过夜用房。

我区第九届村（居）民委员会换届选举圆满完成

447个村、187个社区依法选举产生新一届村（居）委会成员3195名

本报讯 （记者 解书睿 通讯员 向爱清）记者从区选举办获悉，截止12月22日，全区52个镇乡、街道的448个村、187个社区，除双河口街道樱子村因故并经批准延期换届选举外，其余所有村、社区均已举行投票选举，依法选举产生了第九届村（居）民委员会。

据介绍，此次换届共选举产生新一届村（居）民委员会成员3195名，其中村（居）委会主任631名。村（居）民委员中，女性成员1245人，占38.54%；党员2166名，占67.37%。大学生村官当选村（居）委会成员10名，其中主任1名、委员9名。

区选举办表示，从全区第九届村（居）民委员会换届选举结果看，整体呈现出年龄下降、学历上升、女性比例提高等特点，既优化了干部结构，又增强了队伍活力，达到了选出好班子、换出好风气的预期目的。

据了解，第九届村（居）民委员会换届选举工作，是全区人民政治生活中的一件大事，事关改革发展稳定大局和广大群众切身利益。区委、区政府对此高度重视，切实加强领导，统筹安排部署，严肃换届纪律；区委组织部、区民政局等相关部门和各镇乡、街道精心组织实施，依法有序推进。

由于领导指导督导有力，全区第九届村（居）民委员会换届选举严格依法有序进行，按照"一好双强"和"三有三带"标准，扩大视野，拓宽渠道，从各类人才资源中寻找源头活水，同时广泛深入宣传发动，充分发扬和保障基层群众民主权利，不拘一格选好配强村（居）委会班子，带领群众致富奔小康。

在各方扎实工作及共同努力下，全区第九届村（居）民委员会换届选举平稳顺利、圆满完成。

区选举办透露，按照区委、区政府的部署要求，目前全区正一鼓作气、善始善终，有序完成第九届村（居）民委员会换届选举的后续工作。全区将在明年1月20日以前，完成新一届村（居）民小组长、村（居）民代表、村（居）务监督委员会的选举和专职干部的选用工作。

此外，全区村、社区"两委"换届选举结束后，区相关部门和各镇乡、街道将及早启动新当选的村、社区干部培训工作，提升其政治素养和工作水平，尽快进入工作角色。

今日速览

春运临客 今起开始售票

记者22日从铁路部门获悉，按照中国铁路总公司的统一部署，各地铁路局（集团）相继出台春运临客开行方案。春运临客售票将从12月23日起启动。

与去年春运有所不同的是，春运开行的临时旅客列车车票预售期提前到25天（含当天）。而其余日常固定开行的列车包括高铁动车组车票，将在12月28日起开售，互联网和电话订票预售期仍为20天（含当天），仍然实施各车站预售车票分时段错峰的措施。

嫦娥三号 两器互拍结束

22日凌晨，在地面科研人员的控制下，嫦娥三号着陆器与巡视器，即"玉兔号"月球车，进行了第五次互拍，首次传回着陆器携带五星红旗的清晰全景照片，两器互拍任务圆满结束。随后，月球车"告别"着陆器，开始月面测试工作，并前往更远的区域继续月面巡视勘察。

我国航母 南海训练完成

正在南海海域进行科研试验和训练的我国首艘航母辽宁舰顺利完成作战系统多个科目试验，并首次组织了作战系统综合研试。至此，辽宁舰在南海海域已累计完成100余项实验和训练科目，作战系统、动力系统及舰艇适航性能等各项战技术指标得到进一步验证。

邮政快递 收寄当面验视

国家邮政局12月22日宣布在全国范围内开展收寄验视专项检查。

此次活动将重点检查邮政企业、快递企业是否在用户在场的情况下，当面验视交寄物品，核实是否属于国家禁止或限制寄递的物品等；重点检查依照国家规定需要用户提供有关书面凭证的，邮政企业、快递企业是否要求用户提供凭证原件，并进行严格核对等；重点检查用户拒绝验视、拒不如实填写寄递详情单、拒不提供相应书面凭证或者不按照规定出示有效身份证件的，相关企业是否不予收寄等。

本栏稿件据新华社、央视

开栏语

党的十八届三中全会提出了一系列新的重大战略思想，作出了一系列新的重要工作部署，吹响了全面深化改革的号角。

市委四届三次全会再次确立了万州在全市及渝东北生态涵养发展区的战略定位，赋予了万州新的责任、新的机遇。

区委四届四次全会进一步明确了全区当前和今后一个时期的发展思路、目标任务和工作重点，重庆第二大城市和三峡库区经济中心建设踏上了新征程。

站在新起点，我们意气风发；实现新跨越，我们豪情满怀。从今天起，本报推出"新起点·新跨越"大型主题宣传报道，全面展示我区各地各部门贯彻落实十八届三中全会精神和市委四届三次全会、区委四届四次全会精神的举措、亮点和成果，以进一步凝聚起在加强生态涵养中加快发展的强大力量，推动全区经济社会又好又快发展。

部门访谈

谋划产业布局带动区域发展

——访区发展改革委主任涂立军

本报记者 周麒麟

市委四届三次全会将全市划分为五大功能区，万州作为渝东北生态涵养区的重点开发区，承担着区域人口转移的重点责任和任务。区委四届四次全会提出全面落实市委四届三次全会精神，必须围绕万州渝东北生态涵养发展区的重点开发区的功能定位，坚定不移地在加强生态涵养中加快发展。

面对新的定位和任务，万州将选择一条怎样的发展路径？记者专访了区发改委主任涂立军。

牢记职责不负使命

"在中央关怀和市委、市政府领导下，万州通过历届区委、区政府的接续努力，发生了深刻可喜的变化。如今，全市大力实施五大功能区战略，将万州作为渝东北生态涵养发展区的重点开发区，体现了市委对万州的高度重视！"采访中，涂立军对未来发展充满信心。他认为，历届市委、市政府对万州的发展给力，确立了重庆第二大城市、三峡库区经济中心定位，并在政策、财力和人力方面给予积极支持。市委四届三次全会在全市划分为五大功能区中又将万州作为渝东北生态涵养区的重点开发区，其重要定位对万州更是大机遇。

在接受采访中，涂立军谈得更多的是机遇与责任。他告诉记者，在新一轮发展中，万州面临的机遇众多，地处长江经济带和"渝新欧"大通道的直接辐射区域，并作为长江十大港口之一，发展空间和前景更加广阔；万州有西部大开发、三峡后续工作、扶贫开发等政策支持，是增强生态涵养和加快发展的强大支撑和动力。市委四届三次全会给万州的定位，不但给万州的支持力度只增不减，而且使万州的功能定位更加准确，万州承担的责任更重，肩负的责任更大，面临的发展机遇更加难得，我们必须牢记职责使命，抓住发展机遇，坚定信心，乘势而上，奋力推动全区在加强生态涵养中加快发展。

（下转2版）

亮点展示

积极有为谱写新篇章

本报记者 周麒麟

"这么多施工机械在作业，万州又在干啥子大项目啊？"近日，在成都工作一年多时间没有回家探亲的周玉国坐高铁到重庆，并搭乘班车回万州。进入万州境内后，高速公路旁不远处的车辆穿梭不停，宏大施工场面吸引了他的眼球，他不由得好奇的询问究竟。

同车的一位乘客笑嘻嘻地告诉他，这是正在建设的渝万城际铁路！

"过去只是听说要修建高铁，没想到一年時间没有回来，现在真的动工了，我们今后回老家更便捷了！"周玉国难掩内心中的激动。

信心：源于科学决策

万州，正在建设的重庆第二大城市，肩负着在全市发展大格局中发挥重要战略支撑作用和在渝东北地区发挥核心引领作用的历史使命。

开年以来，面临着复杂的国内外经济形势，如何保持经济平稳较快发展？区委、区政府为此召开多个会议进行专题研究，提出了不动摇、不懈怠、不折腾，坚定不移推动发展、改善民生，保持稳定的发展思路，全面实施了推进一批重点项目、办好一批民生实事、化解一批社会矛盾等"三个一批"重要举措，狠抓农村公路建设、集镇供水、集镇污水处理、城乡垃圾处置、扶贫开发等统筹城乡的五项重点工作。

思路决定出路。在全区上下的共同努力下，涵盖基础设施、基础产业、生态环保、社会事业、产业发展的62个重点项目加快推进，涉及稳定和扩大就业、促进教育均衡发展、提高医疗卫生服务水平、增强社会保障能力、改善城乡人居环境、加强扶贫开发、加强公共服务体系建设和提升公共安全保障水平的65件民生事项全面展开，化解一批社会矛盾的工作也全面进行。

（下转2版）

新起点 新跨越

本报地址：重庆市万州区新城路128号 电子信箱：sxdsb123456@sina.com 职业监督电话：58124337 广告公司：58125019 发行中心：58137000 总值班：卢奎海 主编：罗勇 责任编辑：段志 校对：田银

《万州时报》创刊号 第一版

《武陵都市报》

1988年创刊
《黔江通讯》

1989年出刊
《川东南报》

1995年更名
《黔江日报》

2004年更名
《武陵都市报》

1988年7月1日创刊
创刊报名《黔江通讯》

《武陵都市报》于2004年8月31日，经国家新闻出版总署批准，由《黔江日报》更名而来，其最早为1988年7月1日创刊的《黔江通讯》。1989年1月1日，《川东南报》正式出刊，时任全国人大常委会副委员长廖汉生题词："为建设黔江传信息，为黔江人民当知音。"

1995年1月1日，《川东南报》更名为《黔江日报》。2004年1月13日，重庆市新闻出版局将《黔江日报》划转重庆日报报业集团。同年8月31日，经国家新闻出版总署批准，《黔江日报》更名为《武陵都市报》。2004年9月3日，《武陵都市报》正式出刊。

武陵都市报
武陵都市报向你走来

《武陵都市报》总第4104期 第一版

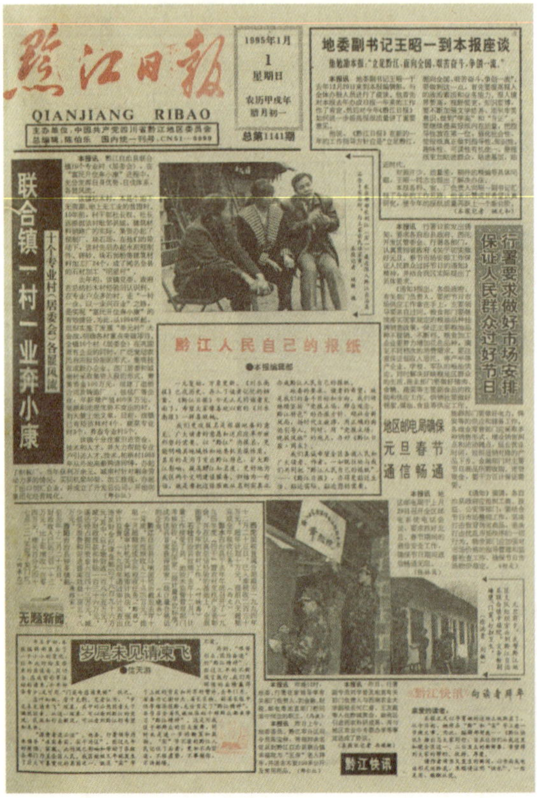
黔江日报
QIANJIANG RIBAO
1995年1月
1
星期日
农历甲戌年腊月初一
总第1141期
地委副书记王昭一到本报座谈
联合镇一村一业奔小康
行署要求做好市场安排 保证人民群众过好节日
黔江人民自己的报纸
地区邮电局确保元旦春节通信畅通
岁尾未见请柬飞
黔江快讯

《黔江日报》总第1141期 第一版

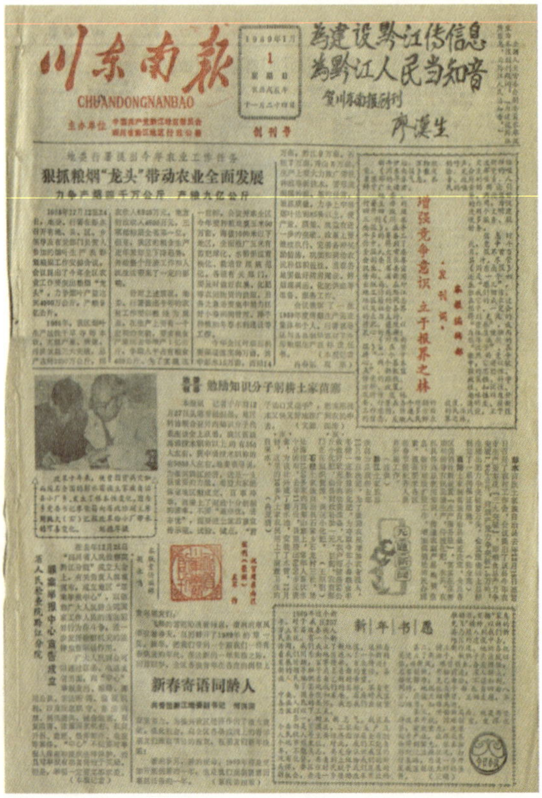
川东南报
CHUANDONGNANBAO
创刊号
为建设黔江传信息 为黔江人民当知音
贺川东南报创刊 廖汉生
狠抓粮烟"龙头"带动农业全面发展
增强竞争意识 立于报界之林
新春寄语同路人
新年书愿

《川东南报》创刊号 第一版

黔江通讯

QIANJIANG TONGXUN

1988年7月 1 星期五 农历戊辰年五月十八

黔江地区筹备组主办　内部报刊准印证洛字第46号　总第01期

我区首次农业工作会强调
坚持生产力标准发展开发性商品农业
争取三年内解决农民温饱，缓解财政拮据状况

6月25日至27日，黔江地区筹备组在黔江召开了首次农业工作会议。会上传达了省农业工作会议精神，分析了全区农业的现状和发展前景，强调坚持生产力标准，进一步解放思想，以改革精神破除"一'左'二旧"观念，从实际出发用好用足用活政策，自觉运用价值规律，大力发展开发性商品农业，尽快脱贫致富。

会议认为，黔江地区目前的生产力水平还十分低下，各项主要经济指标居于全省末位。解决农民贫穷、财政拮据的问题，是全区干部群众面临的首要任务。会议强调指出，一些旧框框、旧观念至今在我区还有一定市场，严重束约了生产力发展。要进一步解放思想，就必须坚持生产力标准，将它作为我们考虑一切问题的出发点和检验一切工作的根本标准，从"唯上、唯书、唯先例"的僵化观念和自满自足、自我封闭的小农意识的羁绊中解放出来，以改革精神创造性地工作。会议认为，发展我区的生产力，首先应从农业入手，打好农业这个基础，争取在三年内解决农民温饱、缓解财政拮据状况。实现这一目标的途径，就是大力发展开发性商品农业，选准优势、采取开发手段从深度和广度上充分利用农村现有资源，努力提高农副产品商品率，用商品经济观念指导生产。要打好粮食稳步增长、自求平衡的基础，形成以林为主、林草结合的生态平衡的屏障，树立畜牧业、林业、乡镇企业三大经济支柱，建立与农业和人民生活相适应的流通体系和网络，经过三年努力，争取实现人均粮食425公斤、纯收入250元，全区财政收入2亿元以上。为此，地县将制定鼓励发展开发性商品农业的优惠政策和特殊措施，各级各部门都要为改革开放、发展商品生产创造一个好的环境条件。

各县委、人大、政府、政协主要领导和有关部门负责同志出席了会议。会前，各县委书记和县长实地考察了石柱、彭水发展开发性商品农业的典型。

（本报记者）

本报以求实为本
——致通讯员同志们

求实！求实！《黔江通讯》以求实为本。

为动员社会力量共同维护新闻的真实性原则，努力避免失实、抄袭、剽窃等现象发生，在《新闻法》尚未公布之前，本报特作出如下规定：一、凡见报的消息、通讯以及报告文学等稿件，无论通讯员或本报记者，一律署其真实姓名。言论、读者来信，其署名听便。二、凡涉及全县性的重大稿件、报道先进人物、先进典型及点名点单位的批评稿件等，必须经所在县区宣传部门审查盖章，否则，本报不予采用。三、报道地、县领导同志的先进事迹、重大活动，必须征求当事人意见。四、一律文责自负。凡报道失实、抄袭、剽窃他人作品，对本报造成不良影响者，视其情节轻重，分别予以除名、停期用稿的处罚，重者则建议当地有关部门调查处理。

《黔江通讯》编辑部

全区各族人民的一大喜事
国务院批准设立黔江地区

1988年5月18日，国务院行文批复省政府《关于设立四川省黔江地区的请示》。批复同意将石柱土家族自治县、秀山、黔江、酉阳土家族苗族自治县和彭水苗族土家族自治县从涪陵地区划出，单独设立黔江地区。地区行政公署驻黔江土家族苗族自治县联合镇。

（本报记者）

今年五月中旬，联邦德国艾伯特基金会，将一台手工兔毛纺车赠给了"长毛兔之乡"——石柱土家族自治县。这种木制纺车小巧、灵活，易于操作，加工出来的兔毛线质量好。

图为县畜牧局技术员正在安装兔毛纺车。

黄世勋　摄

百字新闻

△秀山土家族苗族自治县石耶区，借助县土产公司、县农业局等部门的技术力量，于6月16日开始，对全区初中以上文化程度的青年进行农村实用技术培训。培训内容有：快速养猪法、黄花栽培技术、食用菌培育、水稻田间管理等。（尹德庆　杨波）

△彭水苗族土家族自治县鞍水乡红旗村一组农民向尚均，今年种了七分多地的火葱，由于他精心管理，获得了丰收。除去留种50多公斤外，出售500多公斤，纯收入700多元，平均每分地收入100多元。（夏培高）

△6月13日，酉阳土家族苗族自治县首批家庭服务员81人离开酉阳赴北京。这批女青年经过严格的体检和其它方面考核后，由有关部门对他们进行了培训，给她们上了法律及常用家用电器使用知识课，还进行了"四自"教育。（赵玲）

成立黔江地区好处何在？
宣传员说：有五个方面。

（宣传员讲话）

成立黔江地区有哪些好处？这个问题一时难住了宣传员小董。他在广泛听取议论的基础上，初步归纳有五个方面。

第一、可以逐步由地而州，实现全区各族人民的强烈愿望。自1983年和1984年酉阳、秀山、黔江、彭水、石柱五县分别成立自治县以来，各族人民期待着尽快建州，且得到了上级党委、政府及有关部门的支持。但由于种种原因，至今尚未实现。现在，省委采取先地后州的过渡措施，是从实际出发的正确决策。这样，建州的事使有了指望。

第二、可以从领导上解决"鞭长莫及"的问题。过去，尽管上级党委、政府及有关部门重视我们五县的工作，但由于路程相距太远，因而"虽鞭之长，不及马腹"。现在成立地区，建制齐判，无疑有利于省委、省府和地区对五县加强领导。

第三、可以更好的落实民族政策、扶贫政策，增加对我们这个"老、少、边、山、穷、病"六位一体的落后地区的投入。

第四、可以按合理的经济流向发展商品经济。单独成立地区，改变了传统的行政区划，就可以充分发挥地理位置及自然资源的优势。北靠长江黄金水道，可与重庆、武汉、南京、上海的长江经济带融为一体，比较容易取得大城市的支持和争取经济发达地区的投入；南边经济全面开放门户，可与广州、深圳等地互通声气，在国内、国际两个经济大循环中当好"二传手"，全区位于四省结合部，与鄂湘黔山水相连，信息较灵，交流方便，可以广辟市场。这样，我们就可以进入商品经济新天地，参于各种竞争。

第五，可以从民族地区的实际出发，探索民族贫困山区改革的路子，采取特殊政策、特殊措施，尽快脱贫致富。

卫生部在黔江召开
改灶降氟经验交流会

6月20日至22日，由国家卫生部主持的"三峡地区改灶降氟试点工作经验交流会"，在全国改灶降氟试点县之一的黔江土家族苗族自治县召开。

会议总结了一年来改灶降氟试点工作的成绩。全国4个改灶降氟试点县（我省的黔江、巫山，湖北的秭归、巴东），1987年共改灶36100户，分别圆满完成了与省、地签订的合同任务。黔江土家族苗族自治县委、县府十分重视改灶降氟工作，他们从领导、资金、物资、技术等方面给予了必要的保证，并在组织措施上，实行了"双线"承包责任制，一年来共改灶10022户，占全国试点县改灶总数的28%。黔江县委副书记石胜福在会上介绍了经验。试点期间，全国地方病防治研究中心的几位专家、教授在黔江研制出了9种降氟炉型，并决定由黔江县农机厂批量生产供应。

会议还部署了今后的试点工作任务，要求加强组织领导，强化技术指导，实行目标管理，改灶扶贫结合。

（胡永鸣　刘德瑜）

敬告读者

《黔江通讯》同广大读者见面了！她的创刊是全区257万土家、苗、汉各族人民政治、经济、文化生活中的一件喜事。

《黔江通讯》是黔江地区筹备组机关报。它坚持以"一个中心、两个基本点"为指导思想，以当好党委、政府和人民的喉舌为行动准则，以推进改革，服务于两个文明建设为己任。在各方的重视和支持下，《黔江通讯》必将成为读者们喜闻乐见的益友和知音。

目前，《黔江通讯》为八开二版周报。为了适应读者们的需要，它将陆续开辟一些小专栏，初步规划：第一版有简短消息《百字新闻》，兄弟地区的要闻《左邻右舍》，切中时弊的言论《今日小议》等；第二版有改革中的先进典型《百舸竞发》，为脱贫致富贡献良策的说理文章《一孔之见》，给人鼓舞、希望的基本建设项目《重点工程介绍》等。欢迎广大通讯员踊跃投稿，稿件一经采用，酌付稿酬。

《黔江通讯》创刊号　第一版

《巴渝都市报》

1950年创刊	1958年更名	1967年更名	1968年更名	2005年创刊
《群众报》	《群众日报》	《新华电讯》	《涪陵日报》	《巴渝都市报》

1950年4月1日创刊

创刊报名《群众报》

《巴渝都市报》前身为1950年4月1日在酉阳创刊的《群众报》。1952年9月5日，酉阳地委合并至涪陵地委，群众报社遂迁至涪陵。同年10月1日，《群众报》在涪陵正式出刊，并在1958年至1967年期间，先后更名为《群众日报》《群众报》《新华电讯》。1968年3月1日，经涪陵地区革命委员会决定，《新华电讯》改名为《涪陵日报》。

2004年，涪陵日报社撤销，并于2005年3月17日，组建巴渝都市报社。2005年8月26日，定位“立足涪陵、服务周边、关注民生、面向市场”的《巴渝都市报》正式创刊。

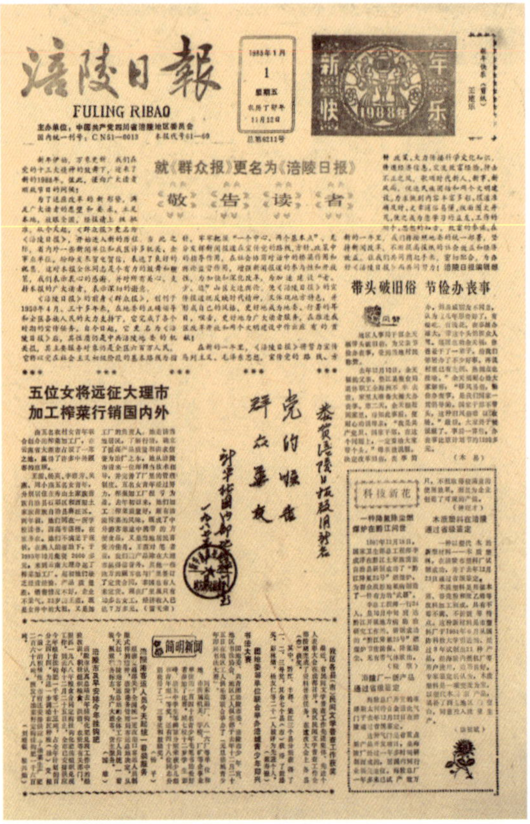

涪陵日報

FULING RIBAO

就《群众报》更名为《涪陵日报》敬告读者

带头破旧俗 节俭办喜事

五位女将远征大理市 加工榨菜行销国内外

《涪陵日报》总第6211号 第一版

巴渝都市報

新的起点 新的希望

《巴渝都市报》总第00152号 第一版

公元一九五〇年十二月十日　星期日　第一版

群眾報

第六十五號

本報通訊員注意

本報採通科啓

秀東軍民協同搜山 匪首石維濤被擊斃

酉陽酉酧鄉王家堡村

通過追贓分配果實 群眾覺悟大大提高

中平鄉惡霸匪首伏法後

農民熱烈展開追贓

農民把從前被拿去的東西追回來

龍潭鎮婦女召開六百餘人大會

向包庇惡霸匪首的江龍平說理

婦女會員一致意見開除她兩人的會籍

鷄池五村農協會

爲啥解散重新成立？

社論

戰販們進一步擴大戰爭陰謀必然失敗

評杜魯門、艾奇遜的聲明

《群众报》第65号　第一版

《渝中报》

2010年2月24日正式发刊

《渝中报》于2009年9月30日创办并试刊，2010年2月24日正式刊发，其报头由书法家魏功钦题写。

《渝中报》坚持高起点、高标准、高要求、高质量的办报宗旨和原则，及时传达区委区政府重大决策部署，关注百姓生活，多渠道扩大传播途径，基本实现党政机关、人大政协、街道社区、事业单位、重点企业“五个全覆盖”。

渝中報

第1期

崭新开端　任重道远

发刊词

“市民的社会感觉提升了”

黄奇帆视察渝中区人民路整治项目

关注民生　关注人民

陈光国、邢元敏等春节前慰问我区老模范、困难户和部分春节无休单位

谋长远之计　建睿智之言　献务实之策

区政协十二届四次会议隆重开幕

刘强王福清吴永年米绍林等到会祝贺并在主席台就座

安占宝作十二届区政协常委会工作报告　幕福君作提案工作情况报告

我区召开

区委十届十二次全委(扩大)会

倡议书

区十六届人大五次会议　预备会议　主席团第一次会议　昨日举行

各代表团第一召集人会议同日举行

《渝中报》正式发刊号　第一版

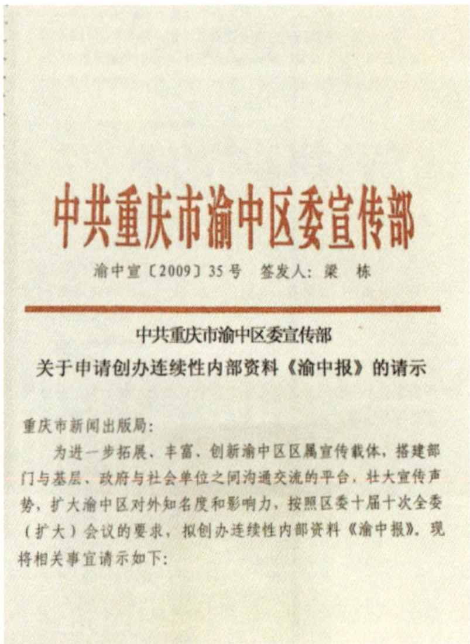

中共重庆市渝中区委宣传部

渝中宣〔2009〕35号　签发人：梁　栋

中共重庆市渝中区委宣传部

关于申请创办连续性内部资料《渝中报》的请示

重庆市新闻出版局：

为进一步拓展、丰富、创新渝中区区属宣传载体，搭建部门与基层、政府与社会单位之间沟通交流的平台，壮大宣传声势，扩大渝中区对外知名度和影响力，按照区委十届十次全委（扩大）会议的要求，拟创办连续性内部资料《渝中报》。现将相关事宜请示如下：

中共重庆市渝中区委宣传部

关于申请创办《渝中报》的请示

渝中报

试刊号 第1期
今日4版
2009年9月30日 星期三
己丑年八月十二
今日天气：多云转阵雨 26℃-33℃

中共渝中区委 渝中区人民政府机关报 中共渝中区委宣传部主办 渝中区广播电视新闻中心主编 准印证号：渝内字第538号 每周三、五出版 渝中网：www.yzwx.gov.cn 总编辑：朱军

金秋的祝福

新中国60华诞，中秋节翩翩而至。在这个吉祥喜庆的日子里，复刊后的《渝中报》与大家欣然见面。工作、生活在这里的人们，不仅会从这张报纸了解到区委、区政府的一系列方针、政策和重大举措，及时知晓发生在区域内的各类信息，搭建起党委、政府与民众交流的平台；渝中父老乡亲从此又将拥有一份精神食粮和一块心灵花园。

作为重庆的母城，渝中自古以来就是重庆的政治、经济、文化中心，3000多年的悠久历史，积淀了丰厚的文化资源。复刊《渝中报》，就是要在这块文化沃土上，唱响主旋律，打好主动仗，用先进的文化教育、引导广大群众，体现社会主义核心价值的主导和引领作用，同时构建起更加广阔的平台，推动渝中走向全国、走向世界。

《渝中报》的复刊，凝聚着区委、区政府的百般关怀和无限厚望。区委书记刘强十分关心《渝中报》的复刊情况。他在区委十届十次全委（扩大）会议上特别指出："宣传是战斗力，也是生产力，对内可以凝聚人心、鼓舞士气，对外能够树立良好形象、扩大影响。"并在百忙中亲自对《渝中报》的办报方针、具体方案等作出指示。区委常委、宣传部部长，本报总编朱军对办好《渝中报》作出专门批示："一定要注重质量，特别要确保政治性、突出新闻性、体现区域性，增强可读性"。

《渝中报》的复刊，还凝聚着辖区内各级机关部门、社会单位以及全区人民的殷切期望。要办好这张渝中人自己的报纸，需要编采人员的辛劳付出，需要方方面面的鼎力相助，更需要广大读者的倾心爱护。这样，《渝中报》才能发挥更好的作用，也才能成为读者大众的知心朋友。

中华民族喜逢盛世，伟大祖国日新月异。在这金风送爽的季节，在这举国欢庆的日子，借《渝中报》复刊之际，让我们共同为祖国祝福，为我们的城市和人民祝福，同时也为《渝中报》顺利复刊和它的未来祝福。

本报编辑部

两江映月别样圆

"我们的节日·中秋"经典诵读晚会在湖广会馆举行
何事忠 刘学普观看演出

本报讯 （实习记者 杜见钊 李玉倩）庆中秋，诗词箴言齐上阵；迎国庆，名角群众同登台。27日晚，由渝中区委、区政府主办的"两江映月别样圆——渝中区'我们的节日·中秋'"经典诵读晚会在湖广会馆举行。市委常委、宣传部长何事忠、副市长刘学普、渝中区四大家领导、驻区重点机构企业负责人等莅临现场观看演出。

名角群众同献艺 两江映月寄情怀

晚会分为"秋月寄情思"、"江月系情缘"、"皓月懿情怀"三个篇章，演绎春秋到当代20多首名家诗篇节选。中华经典与讴歌祖国的巧妙融合，诠释了中华传统节日的文化内涵，展示出渝中深厚的文化底蕴和人文情怀。整台晚会古今交融，时而温馨，时而大气。

参加晚会的演员多是来自机关、社区、学校的普通群众，年龄最小的才8岁。他们用深情的诵读，为中秋佳节、祖国生日送上真诚的祝福。晚会更得到刘光宇、沈铁梅等名家名角助阵，名角、群众同台献艺，赢得满堂喝彩。

中秋国庆共欢庆 箴言书签送祝福

"明月几时有，把酒问青天……"一首荡气回肠的《水调歌头》穿越千年而来，拉开了晚会的大幕。从《回家》、《团圆》、《中秋童谣》、《望月怀远》等众多经典诗词的联诵，到全体参演单位共同表演的大型诗歌《国家》，既有对中华文明的赞颂，又有对伟大祖国的热情讴歌。源远流长、灿烂辉煌的中华文化令外国朋友倾心向往，他们也参与到节目的表演中，用婉转动听的中国民歌，表达深深的祝福。

"巴蔓子铮铮铁骨渝中人，解放碑顶天立地民族魂……"晚会中，现场不少观众收到了区委书记刘强和区长王福清创作的箴言。观众还在现场书写"书签祝福"，一张张精美的书签，在现场传递，洋溢着温暖浓郁的中秋祝福情。

整台晚会结合全区广泛开展的"唱红歌、读经典、讲故事、传箴言"活动，既打造出渝中"四位一体"精品品牌，也是区域内精神文明建设成就的集中展现。晚会在阵阵掌声中圆满结束。

全区四位一体活动试点单位负责人、区内机关、驻区部队代表、总部企业、文明单位和社区群众共300余人观看了演出。

外国友人民歌小合唱《半个月亮爬上来》 罗大万 摄

学习实践科学发展观活动正式启动

渝中区第二批

本报讯 （记者 周义华 杨波）根据市委统一部署和要求，渝中区第二批深入学习实践科学发展观活动于9月18日正式启动。刘强、王福清、吴永年、安占宝等区领导，市委第一巡回检查组副组长杨富财，参加了动员大会。

据了解，为期半年的第一批学习实践活动，工作扎实、措施得力、进展顺利、成效显著。全区上下科学发展的理论基础进一步增强，科学发展的目标思路进一步明晰，科学发展的成效进一步展现，民生民利进一步改善，经济社会呈现出良好的发展态势。大会对区纪委等十个示范单位、十个优秀单位进行了表彰，同时表彰了优秀调研课题。部分示范单位代表作了交流发言。

刘强在动员部署会上指出，成绩的取得，离不开市委指导检查一组的关心指导和大力支持，更离不开全区干部群众的共同努力。第二批学习实践活动涉及590个基层组织，一定要加强分类指导，分行业提要求，防止活动主题"一个调"、活动要求"一个样"、学习培训"一锅煮"、督促检查"一把尺"的现象。

刘强要求，开展好第二批学习实践活动，各级各部门要坚持做到以下四点：第一，思想重视不能松，坚决克服疲劳心理，将学习实践活动作为政治任务抓实抓好。第二，力量配备不能减，区委学习实践活动办公室和各基层单位要根据特殊实际，强化力量配备，确保整个学习实践活动紧紧围绕主题，扎实有序推进。第三，工作标准不能降，坚持严格把关，确保质量。第四，舆论宣传不能弱，把握正确导向，突出活动主题，注意挖掘和大力宣传学习实践活动中的成功经验和创新做法，为学习实践活动的开展营造良好的舆论氛围。

王福清在讲话中要求全区各级党组织特别是第二批学习实践活动参学单位，一定要认真学习，深刻领会今天的会议精神，以高度的政治责任感和使命感，扎实抓好第二批学习实践活动，为渝中区建设"一区一基地"、打造"内陆香港"提供坚强的思想、政治和组织保证，以推动科学发展的实际成效迎接共和国60华诞！

发挥人大作用 共促渝中发展

渝中区召开区委人大工作会 传达市委人大工作会议精神

本报讯 （记者 周义华 杨波）在区县人大常委会恢复30周年之际，为贯彻落实市委人大工作会议精神，研究部署进一步加强人大工作的各项任务，区委人大工作会于近日召开。刘强、王福清、吴永年、安占宝等区领导参加会议。

刘强在会上强调，人大使命崇高、责任重大，一定要履行好法律赋予的神圣职责，发挥好人大监督的重要作用，广泛凝聚各方力量，共同推进渝中科学发展、加快发展。他要求，要深刻认识坚持人民代表大会制度的重要性，在充分发扬社会主义民主的同时，切实加强和改进党对人大工作的领导。他强调，区人大常委会要进一步增强责任感和使命感，认真履行好法律赋予的各项职责。人民代表要真正体现代表人民、服务人民，努力成为遵纪守法的代表、勤政廉洁的代表、群众信赖的代表、组织放心的代表。

王福清代表政府庄重承诺，将切实向人大负责、自觉接受人大监督，进一步提高政府依法行政能力，同时为人大及其常委会行使职权、开展工作提供有力保障。区法院和区检察院负责人纷纷表示，将进一步深化接受人大监督重要性的认识，不断强化接受人大监督的自觉性、主动性、实效性，坚决维护人民代表大会制度的权威性。

吴永年表示，区人大及其常委会将继续坚持党的领导，坚定正确的政治方向，紧紧围绕中心工作，依法行使各项职权，为渝中区经济社会大开放大发展提供制度支撑和法治保障。

渝中130万盆鲜花迎国庆

解放碑"巨型蛋糕"鲜花造型，60根红烛表达庆贺祖国60华诞喜悦之情。 魏中元 摄

肝胆相照 风雨同舟

渝中区召开庆祝人民政协成立60周年座谈会

本报讯 （实习记者 李弋）为庆祝人民政协成立60周年，渝中区召开了隆重的座谈会。刘强、安占宝以及各民主党派、工商联、无党派人士代表40余人参加了座谈。

座谈会深情回顾了人民政协成立60周年来经历的风雨历程，热情讴歌了人民政协成立60年来取得的辉煌成就。刘强在座谈会上指出，当前，渝中区正处在加快发展、科学跨越的关键时期，新的形势和新的任务为人民政协赋予了更重的历史使命，对政协工作提出了更高的目标要求。他强调，全区各级政协组织和广大政协委员，要以市委政协工作会议精神为指针，集群贤之智、兴务实之风、聚博爱之心、拓创新之路，在服务经济发展上有新举措，在履行自身职能上有新作为，在促进社会和谐上有新成效，在加强自身建设上有新突破，努力开创人民政协工作的新局面。

座谈会上，新老政协委员纷纷表示，人民政协将与党委政府同心同向同力，努力把职能履行好，优势利用好，作用发挥好，不辜负人民的期望。

新闻热线：63924640

《大渡口报》

1991年创刊
《钢城周报》

1995年更名
《大渡口报》

1991年2月13日创刊
创刊报名《钢城周报》

《大渡口报》前身为创刊于1991年2月13日的《钢城周报》。1995年3月,《钢城周报》更名为《大渡口报》。

为适应大渡口区日新月异的发展速度,1995年7月,《大渡口报》开始出版周二刊。2011年3月,《大渡口报》增至每周三刊。

大渡口報

DA DU KOU BAO

中共大渡口区委 大渡口区人民政府主办

共商改革大计 同议发展大事
区八届人大三次会议隆重开幕
区长余正祥作《政府工作报告》

区政协四届三次会议隆重开幕
集思广益献良策 协商监督参议政

我区一批妇女工作先进集体
和优秀妇女受到表彰

卅年辉煌 卅年硕果

辉煌30年

《大渡口报》总第203期 第一版

钢城周報

GANGCHENG ZHOUBAO

1991年2月13日 星期三 第0001号 重庆市准印证号 NO91641

90年艰苦奋斗稳步前进 91年振奋精神再图发展

本报讯 （记者牛亚来）新年伊始，区委区府领导同志想大事，抓关键，已敲定了今年工作的“总盘子”。

回顾过去的一年，虽然困难重重，步履艰辛，但我区人民终于胜利闯过来了。区委区府坚持以“稳定压倒一切”为根本指导思想，两个文明一起抓。在经济建设方面，全区集体工业总产值达17915万元，与上年基本持平；社会商品零售总额及国营商业的销售总额都比上年增长4%以上；建筑业、交通运输业等出现了新的转机。重钢、18冶、有机厂、玻纤厂等驻区单位都较好地完成了年度生产计划。尤为可喜的是重钢的工业总产值增长14.8%，首次突破年生产生铁100万吨大关，又拉开了钢系统技术改造的序幕。与此同时，全区社会主义精神文明建设、民主和法制建设、党建和廉政工作都有新的进步。

今年是实现十年规划和“八五”计划的头一年，摆在全区人民面前的任务是艰巨的。年初，区委区府领导在认真学习领会中央十三届七中全会精神的基础上，联系本区实际，确定了今年的工作要点，并通过召开计划经济、财贸工作会，双文明表彰会，社会治安综合治理表彰会等分项布置了全年工作。今年的主要任务：一是集中精力，专心致志抓经济，广泛开展“质量、品种、效益年”活动，确保经济稳定增长；二是切实加强思想政治工作，努力发展教科文体卫等各项事业，坚持“政企密切配合，共同建设钢城”的指导思想，积极推动社会主义精神文明建设；三是努力推进社会主义民主法制建设，进一步搞好社会治安综合治理，确保全区的稳定发展；四是进一步做好统战工作，协调好各种组织的活动，调动各方面的积极性，为祖国建设和统一大业服务；五是加强党的自身建设，发挥党组织的政治核心、战斗堡垒作用和党员先锋模范作用。

最近，区委区府领导同志强调，年初就要把各项工作抓紧，争创首季工作的好成绩，并努力将各项工作的好势头继续下去，发扬开去，全面完成今年改革和建设的各项任务，以实际行动向建党七十周年献礼。

发刊词

全区人民盼望已久的《钢城周报》诞生了！她伴着春风而来，孕含着勃勃生机；她迎着佳节而到，预示着吉祥如意；她扎根于十里钢城，将在人民的关怀支持下成长，在服务于全区中与千家万户息息相依。

《钢城周报》的诞生是社会主义现代化建设在我区推进的一大成果，她的主旨同样在于为我区的社会主义现代化建设服务。她作为我区意识形态领域的一块阵地，将充分发挥正确舆论导向的作用，坚定不移地贯彻党的四项基本原则，积极宣传党的路线、方针、政策，宣传各条战线、各行各业的成就、经验、好人好事。同时，也将利用这一窗口，发挥舆论监督作用，做人民的耳目喉舌，反映群众的呼声和愿望，抨击各种污浊和弊端，推动各项工作的改进与发展。为达此目的，本报在编辑中，将以突出思想性，体现指导性，注意新闻性，致力可读性为原则，采用稿件将突出“真、快、新、土、短”的特点。热诚欢迎全区各级领导和广大群众踊跃赐稿，以及对办报享宜提出意见或建议。本报将努力造成众人拾柴之势，使这方寸之地真正成为人民生活中的爱物益品。

时代在发展，文明在进步。让我们共同以心血耕耘《钢城周报》这块圣洁的处女地，以汗水浇灌《钢城周报》这朵传播大众信息的新蕾，使她在时代的沃土中茁壮成长，为祖国的文化百花园增秀添彩。

以质量效益总揽全局
重钢提出1991年生产经营任务

本报讯 在认真学习党的十三届七中全会精神，总结去年生产经营成绩的基础上，重钢提出了1991年生产经营的工作任务。

去年，重钢克服市场疲软、资金短缺等具体困难，依靠全公司职工的一致努力，夺得了全年工作的好成绩。其中，生产焦碳93.84万吨、铁100.64万吨、钢83.24万吨、钢材92.13万吨，分别比1989年增长了17.48%、7.4%、34.1%和17.3%。特别是生铁破100万吨大关，创造了重钢52年历史的最高纪录。

新的一年，重钢又把生产经营的重点放在以质量效益总揽全局的基点上，明确提出了全年生产生铁100万吨、钢80万吨、钢材90万吨、焦炭90万吨的目标，为此，重钢党政主要领导下达了以下5项工作任务。第一，在整个生产经营过程中，切实把品种、质量、效益放在突出的地位上。第二，抓住炉系统达产、焦化化产回收顺行等关键环节，把公司各工序的生产迅速推上规模经营水平。第三，贯彻科技兴厂的方针，推进技术进步，调整产品结构，提高质量，降低物耗、能耗。第四，抓紧炼钢系统的技术改造，实现主要工序能力综合配套平衡。第五，加强企业管理，从严格管理中获取投资最省的效益。（重钢宣传部）

热烈祝贺《钢城周報》创刊！希望它成为团结、教育、鼓舞全区人民共建文明钢城的耳目喉舌。

余正祥
九一年二月

“双文明”先进受表彰

本报讯 （记者李军）一月二十五日，区委、区府表彰了九〇年在“两个文明建设”中做出贡献的107个先进集体，90名先进个人。

迎新春商业局扩销增效开门红

本报讯 （通讯员袁建忠）大渡口区商业局系统今年一月扩销增效活动取得明显成效。据统计，商业局系统所属国营商业企业一月份实现销售823万元，比去年同期增长10%。区糖酒、日杂、副食水产、加油站、回收等企业一月份实现销售都比去年同期有明显增长。其中回收公司增长达187.2%。

质量高速度快外商点头称是 征南国苦奋战大建声誉鹊起

本报讯 （记者李军）按常规需16个月才能完成的海南东洋水产公司冷库工程，大渡口区建筑公司海口分公司只用6个月，就以优良的质量将它拿下，赢得了素以效率著称的日商称赞，被《海南日报》誉为“创造了同深圳速度媲美的海南速度”。

海南东洋水产公司冷库工程是日本东洋水产株式会投资项目。工程包括一座750吨冷库水产、农副产品加工车间，100吨倒锥形水塔等设施，总造价250万美元。按国家规定该工程施工期应是16个月，但日商要求在6个月内峻工投产，许多单位望而却步，大建公司却敢于迎接挑战：承接了土建工程。在渝海公司的指导下，他们经过科学的分析，编制了严密的施工计划，实行24小时连续作业，做到每月有计划、每周有检查，并派出工程技术人员吃住在现场，跟班检查。施工中除坚持专职质检员严格验收把关外，各班组还加强自检，抽检。现场指挥部还及时召开生产分析会，会诊解决技术质量难关，使整个工程做到了按期保质完工。

优良的质量，超凡的速度使大建海口分公司享誉海南，有不少单位前去接洽业务。目前该公司已承接到重庆油脂化学厂和几栋别墅的业务，造价700多万元。日本东洋水产株式会社总裁森和夫明表示：日方二期工程将由大建海口分公司承接。

会讯

区政协三届二次全委会将于2月21日召开。会议将学习七中全会文件，听取常委会工作报告、提案委员会工作报告和区政府工作报告（草案）的说明，并就此展开讨论。

（龙华）

本版责任编辑 李 军

慰问信

亲爱的全区职工、居民同志们：

历史翻开了十年规划和“八五”计划的第一页，在这回顾、展望、奋进的交接点，中共大渡口区委、区人民政府谨向你们致以新春佳节的祝福和亲切的问候！

一九九〇年是不平凡的一年。在过去的一年里，全区人民以稳定压倒一切为指针，以经济建设为中心，搭滑坡、战疲软，在治理整顿深化改革中，经济稳定发展；思想政治工作、精神文明建设有了加强；教科文卫体、计划生育和公共设施建设取得了新的成绩；社会主义民主法制建设和社会治安综合治理有了新的进展。全区社会稳定，人民安居乐业。

珍藏去年的勋功章，播种新年的希望。新的一年，我们应认真学习、宣传和贯彻十三届七中全会精神，以经济建设为中心，继续治理整顿、深化改革；坚持党的基本路线，反对资产阶级自由化；加强党的建设和廉政建设，全力以赴完成一九九一年的各项工作任务。

同志们、朋友们，让我们携起手来，进一步密切政企关系，同心协力，为共建钢城的文明与繁荣作出新的贡献！以优异的成绩向建党70周年献礼！

祝新春愉快，全家幸福！

中共大渡口区委
大渡口区人民政府

一九九一年二月十三日

政企共建有成效仍须努力

△最近，在政企共建座谈会上，与会同志肯定开展共建四年来，两个文明建设有大的推进。区委区府领导强调，在新的一年，要坚持调动各方面的积极性，为共同建设文明钢城而努力。

（欣闻）

△最近，九龙坡区一职工乘25路车时，被扒手窃去现金5100元。我区公安分局刑警队代钢、吴开明、周骏等接到报案后立刻行动，奋战8小时，捉获了扒手，并追回现金2700元和大量衣物。

△近日，区法院判处强奸犯（未遂）朱晓刚有期徒刑五年零六个月。去年7月12日凌晨，朱酗酒与人斗殴，被追至重钢单身女工宿舍。朱敲门，一女工误为同事归，便开门，朱持刀撞进。待人走后朱欲强奸女工，女工奋力挣脱向值班室报了案。

（吴怡冬）

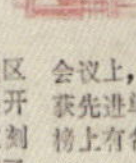

区职中荣膺全国先进单位

△1月21日闭幕的全国职业教育工作会议上，四川省有15个单位荣获先进单位称号，区职业中学榜上有名。

（余朝晖、孙朝烈）

《江北报》

2008年1月9日创刊

《江北报》于2008年1月9日创刊，为对开四版彩色印刷，每周二、四、五出版，并在全区社区、村开设《江北报》读报窗，连续12年获评重庆市优秀区县报。

《江北报》创刊庆典合影

4 江北报 JIANGBEI BAO 特刊

热烈祝贺

江北报 隆重创刊

祝贺单位

《江北报》创刊号 第四版

2 江北报 JIANGBEI BAO

聚焦 区十届四次全委（扩大）会议暨全区经济工作会议

努力建设创意、实力、宜居、和谐江北

史大平在区十届四次全委（扩大）会议暨全区经济工作会上指出

牢固树立以人为本思想 实现又好又快发展

2007 六大发展特点

2008 六个重点推进

关键在干 贵在落实

区商委保障市场供应

加快推进城乡统筹发展 建设创意实力宜居和谐江北

《江北报》创刊号 第二版

《江北报》创刊号 第一版 第三版

《沙坪坝报》

2004年创刊
《今日沙坪坝》

2009年更名
《沙坪坝报》

2004年8月2日创刊
创刊报名《今日沙坪坝》

《沙坪坝报》前身为《今日沙坪坝》。《今日沙坪坝》创刊于2004年8月2日，2008年推出电子版，并于2009年7月2日，更名为《沙坪坝报》。

2017年3月，《沙坪坝报》增设数字报。

沙坪坝报
坚持科学发展观
建设人文沙坪坝
2009年7月2日
总第246期
主办：中共沙坪坝区委 沙坪坝区人民政府
唱响红歌诵读经典
我区各界欢庆"七一"
社区新闻发布会
需和居民走得更近些
凤鸣山片区将建10万平方米
公共绿地和广场
庆祝新中国成立60周年
系列报道
李剑铭到区委宣传部听取区委全委会筹备工作汇报 强调
抓住文化大发展大繁荣的历史机遇 做大做强沙坪坝文化
李剑铭会见重庆科博达公司管理团队
李剑铭到区人大常委会和区政协开展调研
方海洋部署安全生产工作
方海洋调研危旧房改造工作
区人大常委会召开义务教育工作座谈会
第4版 庆祝新中国成立60周年系列报道
纪念中国共产党成立八十八周年
红色记忆
历尽艰辛献身革命
——记中共沙坪坝分区委书记黄蜀澄
沙坪坝区第一个党支部遗址
红色书店——沙坪书店

《沙坪坝报》总第246期 第一版 第四版

JINRI SHAPINGBA

今日沙坪坝

2004年8月2日

（星期一）

创刊号

地址：沙坪坝区小新街42号

邮编：400030

电话：65316154 65368636

主办：中共重庆市沙坪坝区委 重庆市沙坪坝区人民政府 《今日沙坪坝》编辑部编辑出版 内部资料 免费赠阅

加快推进新型工业化进程

中共沙坪坝区委召开九届四次全委（扩大）会

（详见2版）

创刊词

本刊编辑部

沙坪坝，一个蜚声中外的文化区。

在这片充满希望的热土上，在深厚的文化底蕴里，《今日沙坪坝》在全区人民热切的期盼中诞生了。

《今日沙坪坝》由中共沙坪坝区委、沙坪坝区人民政府主办。它将成为全区人民的益友，成为全区经济发展和社会发展的信息平台。

《今日沙坪坝》以"推进发展、服务群众"为办刊方针。坚持党的基本路线，准确、生动地宣传党的方针政策，及时报道区委、区政府重大决策，快捷介绍跨越发展的经验成果，真实反映人民群众呼声。它将努力做到敏锐洞察时事，领观念之先，导风气之向，充分发挥舆论监督作用，强化政府与群众之间的互动，当好党和人民的喉舌，关注民生，广纳民智。它将坚持围绕中心、服务大局，团结一心、求真务实，为全面建设小康社会鼓与呼。

《今日沙坪坝》将努力形成自身的特色。坚持"面向读者，面向全区、导向正确、可读性强"的原则，倡导"新、精、短、深"的编辑作风，坚持本土化，加大信息量，突出新闻性、可读性、实用性。每版将创办特色栏目。从内容到形式，大开大合，雅俗共赏。讲究实际、实用、实在、实惠、实效。努力追求理性、大气、清新、时尚的风格。读者喜欢不喜欢，群众爱看不爱看，是衡量办刊质量的试金石。

《今日沙坪坝》将聘请一批由区领导和专家组成的顾问，建设一支具有专业素质和敬业精神的采编队伍，培养一批工作在第一线的通讯员，组建一支兼职的阅评队伍。他们将以阅读者、见证者、参与者、生活者的多重身份，共同办好这份属于全区82万人民的刊物。

《今日沙坪坝》是一支刚刚含苞的花朵，是一个呱呱坠地的婴儿。办刊伊始，它的成长离不开全区人民的支持，离不开社会各界的关爱。我们坚信，在区委、区政府的正确领导下，在区委宣传部的指导下，在全区广大干部群众的积极参与和支持下，《今日沙坪坝》将随着今日沙坪坝的发展，不断进步，越办越好，受到广大读者的喜爱。

JINRI SHAPINGBA 今日沙坪坝 副刊·歌乐山 2004年8月2日 8版

好呵，今日沙坪坝

■重庆师范大学教授、中国作协会员 彭斯远

……

就是这个人间魔窟，不仅炼就了昔日无数心向光明的烈火金刚，而且炼就了滚留在无数沙坪坝健儿心上，也留在全国亿万人心中的红岩精神！有此红岩精神的导引，我相信，沙坪坝的明天，必然会比今天更美。

此时，我打心眼里发出一声呼唤：

好呵，今日沙坪坝，生我养我的摇篮！

喜看今日新蕾绽

——贺《今日沙坪坝》创刊

■中国散文诗协会会员、市作协会员 文鼎白

我自幼生活于沙坪坝，朝倚歌乐云岫松，晚傍嘉陵水东流。五十几个春秋，弹指间就过去了。其间沙坪坝发生了许多变化，尤其是改革开放以来，可谓变化巨大。前不久儿时的朋友从西安来渝，我陪他到沙坪坝三峡广场走了一圈。"完全变了变了，你不说，我简直是认不出来了！"朋友感慨不已。朋友是七岁时随父母支持西北纺织业就离开沙坪坝了，几十年的时间断层，产生认不出的感觉，我以为很正常。因为即使是如我这样一直生活在沙坪坝的人，几个月不出门，都感叹变化太快。何况而今已进入信息时代，用日新月异来形容其变化的节奏，一点儿也不过分。但沙坪坝的变化，如何让沙坪坝人民乃至重庆人民、全国人民获知呢？虽然多种媒体也间有报道传播，但大都是散见，集中反映的载体还没有见到。值得欣慰的是沙区区委、区政府主办的《今日沙坪坝》创刊了，我很是高兴。这不仅因为《今日沙坪坝》填补了沙坪坝宣传载体的一类空白，而且更说明沙区文化的一种发展态势，实在可圈、可点。沙坪坝区文化建设由此得以进一步张扬，而文学艺术发展也添了一块新圃。

愿《今日沙坪坝》发扬光大。

喜看今日沙坪坝

■重庆工商大学副教授、重庆通俗文艺研究会副主席 杨金帮

贺《今日沙坪坝》创刊

■重庆大学教授、中国作协会员 杜承南

（三）

……

歌乐山鸟瞰

——贺《今日沙坪坝》创刊

周庄与磁器口

■四川外语大学教授、市作协影视创委会主任

《今日沙坪坝》 创刊号 第一版 第八版

《九龙报》

2010年2月1日创刊

《九龙报》于2010年2月1日创刊，在全市区县报综合质量考评中，连续11年获评重庆市优秀区县报，多件作品荣获重庆市新闻奖、重庆市区县报好新闻奖。

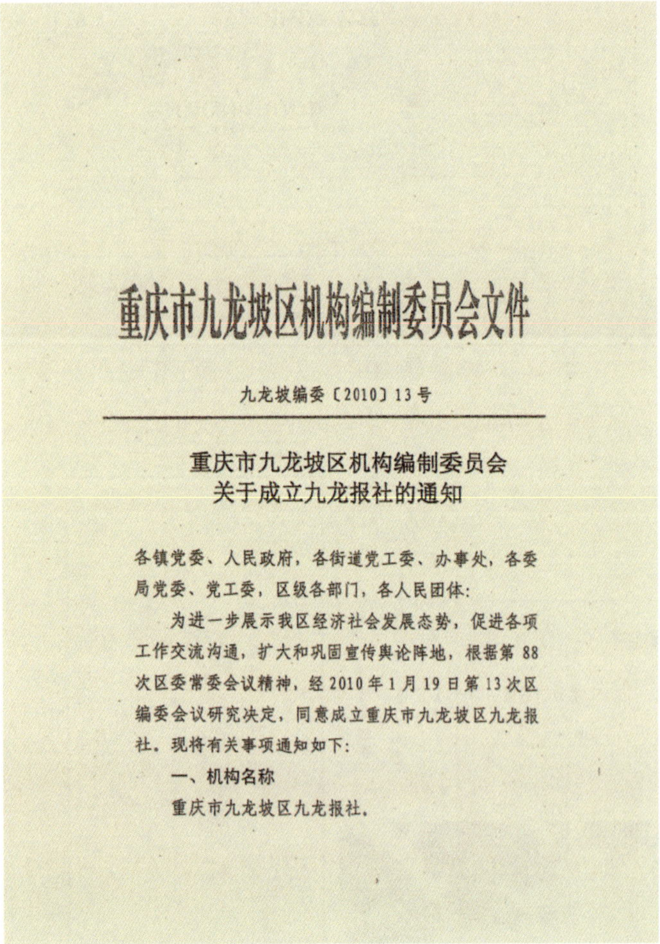

重庆市九龙坡区机构编制委员会文件

九龙坡编委〔2010〕13号

重庆市九龙坡区机构编制委员会
关于成立九龙报社的通知

各镇党委、人民政府，各街道党工委、办事处，各委局党委、党工委，区级各部门，各人民团体：

为进一步展示我区经济社会发展态势，促进各项工作交流沟通，扩大和巩固宣传舆论阵地，根据第88次区委常委会议精神，经2010年1月19日第13次区编委会议研究决定，同意成立重庆市九龙坡区九龙报社。现将有关事项通知如下：

一、机构名称

重庆市九龙坡区九龙报社。

重庆市九龙坡区机构编制委员会

关于成立九龙报社的通知

九龍報
责任 | 主流 | 服务
JIULONGPO NEWS
2010年2月1日 星期一 农历己丑年十二月十八
创刊号
今日8版
博客:http://blog.sina.com.cn/cqjlpjb　http://cqjlpjb.blog.sohu.com

舞动九龙　勇于担当(发刊词)

今天,2010年2月1日。我——《九龙报》诞生了!

……本报编辑部

"你搬新家我一定会来!"

区委书记刘光全给困难群众拜年,和他们拉家常,聊未来

本报讯　春节即将来临,人们正忙着置办年货,而此时,区委书记刘光全却惦记着三位老朋友。1月30日一大早,刘书记就早早备好了3份年货和新鲜猪肉,前去拜年。

自力更生才能根本脱困

67岁的周汝信是西彭镇元通村一名老党员。由于没有子女,和老伴相依为命,而老伴做过胃癌切除术,长期靠吃药维持生命,生活十分艰难。

去年8月,刘书记了解到这些情况,当即将自己工资约2300余元转交周汝信,帮助他买来兔仔和鸡仔,让他发展养殖业,并嘱咐村里的技术人员进行辅导。现在,周汝信养了40多只兔,100多只鸡,收入开始好转。

了解到这些情况后刘书记非常高兴。他鼓励周汝信说,努力上进,自力更生,再加上帮扶,一定可以很快摆脱困境,但若是一味等靠要,不仅无人愿意帮,更不会有好的未来。

"你搬新家我一定来"

57岁的乌代利是华岩镇共和村的征地农民,征地后,一家四代六口就近租了几间小屋,由于只有儿子有固定工作,生活很困难。刘书记了解到情况后,主动与她结成了帮扶对象。在刘书记的关心下,春节后,乌代利全家就要搬进加德园的新居了。

1月30日上午,刘书记来到乌代利租住的旧房中,亲切地对乌代利说:"等你搬了新家,我一定再来拜访,还要送份乔迁之礼!"

明天会更好

程必怡自幼因小儿麻痹症落下残疾,一家三口仅靠870元低保费生活,多年来,他一直受到党和政府的帮扶,去年成为了刘书记的对口帮扶对象。一个月前,程必怡全家搬进了华福家园廉租房50多平方米的新房,每个月只要40多元租金。

"书记,我是发自内心的感激,党和政府给我的关怀,确实没话说!"刘书记一进屋,程必怡就紧紧抓住书记的手。

刘书记告诉程必怡,社会进步了,党和政府就会更加关注困难群体,给予他们更多的关心和帮助,只要大家齐心协力,努力奋斗,将来一定会更美好。

记者 高晓燕

——全区送温暖专题
详见5版

1月30日上午,区委书记刘光全给困难群众周汝信(右)拜年,看到其养殖的兔子又大又健壮,欣慰不已。　张舸 摄

这些方面我们全市领先

过去的一年,是九龙坡最值得骄傲的一年。

除了"GDP连续七年位居全市区县榜首,首次成为中国西部第一"和"平安九龙坡建设成效全市第一,成为全市首善之区"外,在这一年里,我区还有很多个建设项目领先。在全区两会召开前夕,本报记者进行了多方采访,今天把这些"第一"呈现在大家面前。

九龙工业园区外景　资料图片

广场建设:
占了主城一半建设量

去年我区斥巨资启动建设了包括石坪桥广场、龙门阵特色音乐水幕广场、蟠龙生态广场、黄家码头社区音乐广场等4个特色广场,新增广场面积6.2万平方米,占重庆市当年新建8个广场的50%。截至去年底,我区城市广场面积已达11.6万平方米,人均广场面积已达0.15平方米。

休闲健身:
白市驿登山步道全市第一长

内环外移的一个直接反映就是市民周末休闲的范围将越来越大,而白市驿今后将成为一个休闲健身"据点"。从去年开始,我区开始启动白市驿镇原河野公园登山健身步道工程,这个工程不仅有登山步道,而且还包含有观景树休闲小憩。据了解,整个白市驿森林健身步道的长度为65公里,建成后将成为全市第一长的森林健身步道。

九龙工业园区:
七年蝉联特色工业园第一

九龙园区继续保持全市特色工业园区第一名的位置,实现"七连冠"。去年九龙园区一共有北奔重型汽车(一期)等6个项目建成投产,工业总产值、增加值分别达到280亿元和65亿元。

农民出行:
率先实行农村客运

过去一年,我区率先开始实行农村客运,全年共新开通6条农村客运线路,分别为巴福镇—白市驿镇、铜罐驿镇—陶家镇、含谷镇—金马村、陶家镇—元明村、石板镇—白市驿镇、白市驿镇—荣兴村,总里程75公里,解决了30个行政村9.35万余人的出行问题,使全区行政村客车通车率从现在的72%提高到83%。

教育均衡发展:
率先纳入验收范围

2009年,我区推进城乡学校一体化建设,统筹教育均衡发展,率先纳入全市教育均衡发展区县评估验收范围。关键经验是建立了城乡学校建制一体化模式。目前,谢家湾小学与西彭三小等10所城乡学校、铜罐中学与陶家中学等38所城乡学校、区职教中心与中梁山职业中学等10所学校均实施了学校建制一体化。我区统筹城乡学校协调发展模式被树立为成功典范,在全市推广。

就业再就业:
率先实现信息全覆盖

现在,走进我区镇街的社会保障站便能实现求职,甚至在村委会就能了解到丰富的用工信息。像这样享受"一条龙、全方位"的就业服务,对于我区的求职者来说,已是"家常便饭"。今年以来,我区率先在全市实现就业、再就业信息全覆盖。全区不仅利用金保工程和九龙坡劳动保障网,向求职者提供全市的就业信息,并继续推进空岗位申报制度,确保第一时间让求职者了解岗位情况。

另外,我区在继续贯彻小额担保贷款综合政策的基础上,还创新性地将小额担保贷款的范围扩大到广大农村,率先在全市将小额担保贷款范围扩大至农村。

住房福利:
廉租房"华福家园"成全国样板

2009年,位于九龙园区B区冬瓜山片区的"华福家园"基本建成,这是继华龙家园廉租房后,我区推出的又一廉租房民心工程,也是全市目前为止最大廉租房小区,其模型进京参加了建国60周年成就展并被国家博物馆永久收藏。该项目占地65亩,总建筑面积约10.5万平方米,共建成2100余套廉租房,其中高层5栋、多层26栋。保障了8000"双困家庭"市民居住。

记者 高晓燕　李鹏　周芮

两会召开在即　市民心声切切

本报讯　区十六届人大六次会议和区政协八届四次会议陆续召开,这两天,两会已经成为市民最关注的话题。对于今年的"两会",市民都有什么样的期望?为此,本报记者进行了调查走访。

物价降一点　工资涨一点

65岁的江友富是某大型国有企业的退休职工,现住在轻轨边上的广厦经典。说起区"两会",江友富说,他和老伴退休后,都有退休工资,两个儿子一个是公务员,一个是国有企业的职工。"生活嘛,也过得去,吃得饱,穿得暖。"但是他还是觉得,"工资没有物价涨得快",希望政府能够出台相关措施,抑制物价上涨。"最好能够再多涨一点退休工资,减小贫富差距,让老百姓的生活好过一点"。

"我们都希望两会能更多关注基层,关注民生。"中梁山一民办小学老师钟先生说,他对区两会抱有很大期望,希望两会能继续坚持"改善民生"。

外环通车了　交通应改善

"高速路不收费了,但是白市驿到杨家坪、到江北的公交车费还是那么多"。白市驿镇机关干部石远兰说,只有交通方便了,白市驿的人气才会越来越旺,人们的生活才会越来越好。

其实,石远兰所关注的仅仅是价格的问题。在采访中,很多老百姓更期待"内环外移"给他们带来交通便利,特别是内环高速到外环高速这一区域,交通状况需进一步完善。他们认为,区里面既然把2010年定为西部新城建设年,应当优先改善交通,"能不能让公交车也开到我们这里来!"

就业有点难　创业需帮助

重庆理工大学大四学生袁兴亮这一段时间都在忙着找工作,但收获不大。因此,面对记者的采访,袁兴亮一开口就说:"我希望两会能把就业和保障问题当作一个重点来讨论,出台更多的有利政策帮助大学生就业。"

而家住杨家坪西郊支路的黎明玲却认为,找工作不如自己创业。但是她认为,现在年轻人创业太难了,"我很关心区里是否有扶持政策出台,比如为大学毕业生提供小额贷款等"。　记者 冉草　贺伟

区十六届人大六次会议明日召开

■252名区人大代表今日报到
■大会将补选区人大常委会委员

区政协八届四次会议今日开幕

■大会首增唱经典红歌环节
■旁听市民由三人增加到五人

"两会专题"详见4版

九龙坡成全市首善之区

刘光全:平安九龙坡有"六心"

■过得开心:公众安全指数94.3%
■医得安心:药品安全违法立案查处率达100%
■吃得放心:蔬菜监测合格率98.36%
■行得顺心:查处交通违法案件10000余件
■住得舒心:完成63.4万平方米危旧房拆迁改造
■投得省心:在建招商项目267个,到位资金80亿

——详见2版

2009,政府都干了些啥?

区长丁洪向你一一道来

■五个重庆:投入资金181亿元
■城乡统筹:5.6万亩农村土地实现流转
■政府转型:办结群众反映问题2.6万件
■就业指导:帮助1.22万人就业
■旅游商业:节会经济带动商圈发展
■环境保护:全国创建园林城市名列第一
■文化教育:解决1.2万农民工子女入学
■农民福利:23.9亿元用于民生

——详见3版

抓住"外环时代"大干一场

■最自豪:500亿!我区GDP西部第一
■最振奋:西部新城建设全面启动
■最关键:瞄准世界和中国500强招商
■最实在:让2万中低收入群众住新房

——详见5版

"五个重庆"故事会在杨家坪广场举行

本报讯　小故事、大智慧。1月29日下午,由市文明办、市故事办主办的"五个重庆"建设者风采讲故事活动在杨家坪步行街……关于畅通重庆的《坐墙上"飞"出致富路》……

记者 周芮

贺信

九龙报社:

……

中共重庆市委宣传部
2010年1月28日

准印证号:渝内字第541号　本报地址:重庆市九龙坡区杨家坪西郊路27号　邮编:400050　编辑部电话:68780436　承印:华商数码信息股份有限公司重庆分公司　免费赠阅

《九龙报》创刊号　第一版

《南岸报》

2010年1月29日创刊

《南岸报》于2010年1月29日创刊，其前身为《南岸工作通讯》杂志。“贴近基层、贴近生活、贴近群众”是《南岸报》的办报理念。

要闻 2版

问计网友 南岸征集“金点子”

“二手车”市场干净了

700多台非法占道车辆被清理

“金点子”活动 网友点击量60万

专家阐述：

南岸经济正从起飞期进入快速发展期

我区重点工程新年开工

部门动态

“1234”发展战略 解读

《南岸报》创刊号 第二版

专题 3版

聚焦两会

南岸区十六届人大五次会议 南岸区政协八届四次会议

代表建言催生我市最大市政公园

盘龙花园娃娃上学不再难

办复提案351件 创历史新高

盘点2009 南岸政协10大亮点

区政协委员治理“四乱”提建议

《南岸报》创刊号 第三版

南岸报

2010年1月29日
星期五
创刊号
今日4版

我区重点工程新年开工

区十六届人大五次会议
区政协八届四次会议

刘宝亚：把群众的冷暖、温饱、病痛放在心上

4版

综合

村民摆起百家宴　邻里和睦迎新年

我区成立佛罗伦萨足球青训基地

南坪街道送文艺晚会到阳光公寓

南塘苑社区群众喜迎新年

镇村联系　软硬任务一起上

疏动脉　修内功　造声势

南坪商圈蓄势华丽转身

寒冬送棉被　温暖民工心

铜元局街道慰问特困群体

力帮化工慰问困难群众

南岸孩子放歌大剧院

茶园新区B区引资30亿

纳川重机慰问消防官兵

四公里社区喜迎新春

但昭义向我区捐赠6台钢琴

《南岸报》创刊号　第一版　第四版

《北碚报》

1993年创刊　《北碚文化广播电视报》

1996年更名　《嘉陵江报》

2000年更名　《北碚报》

1993年10月5日创刊

创刊报名《北碚文化广播电视报》

《北碚报》前身为1993年10月5日创刊的《北碚文化广播电视报》。1996年1月5日,《北碚文化广播电视报》更名为《嘉陵江报》。2000年1月1日,《嘉陵江报》更名为《北碚报》。

北碚报

巴山夜雨地
温泉故里游

北碚：打造高品质温泉旅游目的地

重庆自贸试验区蔡家区域有了一站式法律服务机构

志愿者接受岗前培训

寒露过后温泉热

发那科机器人重庆基地项目动工

天生街道引入社工机构介入残疾人居家托养服务

居家助残新模式　精准服务更暖心

《北碚报》2018年10月12日　第一版

北碚报

BEI BEI BAO

中共北碚区委　北碚区人民政府机关报
北碚报社出版　准印证：渝字第011号

2000年1月1日
星期六　第1期

重庆北碚乡镇企业发展有限公司关于1999年红利分配方案的公告

各位股民：

1999年，在区委、区政府和区乡镇企业管理局的正确领导和全体员工的共同努力下，公司取得了较好的经济效益，经董事会提议，股东大会通过，现将一九九九年度乡镇企业发展基金红利分配方案公告如下：

1. 年红利率：7.02%
2. 具体办理方式为：新入股基金及其基金均满一年后领取
3. 各位股民可到公司各代办处咨询

特此公告

重庆北碚乡镇企业发展有限公司
一九九九年十二月三十一日

回顾历史　共话未来
我区各界庆祝新世纪到来

本报讯（记者　苟渊）12月30日，我区“迎接新千年，迈向新世纪”座谈会在区府四楼会议室召开。熊憩仁、侯大川等主要领导，各机关和镇（街）乡负责人，各民主党派和人民团体、驻碚部队以及劳模和老同志代表汇聚一堂，共话北碚的历史与未来。

会上，熊憩仁简要追溯了人类社会过去千年的发展历程和北碚50年来走过的路。

他指出，中华民族的千年历史有许多经验和教训值得我们吸取。在新世纪钟声敲响的时刻，我们更应该感到肩头责任的重大和神圣，更应该立足当前的中心工作，抓住我国加入WTO和西部大开发的机遇，举全区之力打好国企改革攻坚战，加快区域特色经济发展的步伐，使北碚在新的世纪里获得更大更快的发展。

座谈会期间，与会代表畅所欲言，抒发了迎接新世纪到来的无比喜悦之情，并表示将以更加饱满的热情投入到各自的工作中，把21世纪的北碚建设得更加美好。

心声与祝福
——《北碚报》首刊寄语

□ 樊德新

满载卫先的素心祝福，伴合全先的遗宣飞舞，踏着嘉陵的一江碧波，吮吸缙云的清甜甘露，在新世纪钟声敲响的二〇〇〇年元旦，《北碚报》似一轮初升的朝阳，带着希冀，揣着企盼，喷薄而出。

作为区委、区府的机关报，须忠实地体现党组织（《北碚报》首要的任务。突出主旋律，紧扣中心，正确导向，擂响战鼓——「富民强区上台阶，发展振兴展宏图」。

作为区委、区府的机关报，真心实意为人民性，《北碚报》不会有丝毫懈怠与疏忽，将建民意，关注疾苦，承上启下，聚合人气——「众志成城兴北碚，同心同德赴征途」。

作为区委、区府的机关报，尽心竭力视高度量，以清新的风格，多彩的内容，让家乡父老有口皆碑——《北碚报》可读，好读，耐读，让每一期报纸象一只只白鸽，飞进千家万户；象一泓泓清泉，滋润广大读者的肺腑。

不管日前困难重重，虽然眼下艰险无数，我们坚信：新的千年，将去仙子湖舒展宽容；新的千年，嘉陵明珠将光耀巴蜀；新的千年，北碚区将重塑辉煌；新的千年，北碚人将团结合拢。对这一切的一切，《北碚报》将用铅字叙清迢歌；将用版面大书特书。

「千年首岁第一天，全体同仁寄心愿」——感谢各级领导对《北碚报》、社会各界对《北碚报》的真切的关怀、帮助；答谢倾注「呵护」，祝愿可爱的家乡日新月异，万象更苏；祝福碚城[illegible]万事如意，区强民富。

我区十年教育工作目标确定——
建立现代教育体系

本报讯（记者　秦廷富）记者从近日召开的区“99教育工作会上获悉，下世纪初北碚教育发展的主要目标已定。

具体是：到2010年，基本建立起由坚实的基础教育、完备的职业教育和成人教育组成的现代教育体系，初步建立适应素质教育要求的教育教学模式和督导评价机制，市民受教育的平均年限高于全市平均水平并达到全国先进水平；教育质量在全市处领先地位并逐步赶上全国教育发达地区，把北碚建设成为“立足本区、面向全市”的人才培养中心，争创全国素质教育先进区。

推进素质教育　完善教育体制
我区召开教育工作会

本报讯（记者　秦廷富）12月28日，我区隆重召开了1999年教育工作会。会议对72个99年初中和小学素质教育目标考核先进集体、17个镇乡教育工作先进单位进行了表彰。同时，区领导代表市政府向被评为重庆市首批重点中学和示范小学的兼善中学校、西师附属中学校和朝阳小学授了牌。

会议由区委副书记王贵银主持，区委书记熊憩仁在会上作了《解放思想、深化改革、认清形势，为确保教育优化发展战略的落实而不懈努力》的讲话，副区长樊曦荪作了《把握发展机遇，深化教育改革，为北碚教育的再度辉煌而努力奋斗》的工作报告。

会议指出，从明年开始，全区要在推进素质教育，保证九年义务教育发展的前提下，大力发展非义务教育，扩大普通高中、成人高中、职业高中的规模，提高普通高中、成人高中和职业高中的档次，满足人民群众日益增长的教育需要；提高幼儿园教育档次，创建更多的示范幼儿园；发挥名校、名园优势，充分吸引社会资金投资教育产业，探索多种形式办“路子”；大力发展校办产业，引导校办产业实施产业化经营，拓宽教育内部市场。区级有关部门应从自身部门实际出发，出台支持教育产业发展的优惠政策，为壮大全区教育产业，繁荣我区教育事业创造良好的外部环境。

会议上，区财政局局长曾新云、水土镇镇长王学明、江北中学校长杨平作了经验交流发言。

会议最后由区长侯大川作总结讲话。

本版编辑　郑泓

区领导慰问
污水处理厂建设者

本报讯　12月29日上午，人大副主任刘春林、副区长白渝平代表区委、区政府、区人大、区政协看望了正在紧张施工的北碚污水处理厂建设者，并送去了猪肉、白酒等慰问品。

北碚污水处理厂选址在毛背沱，整个工程总投资19907万元，是近年来我区市政建设投资最大的项目。该工程占地2.66公顷，建成后，日处理污水5万立方米，将有效控制我区城区污水对嘉陵江的污染，改善下游重庆主城区饮用水源的水质。

区领导一行在施工现场了解了工程质量、进度和职工们的情况，对区建委、施工单位提出了要求，勉励大家要敬业敬业，高质量、高速度完成工程任务，力争在2000年7月1日前竣工投产。（贾建国）

“后花园”里花满园
——我区大力发展花卉产业纪实

“后花园”里遍地“黄金”！

花卉，素有“带香的黄金”之称，其绿风猎猎的市场开发至我历来众经济界人士所称道。近年来，北碚区充分发挥特色优势，依靠政府促动，科技推动和龙头企业带动，大力发展花卉这一黄金产业，使其成为了全区经济增长的新亮点和推进农业产业化进程的排头兵。

“花卉之乡”

静观镇是城区的传统花卉基地，已有500多年的种植历史。如何充分发挥其辐射带动效应，以点带面，遍地开花，推动全区农业结构调整？1998年，区里组织专家组对静观花卉进行了全面调查和统一规划，确定了沿途公路沿线13公里花卉走廊建设的目标，并出台了一系列优惠配套措施，扶持当地花农扩大经营规模，鼓励社会单位参与投资，对外积极引进业主开发。到今年12月底，已有来自大渡口等地的10余个业主落户花卉走廊，镇农技站、文广站等单位也在走廊上建设了各自的特色花卉园。

品质第一，科技至上，为了应对激烈的市场竞争，区农技部门和科委、科协分别会同西农、[illegible]等单位对全区花卉的品种、数量等各方面进行了详细摸排，针对存在的具体问题组建了花卉产业协会和植物组培实验室专项攻关，并经市科委批准制定设立了花卉走廊建设、植物组培基地建设和名优花卉栽培高新技术研究和产业化开发等课题项目。为确保课题项目的顺利实施，区科协、西农的技术专家经常深入花农家庭进行点对点，手把手进行技术指导。

98年10月，签约引资项目重庆美欧园艺公司正式落户北碚静观镇，其先进的栽培技术和全新的产业化运作模式对传统花卉种植业形成了极大冲击。[illegible]

龙头企业的强力带动，为全区花卉产业插上了腾飞的翅膀。到今年12月，全区花卉种植面积已达5000多亩，年实现产值超过3000万元，成为农民增收和农村经济发展的一个重要支柱。

本报记者　马涵
秦廷富摄

阔步跨入新世纪

元旦社论

世纪之交，千年更替。在这历史性、标志性的时刻，我们迎来了新世纪第一个元旦，在此向全区人民致以节日的祝贺和新年的问候。

回首中华民族100年的艰难曲折，50年的艰苦奋斗，20年的改革开放，北碚同全国其他地区一样，发生了沧桑巨变。刚刚过去的1999年，是我们继续面对各种挑战，经受严峻考验并取得重大胜利的一年。全区基础设施建设取得了实质性突破，城乡面貌和投资环境不断改善；企业改革进一步深化，区域经济活力明显增强，农村“三金”和城市“三乱”得到妥善处理，十件实事深得民心。全区社会稳定，经济平稳增长，取得了来之不易的可喜成绩。

2000年是新旧世纪交替之年。翻两番，进小康，迫在眉睫；起“三步”，重振兴，势在必行。今年改革发展任务艰巨，维护稳定任务繁重，经济要闯关，改革要攻坚，社会要平安，无不牵一发而动全身。确保今年各项发展目标任务的顺利完成，实现北碚新世纪的振兴乃当务之急。

阔步跨入新世纪，首先对北碚的形势应有新认识：既要看到“西部大开发”和“入世”，对北碚的挑战，更要看到北碚的劳动力、科技资源优势以及区内市场空前广阔等机遇；既要看到困难，还要看到希望。同时对我们的发展应有新举措：要以解放思想、更新观念为先导，以“两个根本性转变”为主线，以“三个有利于”为标准，抓住中央扩大内需、加快国企发展、加快西部大开发以及国家可持续发展区四大机遇，以农民增收为主线，全面促进农村经济发展，举全区之力，打响国企改革发展攻坚战，扩大内需，加快基础设施建设力度，启动消费，积极培育文化教育、旅游住宅业等消费热点，搞好“三讲”教育，全面加强和改进党的建设等五项工作重点，多做释疑解惑、暖人心、得人心、热人心的工作。惟其如是，我们才能认清形势，明确任务，抓住机遇，开拓进取，发展自己，实现振兴。

让我们以融化天地万物的热情，高举旗帜，保持一致，振奋精神，积极进取，努力做好今年的工作，为阔步跨入新世纪和新千年而努力奋斗。

供电抢修：68862045　供水抢修：68862215　供气抢修：68862823　医疗急救：120　本报发行投诉：68863851

《北碚报》创刊号　第一版

《渝北时报》

1991年创刊	1995年更刊	2004年更刊	2012年更刊	2014年更刊
《江北报》	《渝北报》	《今日渝北》	《渝北日报》	《渝北时报》

1991年4月15日创刊
创刊报名《江北报》

《渝北时报》前身为1991年4月15日创刊的《江北报》。后因江北县撤销建立渝北区，1995年2月更名为《渝北报》。

2004年2月，《渝北报》停报转刊，更名为《今日渝北》。2011年7月，《今日渝北》复名《渝北报》。2012年5月，《渝北报》更名为《渝北日报》。

2014年7月31日，《渝北日报》正式更名为《渝北时报》。

渝北時報
YUBEI TIMES
加快建设临空都市区
努力走在全市改革发展前列
——热烈祝贺区委十三届五次全会召开
统筹兼顾，科学确定发展目标，找准前进的方向
以问题为导向，在对标中找到差距，确定着力点
奋发图强，科学制定"路径图"，推动全面达标
退伍不褪色 助农显身手
立标对标达标 加快建设临空都市区
双引擎驱动让渝北商贸跑出"加速度"
"我们寄宿在美丽的学校里"
发现闪光点，实现渝北梦
——写在《渝北时报》创刊之际

《渝北时报》总第1214期　第一版

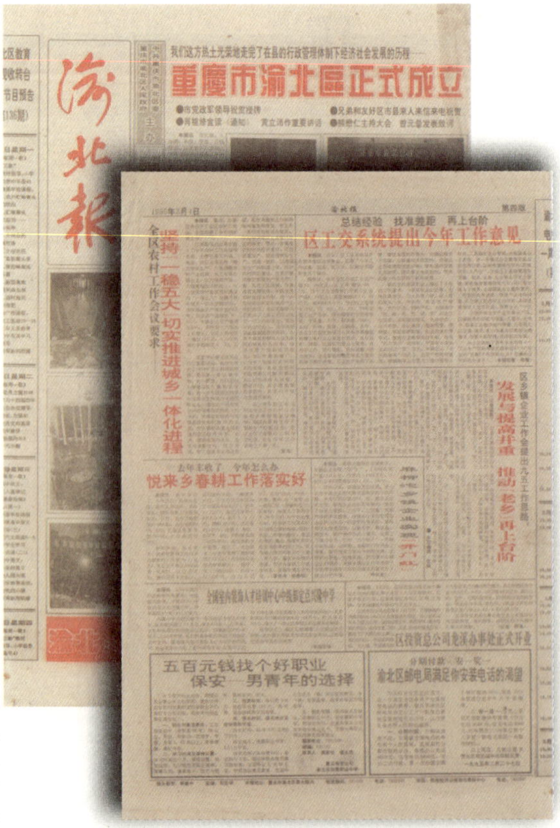
渝北報
重慶市渝北區正式成立
区工交系统提出今年工作意见
悦来乡春耕工作落实好
五百元钱找个好职业 保安 男青年的选择

《渝北报》总第175期　第一版　第四版

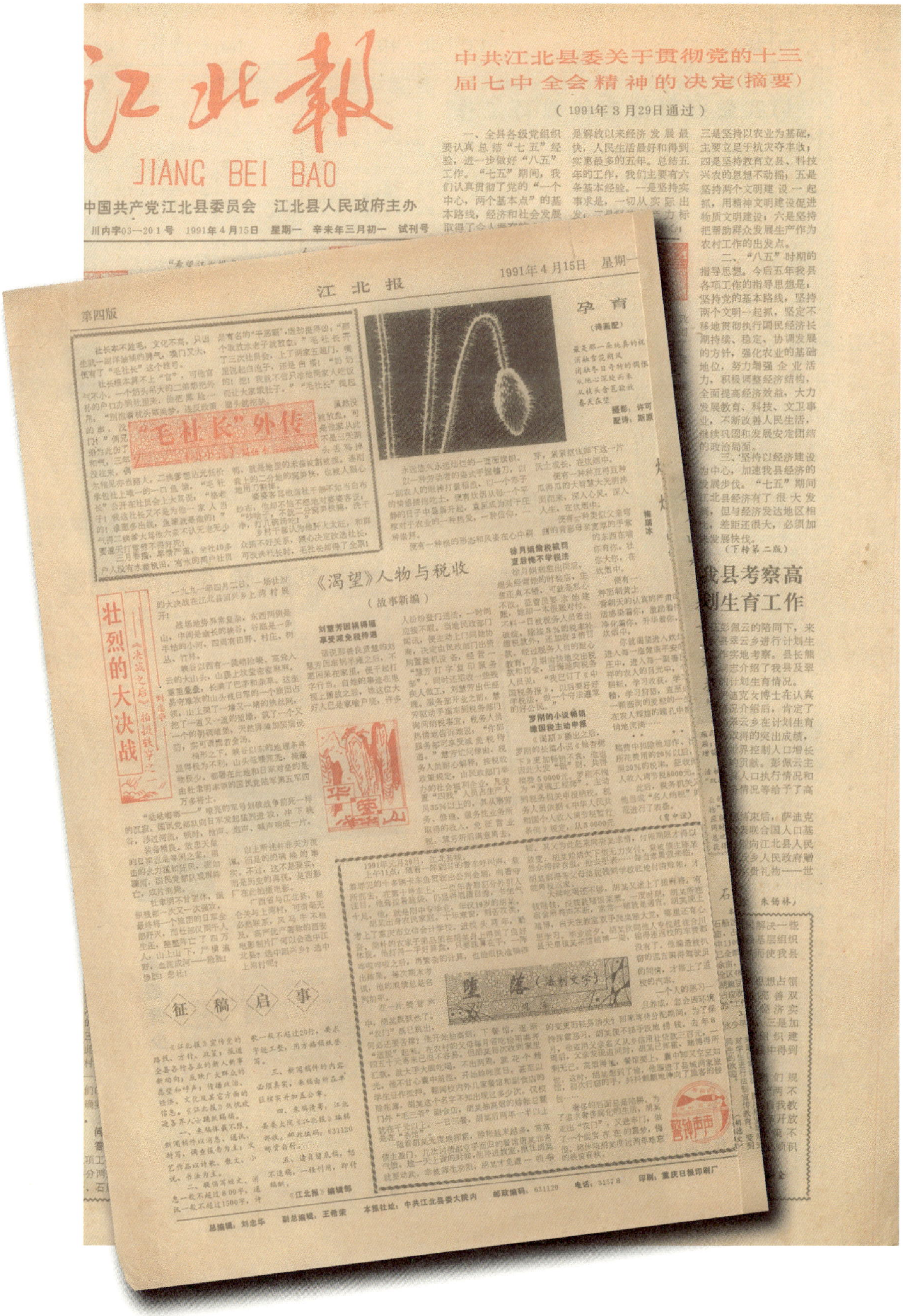

《江北报》试刊号　第一版　第四版

《巴南日报》

2008年1月1日创刊
创刊报名《巴南报》

2008年创刊	2012年更名
《巴南报》	《巴南日报》

《巴南日报》前身为创刊于2008年1月1日的《巴南报》。作为巴南区赠阅量最大的内部连续性资料，《巴南报》是全区干部群众统一思想、凝聚力量、鼓舞士气、振奋精神的重要宣传思想阵地。2012年1月1日，《巴南报》正式更名为《巴南日报》。

巴南日報

传递党政之声 服务基层群众

中共重庆市巴南区委 重庆市巴南区人民政府 主办 第505期 2012年1月3日 星期二 农历辛卯年十二月初十 今日16版

第三届川渝黔领导干部乒乓球赛举行

何事忠宣布开幕，李建春等出席

全区经济工作会议召开

坚持民生导向，加快项目建设，促进科学发展

李建春作主题报告 段成刚作总结讲话 李俊文吴莉娜胡能兵等出席

欢欢喜喜过新年

寒冷挡不住春的脚步

李建春段成刚李俊文吴莉娜率队看望慰问困难群众和基层党员

区第十一届委员会第二十次全体会议召开

热烈祝贺中国共产党重庆市巴南区第十二次代表大会召开！

《巴南日报》第505期 第一版

传递党政之声　服务基层群众

巴南報

BA NAN BAO

2008年1月
1
星期二
农历丁亥年 冬月廿三日
创刊号
本报新闻热线：86997069

中共重庆市巴南区委　重庆市巴南区人民政府　主办　准印证号：渝字(07)-(533)号
巴南报社出版　总编辑：田荣盛　巴南信息港网址：http://www.bn.cq.cn

与巴南同行

——巴南报发刊词

新年伊始，憧憬中期待未来。

我们期待《巴南报》是巴南区一张闪光的名片：见证巴国故郡、千年名邑的风采，展示渝州重镇、十载新区的硕果，这张名片将链接不断延伸的脚印，记录走向辉煌的旅程。

我们深知，脚印和旅程就是行进的风景：只要真实客观地记录了伟大时代的变革，不管数字的大小和细节的轻重，历史的记录和记录的历史一样值得尊敬。

我们期待《巴南报》是希望的号角：从祈求温饱到渴望平安，从追求小康到和谐发展，这支号角将激励勤劳勇敢的巴南人民，在中国特色社会主义的旗帜指引下，披荆斩棘，拓荒崛路。

我们深知，集合群众，勇往直前，才能攻坚克难，所向披靡。让号角更加嘹亮，如春雷般响遍军的鼓点，让队伍更加浩荡，如春潮漫过无边的原野。人民的奋进和奋进的人民同样值得尊敬。

我们期待《巴南报》是前进的力量：新的使命需要昂扬奋起，跋涉沉舟的勇气，需要沧桑重生、凤凰涅槃的精神，这种力量将推动巴南以科学发展观统领全局，统筹城乡发展，建设"科学发展先进区、和谐进步模范区、党建工作示范区"；新的征程需要继续解放思想，自重自强，敢竞上比，加快发展，这种力量将鼓舞全区干部群众坚定信心，振奋精神，形成坚强的凝聚力和顽强的战斗力，去争取更大的胜利！

我们深知，每一次胜利都是起点，每一个起点都通向未来。以"不到长城非好汉"的雄心，以"而今迈步从头越"的气概，纵横万里，气吞山河，哪怕关山险阻，大漠沼泽，才能展宏图、酬壮志。勇敢的跨越和跨越的勇敢一样值得尊敬。

我们把期待扛在肩上，与巴南同行。

本报编辑部

编者按：

今天是个值得载入巴南史册的大喜日子，在区委、区人大、区政府、区政协四大班子领导的高度重视和亲切关怀下，经重庆市新闻出版局批准，全区人民盼望已久的巴南区委、区政府机关报——《巴南报》正式创刊了，区四大家领导挥毫泼墨为《巴南报》题词，寄予了殷切的期望，在此表示我们最衷心的感谢！

党政之声　人民喉舌
李科

● 中共重庆市巴南区委书记 李科 题词

服务发展　宣传巴南
段成刚

● 中共重庆市巴南区委副书记、重庆市巴南区人民政府区长 段成刚 题词

● 重庆市巴南区人大常委会主任 李俊文 题词

弘扬时代主旋律
打好宣传主动仗
李俊文

● 政协重庆市巴南区委员会主席 吴莉娜 题词

弘扬正气
凝聚人心
吴莉娜

● 中共重庆市巴南区委副书记 胡能兵 题词

充分发挥喉舌作用
努力服务巴南人民
胡能兵

● 中共重庆市巴南区委常委、宣传部长 柯世渝 题词

以正确的舆论
引导人
柯世渝

全面贯彻党的十七大和市委三届二次全委会精神　争当全市统筹城乡发展排头兵

区委十一届五次全委会胜利召开

李科作重要讲话　段成刚主持　李俊文　吴莉娜等出席

本报讯（记者 **杨超**）2007年12月12日，中国共产党重庆市巴南区第十一届委员会第五次全体会议在区政府小礼堂隆重召开。这次会议的主题是：深入学习党的十七大和市委三届二次全委会精神，认真回顾总结今年以来的各项工作，安排部署明年工作，动员全区广大干部群众为夺取我区改革发展新胜利而努力奋斗。区委书记李科代表区委常委会向大会作了《深入学习贯彻党的十七大和市委三届二次全委会精神，奋力夺取全区改革发展的新胜利》的报告。

会议由区委副书记、区长段成刚主持。

区领导李科、段成刚、李俊文、吴莉娜、胡能兵、李先跃、马春、柯世渝、程少华、王多富、梅时雨、雷现平、李中武、何平在主席台就座。

区委委员、候补委员、在家的全体党员区级领导、部分离退休老同志、区纪委常委、各镇街党政主要领导、区级各部门党员主要领导参加了会议，来自基层的6名党员列席了会议。

李科的报告分为三部分：一、以迎接十七大和学习贯彻十七大精神为动力，全年各项工作健康发展；二、结合实际抓住重点，深入学习理解十七大精神；三、以党的十七大精神为指引，更加富有创造性地做好明年各项工作。

李科在报告中首先对今年以来全区人民在党的正确领导下，经济社会发展以及各项工作取得的成绩进行总结。今年，我区按照科学发展观的要求，提出了把我区建设成为全市"科学发展先进区、和谐进步模范区、党建工作示范区"的目标，并明确了"做强主城核心区，建设二环经济带，打造城郊特色镇"的总体思路和参与全市"一圈"建设的"125"思路等，使全区经济社会发展得到了又好又快的发展。

今年以来，全区上下以迎接十七大和学习贯彻十七大精神为动力，推动了各项工作健康发展。预计今年全区实现地区生产总值135亿元，比2006年增长17.5%；工业总产值270亿元，增长26%；全社会固定资产投资151亿元，增长30%；社会消费品零售总额43.7亿元，增长18.3%；地方预算内财政收入8亿元，增长38.2%；城镇居民人均可支配收入13637元，增长19%；农民人均纯收入4400元，增长22%；城镇化率达到66.9%，提高2个百分点；顺利通过了全国"两基"评估检查验收，成功创建为全国科普示范区，被命名为全国第十个、西部第一个"中国温泉之乡"，荣获"全国家庭教育先进区"、"全国社区读书活动先进区"等。

李科指出，上述成绩的取得，是在党的路线方针政策的指引下，市委、市政府正确领导的结果，是区委常委会团结带领全区人民认真贯彻落实科学发展观，开拓奋进，真抓实干的结果。这些成绩的取得，主要得益于"六个坚持"：一是坚持讲政治、重武装，掀起了学习贯彻十七大精神的热潮；二是坚持打基础、建平台，理清思路创造加快发展的良好条件；三是坚持攻重点、突关键，保持了又好又快的发展势头；四是坚持

（下转第二版）

高举旗帜 科学发展
贯彻十七大 巴南谱新篇

我区举办首届温泉旅游文化节

举办温泉盛会　约会天下贵宾

西部首个"中国温泉之乡"花落巴南

市、区领导参加首届重庆巴南温泉旅游文化节开幕式。（特约记者 冯亚宏 摄）

本报讯（记者 **田荣盛 石国友**）锣鼓声声，好戏连台；礼花飞舞，喜事不断。2007年12月28日，在一片欢乐祥和的氛围中，由重庆市旅游局、重庆市巴南区人民政府举办的首届重庆巴南温泉旅游文化节开幕式暨"中国温泉之乡"授牌仪式在巴南人民广场隆重举行。市人大常委会副主任赵公卿、市政协副主席陈万志等市领导出席开幕式并致辞，中国矿业联合会常务副会长曾绍金、中国矿业联合会地热专委会常务副主任王桂林等及市级有关部门负责人出席。

开幕式由区长段成刚主持，区委书记李科在开幕式上发表了热情洋溢的讲话。区人大常委会主任李俊文、区政协主席吴莉娜等在家区领导参加开幕式并与3000多名社会各界群众观看了文艺演出。

区委书记李科在致辞中说，巴南拥有丰富的旅游资源，特别是温泉资源富甲巴渝。近年来，在市委、市政府领导下，巴南励精图治、奋发图强，制定了"创建中国温泉之乡，建设重庆都市休闲旅游大区"的宏伟目标。（下转第二版）

区委书记公开电话：66223333　书记公开电子信箱：qwsjmail@cqbn.gov.cn　区长公开电话：66212345　区长公开电子信箱：qzmail@cqbn.gov.cn　本版责任编辑：田荣盛

《巴南报》创刊号　第一版

《长寿日报》

1995年创刊 《长寿报》	2009年更名 《长寿日报》

1995年12月18日创刊

创刊报名《长寿报》

《长寿报》创刊于1995年12月18日。2009年10月1日更名为《长寿日报》。该报自创刊以来逐步形成自身特色，成为集政策性、权威性、指导性、群众性、服务性于一体的综合性地方党报。

長壽日報

国务委员、公安部部长孟建柱亲写慰问信

慰问长寿籍烈士包中荣家属

歌颂祖国

站在新起点 肩负新使命

——《长寿日报》发刊词

经济

让标准化领跑工业化

"市长质量管理奖"开始评选

符合条件的企业快去申报

一批国外务工岗位虚位以待

起起落落的标准

科技创新支撑标准化

娱乐会所推出免费代驾

国庆临近 餐饮促销

为企业发展提供技术支撑

云天化建西南最大研发中心

标准化决定话语权

开盘当天销售369套 仅余5席

山水国际笑傲国庆

《长寿日报》创刊号 第一版 第二版

長壽報

CHANG SHOU BAO

中共长寿县委　长寿县人民政府主办　总第一期
渝内字第089号　1995年12月18日　星期一　（创刊号）

健全制度　规范行为　加强监督

我县反腐败斗争成效卓著

本报讯　曾经一度靠公款支撑的餐厅、歌舞厅，如今已门前冷落车马稀。这是我县加大反腐倡廉工作力度，取得阶段性成果的具体表现之一。

今年，县委、县政府认真贯彻中纪委五次全会和国务院反腐败工作会议精神，加强领导，统筹安排，精心组织，纪检监察、检察机关充分发挥职能作用，反腐败斗争成效明显。"领导干部廉洁意识增强。"我县各级领导干部都按照中央"两个五条"规定和补充规定四条召开了廉洁自律专题民主生活会，逐一进行了检查对照，规范了行为，提高了拒腐防变能力。案件查处有所进展。1—11月全县立案查处违纪案件64件，涉及党员干部64人，比上年同期增长23%，其中乡局级领导干部2件2人。纠正不正之风成绩突出。公路"三乱"得到纠正，撤除了晏家、石桥坝和称沱3个公路检查站。中小学乱收费得以遏制，全县查出违纪金额4万余元。公费吃喝玩乐等群众反映强烈的问题得到有效控制，农民负担[illegible]减轻。

（本报记者　通讯员）

乐为人民献"食粮"

——发刊词

读者朋友，您好！

《长寿报》在跨世纪的脚步声中，肩负中共长寿县委、长寿县人民政府和全县人民的重托，今天正式创刊了。

手捧刚出版的《长寿报》，您在嗅到油墨芳香的同时，自然领略到新的感受和新的视野，因为她是一张集指导性、实用性、知识性、可读性为一体的综合性党报。我们抱着当好党和政府的喉舌，人民的知音的真诚愿望，以求实、求新、求真、求美、求活的服务，向您准确、及时地传达县委、县政府深化改革、扩大开放、加快长寿经济和社会发展等方面重大决策的信息；介绍各行各业的新人、新事、新气象、新经验和新成就；同时为您日常生活提供服务。

高扬时代主旋律，努力贴近读者，传政策，布法规，通政令，叠民情，达民意，扬正气，抑歪风，努力营造深化改革，扩大开放，加快发展，保持稳定的舆论氛围，是我们义不容辞的职责。家事、政事、天下事、凡人小事无所不传；政治、经济、科教、文化无所不递。我们愿掘长寿芳香之泥土，取长寿江河之清泉，采长寿群山之灵气，为您在搏击市场、参与竞争、兴家立业，建设长寿中提供一份色、香、味俱全的精神食粮。

《长寿报》就像一棵刚出土的幼苗，她的成长需要各级党政领导、社会各界和广大读者的关心爱护和支持。我们坚信，随着社会的发展，经过共同努力，幼苗定会绽开绚丽多彩的花朵。

我们愿早日成为您工作中的得力助手，生活中的知心朋友。

努力为长寿的两个文明建设服务。

——贺《长寿报》创刊

[illegible]

正确导向舆论
弘扬长寿精神

祝贺《长寿报》创刊

[illegible]

宣传党和政府政策
反映人民群众心声

祝长寿报创刊

江勤桂

培植税源　强化增收　严格控支

我县今年财政税收情况良好

本报讯（记者蒙明）据统计资料表明：今年1至11月，我县财政、税收运行情况良好。工商税收已完成全年计划的95.6%，比去年同期增长30%；县级财政收入完成年计划93.5%，比去年同期增长12%。

国家新税制实施后，我县由于化工行业税赋下降，石油、天然气税源转移，和老税制相比，年减少税收达7000多万元，县级收入缺口较大。县委、县府牢固树立"开源节流"的思想，要求全县上下正确处理生财、聚财、理财的关系，大力培植税源，强化巩固财税收入支撑点，抓住全县骨干行业、骨干企业税收大户；注重把握财税变化点，稳定征收；积极寻求税收增长点，广辟税源；找准工作着力点，强化征管。仅今年就新发展个体户2340户、私营企业110家，到11月底，全县个体、私营企业已交纳税金1377万元。

强化增收，既抓大税又不放松零星小税。在保证收好增值税的前提下，同时，又做好地方税、零散税收的征管工作。开展清理小金库、财务税收物价大检查及专项税收检查，减少税款流失，共查补税200余万元。税务部门还加强了欠税户的催收，并实行滞纳金罚款，控制企业进项税款抵扣，保证了当期税款入库和见税清收。县里年初还把全县财税任务分解到落实到各乡镇、经济主管局及中央、省、市属企业，并采取"三管齐下"的办法落实责任制，保证了财税工作的顺利进行。

节约等于增收。县里为把支出控制在财力所能承受的范围内，严格控制机关业务费、汽车油料、修理费等，执行财政支出一支笔审批制度，控制税收减免。今年，预算外临时性开支比去年大幅度下降。全县各级、各部门精打细算，自觉为县财政分忧解难。

我县首批新兵启程入伍

本报讯　12月9日，我县欢送首批合格新兵启运部队。

今年，我县冬季征兵狠抓了严肃征兵纪律提高兵员质量工作，制订了廉洁征兵"八不准"的规定，设立了举报电话。征兵过程中坚持采取政审走访、体检封闭、文凭年龄严格验证制度，严把文化关、体检关、政审关、定兵关，为部队挑选了一批政治素质好、文化程度高、体格健壮的合格兵员，受到接兵部队首长的好评。

（邹珏）

入冬以来，我县掀起农田水利基本建设热潮。全县已整治塘堰120口，新修渠道17.8公里，清淤210公里，修复电力排灌站350处。

图为葛兰镇清风村干群正在修建园水田。

本报记者樊强摄影报道

川维建设全国最大醋酸合资工程

投资二十二亿　生产化工原料

本报讯　经国家批准在我县境内四川维尼纶厂建设年产15万吨醋酸的合资项目，由中国石油化工总公司、重庆建设投资总公司与英国BP化工有限公司最近在北京正式签约，明年破土动工，1998年建成投产。这是迄今为止全国最大的醋酸项目工程，也是中国石化总公司和重庆地区目前最大的引进外资项目。

川维BP醋酸合资项目总投资约22亿元人民币，于1992年10月正式上报建议书，1993年10月获国家计委立项批准，1994年5月合资各方在京签署合资意向书，今年11月28日项目可行性研究报告最终获得国务院批准。

醋酸是重要的有机化工基本原料，它广泛用于纺织、医学、照相、涂料等工业部门。川维的醋酸生产装置，设计采用甲醇低压羰基合成制醋酸的先进工艺，目前居于世界领先地位。

川维醋酸项目的获准建设，得到了国家有关部门和石化总公司、重庆市及长寿县、朱家镇各级领导的高度重视与大力支持。它的建成不但可以弥补我国中西部地区长期无醋酸化工原料的不足，带动中西部地区相关工业的发展；而且为川维有效利用公用工程、优化产品结构、转换经营机制等带来契机，为川维在"九五"期间的建设发展注入生机和活力。它是川维建设发展史上的一座新的里程碑，同时也是长寿地区经济发展中的一件大事。（陈科文）

一批科技副乡镇长下乡任职

本报讯　12月11日，我县35名科技副乡镇长奔赴乡镇任职。这是县委、县府实施科技兴县，把乡镇经济推入快车道的重大举措。这批选派的科技副乡镇长，都是40岁以下的优秀中青年干部，并且具备一定的专业技术水平和实际工作能力。（本报记者）

本版编辑　林家义

乡镇派出所不愧人民保护神

降伏罪分子　保一方平安

本报讯　我县乡镇派出所加大打击力度，维护一方平安，取得较好效果。截止12月上旬，全县乡镇派出所共破获刑事案件520余件，查处治安案件1062件，抓获各类违法犯罪人员3680余名。

早在1994年10月19日，县委县府根据重庆市机构编制委员会、市公安局、市人事局、市财政局关于在乡镇设立派出所的有关文件精神，经过近11个月的筹备，全县36个乡镇都建立了公安派出所。

全县各乡镇派出所为保一方平安，他们克服资金不足，办案条件差等困难，努力工作，为地方经济发展保驾护航，受到当地干部群众的赞誉，收到玻匾、锦旗98面，感谢信138封。

（余仁厚）

乡级人代会换届选举20日举行

本报讯　我县乡级人民代表大会换届选举工作，将于本月20日举行。

在选举的准备工作中，经过深入的宣传发动，目前已完成工作人员培训、选民审查登记、候选人提名等工作。

县人大常委会负责人指出，在新一届乡镇人大诞生以后，各乡镇人大要把那些既能坚持党的基本路线，拥护改革开放、廉洁公正，政绩突出，又有开拓精神，真正得到群众拥护的人推荐进入乡镇领导班子工作。

县级人大代表的补选工作将同期举行。

记者　林一

《长寿报》创刊号　第一版

《江津日报》

1993年创刊	2004年停办	2007年恢复	2009年更名
《江津报》	《江津报》	《江津报》	《江津日报》

1993年11月5日创刊

创刊报名《江津报》

《江津日报》前身为1993年11月5日创刊的《江津报》。2001年7月，经国家新闻出版总署批准，《江津报》向全国公开发行。

2004年1月《江津报》停办后，至2007年1月恢复办报。2009年1月1日《江津报》更名为《江津日报》。

江津日報

JIANGJIN DAILY

江津区融媒体中心出版　网址：www.cqjnet.com

2021年7月 16 星期五

准印证号 渝内字第511号

总第3380期 今日4版

《求是》杂志发表习近平总书记重要文章

在庆祝中国共产党成立100周年大会上的讲话

奋斗百年路 启航新征程

为实现人民对美好生活的向往不懈努力

我区部门单位深入学习贯彻习近平总书记"七一"重要讲话精神

牢记初心使命 争取更大光荣

毛平调研大四面山片区旅游产业发展

加快推进项目建设 打造全域旅游品牌 全力推动片区旅游业提质增效

我区首条同城公交线路开行

毛平在中山镇调研乡村振兴工作时强调

加快补齐短板 丰富农村业态 高标准高质量推进乡村振兴

今日视点

轨道交通5号线跳磴至江津段：

区内4个车站建设有序推进

导读

"酸果果"成致富"金豆豆"

1000多盏路灯照亮群众"回家路"

《江津日报》3380期　第一版

江津報

JIANG JIN BAO

江津报社出版

中国共产党江津市委员会　主办

1993年11月5日　星期五　第1期　川报字第03—135号

反腐败教育 必须常抓不懈

本报特约评论员　颜克亮

反腐败斗争作为一个系统工程，必须实行综合治理，标本兼治，常抓不懈。建国后，我们党历来主张从严治党，对腐败严厉惩治，保持了共产党的纯洁性和先进性，受到全国各族人民的拥护和爱戴。但这些年来，由于旧中国剥削阶级残余思想的存在；改革开放，资本主义腐朽东西的侵入，新旧体制转换中机制和制度的不健全、不完善；特别是我们一些地方和单位放松了党员、干部的政治思想教育，拜金主义、享乐主义和极端个人主义在一部分党员、干部中滋长，给腐败现象滋生和蔓延以可乘之机。邓小平同志在1989年政治动乱后总结经验教训时说，十年来，我们最大的失误是教育。江泽民同志在中纪委二次全会上指出：惩治腐败，最基本的，要靠教育，靠法制。可见，加强党员、干部的教育工作，对抓好反腐败斗争，保证改革开放和经济建设的顺利进行有极其重要的意义。

反腐败教育，最根本的是加强思想政治教育，提高党员、干部的思想政治素质。搞社会主义市场经济，要讲效益，讲盈利，讲等价交换，讲竞争，要重视个人利益。但任何时候我们都必须坚持社会主义方向，坚持党性原则，坚持全心全意为人民服务，保持艰苦创业的优良传统。思想政治教育的基本任务就是用建设有中国特色的社会主义理论和党的基本路线来武装全党和全体干部，用党的方针、政策、法律、法规来教育党员、干部，向他们灌输爱国主义集体主义、社会主义思想和党的优良传统作风，引导党员、干部树立起正确的人生观、价值观，通过教育，提高他们的思想政治素质，提高全心全意为人民服务的自觉性，提高抵制剥削阶级思想侵蚀的自觉性，提高模范遵纪守法的自觉性。

反腐败教育必须持之以恒、常抓不懈。越是改革开放，越要加强思想政治教育；改革开放搞多久，反腐败教育就要搞多久。我们的一些同志不注意经常的思想政治工作，不注意提高党员、干部队伍素质，往往是问题发生了才来解决，造成积重难返。这次反腐败斗争，要吸取历史的经验教训，把思想政治教育放在首位，着力于提高党员、干部的思想政治素质，既治标又治本。一开始，就要加强思想政治工作，加强党的思想作风建设，加强精神文明建设，把"两手抓、两手硬"贯彻始终，在全党和全体干部中筑起反腐败的思想长城。

共同努力办好《江津报》

——代创刊词

中共江津市委书记　康纲有

江津市人民政府市长　唐昌放

时值金橘飘香的季节，《江津报》正式创刊了，这是全市人民政治经济生活中的一件大喜事！

党的十一届三中全会以来，江津改革开放不断深入，经济建设加速发展，人民生活逐步改善，各项社会事业日益进步，撤县设市获得成功，干部群众思想活跃，新的形势对新闻宣传工作提出了新的要求，《江津报》应时运而诞生。

《江津报》是市委机关报，是市委、市政府的喉舌。通过她，把党和政府的路线方针和重大决策，传达到千家万户；通过她，把全市思想政治宣传工作推向更高水平；通过她，引导舆论，传播信息，交流经验，沟通往来；通过她，反映基层要求，表达人民心声。她坚守这样的宗旨：为改革开放服务，为经济建设服务，为基层服务，为人民服务。

办好《江津报》是一项重要的政治任务。《江津报》必须高举马列主义、毛泽东思想的伟大旗帜，坚决捍卫党的基本路线，广泛传播邓小平同志关于建设有中国特色社会主义光辉理论，必须坚持团结、稳定、鼓劲、正面宣传为主的方针，严守新闻纪律，做好政治鼓动、思想教育、经济宣传工作，推动民主法制建设和精神文明建设，扩大信息传播和交流；要植根生产、生活，贴近基层、群众，把握时代脉搏，正确引导发展，努力凝聚人心；要把报纸办成繁荣宣传文化事业的园地，倡百家争鸣，扬百花竞放，做到版面活、内容新、形式美，情理兼融，图文并茂，办出特色，以满足全市人民不断增长的文化生活的需要。办报的历程并不平坦，相信《江津报》会在艰辛的耕耘中不断成长。

办好《江津报》是全市人民的共同责任。全市各级党政组织、各部门、各单位、社会各界人士和广大人民群众都要按照"全党办报，全民读报"的要求，关心《江津报》，爱护《江津报》，支持《江津报》，共同办好《江津报》，让她在建设繁荣、富裕、文明的新江津的宏伟大业中发挥重要的作用。

党的喉舌 强众知音

聂荣贵　一九九三年九月

省政协主席聂荣贵为《江津报》题词

我市制定优惠政策30条

江津新闻

个体私营企业可兼并购买全民集体企业

本报讯　最近，市委、市政府出台的《关于大力发展个体、私营经济的若干规定》，鼓励个体私营企业承包、租赁、购买、兼并全民集体企业。

个体私营企业与国有、集体企业一视同仁，享有集体企业的优惠政策。目前，全市个体私营企业已发展到18000多户。

（谢兴钧）

科协召开第二次代表大会
我市百名优秀科技工作者受表彰

本报讯　10月16日，江津市科学技术协会第二次代表大会隆重召开，我市科技工作者在会上大受表彰。

"科学技术是第一生产力"，我市科协"二大"的召开，标志着全市经济跃入一个新的时期，各条战线的科技工作者，无不为"科技兴市"呕心沥血。冉从毅、温木生、陶泽铨、黄以乾等100名优秀科技工作者、优秀论文获得者、科协系统先进个人及热心支持科协工作的领导受到表彰，登台领奖。

科协"一大"至今已逾34个年头，此次280名代表无记名投票选举了29名科协"二大"委员，新一届领导班子由李远贵、李明辉、叶作明、余子文、曹辉鹏等5人组成，李远贵任主席。大会聘请了市委副书记陈德伟、市政府副市长赵富国为名誉主席。　（杨召荣）

唐市长谈治理乱收费问题

本报讯（记者　封林）　11月1日下午，市政府常务会议审议通过了律价发［1993］59号文件中取消和停止的二十多项行政事业性收费项目。市长唐昌放在会议上强调指出，要提高认识，采取切实可行的措施，坚决治理乱收费现象。一是中央和重庆市在报上公布的有关治理乱收费的规定，各级各部门必须无条件执行；二是我市各级、各部门自行制定而又未经市物价、财政部门认可的所有收费项目一律停止；三是凡属行政性工作而搞成有偿服务的，应立即停止。

驻军某部进行人生观价值观教育成果图片展览，市委书记康纲有（右一）与部队长邹云华（中）、部队政委段树春（左一）在观展现场谈笑风生。　（曾和平　蒋敏　摄影报道）

集中精力 抓好小春

·何鹏

小春不小，已被实践证明。小春是我市全年农业生产的第一季，对夺取农业丰收至关重要，小春增产，全年主动。小春粮油商品率高，更是农民增加收入的重要来源。小春的合理布局，还直接关系到大春及晚秋作物的丰收，关系到发展高产、优质、高效农业，非下功夫抓好不可。

当前，小春播栽的关键季节已到，集中精力种足种好小春，这是我市目前农村中最紧迫的任务，一定要打好这一仗。

各级党、政领导以及涉农的各有关部门，要认真贯彻落实中央农村工作会议精神和省委、省政府的要求，在思想上要充分重视农业、农村工作和农民问题，在行动上要真抓实干。目前要切实解决好农村中各种实际问题，搞好小春生产和农田水利基本建设，争取明年农业和农村经济上新台阶。

当前问题

中共中央国务院作出决定 反腐败斗争近期抓好三项工作

一、党政机关领导干部要带头廉洁自律；二、查办一批大案要案；三、狠刹几股群众反映强烈的不正之风。

人车混流堪忧 治理需动真格

奎星楼

几江地区交通秩序亟需彻底整顿。据了解，每天进市区的汽车、机动三轮车、人力车、自行车达数千辆，在市内街道上人车混流，交通阻塞，事故时有发生。一些人不按交通规则行驶，互相抢道，横冲直撞，特别是大西门口、几江市场、神仙口、大小什字口、东门口、南郊路转盘等处较为严重，行人怕遭误伤，学生家长提心吊胆。市政府早已明令整顿，为何治理不力？望有关部门动真格。　（林　争）

三五三九工厂综合效益指标超国际考核标准

本报讯　名列重庆市工业企业50强的3539厂，按国际惯例考核的综合效益指标达139.74%，年人均创税利6318元。该厂再次获重庆市质量管理奖，被重庆市人民政府授予"重庆市工业企业50强"的称号。　（方　息）

我市计划生育工作受到国务院表彰

本报讯　（记者古帆彰）最近，我市计划生育工作受到国务院表彰，被评为"全国计划生育先进单位"。

全市计划生育工作贯彻中央提出的"抓紧、抓好"的要求，近几年来，坚持以宣传教育为主、避孕为主、经常工作为主的"三为主"方针，推进了计生工作再上新台阶。去年全市人口出生率为12.25‰，自然增长率为4.77‰，计划生育率为99.63%，节育率为92.85%，达到了四川省"红旗县（市）"的要求。全市从70年代初至今，累计少生人口60万，为国家、个人节省了一大笔抚育经费，为经济和社会发展减轻了压力。

全国柑桔名乡知多少 我市榜上有名

本报讯（记者　杜跃鹏）全国柑桔名乡知多少？我市榜上有名。记者最近获悉，中国科学普及出版社出版的《中国名乡》一书，江津市被列入全国5大柑桔名乡之一。

全国柑桔名乡有福建省永春县、湖北省宜昌地区、四川省江津市、金堂县、[illegible]中县。我市柑桔的栽培已逾2000多年。目前，全市柑桔种植面积达20万余亩，社会总产量已突破6000万公斤。

《合川日报》

1956年创刊	1958年停刊	1980年复刊	2007年更名
《合川报》	《合川报》	《合川报》	《合川日报》

1956年3月创刊

创刊报名《合川报》

《合川日报》前身为1956年3月创刊的《合川报》。1958年《合川报》停刊，1980年4月经四川省委宣传部批准重新筹办，并于同年8月正式出版，全国公开发行。

2004年1月1日《合川报》停办，开办内部刊物《今日合川》。2005年5月19日《今日合川》恢复为对开彩色大报。2007年5月1日更名为《合川日报》。

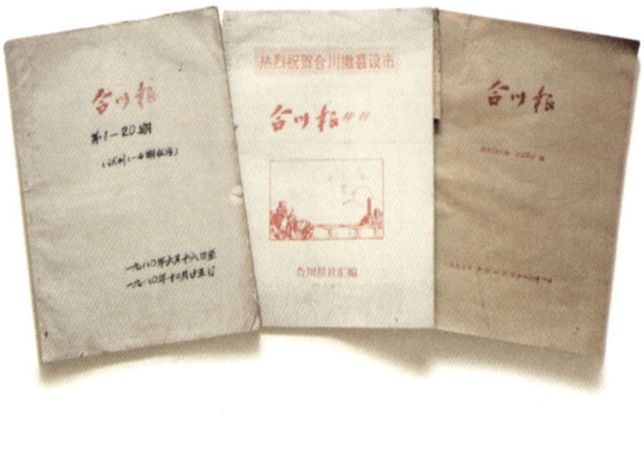

《合川报》(1980—1997)四开四版小报合订

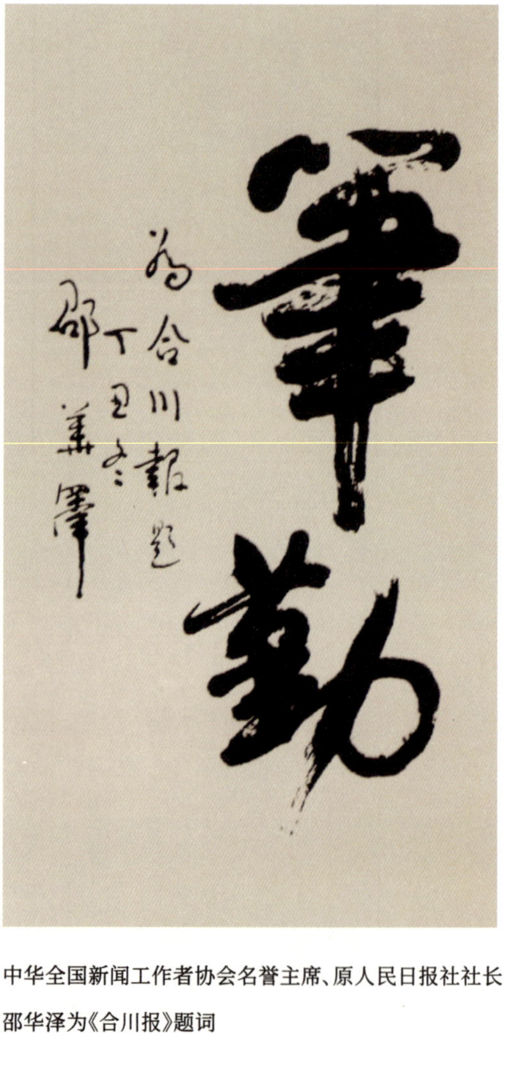

中华全国新闻工作者协会名誉主席、原人民日报社社长邵华泽为《合川报》题词

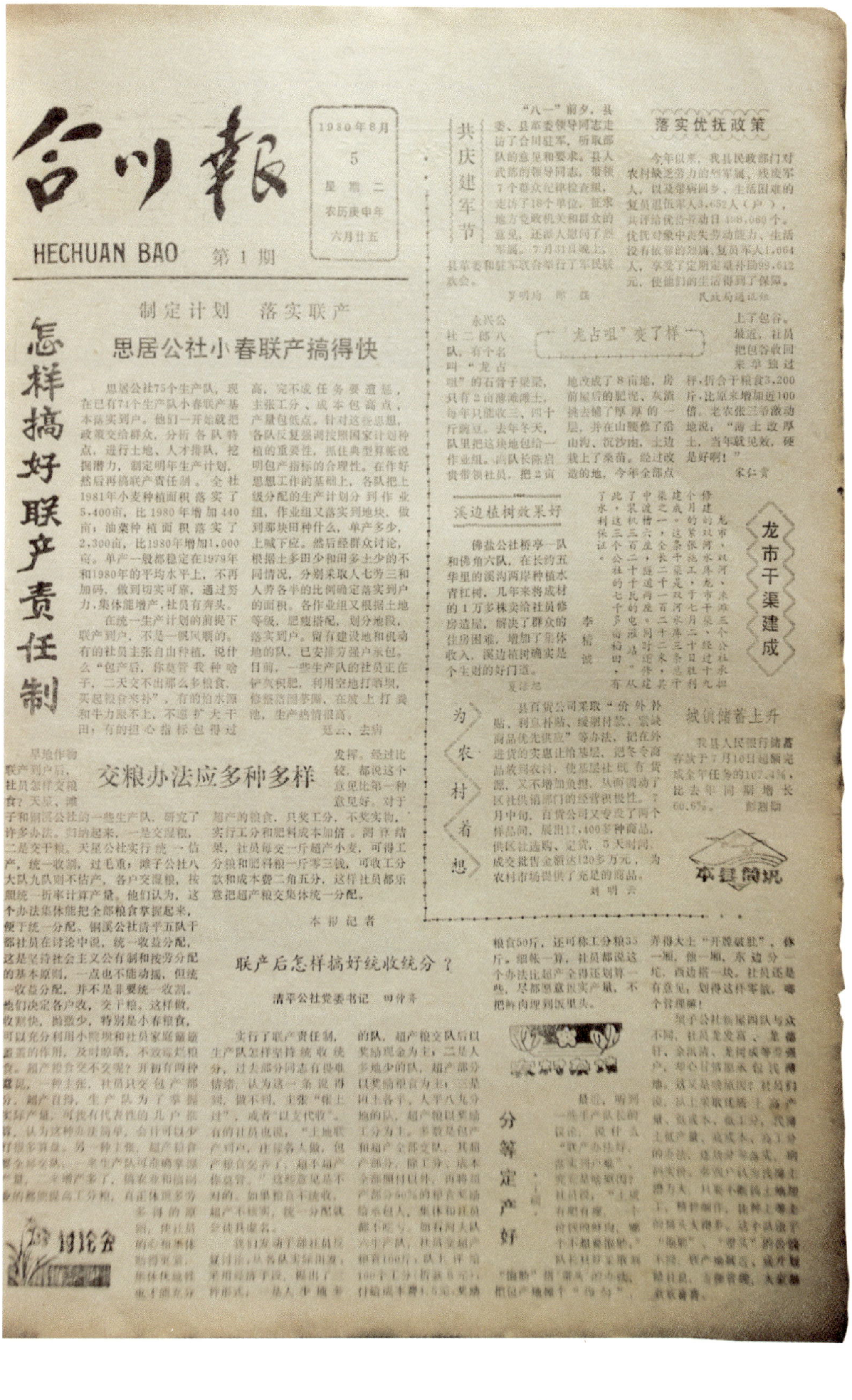

合川报

HECHUAN BAO　第1期

1980年8月 5 星期二 农历庚申年六月廿五

怎样搞好联产责任制

制定计划　落实联产
思居公社小春联产搞得快

思居公社75个生产队，现在已有74个生产队小春联产基本落实到户。他们一开始就把政策交给群众，分析各队特点，进行土地、人才排队，挖掘潜力，制定明年生产计划，然后再搞联产责任制。全社1981年小麦种植面积落实了5,400亩，比1980年增加440亩；油菜种植面积落实了2,300亩，比1980年增加1,000亩。单产一般都稳定在1979年和1980年的平均水平上，不再加码，做到切实可靠，通过努力，集体能增产，社员有奔头。

在统一生产计划的前提下联产到户，不是一帆风顺的。有的社员主张自由种植，说什么“包产后，你莫管我种啥子，二天交不出那么多粮食，买起粮食来补”，有的怕水源和牛力跟不上，不愿扩大干田；有的担心指标包得过高，完不成任务要遭惩，主张工分、成本包高点，产量包低点。针对这些思想，各队反复强调按照国家计划种植的重要性，抓住典型算帐说明包产指标的合理性。在作好思想工作的基础上，各队把上级分配的生产计划分到作业组，作业组又落实到地块，做到那块田种什么，单产多少，上喊下应。然后经群众讨论，根据土多田少和田多土少的不同情况，分别采取人七劳三和人劳各半的比例确定落实到户的面积。各作业组又根据土地等级，肥瘦搭配，划分地段，落实到户。留有建设地和机动地的队，已安排劳强户承包。目前，一些生产队的社员正在铲灰积肥，利用空地打晒坝，修整沼园茅厕，在坡上打粪池，生产热情很高。

廷云、去病

交粮办法应多种多样

旱地作物联产到户后，社员怎样交粮食？天星、滩子和铜溪公社的一些生产队，研究了许多办法。归纳起来，一是交湿粮，二是交干粮。天星公社实行统一估产，统一收割，过毛重；滩子公社八大队九队则不估产，各户交湿粮，按照统一折率计算产量。他们认为，这个办法集体能把全部粮食掌握起来，便于统一分配。铜溪公社清平五队干部社员在讨论中说，统一收益分配，这是坚持社会主义公有制和按劳分配的基本原则，一点也不能动摇，但统一收益分配，并不是非要统一收割。他们决定各户收，交干粮。这样做，收割快，损耗少，特别是小春粮食，可以充分利用小院坝和社员家庭簸簸盖盖的作用，及时晾晒，不致霉烂粮食。超产粮食交不交呢？开初有两种意见，一种主张，社员只交包产部分，超产自得，生产队为了掌握实际产量，可找有代表性的几户抽[illegible]，认为这种办法简单，会计可以少打很多算盘。另一种主张，超产粮食要全部交队，一来生产队可准确掌握产量，二来增产多了，搞农业和搞副业的都能提高工分粮，真正体现多劳多得的原则，使社员的心和集体贴得更紧，集体优越性也才能充分发挥。经过比较，都说这个意见比第一种意见好。对于超产的粮食，只奖工分，不奖实物，实行工分和肥料成本加倍。测算结果，社员每交一斤超产小麦，可得工分粮和肥料粮一斤零三钱，可收工分款和成本费二角五分，这样社员都乐意把超产粮交集体统一分配。

本报记者

联产后怎样搞好统收统分？

清平公社党委书记　田仲齐

实行了联产责任制，生产队怎样坚持统收统分，过去部分同志有畏难情绪，认为这一条说得到，做不到，主张“[illegible]上过”，或者“以支代收”。有的社员也说，“土地联产到户，让你各人做，包产粮食交齐了，超不超产你莫管。”这些意见是不对的。如果粮食不统收，超产不核实，统一分配就会徒具虚名。

我们发动干部社员反复讨论，从各队实际出发，采用[illegible]手段，提出了[illegible]种形式：一是人少地多的队，超产粮交队后以奖励现金为主；二是人多地少的队，超产部分以奖励粮食为主；三是田土各半，人平八九分地的队，超产粮以奖励工分为主。多数是包产和超产全部交队，其超产部分，除工分、成本全部照付以外，再将超产部分60%的粮食奖励给承包人，集体和社员都不吃亏。如石河大队六生产队，社员交超产粮食100斤，队上评给100个工分（折款8元），付给成本费1.5元，奖励粮食50斤，还可称工分粮35斤。细帐一算，社员都说这个办法比超产全得还划算一些，尽都愿意报实产量，不把肥肉埋到饭里头。

讨论会

共庆建军节

“八一”前夕，县委、县革委领导同志走访了合川驻军，听取部队的意见和要求。县人武部的领导同志，带领7个群众纪律检查组，走访了18个单位，征求地方党政机关和群众的意见，还慰问了烈军属。7月31日晚上，县革委和驻军联合举行了军民联欢会。

罗明均　陈　森

落实优抚政策

今年以来，我县民政部门对农村缺乏劳力的烈军属、残废军人，以及带病回乡、生活困难的复员退伍军人3,652人（户），共评给优抚劳动日188,060个。优抚对象中丧失劳动能力、生活没有依靠的烈属、复员军人1,064人，享受了定期定量补助99,612元，使他们的生活得到了保障。

民政局通讯组

“龙占咀”变了样

永兴公社二郎八队，有个名叫“龙占咀”的石骨子梁梁，只有2亩薄滩滩土，每年只能收三、四十斤豌豆。去年冬天，队里把这块地包给一作业组。副队长陈启贵带领社员，把2亩地改成了8亩地，房前屋后的肥泥、灰渣挑去铺了厚厚的一层，并在山腰修了沿山沟、沉沙凼，土边栽上了桑苗。经过改造的地，今年全部点上了包谷。最近，社员把包谷收回来单独过秤，折合干粮食3,200斤，比原来增加近100倍。老农张三爷激动地说：“薄土改厚土，当年就见效，硬是好啊！”

宋仁贵

溪边植树效果好

佛盐公社桥亭一队和佛角六队，在长约五华里的溪沟两岸种植水青杠树，几年来将成材的1万多株卖给社员修房造屋，解决了群众的住房困难，增加了集体收入。溪边植树确实是个生财的好门道。

夏泽旭

龙市干渠建成

龙市，双河、涂滩三个公社承担修建的双河水库龙市干渠，经过十九个月的紧张施工，于七月二十日胜利建成。这条干渠是双河水库三条总干渠之一，全长二千一百二十二米，共中渡槽六座，隧道两座。同时还修建了装机三百二十千瓦的电灌站。从此，这三个公社的七千多亩稻田，有了水利保证。

李精诚

为农村着想

县百货公司采取“价外补贴，利息补贴、缓期付款、紧缺商品优先供应”等办法，把在外进货的实惠让给基层，把冬令商品放到农村，使基层社既有货源，又不增加负担，从而调动了区社供销部门的经营积极性。7月中旬，百货公司又专设了两个样品间，展出17,400多种商品，供区社选购、定货，5天时间，成交批售金额达120多万元，为农村市场提供了充足的商品。

刘明云

城镇储蓄上升

我县人民银行储蓄存款于7月10日超额完成全年任务的107.4%，比去年同期增长60.6%。

彭烈勋

本县简讯

分等定产好

最近，听到一些生产队长的议论，说什么“联产办法好，落实到户难”。究竟是啥原因？社员说，“土地有肥有瘦，一个钱的鲜肉，哪个不想要瘦的？”队长只好采取用“抽肋”搭“瘦头”的办法，把包产地搞个“均匀”，弄得大土“开膛破肚”，你一厢，他一厢，东边分一坨，西边搭一块。社员还是有意见，划得这样零碎，哪个管理嘛！

坝子公社新屋四队与众不同，社员龙发富、龙德轩、余洪清、龙树成等[illegible]户，都心甘情愿承包[illegible]地。这又是啥原因？社员们说，队上采取优质土高产量、低成本、低工分，劣质土低产量、高成本、高工分的办法，[illegible]潜力大，只要不断搞土地加工，精护细作，[illegible]。这个办法去了“抽肋”、“瘦头”的[illegible]，联产地就成[illegible]，[illegible]社员，方便管理，大家都欢欣鼓舞。

[illegible]

《合川报》创刊号　第一版

宣传政策　引导舆论　指导工作　服务大众

合川日报

HE CHUAN RI BAO

2007年5月1日

农历丁亥年三月十五

星期二

今日4版

每周一、二、三、四、五出版

第397期

有奖报料 新闻热线

合川地区天气预报

中共合川区委　合川区人民政府　主办　合川日报社　编辑出版　渝字06-512号　免费赠阅

争做文明人　建设文明城

文明春风吹拂三江两岸

——我区举行百万市民文明行动仪式

确保人民群众……

重庆市人大常委会副主任……

为了……

今天　我们踏上新的征程

——《合川日报》创刊致读者

区长公开电话：42812345　报警电话：110　火警电话……

第2版　2007年5月1日　星期二

经济　JING JI

准备金率上调后不排除加息可能

我区新增两条公交线昨日开通

重庆市合川区国税局挂牌成立

为遂渝铁路提供安全运输环境

我区铁路交通安全会要求

首届职校服装技能大赛举行

“缴费一卡（折）通”业务将于近期开通

记者“打望”枇杷节

关注古楼枇杷采果节

《合川日报》第397期　第一版　第二版

2004年前后《合川报》报业大楼外景

JIN RI HE CHUAN

今日合川

2005年5月
19
星期四
乙酉年四月十二
今日4版

贴近生活 服务大众

浯江上再飞彩虹

武合高速公路涪江大桥主桥成功合龙

今天，我们踏上新的征程

——《今日合川》发刊词

新华网·合川网络宣传周启动

让世界了解合川 让合川融入世界

我市第一批先进性教育活动整改提高阶段动员会要求

使先进性教育活动真正成为人民群众满意的工程

纪涛在全市非公有制经济代表人士座谈会上指出

为非公有制企业创造良好的发展环境

韩树明在调研北城商贸区和合川火车站时强调

千方百计完成十二项重大任务

出实招 见实效 建满意工程

——保持共产党员先进性教育活动系列评论之三

把握安全 拥有明天

《今日合川》创刊号 第一版

《渝西都市报》

1990年12月22日创刊

创刊报名《永川报》

1990年创刊《永川报》	2004年停办《永川报》	2004年开办期刊《永川纵横》	2005年改报刊《今日永川》
2006年更名《永川日报》	2021年休刊《永川日报》	2021年创刊《渝西都市报》	

《渝西都市报》前身为创刊于1990年12月22日的《永川报》。2004年1月《永川报》停办，成立永川市新闻社，开办内部期刊《永川纵横》。2005年1月1日改刊型《永川纵横》为报型《今日永川》，2006年又更名为《永川日报》。2008年3月在重庆市率先创办区县手机报《永川手机报》。

2021年3月27日《永川日报》休刊，同年3月30日《渝西都市报》创刊，全国发行。

永川报

YONGCHUAN BAO

中国共产党永川县委员会 永川县人民政府 主办

1990年7月1日 农历庚午年闰五月初九（试刊） 第1期

县委表彰先进基层党组织和优秀党员

发挥党报优势 服务全县人民

中共永川县委副书记、县人大常委会主任 曾祥云

《永川报》是县委县政府和全县人民的喉舌

中共永川县委书记 李大全 永川县人民政府县长 蔡开森

县委邀请民主党派人士畅谈党的统一战线工作

架起连心桥 生产有飞跃

我县采取三种形式联系基层效果好

喜忧并存 我县经济在困境中发展

背水一战 努力完成全年经济任务

上半年全县经济工作述评

我县深入开展党风廉政建设大检查

县人大开展计划生育条例实施情况检查

《永川报》试刊号 第一版

永川头条APP

永川微发布微信公众号

渝西都市报

2021年3月 30 星期二 辛丑年 二月十八

立足渝西 服务川渝

创刊号

永川 阴转多云18℃-28℃

主管、主办：重庆日报报业集团　协办：重庆市永川区融媒体中心　出版：《渝西都市报》编辑部　国内统一刊号：CN50-0034　今日12版　第1期　总第1期　新闻热线：023-49863247　地址：重庆市永川区外环西路92号　重庆市永川区融媒体中心

开往春天的列车

（创刊词）

感应季节的心跳，应和时代的脉动，满怀春天的期盼，《渝西都市报》和您见面了！

这是一次春天的约定；这是一次开往春天的列车；这是一次全新的启航、美丽的出发！

“好雨知时节，当春乃发生。”

立足渝西，深度服务成渝地区双城经济圈建设和重庆主城都市区高质量发展，促进渝西川南地区合作，《渝西都市报》应运而生、应时而生、应势而生，必将在唱好“双城记”、建好“都市区”，叫响“两基地”，奋进百年路、启航新征程的火热实践中，放大媒体声量，体现媒体担当，贡献媒体力量！

《渝西都市报》由重庆日报报业集团主管主办，永川区融媒体中心协办。《渝西都市报》的创刊，是重庆日报报业集团品牌输出、资源共享、区域协同的一次生动的媒体实践，是重庆新闻事业创新发展的又一精彩起笔。

翻开《渝西都市报》，“镜观”最新最美新闻事件，“大重庆”阅读重庆重大时政新闻，“新永川”感受永川飞速发展的时代节拍，“看渝西”方寸间为您“点读”渝西发展亮点，“都市汇”聚焦重庆都市区发展动态，“双城记”感知巴蜀发展脉搏，“香海棠”“广角镜”让您领略文化魅力、感受世间万象。

时代的声音将在这里交汇！碰撞！

岁月的影像将在这里显影！定格！

走进《渝西都市报》，听生命对话生命，看生活映照生活，让心灵告诉心灵……

她是一株小草，染霞沾露，茎脉里涌动成长的梦想、绽放的梦想、茁壮的梦想，希望能得到您一如既往的关注、关心和阳光照耀！

她是一个窗口，推窗见景，让我们相约相守，一起眺望徐徐展开的美丽画卷；

她是开往春天的列车，让我们心手相牵，共赴新时代美好未来！

《渝西都市报》编辑部

长城汽车将实现年产整车25万台

近日，位于永川高新区凤凰湖产业园的长城汽车股份有限公司重庆分公司生产车间内，机器轰鸣声不绝于耳，工人正在忙碌地焊接、检测车辆。截至3月23日，该公司累计生产整车170924台，2021年已生产整车38748台。目前，公司日产整车640台。

据了解，长城汽车秉承“绿色环保、精益高效”理念，打造国际一流智慧化工厂，产能提升工作正在如火如荼进行，预计今年8月份完成。完成后，长城汽车产能将从16万台/年提升至25万台/年，进一步满足市场需求。

记者 陈仕川 摄

导读

总编辑：杨洪波　总值班：蔡有林　统筹：龙远信　编辑：杨西子　排版：蔡腾飞　校对：郑双　法律顾问：重庆新源律师事务所　程生奎 13983666721　坤源衡泰律师事务所　郑瑞雪 电话13983864591　零售1元

《南川日报》

1958年7月1日创刊

创刊报名《南川报》

- 1958年创刊 《南川报》
- 1961年停刊 《南川报》
- 1983年更名 《宣传员》
- 1990年更名 《南川报》
- 1992年更名 《南川周报》
- 1996年更名 《南川报》
- 2003年出版 《南川信息》
- 2006年更名 《南川快讯》
- 2007年恢复报名 《南川报》
- 2010年更名 《南川日报》

《南川报》于1958年7月1日创刊，1961年3月31日停刊。1983年《南川报》更名为《宣传员》，1990年更名为《南川报》，1992年又改为《南川周报》。

1996年1月，《南川周报》更名为《南川报》。2003年底，《南川报》停办。2003年12月，成立南川市新闻中心，编辑出版《南川信息》。2006年1月，《南川信息》更名为《南川快讯》。2007年2月1日，《南川快讯》恢复报名《南川报》。2010年1月1日，《南川报》正式更名为《南川日报》。

南川日报

四组团提速经济发展

区政协召开第十二届委员会第十六次常委会

紧抓机遇促发展

全力促就业保民生

《南川日报》总第2060期 第一版

县技术监督局为企业挽回损失百万元

南川铁路分局超额完成年运输任务

大观镇个体户生意越做越红火

南川农行为脱贫致富作贡献

《南川周报》创刊号 第二版

热烈祝贺《南川周报》创刊

时代的号角 人民的心声

党报的性质 晚报的风格 地方的特色

《南川周报》创刊号 第四版

南川周报

NANCHUAN ZHOUBAO

内部报刊准印证号：川内字第14—034号

主办单位：中共南川县委宣传部

一九九三年 第1期（总第1期） 1992年12月29日 农历壬申年十二月六日

（创刊号）

值此元旦佳节到来之际，中共南川县委宣传部、《南川周报》编辑室向战斗在全县各条战线上的63万人民致以节日的祝愿，祝大家：

新年快樂！

报头题字 蒋邦钎 美术设计 胡元林

宣传改革 服务经济 贴近生活

中共南川县委书记：魏长述 中共南川县委副书记，代理县长：李中直

一、正确认识经济建设与舆论宣传关系

经济建设和舆论宣传的关系，不仅是个认识问题，也是个重要的实践课题。总体上说，舆论宣传不能脱离经济建设，经济建设也离不开舆论宣传。经济建设为什么离不开舆论宣传呢？其一，经济建设需要舆论宣传的导向领航。党和政府的路线、方针、政策，国内外先进经验，人民群众的呼声愿望，都只有通过舆论载体才能得到贯彻和反映，没有宣传媒介的传播，就象有箭无弓一样不可思议，而报纸就是最好的传播媒介之一。其二，经济建设需要舆论宣传的牵线搭桥。传播媒介的进步和信息流通的加速，是人类社会进步的标志之一。报纸、电视、广播等传播媒介的出现和日益进化都为人类的物质文明进步做出了巨大贡献。市场经济的发育、发展和完善也总是伴随着传播媒介的不断革新和信息流通量的不断加大，完善的市场经济体系中必须包含有各种传播媒介的积极努力。当前我县部分大宗工业产品积压严重，其中一个主要原因，就是我们对产品的宣传不够。全县除个别企业对产品宣传有所意识外，绝大多数企业的产品宣传意识基本为“零”，整个销售工作基本上还停留在靠推销员推销的低层次上。南川的产品连南川人都不知道，连县内市场也占领不了，更谈不上挤进县外、省外、国外市场。反过来，宣传舆论如果不紧扣经济建设这个中心，搞自我中心和多中心，甚至偏离大方向，也是没有生命力的。舆论宣传决不能自立中心、偏离中心，干扰中心。离开了经济建设，舆论宣传就成了无源之水，无本之木，就要犯极大的错误。

二、正确认识报纸在精神文明建设中的重要作用

不单是物质文明，报纸在精神文明建设中也有着极其重要的作用。有人把报纸比作“时代的号角，人民的心声”。这是因为：1.党的路线、方针、政策的及时宣传、贯彻、执行，报纸是重要的传播媒介。2.反映人民群众的改革实践，报纸也是最佳手段之一。党的路线方针正确与否，只有通过实践来检验；经济建设和其他各项事业的成功与否，也只有按照“三个有利于”的标准来衡量。而检验和衡量都离不开包括报纸在内的各种传播媒介的反映。人民群众对党和政府、对上级领导、对社会的愿望和呼声，也得通过报纸等形式来反映。3.人民群众丰富多彩的生活，报纸也是很好的表现形式。

与其他传播媒介比较，报纸无疑有着不可替代的特殊地位和作用。与国家级、省级、地市级报纸比较，县级小报也同样有着不可替代的特殊地位和作用。上一级报纸代表上一级意图，反映的是普遍的共性的事物；县级小报代表县级的意图，反映的是本县相对特殊的、个性的事物。因此，它更加贴近生活，贴近现实，更能反映当地人民的心声。

实践早已多次证明，良好的舆论氛围对于充分调动广大干部群众的积极性，促进改革开放更加顺利地向纵深发展，促进经济的发展和繁荣，有着极其重要的作用。十一届三中全会前后“实践是检验真理的唯一标准”的大讨论，促进了全党全国人民的思想大解放，经济大发展。小平同志南巡谈话和14大报告已经和还在促进全党全国人民第二次思想大解放和经济大发展。但是，客观地讲，就我县而言，不管是开展致富奔小康的大讨论，还产是贯彻南巡谈话和14大报告精神的大宣传、大发动，舆论氛围都还未能尽如人意。希望创刊后的《南川周报》和其他舆论工具紧密配合，继续在为我县改革开放和经济建设尽力呐喊助威、牵线搭桥，更好地在帮助干部群众“换脑筋”上作出新的努力和贡献。

三、几点希望

对《南川周报》的几点希望：

1.紧扣时代主旋律，咬定中心不放松。

十四大提出坚持党的基本路线不动摇，关键就是坚持以经济建设为中心不动摇。所以，经济建设理所当然成为宣传报道的中心，应该在报纸中占据中心。不仅是在容量上占据中心，还应该在质量上占据中心，能够激动人心，启发人们思考，帮助人们解惑，调动全县人民以极大的热情投身经济建设和改革实践，为我县的两个文明建设提供强大的精神动力和智力支持。

2.让“两头”满意，办出浓郁的地方特色。

报纸是党和人民的喉舌，当然要使党和人民满意。上头，符合党中央的路线、方针、政策，让领导满意；下头，适合群众的口味、要求、意愿，让群众满意。社会生活需要舆论监督，歌颂真善美，鞭挞假丑恶；反过来，党和人民也要监督舆论。许多报纸提出了“党报的性质，晚报的风格，地方的特色”这样一个办报思想，《南川周报》也应遵循这个基本原则，在办报宗旨上、方向上、版面安排上、栏目设置上精心设计，巧妙安排，做到“两头”满意。

3.改变作风、深入实际、大胆创新。

新闻工作者决不能坐而论道，机械地等稿子，编稿子，应该深入实际，深入生活，深入改革第一线，把笔头对准实际，对准群众，对准生活，要敢于创新，大胆改革，帮助干部群众解放思想，换脑筋、添干劲。社会主义市场经济目标的确立，必将引起人们的经济的、政治的、道德的、以及思维习惯、价值取向等观念的新变化，报纸应该及时起到导航引向的作用。

4.两个效益都要抓。

报纸是精神产品，首先要讲社会效益，但也不能不讲经济效益。报刊也应推向市场，自已去接受“上帝”的检验，而不能只靠行政命令。从根本和长远一点看，报纸的两个效益应该是一致的：质量高，订户多，影响大，社会和经济效益就都上去了。当然，县级小报由于人口少，订户相对不多，远不能和国家级、省级、地级报纸比，这就为我们提出了更高的要求。

对各部门、各乡镇提几点希望：

1.继续关心、支持《南川周报》，互相沟通，把各地方部门的意见与编辑相互反馈，共同努力，以提高办报质量。

2.继续抓好该报的征订、发行，搞好读报用报活动。《南川周报》是带有过渡性质的县委机关报，主要在本地发行，又是我县唯一的一张报纸，现在刚起步，群众不了解，发行太少，就既增加财政负担，又起不到应有的宣传作用，所以，要多做宣传解释，尽量争取订数多一些。

3.各地要抓好通联工作，发展壮大通迅员队伍，及时反映本地、本部门的各种信息，要鼓励、支持通迅员多写稿，写好稿。

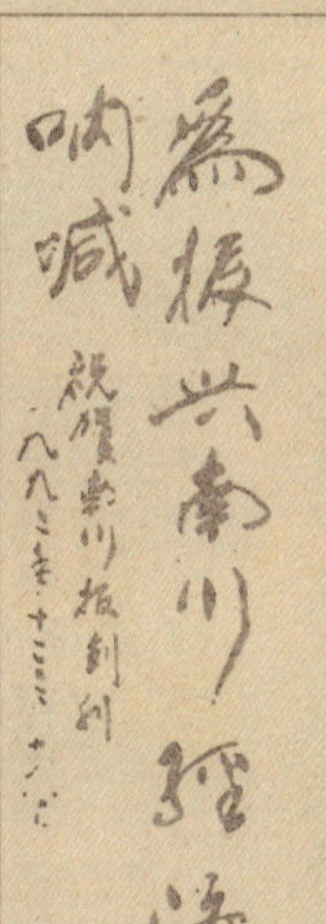

地委副书记刘庆渝为本报创刊题词

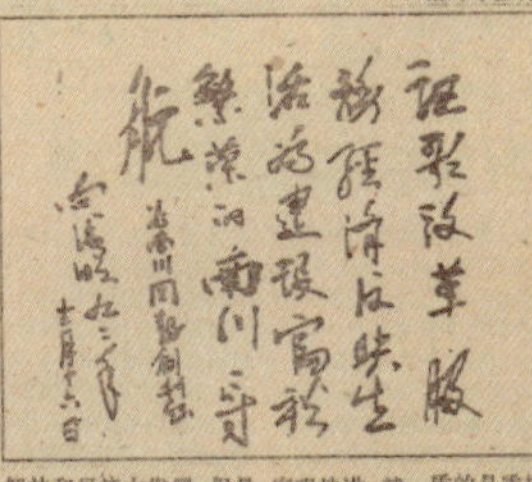

县委副书记向清明题词

为改革呐喊壮行

（发刊词）

风雨送春归，飞雪迎春到。

喜送金猴归去，笑迎雄鸡报晓，90年代第三个新春即将来临。和着时代的鼓棰起落，迎着改革的浪潮翻涌，全县六十万人民殷切期待、关注的《南川周报》今天正式创刊了。

几番坎坷风雨，几多辛勤努力，几多关心支持，《南川周报》的创刊成功，既包含着本报同仁的汗水，更凝聚着各级领导和全县各界朋友的鼎力撑持。我们的回报，除表示深深的谢意，还有待今后加倍的努力。

舆论宣传，必须服务于服从于经济建设；振兴经济，离不开舆论为之呐喊壮行。改革和舆论，两只手都要硬；二者融为一体，改革才能成功，经济才能腾飞。在我县经济建设和改革开放节奏明显加快，撤县建市的各项准备工作齐头并进的大好形势下，我们将为此不遗余力。

报纸是时代的号角，人民的心声，自然要反映党的意图和人民的要求。让“两头”满意，是我们办报的宗旨。上头，宣传党的路线、方针、政策，让领导满意；下头，反映人民的愿望，适合群众的口味，让读者满意。“党报的性质，晚报的风格，地方的特色”，三者的有机融合，是本报贯彻“两头”满意的基本方针；大容量、快节奏、众口皆调是本报始终不渝的基本前提；紧扣中心，丰富内容，活跃版面，革新栏目，是本报不懈追求的基本方向。党和人民群众每天都在创造出崭新的业绩，火热的改革实践为本报提供了取之不尽、用之不竭的写作源泉，我们决心按照党的十四大精神，为改革鸣锣开道，为经济牵线搭桥，大力讴歌时代旋律，反映群众呼声。

创刊后的《南川周报》，一版为综合要闻版，主要设置专题报道，社会之窗、现场短新闻、综合消息、凤江论坛等栏目；二版为经济版，主要设置改革潮声、企业家风采、乡村能人谱、农家科技、企业界、经济诺丝、城建之窗等栏目；三版为社会综合版，主要设置理论与实践、观察思考、民主法制、校园内外、政策与法规、文海撷英等栏目；四版为综合副刊版，主要设置周末特写，金山随笔、金山风景线（文学艺术）金山风俗画，故事会，奇闻趣事等栏目，各版栏目随形势的发展以及读者的要求，将时有增删。

红花尚得绿叶扶，春苗更需众人浇；社会生活离不开舆论监督，党和群众也要监督舆论，创刊后的《南川周报》还难免稚嫩，不足之处在所难免，我们殷切希望广大读者关心、爱护、理解，支持，随时不吝赐教、监督批评，以使本报不断扬长避短、不断革故鼎新，在一个个新的起点上茁壮成长，花丰果硕。

镜头应对准他们

12月17日下午4时，县委、政府在县公安局五楼会议室召开的“见义勇为、政法系统先进个人座谈会”正热烈进行。当县四大家领导给阳东、杨晓磊等6名见义勇为者颁奖时，耀眼的灯光下，摄影记者“抢”镜头了。这时，县委副书记程体才说：“我们四大家领导是来为他们庆功的，镜头应对准他们，向全县宣传他们为维护社会治安不顾个人安危的英勇品质。”

接着，程书记向与会代表一一介绍起这6位英雄人物来：11月17日上午，司法局干部阳东、味精厂内保干部杨晓磊乘坐重庆汽运司21526号长途客车去重庆出差，途经江津市杜市乡停车时，7名歹徒窜上车，掏出匕首等凶器抢劫乘客财物。在乘客生命安全受到严重威胁的时候，阳东、杨晓磊临危不惧与歹徒展开搏斗，其中5名歹徒见势不妙，跳窗而逃，余下2名歹徒被擒归案。阳东、杨晓磊受到重庆市公安局的表扬……他们有功，应大力宣传。

（陈秋令）

现场短新闻

简讯一则

△在中学教学园地辛勤耕耘30余年的道南中学数学高级教师赵友铨的事迹，被收入了于最近出版的《中国当代教育名人辞典》，在此之前，他的事迹已收入《中国数学教育名人辞典》。他还在去年被国家教委和国家人事部授于全国优秀教师称号。

（杨毅）

《南川周报》创刊号 第一版

《綦江日报》

1988年创刊	2003年改为刊型	2008年恢复	2011年更名
《綦江报》	《今日綦江》	《綦江报》	《綦江日报》

1988年2月18日创刊

创刊报名《綦江报》

《綦江报》于1987年12月31日试刊，1988年2月18日正式创刊，由20世纪80年代的《綦江文艺》和《綦江科普报》整合而来。

2003年《綦江报》改为刊型《今日綦江》。2005年7月1日，《今日綦江》改为报型《今日綦江》。2008年1月报型《今日綦江》恢复《綦江报》报名。2011年底，《綦江报》正式更名为《綦江日报》。

綦江日報
QIJIANG RIBAO
服务决策 关注民生
2011年12月17日 星期六
重庆工业产值首破万亿
规模工业增速领跑全国
王越率队检查党代会筹备工作
全力以赴保大会取得圆满成功
立足新起点 迈向新征程
——热烈祝贺区第一次党代会隆重召开
王越视察民心工程建设情况
让每一项民心工程真正得民心
建好更要管好小水电代燃料工程
水利部领导来綦督查农村水电安全覆盖工作
徐世国深入万盛街道、东林街道调研时指出
要努力提升服务民生服务发展能力
时事扫描
公安部：给予校车最高路权，允许校车走公交车道
民政部、财政部将为困难群众发放春节生活补贴
重庆成立全国首个研究红岩精神的“红色学会”

《綦江日报》创刊号 第一版

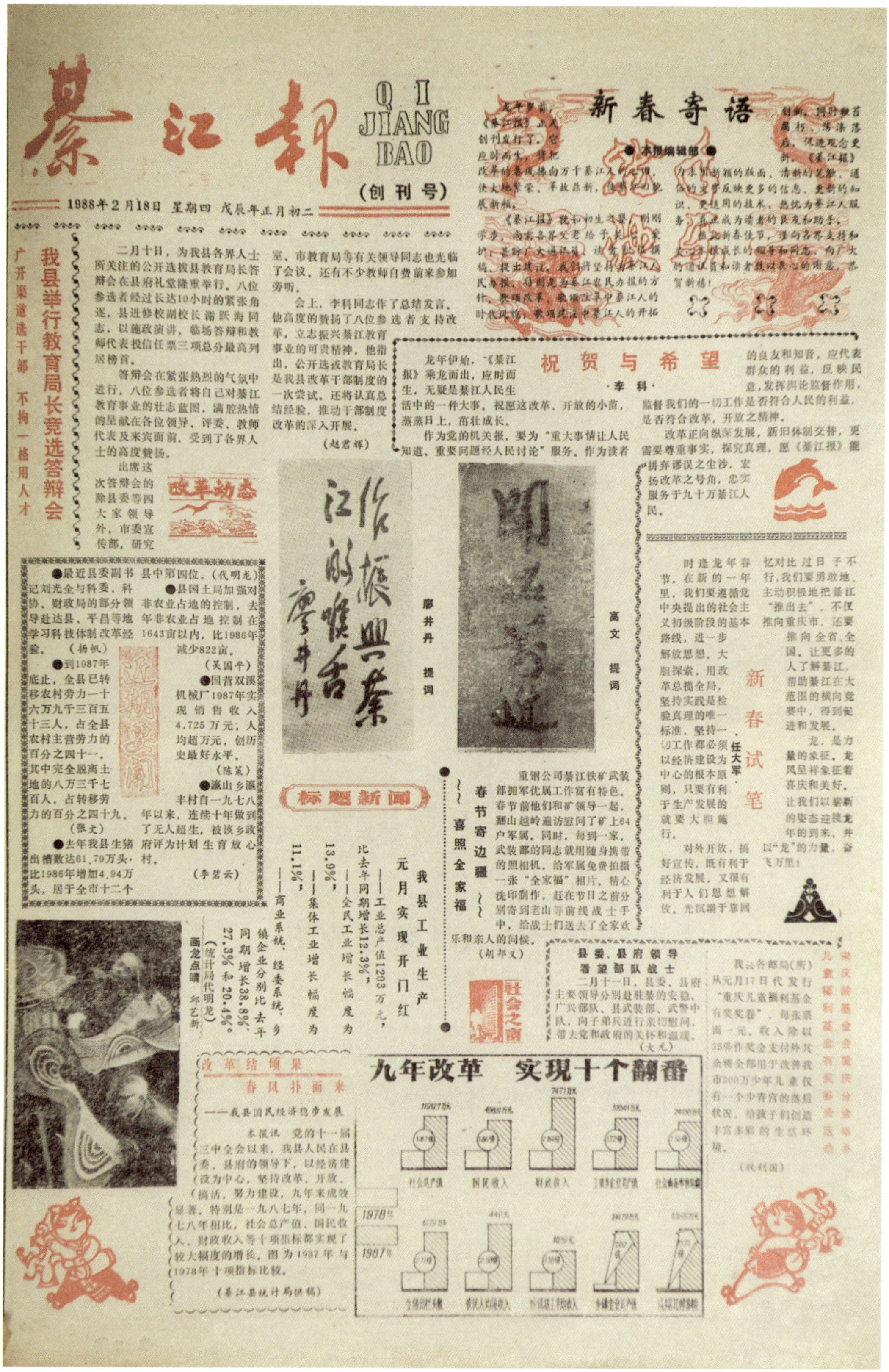

綦江報

QI JIANG BAO

（创刊号）

1988年2月18日 星期四 戊辰年正月初二

广开渠道选干部 不拘一格用人才

我县举行教育局长竞选答辩会

二月十日，为我县各界人士所关注的公开选拔县教育局长答辩会在县府礼堂隆重举行。八位参选者经过长达10小时的紧张角逐，县进修校副校长谢跃海同志，以施政演讲，临场答辩和教师代表投信任票三项总分最高列居榜首。

答辩会在紧张热烈的气氛中进行，八位参选者将自己对綦江教育事业的壮志蓝图，满腔热情的呈献在各位领导、评委、教师代表及来宾面前，受到了各界人士的高度赞扬。

出席这次答辩会的除县委等四大家领导外，市委宣传部，研究室、市教育局等有关领导同志也光临了会议。还有不少教师自费前来参加旁听。

会上，李科同志作了总结发言。他高度的赞扬了八位参选者支持改革，立志振兴綦江教育事业的可贵精神，他指出，公开选拔教育局长是我县改革干部制度的一次尝试。还将认真总结经验，推动干部制度改革的深入开展。

（赵君辉）

改革动态

新春寄语

● 本报编辑部 ●

龙年献岁，《綦江报》正式创刊发行了。它应时而生，将把改革的春风拂向万千綦江人的心田，使大地繁荣，万象更新，使綦江的发展新颜。

《綦江报》犹如初生之犊，刚刚学步，尚需各界父老给予关心、爱护；要靠广大通讯员、读者积极供稿、提出建议。我们将坚持为綦江人民办报，特别是为綦江农民办报的方针，歌颂改革，歌颂改革中綦江人的时代风貌，歌颂建设中綦江人的开拓创新、同舟共济精神，揭露丑恶，鞭挞落后，促进观念更新。《綦江报》力求用新颖的版面、清新的笔触、通俗的文字反映更多的信息、更新的知识、更适用的技术，热忱为綦江人服务，真正成为读者的良友和助手。

值此新春佳节，谨向各界支持和关心本报成长的领导和同志，向广大的通讯员和读者致以衷心的谢意，恭贺新禧！

祝贺与希望

·李科·

龙年伊始，《綦江报》乘龙而出，应时而生，无疑是綦江人民生活中的一件大事。祝愿这改革、开放的小苗，蒸蒸日上，茁壮成长。

作为党的机关报，要为"重大事情让人民知道、重要问题经人民讨论"服务。作为读者的良友和知音，应代表群众的利益，反映民意，发挥舆论监督作用，监督我们的一切工作是否符合人民的利益，是否符合改革，开放之精神。

改革正向纵深发展，新旧体制交替，更需要尊重事实，探究真理，愿《綦江报》能摒弃谬误之尘沙，宏扬改革之号角，忠实服务于九十万綦江人民。

振兴綦江 唯赖舆论 廖井丹

廖井丹 提词

开拓奋进

高文 提词

近期要闻

●最近县委副书记刘光全与科委、科协、财政局的部分领导赴达县、平昌等地学习科技体制改革经验。（杨帆）

●到1987年底止，全县已转移农村劳力一十六万九千三百五十三人，占全县农村主营劳力的百分之四十一。其中完全脱离土地的八万三千七百人，占转移劳力的百分之四十九。（张文）

●去年我县生猪出栏数达61.79万头，比1986年增加4.94万头，居于全市十二个县中第四位。（代明龙）

●县国土局加强对非农业占地的控制，去年非农业占地控制在1643亩以内，比1986年减少822亩。（吴国平）

●国营双溪机械厂1987年实现销售收入4,725万元；人均超万元，创历史最好水平。（陈策）

●瀛山乡瀛丰村自一九七八年以来，连续十年做到了无人超生，被该乡政府评为计划生育放心村。（李碧云）

标题新闻

我县工业生产元月实现开门红

——工业总产值1203万元，比去年同期增长12.3%；

——全民工业增长幅度为13.9%；

——集体工业增长幅度为11.1%；

——商业系统、经委系统、乡镇企业分别比去年同期增长38.8%、27.3%和20.4%。

（统计局代明龙）

新春试笔

·任大军·

时逢龙年春节，在新的一年里，我们要遵循党中央提出的社会主义初级阶段的基本路线，进一步解放思想，大胆探索，用改革总揽全局，坚持实践是检验真理的唯一标准，坚持一切工作都必须以经济建设为中心的根本原则，只要有利于生产发展的就要大胆施行。

对外开放，搞好宣传，既有利于经济发展，又很有利于人们思想解放。光沉湎于靠回忆对比过日子不行，我们要勇敢地、主动积极地把綦江"推出去"，不仅推向重庆市，还要推向全省、全国，让更多的人了解綦江，帮助綦江在大范围的横向竞赛中，得到促进和发展。

龙，是力量的象征。龙凤呈祥象征着喜庆和美好。让我们以崭新的姿态迎接龙年的到来，并以"龙"的力量，奋飞万里！

春节寄边疆 ～喜照全家福～

重钢公司綦江铁矿武装部拥军优属工作富有特色。春节前他们和矿领导一起，翻山越岭遍访慰问了矿上64户军属。同时，每到一家，武装部的同志就用随身携带的照相机，给军属免费拍摄一张"全家福"相片，精心洗印制作，赶在节日之前分别寄到老山等前线战士手中，给战士们送去了全家欢乐和亲人的问候。

（胡邦义）

社会之窗

县委、县府领导看望部队战士

二月十一日，县委、县府主要领导分别赴驻綦的安稳、广兴部队、县武装部、武警中队，向子弟兵进行亲切慰问，带去党和政府的关怀和温暖。

（大元）

重庆儿基金会綦江分会举办 儿童福利基金有奖募捐活动

我县各邮局(所)从元月17日代发行"重庆儿童福利基金有奖奖卷"，每张票面一元，收入除以35%作奖金支付外其余将全部用于改善我市300万少年儿童仅有一个少青宫的落后状况，给孩子们创造丰富多彩的生活环境。

（祝利国）

画龙点睛 邹艺忻

改革结硕果 春风扑面来

——我县国民经济稳步发展

本报讯 党的十一届三中全会以来，我县人民在县委、县府的领导下，以经济建设为中心，坚持改革、开放、搞活，努力建设，九年来成效显著。特别是一九八七年，同一九七八年相比，社会总产值、国民收入、财政收入等十项指标都实现了较大幅度的增长。图为1987年与1978年十项指标比较。

（綦江县统计局供稿）

九年改革 实现十个翻番

《綦江报》创刊号 第一版

《大足日报》

1984年创刊《灵通信息》 | 1985年更名《大足信息》 | 1988年创刊《大足信息报》 | 1994年更名《大足报》

2004年转刊《大足新闻周刊》 | 2007年改版《大足日报》

1984年8月创刊

创刊报名《灵通信息》

《大足日报》前身为创刊于1984年8月的《灵通信息》，1985年更名为《大足信息》，1988年《大足信息报》创刊。

1994年元旦，《大足信息报》更名为《大足报》，2004年1月《大足报》转刊为《大足新闻周刊》，并在原大足报社基础上成立大足新闻社。

2007年元旦，《大足新闻周刊》改版为《大足日报》，提出“围绕中心服务大局、面向基层服务群众”的办报理念。

中国共产党大足县委员会（文件）

足委〔1993〕154号

中共大足县委关于同意《大足信息报》更名的批复

县信息中心：

你中心足信发（1993）22号《关于〈大足信息报〉更名的请示》收悉。

经县委一九九三年第二十三次常委会议研究，同意自一九九四年一月一日起将《大足信息报》更名为《大足报》，希速按有关规定履行报批手续。

此复

中共大足县委

一九九三年十一月二十三日

—1—

中共大足县委关于同意

《大足信息报》更名为《大足报》的批复

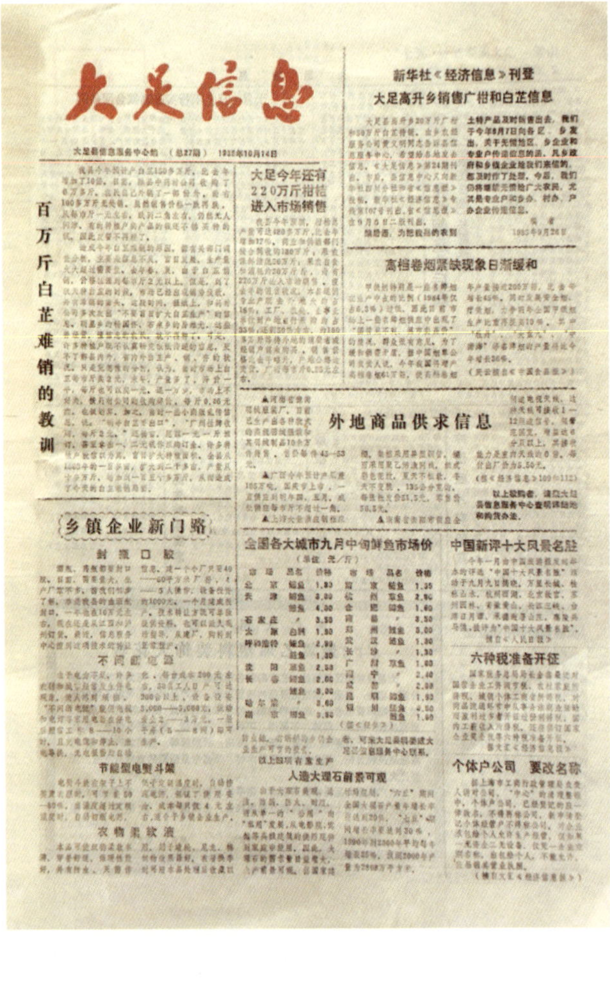
大足信息

大足县信息服务中心 （总27期） 1985年10月14日

百万斤白芷难销的教训

大足今年还有220万斤柑桔进入市场销售

新华社《经济信息》刊登 大足高升乡销售广柑和白芷信息

高档卷烟紧缺现象日渐缓和

外地商品供求信息

乡镇企业新门路

全国各大城市九月中旬鲜鱼市场价

中国新评十大风景名胜

六种税准备开征

人造大理石前景可观

个体户公司 要改名称

《大足信息》第27期 第一版

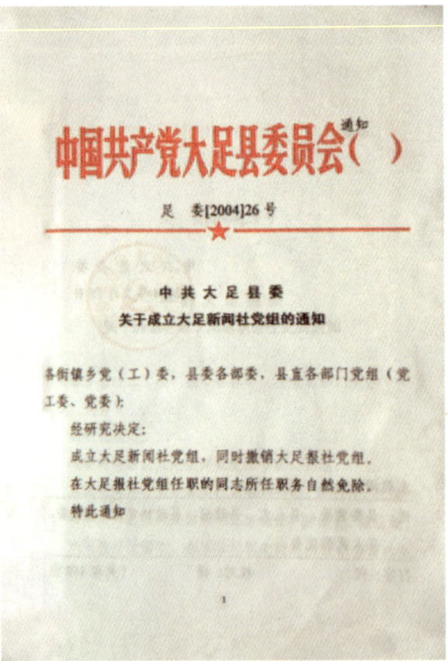
中国共产党大足县委员会（通知）

足委[2004]26号

中共大足县委

关于成立大足新闻社党组的通知

各街镇乡党（工）委，县委各部委，县直各部门党组（党工委、党委）：

经研究决定：

成立大足新闻社党组，同时撤销大足报社党组。

在大足报社党组任职的同志所任职务自然免除。

特此通知

中共大足县委

关于成立大足新闻社党组的通知

灵通信息

大足县人民政府农业办公室
大足县科学技术委员会 编印

1984年8月 第一期

人就是設备
信息就是錢

多亏副县长现场办公 薯类加工厂才得破土兴工

胡肇坤、陈明湘、雷茂等同志帮助年产值二百万元的中敖薯类加工厂解决具体问题，

盛产红苕的中敖区，多年来都是红苕丰收后，农民总是在一阵欢喜之后，马上产生"两愁"，愁窖愁卖，一般年景收获的红苕要烂掉三成到五成。中敖区的各级领导干部常常为此烦恼。今年三月，区、镇领导和一些农户共同商议建一个薯类加工厂，每年加工处理全区鲜苕的四成左右，加工后的产品产值可达200万元左右，占现在全区乡、镇企业总产值的50%。这样既为农民解决了鲜苕窖难、卖难的问题，又增加了乡、镇企业的收入，一举两得。

这个有利于中敖农民的厂已经筹备半年了，虽然建厂的设计方案定了，投资股金集了，机器设备选了，可是建厂的土地、污水的处理、周转金等三个问题商量了几个月，跑冤了多少次，得不到解决，主管单位一拖再拖，经办人被拖得没劲了，区和镇的领导被拖得"摇头"了。

七月份县委三级干部会议以后，副县长胡肇坤，带领县科委主任陈明湘、县农办副主任雷茂和农业局、环境保护局、财政局、县农行等单位的负责同志到这里现场办公，对上述三个问题有关的县、区、镇、乡、村、组的负责人齐聚一堂，既在屋子里议论，又去现场察看，对三个问题经过几番理论之后，一一作了解决，难产的薯类加工厂得以破土兴工。

（姚、蒋）

民建会大足支部四点建议

希望恢复"秋油伏酱""红豆办、黑冬尖"；愿为生产厂家当"参谋"、当"红娘"；望我县生产厂家树立"质量是市场、顾客是帝王"的思想。

民建会大足支部积极响应县委、县政府关于坚持改革，加快商品经济发展的号召，召开了全体会员会议，就我县发展商品生产进行了专题讨论。黄积勋、胡正衡、蒋能碧等主要负责人，提出了四点建议：

一、充分利用我县石刻之乡，旅游胜地这个优势，恢复发展传统产品，如原裕盛通酱园的"秋油伏酱"、"红豆办、黑冬尖"和中敖的竹制品；龙水刀剪、万古菜刀；三驱竹席等。

二、愿为本县各生产厂家，为产品更新换代、改进工艺、提高质量去重庆市民建会找技师，或通过他们给我们找技术人员。

三、民建会的成员多是过去从事工商业的，或是同全国各城市工商业者有联系的人，所以对经营管理，和商品信息都比较通。因此，我们愿意以民建会的一些特定关系为大足县发展商品生产的厂家当"参谋"、"当红娘"。

四，希望我们县的生产厂家要十分重视产品质量，创一个名牌要若干年，毁坏一个牌子只需几天或几个月。企业领导要树立"质量是市场，顾客是帝王"，"以提高质量求生存，以增加品种求发展，以改进服务争市场"的指导思想。

（廷均）

县府各局、行热心支持 乡、镇企业的发展

七月县委三级干部会议以后，县府许多局、行都以实际行动支持乡、镇企业的发展：

县财政局

七、八两个月已拨出支持乡、镇企业发展的周转金五十九万元。现已全数进入乡、镇企业的流动资金帐户。

县农行

七月以后为18个乡，镇企业发放贷款35.9万元。

县工商行政管理局

简化企业发展审批手续，为发展乡、镇企业大开绿灯，今年八月止已核发乡、镇企业执照836户，为去年全年核发数的十七点四倍。今年已核发贩运执照5329个，这些户为大足县贩运销售农副产品达581万元。

县农机水电局

划出了农机专业户使用的柴油指标，解决了农机户购油难，促进了农机户的发展。七月以后还组织了两个水电勘测小组，为乡、镇办小水电站勘测设计

（祯 鲁）

各区、镇今年新筹办乡、镇企业統計

县府办公室公布

区、镇别	筹办个数	计划年产值（万元）	计划年利润（万元）	备考
总计	81	355.2	91.25	
双塔	13	43	3.89	
中敖	6	73	0 65	
三驱	15	95	8.20	
龙水	16	55	5.50	
石马	13	50	4.20	
万古	13	75.9	21.45	
珠溪	2	11	3.50	
邮亭	×	×	×	
铁山	2	3	1.50	
中敖镇	1	15	1.50	
万古镇	×	×	×	
龙岗镇	×	×	×	

《灵通信息》创刊号 第一版

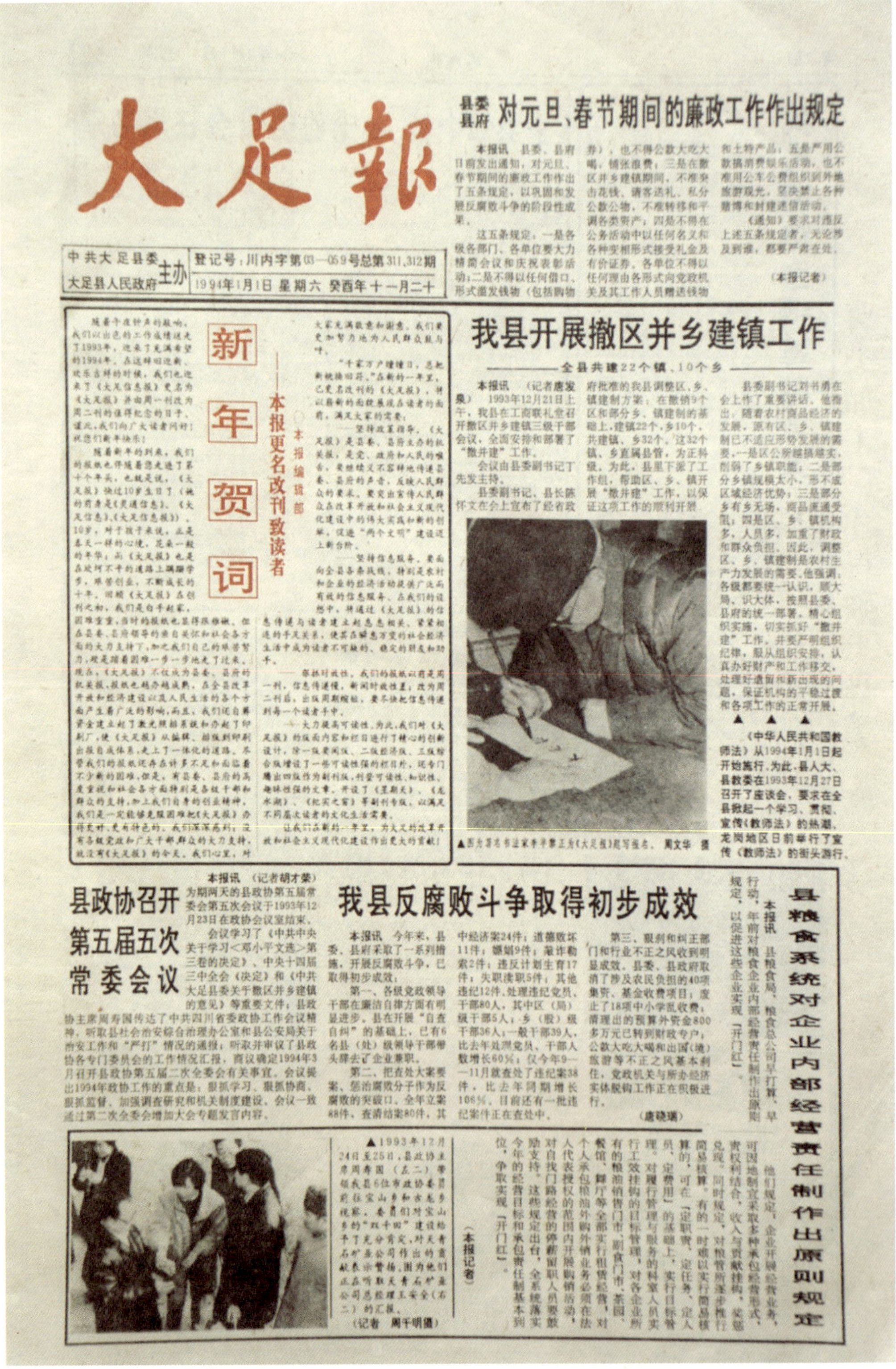

大足報

中共大足县委
大足县人民政府 主办
登记号：川内字第03—059号总第311、312期
1994年1月1日　星期六　癸酉年十一月二十

县委 县府 对元旦、春节期间的廉政工作作出规定

本报讯　县委、县府日前发出通知，对元旦、春节期间的廉政工作作出了五条规定，以巩固和发展反腐败斗争的阶段性成果。

这五条规定，一是各级各部门、各单位要大力精简会议和庆祝表彰活动；二是不得以任何借口、形式滥发钱物（包括购物券），也不得公款大吃大喝，铺张浪费；三是在撤区并乡建镇期间，不准突击花钱、请客送礼、私分公款公物，不准转移和平调各类资产；四是不得在公务活动中以任何名义和各种变相形式接受礼金及有价证券，各单位不得以任何理由各形式向党政机关及其工作人员赠送钱物和土特产品；五是严用公款搞消费娱乐活动，也不准用公车公费组织到外地旅游观光，坚决禁止各种赌博和封建迷信活动。

《通知》要求对违反上述五条规定者，无论涉及到谁，都要严肃查处。

（本报记者）

新年贺词

——本报更名改刊致读者

本报编辑部

我县开展撤区并乡建镇工作

——全县共建22个镇、10个乡——

本报讯　（记者唐发桑）1993年12月21日上午，我县在工商联礼堂召开撤区并乡建镇三级干部会议，全面安排和部署了“撤并建”工作。

会议由县委副书记丁先发主持。

县委副书记、县长陈怀文在会上宣布了经省政府批准的我县调整区、乡、镇建制方案：在撤销9个区和部分乡、镇建制的基础上，建镇22个，乡10个，共建镇、乡32个。这32个镇、乡直属县管，为正科级。为此，县里下派了工作组，帮助区、乡、镇开展“撤并建”工作，以保证这项工作的顺利开展。

县委副书记刘书勇在会上作了重要讲话。他指出，随着农村商品经济的发展，原有区、乡、镇建制已不适应形势发展的需要。一是区公所越搞越实，削弱了乡镇职能；二是部分乡镇规模太小，形不成区域经济优势；三是部分乡有乡无场，商品流通受阻；四是区、乡、镇机构多，人员多，加重了财政和群众负担。因此，调整区、乡、镇建制是农村生产力发展的需要。他强调，各级都要统一认识，顾大局、识大体，按照县委、县府的统一部署，精心组织实施，切实抓好“撤并建”工作，并要严明组织纪律，服从组织安排，认真办好财产和工作移交，处理好遗留和新出现的问题，保证机构的平稳过渡和各项工作的正常开展。

▲　▲　▲

《中华人民共和国教师法》从1994年1月1日起开始施行，为此，县人大、县教委在1993年12月27日召开了座谈会，要求在全县掀起一个学习、贯彻、宣传《教师法》的热潮。龙岗地区日前举行了宣传《教师法》的街头游行。

▲图为著名书法家李半黎正为《大足报》题写报名。　周文华　摄

县政协召开第五届五次常委会议

本报讯　（记者胡才荣）为期两天的县政协第五届常委会第五次会议于1993年12月23日在政协会议室结束。

会议学习了《中共中央关于学习<邓小平文选>第三卷的决定》、中央十四届三中全会《决定》和《中共大足县委关于撤区并乡建镇的意见》等重要文件；县政协主席周寿国传达了中共四川省委政协工作会议精神，听取县社会治安综合治理办公室和县公安局关于治安工作和“严打”情况的通报；听取并审议了县政协各专门委员会的工作情况汇报，商议确定1994年3月召开县政协第五届二次全委会有关事宜。会议提出1994年政协工作的重点是：狠抓学习、狠抓协商、狠抓监督、加强调查研究和机关制度建设。会议一致通过第二次全委会增加大会专题发言内容。

我县反腐败斗争取得初步成效

本报讯　今年来，县委、县府采取了一系列措施，开展反腐败斗争，已取得初步成效：

第一、各级党政领导干部在廉洁自律方面有明显进步。县在开展“自查自纠”的基础上，已有6名县（处）级领导干部带头辞去了企业兼职。

第二、把查处大案要案、惩治腐败分子作为反腐败的突破口。全年立案88件，查清结案80件，其中经济案24件；道德败坏11件；嫖娼9件；敲诈勒索2件；违反计划生育17件；失职渎职5件；其他违纪12件，处理违纪党员、干部80人，其中区（局）级干部5人；乡（股）级干部36人；一般干部39人，比去年处理党员、干部人数增长60％；仅今年9—11月就查处了违纪案38件，比去年同期增长106％，目前还有一批违纪案件正在查处中。

第三、狠刹和纠正部门和行业不正之风收到明显成效。县委、县政府取消了涉及农民负担的40项集资、基金收费项目；废止了18项中小学乱收费；清理出的预算外资金800多万元已转到财政专户；公款大吃大喝和出国（境）旅游等不正之风基本刹住，党政机关与所办经济实体脱钩工作正在积极进行。

（唐晓璃）

▲1993年12月24日至25日，县政协主席周寿国（左二）带领我县6位市政协委员到宝山乡和古龙乡视察。委员们对宝山乡的“双十四”建设给予了充分肯定，对天青石矿业公司作出的贡献表示赞扬，图为他们正在听取天青石矿业公司总经理王安全（右二）的汇报。（记者　周千明摄）

县粮食系统对企业内部经营责任制作出原则规定

本报讯　县粮食局、粮食总公司早打算、早行动，年前对粮食企业内部经营责任制作出原则规定，以促进这些企业实现“开门红”。

他们规定，企业开展经营业务，可因地制宜采取多种承包经营形式，责权利结合，收入与贡献挂钩，奖惩兑现。同时规定，对粮管所逐步推行简易核算，有的一时难以实行简易核算的，可在“定职责、定任务、定人员、定费用”的基础上，实行目标管理。对履行管理与服务的科室人员实行工效挂钩的目标管理，对各企业所有的粮油销售门市、副食门市、茶园、餐馆、舞厅等全部实行租赁经营，对个人承包粮油外购外销业务必须在法人代表授权的范围内开展购销活动，对自找门路经营的停薪留职人员要鼓励支持。这些规定出台，全系统落实今年的经营目标和承包责任制基本到位，争取实现“开门红”。

（本报记者）

《大足报》总第311、312期　第一版

大足日報

2008年1月1日 星期二
丁亥年十一月廿三
本报免费赠阅
围绕中心服务大局 面向基层服务群众 主办:中共大足县委 编辑:大足新闻社 渝内字:(07)-513 第529期 网址:www.dznews.gov.cn

站在新起点实现大发展

社论

2007年12月29日，为期两天的县委十二届三次全委会胜利闭幕了。这是在党的十七大后我县召开的一次十分重要的会议。这次会议，对于认真学习贯彻党的十七大和市委三届二次全委会精神，全面落实科学发展观，紧紧抓住重庆建设一小时经济圈和全国统筹城乡综合配套改革试验区的战略机遇，进一步统一思想，振奋精神，真抓实干，在新的起点上努力加快全面建设小康社会步伐，全面提升直辖市的"窗口"和"门户"形象，具有十分重要的意义。

学习贯彻党的十七大精神，是我县当前和今后一个时期的首要政治任务，也是推动大足实现又好又快发展的强大动力。当前，我们要正确地分析形势，把握形势，清醒地判断和认识大足发展所面临的新形势，更好更科学地确定今后大足的发展方向和阶段性工作。大足已经站在一个新的起点上，正在进入迈大步、登台阶、快发展的战略机遇期。

（下转二版）

中共大足县十二届三次全委会胜利召开

本报讯 2007年12月28–29日，县委十二届三次全委会在党政办公中心三楼大会议室隆重召开。会议要求，要认真学习贯彻党的十七大精神、市委三届二次全委会精神和全市经济工作会议精神，全面落实科学发展观，紧紧抓住重庆建设一小时经济圈和全国统筹城乡综合配套改革试验区的战略机遇，进一步统一思想，振奋精神，真抓实干，在新的起点上努力加快全面建设小康社会步伐，全面提升直辖市的"窗口"和"门户"形象。

会议审议通过了《中共大足县十二届三次全委会关于认真学习贯彻党的十七大精神的决议》。

会议由县委副书记陈中学主持。县委书记辛世杰代表县委常委会向大会作了题为《站在新起点，实现大发展，努力加快全面建设小康社会步伐》的重要讲话，并书面报告了县委十二届一次全委会以来县委常委会的工作。县委副书记、县长江涛就2007年经济工作总结和2008年经济工作安排作了讲话。县委常委、常务副县长陈廷刚在大会结束时作了总结讲话。县领导宋彬、黄铭、敖天才、周三林、蒋朝彬、魏荣荣、尹先宗、陈仲伦、廖文丽、杨华、梅可明、岳志勇等出席会议。十二届县委委员、候补委员，县纪委委员，各街镇乡党政主要领导，县直各部门党员主要负责人，县人大、县政协、县纪委各委室负责人，曾担任过县四大班子主要领导的离退休老干部及部分重点项目和重点企业负责人参加了会议。

辛世杰在讲话中指出，要充分认识和把握新的形势，始终保持清醒的头脑和坚定加快发展的信心。一是要充分认识和把握大足已经站在一个新的起点上，切实增强发展信心。坚持科学发展，战略定位更加符合实际，发展思路更加清晰明确，是大足已经站在一个新的起点上的显著标志；坚持重点突破，工业旅游发展取得突破性进展，整体实力迈上新台阶，是大足已经站在一个新的起点上的坚实物质基础；坚持民生为本，城乡面貌焕然一新，人民安居乐业，是大足已经站在一个新的起点上的良好社会条件；坚持与时俱进，各级领导班子和谐奋进，广大干部信心十足，是大足已经站在一个新的起点上的强大精神动力。大足已经站在一个新的起点上，正在进入迈大步、登台阶、快发展的战略机遇期，这是县委经过深刻分析和充分论证而做出的一个科学的、重要的判断。二是要充分认识和把握加快发展仍然是大足在新的起点上的最大政治，始终保持清醒头脑，面对新的起点，要站在更高的层次、从更宽的视野、以更新的理念审视大足的发展，充分感受周边区县你追我赶、竞相发展的态势，充分认识大足在全市发展中的位次，充分把握发展过程中面临的瓶颈制约，清醒认识发展不快仍然是大足的根本问题，大足经济发展的平台还不坚实，干部的作风与工作能力还有待转变和提高。坚决克服功利心、浮躁心，真正找准未来发展的着力点和工作方向。三是要充分认识和把握党的十七大胜利召开、统筹城乡综合配套改革试验的深入推进是大足在新的起点上加快发展的战略机遇，进一步振奋精神，切实把思想统一到加快发展上来，用加快发展统揽经济社会发展全局，用加快发展解决前进过程中遇到的一切问题，用加快发展进一步凝聚人心和鼓舞士气。

辛世杰要求，要抓住"三个加快一个提升"不放，不断开创经济社会发展的新局面。一是加快新型工业化进程。要加大招商引资力度，注重提高招商引资的产业导向性和项目选择性，着力引进拓展新兴产业，努力在引进大企业和中小企业集群上取得新突破；要大力发展制造业，借助"中国西部五金之都"品牌，实施五金产业提升工程，壮大五金汽摩产业，努力把制造业发展成为大足第一经济；要加快工业园区建设，勇于借鉴先进区县的经验，不断创新完善工业园区的体制机制，进一步充实年青优秀的工作人员，提高工业园区的工作水平。二是加快推进城镇化。要牢固树立"抓城建就是抓经济"的观念，以宝邮路特色经济带为平台，加快推进组团城市和中心镇建设，努力构建"一个组团、双核驱动、七星环绕"的城镇体系，强化城市综合管理，力争把大足建设成为融传统气息与现代特色于一体，在全市特色鲜明，拥有实力，独具魅力的生态宜居城市。三是加快推进新农村建设。（下转二版）

县委书记全委会上讲"故事"

"清朝某内阁大学士的儿子低价卖了一套房子给一个外国传教士，他认为传教士是在自己的国家混不下去了才到中国来，并洋洋自得地夸耀清朝的强大和富有。当传教士称自己过得并不差，是为了传教才到中国来，并指出中国过去富强现在落后时，他只好说了一句'我俩得和你们争'"。

"我讲这个故事，是希望大家要有忧患意识，不能有一点点成绩就沾沾自喜，要有永不满足的精神。"在县委十二届三次全委会上，县委书记辛世杰一连讲了几个故事，深入浅出地讲述了我县发展中存在的差距，语重心长地表达了县委对广大干部职工的要求。

辛世杰说，见自己发展得不好，就用"不争"来敷衍，不承认差距和不足是不可取的。对于我县近年来取得的成绩，我们可以自豪但不能自满，可以高兴但不能陶醉。"现在有些乡镇和部门，一遇到困难不是积极地想办法，通过自身的努力来解决，而只是动不动就向政府打报告，打完报告就认为和自己再没什么相干，能不能解决就是县政府的事了。"他希望大家遇到困难多想办法少找借口。

当说到干部要带着感情来解决人民群众的各种困难时，辛世杰引用了清朝某所作的一首歌曲"为百姓务命，为天地立命，为先辈夙愿，为万世太平"。他说："我们要时刻想想为群众做了什么，如果什么也没做，就不要再任职。我们要把群众满意与否作为衡量工作成效的唯一标准。"

辛世杰还用《奇特的挂号信》、《两个小和尚向高僧请教》的故事来说明管理工作要与人民群众的意思相结合，更多发挥群众的智慧，每件事每种观点在某种角度上看都是对的，工作中允许有不同意见甚至反对意见，只要有道理的都可以畅所欲言，营造出精神上轻松的工作环境，只有这样大足才能发展得更好。

"辛书记用生动的故事讲述了深刻的道理，既让会议开得更加生动，又让我们受益匪浅。"会议期间，记者多次听到与会人员如是评价。

本报全委会报道组

全委会看点

2008，你好！

□ 本报编辑部

告满载而归的2007牵来了新年的第一缕曙光，这片灵动的土地迅即地盈润的万物，一同张开了拥抱的臂膀：2008，你好！

这是自豪的拥抱，这是自信的拥抱，这是智慧的拥抱！

2008年，牵动全世界的奥运圣火将在伟大的首都北京熊熊燃烧，一个伟大的中国，一个东方的巨人，将以史无前例的底蕴自豪地站在世人的面前。

2008年，这是我国改革开放30周年，这是重庆建设统筹城乡综合配套改革试验区的开局之年。8.2万平方公里的巴渝大地将发生翻天覆地的变化。"314"总体部署、"一圈两翼"的战略构想，将自信地阔步推进。

2008年，这是我县实现"十一五"发展目标，加快建设全面小康社会的关键之年。这是高扬"又好又快"大旗，展现大足人民智慧的"项目推进"之年！

2008年，大足面临着前所未有的发展机遇，水、电、路等瓶颈制约即将消失，项目建设将如雨后春笋，投融资平台将愈扩愈宽，工业和旅游的发展将取得实质性突破。这一年，全县将全力推进新型工业化，农业产业化，服务业现代化，尽力解决民生问题，努力加快全面建设小康社会步伐。

2008年，大足已经站在一个新的起点，《大足日报》也将全力跟进。我们将始终不渝地坚持"贴近党委，贴近实际，贴近生活，贴近群众"的理念，将更加注重用新闻讲故事，用图片说新闻，以更多群众喜闻乐见的形式做好宣传报道。我们将更加注重策划，围绕中心，服务大局；更加注重深度报道，从微观反映宏观……我们还将坚持自己的信仰：为了忠诚地记载历史，我们没有任何借口！

人生之魂在志气，地区之魂在精神。面对过去，我们自豪；面对今天，我们自信；面对困难，我们有勇气和智慧！我们深信，在中共大足县委的坚强领导下，大足作为身处直辖市的"窗口"和"门户"形象将得到全面提升，灿烂而和谐的笑容将在每一个大足人的脸上绽放！

于是，我们有理由深情地呼唤：2008，你好！

元旦期间，重庆交旅集团大足收费所举办了"迎十七大、庆元旦迎新春"文艺演出，合唱、歌舞、小品等十多个节目洋溢出了浓浓的节日气氛。 记者 冯娟 摄

政府助倒房户建新居

目前，宝顶镇倒房村村民正在建新房。我县从2007年8月开始筹资500多万元，帮助800多倒房户重建住房。目前，大部分已完成主体工程，估计春节前倒房户将告别临时住所迁新居。

任伟 摄

新闻热线：43768616 本报投稿信箱：zkbjb@126.com 总编辑：周正光 总值班：尹道勇 编审：苏华文 龙良青 本版文字编辑：任春燕 版式编辑：冯娟

《璧山报》

1988年2月1日试刊

1988年创刊	2003年创办	2007年恢复
《璧山报》	《今日璧山》	《璧山报》

《璧山报》于1988年2月1日试刊，1990年3月31日，由半月刊改为周刊。2003年11月28日停办，创办内部刊物《今日璧山》，直至2007年10月24日恢复报名《璧山报》。

20世纪90年代
《璧山报》社址

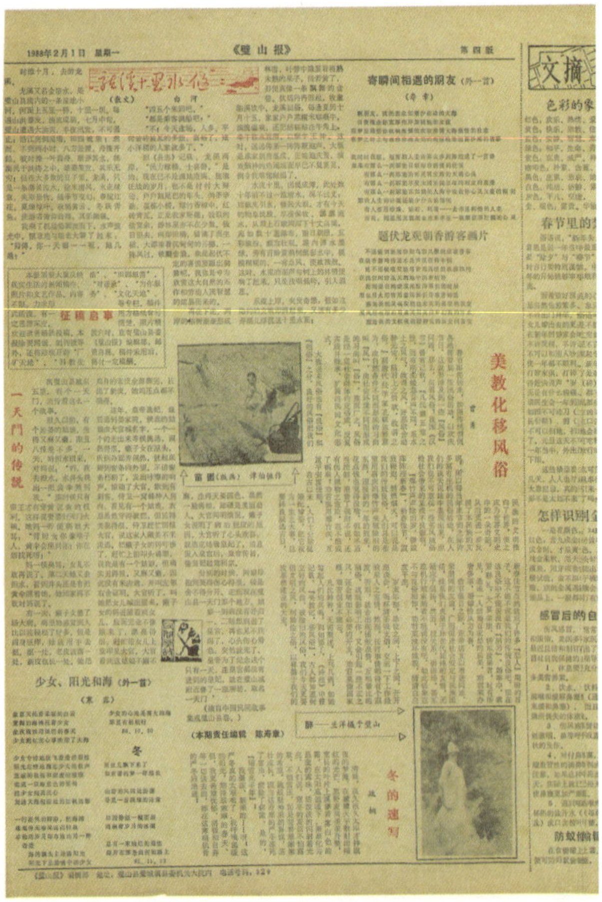

1988年2月1日 星期一 《璧山报》 第四版

寄瞬间相遇的朋友

美教化移风俗

文摘

《璧山报》试刊号 第四版

璧山报

BISANBAO

中共璧山县委
璧山县人民政府 主办

1988年2月1日 星期一
（试刊号）

我县工业总产值首次超过农业

本报讯：（通讯员 刘启海）去年，我县工农业总产值达到34020万元，比上年增加3866万元，增长12.8%，比1981年增长85.7%。近年来，我县狠抓了现有企业的技改工程，大力发展乡镇企业，取得了可喜成绩。去年，工业总产值达到17610万元，比上年增长21%，在工农业总产值中的比重由1981年的32.9%上升到51.8%，首次超过农业总产值。

建立和完善农村双层经营体制势在必行

——在全县农村双层经营体制经验交流会的讲话要点

中共璧山县委书记 胡朝木

同志们：

建立和完善双层经营体制，是深化农村改革的主要内容。它既是一种经济体制改革，又是一种政治体制改革，是抓住农业这个基础的一项必不可少的基础工作。中央(1986)1号文件和(1987)5号文件对此都作了阐述和重点强调，我们在近两年的实践中对此也有了比较清醒的认识和较为深刻的体会。今年9月，县委宣传部、政策研究室、党校和政府农贸办就双层经营体制问题，专门召开了理论研讨会，从理论到实践的结合上提出了不少很有新意的见解。在市委农村工作会议后近一个多月来，县委、县府和各区委对进一步完善农村双层经营体制，又分别进行了试点，其主要经验在这次会上及时作了交流。我相信，这些经验对大家都有启示，对推动全县农村双层经营体制的建立和完善，肯定是有帮助的。近三年，县委、县府对这项基础工作一直是抓住不放的。这次我们又抓住时机及时召开这次会议，以便进一步统一认识，大家动手，利用今冬明春，把这一基础工作搞得更加扎实，让广大农村毫无顾忌地发展生产力，促进农村商品经济的共同发展。下面我想讲三个问题供同志们开展工作时参考。

一、为什么必须建立和完善农村双层经营体制

首先，必须弄清什么叫双层经营体制。所谓双层经营体制，有两层含义：一是把生产队和农户都搞成生产经营的经济实体；二是分散承包，联合服务。也就是说，将一层经济实体办不好、办不了、不好办的事情，尤其是将产前、产中、产后的系列化服务作出统一安排，为生产经营者解除后顾之忧。从一个地区来讲，根据自己的经济发展水平，确定自己的服务项目和服务对象，为逐步实现专业化、社会化服务和商品化生产打下基础。但现在仅仅是打个基础。

我们在新民民主义阶段，在农村实行了土地改革，大大解放了生产力。在社会主义建设时期，如何发展生产力的问题，始终还是处于探索之中，就是现在，也不能说中国农村社会主义的格局已经形成、已经定型化了。目前，面对这一课题，各社会主义国家都仍在改革探索之中。这是因为各国的国情不同，经济发展的水平和基础不 （紧接二版）

新年前夕，县委、县府主持召开了租赁、承包企业厂长、经理迎春座谈会。图为县委书记胡朝木、县长刘楚雄与五金公司承包人王桂珍亲切交谈。

（缪培坚 摄）

本报下期将刊载刘楚雄县长讲话

本报讯：引进竞争机制，焕发企业活力，已势在必行。最近，县长刘楚雄在全县深化经济体制改革动员大会上作了《认清形势，转变观念，深化改革，开拓前进》的动员报告。

县委县府召开农村工作会

本报讯：去年底，县委、县府召开了农村工作会，部署完善农村双层经营体制的工作，区乡的党政领导及县有关部门的负责人参加了会议。县委书记胡朝木在会上作了工作报告（详见本报）。

去年9月，县委、县府主要领导带队到友邻县铜梁考察学习了他们的先进经验，随后县委宣传部等四个单位联合召开了理论研讨会，为实际工作提供了理论依据。

10月底始，县委、县府分别在河边、来凤两个乡镇进行完善双层经营体制的试点，积累了丰富的经验。在会上，河边、来凤将他们完善双层经营体制的体会与做法作了介绍，赢得了大会好评。

去年十二月下旬始，县委宣传部、县党校等部门先后在县学习十三大文件领导干部培训班上举办了四次对话会，当场解答了社会上的难点、热点问题50多个。参加对话会的200多名学员均是县级乡、公司级以上的领导干部。

（陈寿幸 摄）

兔去龍来話改革

——代发刊词

社论

"兔"去"龙"来：历史的时针已经指向"1988年"的刻度。

世上本来没有龙。4000多年前，我们祖先为了维系刚刚由几个部落组成的统一的华夏大族的团结，求得人心的稳定和天下的昌明，将几个部落分别崇拜的动物合起来，取蛇的体、鳄的嘴、鸡的爪、鱼的鳞、鹿的角、蜈蚣的尾，构成了一个新的图腾崇拜物，取名叫"龙"。从此以后，久而久之，龙就成了中华民族的象征。我们也自然而然地成为龙的传人。在人类文明的拓荒时期，中华民族正是靠着这种"龙"的精神，为世界文明的奠基事业作出了杰出的贡献，成为四大文明古国之一。

今天，我们这些龙的传人，只有继承和发扬这种勃勃生机、锐意开拓、团结一致、奔腾向上的"龙"的精神，才能实现中华民族这条巨龙的再次腾飞；只有加快和深化改革，才能使我们的国家和民族充满着生机与活力。改革，是我们时代的伟大潮流。1988年的工作方针是什么呢？这就是：经济要进一步稳定，改革要进一步深入。要贯彻好这个方针，必须以改革统揽全局，以改革推动各项工作。稳定经济，既是一个经济问题，也是一个改革问题。因为当前和今后的许多经济问题，最终还要靠加快和深化改革来解决。改革从根本上为经济运转创造良好机制，这是长远的经济发展利益所在。改革也为解决当前的一些经济问题提供了新的契机，这又是稳定经济的正确思路。不改革，经济发展就没有出路，民族振兴也没有出路，我们每一个龙的传人同样也没有出路。

当前，加快和深化农村改革的重点在哪里？这就是建立和完善农村双层经营体制，进一步实现农民个体生产积极性与集体经营积极性的最优化组合。党的十一届三中全会以后，农村实行家庭联产承包责任制，由于这项改革适应了农村发展生产力的需要，使农民多年积蓄的生产潜能获得了集中释放，短期内实现了农村经济的超常突进。可是近两年，生产发展势头渐趋减弱，重要原因之一，在于集体经营积极性没有得到应有的发挥，"双层经营"实际上成了"单层经营"，合作经济基本解体。因此，当前建立和完善农村双层经营体制已迫在眉睫、势在必行。我们只有捉住这个"牛鼻子"，才能牵动整个农村工作这条"牛"，进一步促进农村的繁荣与兴旺。

企业实行租赁、承包等经营，是我国城市经济体制改革中的一大创举，是加快和深化企业改革的重点。我县首批实行租赁、承包的10个企业，已经为深化企业改革敲响了开场锣鼓，其它企业也将陆续展开。租赁、承包等经营方式是商品经济发展的产物。有商品经济就有租赁、承包。它是一种正当的经济活动。列宁早在1920年就颁布了"关于租让组织一般条件的命令"，最早将租赁引入社会主义经营机制。当前，我们要力求做到"合同内容科学化、利益分配基数合理化、权利义务系统化和明确化"，使之硬化契约内容、软化内部关系、优化外部环境，牢固树立效益为中心、质量是生命、管理是关键的思想，让企业根据国家计划和市场需求，发展商品生产，创造财富，增加积累，以便不断满足社会日益增长的物质和文化生活需要。

明朝有首《今日歌》，歌中唱道："人生百年几今日，今日不为真可惜。"璧山县酝酿于唐朝开元盛世，始建于唐朝至德二年（公元757年），中经1200多年历史云烟的陶砺之后，而今，又幸逢民族中兴之时，更要高唱《今日歌》，为建设富裕、民主、文明的社会主义现代化新璧山的美好明天而努力奋斗。

热烈祝贺
璧山报创刊
——周智勇 刻

璧山短波

我县乡镇企业又上新台阶

本报讯：去年，我县乡镇企业转移农村剩余劳力41642人，净增6558人，乡镇企业总产值达到14399万元，经营收入14038万元，税利1307万元，比1986年同期增长25—39%。独占鳌头的丁家区实现产值4000万元，甘棠区也实现产值3000万元。（王继华）

去年个体户纳税百万元

本报讯：去年，我县个体户积极向国家缴纳税款125万元，比1986年增加了40万元。截止去年底，我县有城乡个体工商户1.2万余户，从业人员达1.5万余人。（王天全）

我县生猪生产稳步增长

本报讯：去年我县出栏肥猪27.3万头，比1986年增长8.5%；猪肉产量1.56万吨，比1986年增长14.5%，年末生猪存栏数35.87万头，比1986年增长2.3%，其中：能繁母猪0.2万头，比1986年增长2.1%，肉猪29.2万头，比1986年增长2.5%，仔猪4.5万头，比1986年增长3.5%。（刘启海）

近四万亩荒山变成花果山

本报讯：经过三年多努力，我县在龙桉山、二连山、水土保持山栽种了158万株果树，建成以伏淡季水果为主的商品基地3.78万亩。（彭安绪）

乡镇企业年产皮鞋百万双

本报讯：目前我县乡镇企业皮鞋厂家达到809个，务工人员7114人，去年产皮鞋117.65万双，比上年增加18.8%，产值达1414.59万元。其中皮鞋之乡七塘产鞋49.1万双。

文摘

色彩的象征

欢乐、热情、爱情。
快乐、宗教、信仰。
安静、智慧、寒冷。
和平、生命、青春。
高贵、威严、神秘。
：朴素、含蓄、坚实。
庄重、悲哀、绝望。
纯洁、洁静、素雅。
平凡、空虚。
色：富贵、华丽。

春节里的禁忌

语说："新年头、旧年尾"，说一年当中最重要的日子就夕"与"春节"，所以过年要特别谨慎，中国人希望一始能够事事顺利，有个好预

希望好预兆的心理愈强，禁也愈繁多。象元旦这天妇女门拜年，俗语叫"忌门"，出去的更是不能回家，如果回娘家会吃穷娘家。小孩子闹，不许说不吉利的话，也和别人吵架起争执，犯了会都不顺利。新年里也不可以俱，打碎了是破产的预兆，说声"岁（碎）岁平安"。什么病痛，都不能请医生，会一年到尾都生病。初一到可动刀（主凶杀）、针（主）、剪（主口舌之争），也扫地，扫地会把财运全扫光且这天不可吃稀饭，否则这中，外出旅行时一定会碰到

些禁忌看来可笑，好在只有人人也尽量奉行不渝。万一忌，真的引来一年的不顺，太划不来了吗？

怎样识别金饰品

是看颜色，24K的纯金，呈含九成金时黄中透紫；含八，才呈黄色。二是试硬度，软，用大头针就可以划出浅用牙咬也能出现牙印。三是金不溶于硝酸、盐酸和硝的金属遇酸会起变化。在金上，一般都打有K数的戳记。

感冒后的自我康复

伤风感冒，常常给人带来不适。美国多家医疗中心的专家总结和制订出了一套"伤风感自我保健的指导方法"：

1．休息要充分，饮食要富含营养素。

2．饮水、饮料要增加。水能和缓解鼻塞（通过速液的流出和鼻塞），而且可以补偿因发丧失的体液。

3．伤风感[illegible]冒切忌抽烟，烟可咽、鼻等呼吸道粘膜，加剧症发作。

4．对付鼻塞，可用麻黄碱等管性的滴鼻剂或喷雾剂。但请，如果这种药连续使用超过三实际上就已经无效，甚至会致塞更加严重。

5．遇到咽喉疼痛，可以喝一的盐开水（每杯水中放一点或口含喉片。

防蚁偷糖一法

在食糖罐上套上五六根橡筋，防蚂蚁偷糖。

《璧山报》试刊号 第一版

《铜梁报》

1958年7月1日创刊

- 1958年创刊《铜梁报》
- 1959年停刊《铜梁报》
- 1988年创办试刊《铜梁报》
- 2003年停办《铜梁报》
- 2006年恢复更名《龙乡铜梁》
- 2010年更名《铜梁日报》
- 2019年更名《铜梁报》

《铜梁报》创刊于1958年7月1日，1959年8月30日停刊。1988年初，经铜梁县委、县政府研究决定，创办《铜梁报》。1988年11月30日《铜梁报》试刊号出版，1989年1月1日《铜梁报》正式出版。

2003年10月报纸再度停办，直至2006年7月1日恢复出版，报名定为《龙乡铜梁》。2010年1月1日更名为《铜梁日报》。2019年3月1日，《铜梁日报》再次更名为《铜梁报》。

龍鄉铜梁

LONGXIANG TONGLIANG

贫困老党员家里的笑声

重庆市庆祝中国共产党成立85周年暨总结保持共产党员先进性教育活动大会隆重召开

我县认真组织收看会议实况

提高办事效率　优化发展环境

我县召开庆祝建党八十五周年暨总结保持共产党员先进性教育活动大会

我县大手笔打造中华龙温泉度假区

吹响建设新龙乡的号角

高考硬上线突破4400人大关

总上线率89.77%，超市平13.56%

我县新型农村合作医疗参保率跃居全市第一

1921-2006

《龙乡铜梁》创刊号　第一版

铜梁日報

TONGLIANG DAILY

2010年

铭记2009

今年"十件实事"民生为主

特殊群体免费坐公交

龙乡人民喜迎春

城北加气站开业

元旦春节文化大餐"出笼"

《铜梁日报》创刊号　第一版

《铜梁报》试刊号 第一版 第四版

《潼南报》

1957年创刊《潼南报》 | 1961年停刊《潼南报》 | 1995年复刊《潼南报》 | 2003年改办《今日潼南》 | 2008年复刊《潼南报》

1957年11月5日创刊

《潼南报》于1957年11月5日创刊，1958年1月1日开始向全县公开发行，于1961年3月停刊，直至1995年1月1日正式复刊。

2003年12月1日《潼南报》停刊，保留报社机构，改办《今日潼南》。2008年1月1日《潼南报》再次复刊。

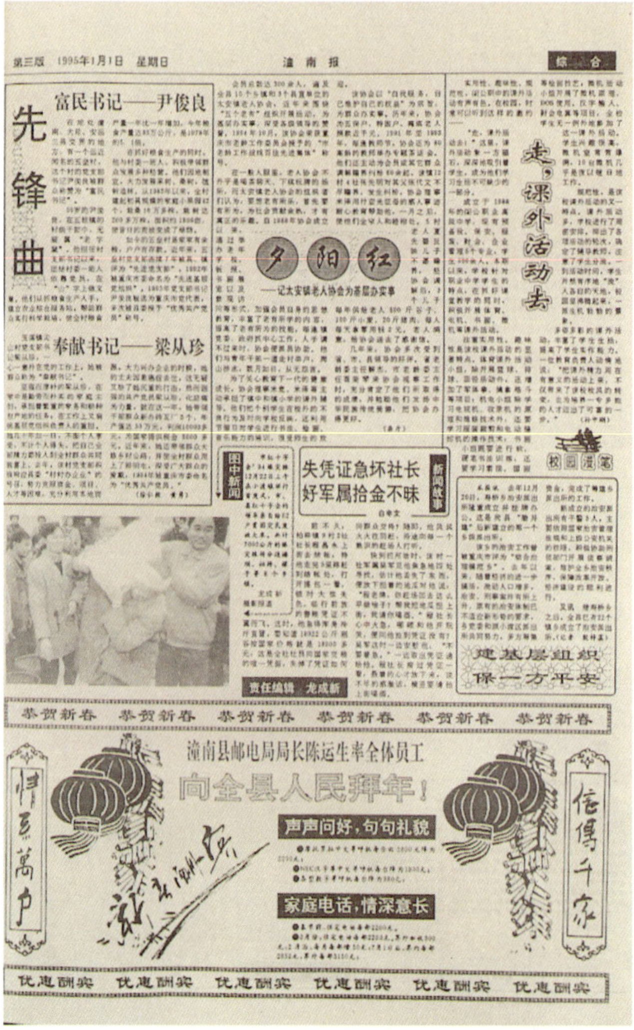
第三版 1995年1月1日 星期日 潼南报 综合

先锋曲

富民书记——尹俊良

奉献书记——梁从珍

夕阳红

——记太安镇老人协会为基层办实事

走，课外活动去

图中新闻

失凭证急坏社长 好军属拾金不昧

新闻故事

责任编辑 龙成新

建基层组织 保一方平安

恭贺新春 恭贺新春 恭贺新春 恭贺新春 恭贺新春 恭贺新春

潼南县邮电局局长陈运生率全体员工

向全县人民拜年！

声声问好，句句礼貌

家庭电话，情深意长

优惠酬宾 优惠酬宾 优惠酬宾 优惠酬宾 优惠酬宾 优惠酬宾

《潼南报》复刊号 第三版

潼南报

1995年1月1日
农历乙亥年
十二月初一
星期日
复刊号

中共潼南县委
潼南县人民政府 主办　准印证号 省内字第071号

实现“五个统一” 树立“三个观点”
我县经济建设快速发展

本报讯 “围绕脱贫致富奔小康的目标，深化解放思想，突出加快发展。”这是县委、县政府抓经济工作的重大举措。

去年，县委、县政府为促进全县经济建设的发展，把解放思想作为贯穿全年工作的“一条线”来抓，在干部、群众中深入开展了学“特色理论”，学市场经济知识的活动及“学先进、找差距、理思路、谋目标、选措施”的大讨论，先后组织了县直单位和镇乡负责人到外地学习发展个体私营经济、乡镇企业和小城镇建设的经验，着重抓了“三个深化”，即：深化对机遇的认识，深化对发展的认识和深化对市场的认识，使干部、群众统一了对全县经济发展形势、落后的主要原因、加快发展及发展的出路的认识，树立了不等不靠“红头文件”，发展才是硬道理；不等不靠上级定指标、下任务，树立了能发展多快就发展多快的观点；不等不靠上级解决困难和问题，树立了自力更生的观点。

思想的解放，观念的更新，推动了全县经济建设的进程，收到了明显的成效。

——农村经济稳步发展。去年，全县粮食总产量达到436800吨，比1993年增长0.2%；出槽肥猪66.7万头；发展达度规模养鸡75户，养鸡4万多只；蚕茧社会产量达2390吨，比1993年增长3%；兴建了2000多亩的板栗、枣园基地；建成了近3000亩的稻鱼田。农村人平纯收入达到850元，人平增收149元。

——工业生产快速增长。去年，县委、县政府大力调整产业、产品和企业的组织结构，努力解决工业亏损问题，积极培育工业新的增长点，促进了工业的高速增长。总产值达到10.7亿元，比1993年增长87.4%，第一次实现了工业总产值大于农业总产值的目标。

——财政收入再上台阶。县里以“分税制”财政体制改革和“新税制”实施为契机，强化财税征管，促进了财政收入的稳定增长。去年，全县财政收入在1993年4000万元的基础上，突破5000万元大关，增长23.5%。

——乡镇企业步入快车道。县委、县政府把发展乡镇企业作为强县富民的战略措施，全县经济发展的方向和各级各部门的工作重点，按照工、商、运、建、服五业并举，集体与个体私营并重，以个体私营为主的发展思路，抓住个体私营经济试点县之一的契机，放宽放活政策，多渠道增加投入，多方寻找发展项目，培养、引进和保护企业人才，保持了乡镇企业超常规、大跨度发展的势头。仅去年1至11月，乡镇企业就新增固定资产投入6154万元，实现产值128825万元，销售收入101026万元，创利1639万元，上交税金2316万元，分别比1993年同期增长34.4%、121%、142.1%、115.3%和137.3%。全县个体工商户已发展到11739户，私营企业发展到332户。

（记者 杨森）

县政府采取措施
平抑物价

本报讯 县政府采取切实措施，平抑市场物价，确保价格稳定，努力搞好节日市场供应。

近日，常务副县长王国富组织有关部门，就平抑物价，搞好节日市场供应，明确指出：一、保证市场供应，千方百计稳定物价。要求国有粮食部门继续做好城镇居民的凭票、限量、限价供应，保证做到品种齐、质量优、价格稳、不断档脱销，对定点供应的粮油，实行专点销售，做到明码标价、货真价实，农贸供应严格按物价部门规定的价格执行。蔬菜供应坚持发畅其流，食品部门应积极组织生猪收购，尽量安排鲜、冻猪肉上市，集市的猪肉价格，物价、工商部门可试行限价管理。二、坚持价格监审制度，严格控制物价，对价格已经放开的商品价格，物价部门应加强宏观调控，春节以前，属于价格监审的品种，批、零价格不再上调。三、明确职责，协调配合，确保平抑物价政令畅通。粮食、商业、供销部门应把具体的任务和责任落实到人头，加强督促检查，搞好市场供应；物价、工商、技监等部门，要强化市场的监督管理，严肃查处违背物价政策和扰乱市场经营秩序的不法行为。

（谢安强）

寄语《潼南报》

中共潼南县委书记 ［签名］
潼南县人民政府县长 ［签名］

《潼南报》经过四期试刊、宣传后，今天正式复刊了，这是我县政治经济生活中的一件大好事！

《潼南报》是县委县府机关报，她的诞生，是改革开放新形势发展的需要，反映了我县两个文明建设同步协调发展的良好态势。

党的十一届三中全会以后，全县经济发展，政治稳定，人民安居乐业。特别是近几年，在邓小平同志特色理论的指引下，县委、县府坚持以经济建设为主旋律，带领全县人民励精图治，团结实干，使全县物质文明和精神文明建设呈现出蓬勃发展的强劲势头。但是，由于地理位置偏僻，信息闭塞，工业基础薄弱，农业发展缓慢，与发达地区相比还没有完全摆脱贫穷落后的困扰。解放思想，更新观念，开拓视野，提高科技文化水平，是以“超常规”的速度把我县经济推入“快车道”的当务之急，《潼南报》正是适应这一要求应运而生的。

希望《潼南报》坚持党的四项基本原则，按新闻规律办事，突出党报的宗旨，办出党报的特色，贴近生活，贴近群众，真正成为人民群众致富的参谋，信息的窗口，增强新闻性、可读性，成为丰富人民生活的精神食粮，匡扶正气，针砭时弊，成为党和政府的喉舌和舆论监督武器，多报道广大职工、农民和基层干部的实践活动，通过正确的舆论导向，动员和鼓舞全县人民振兴潼南经济，为80万父老乡亲致富奔小康鼓劲出力。

反腐败斗争见成效

本报讯 我县把查处贪污贿赂、挪用公款、违反财经纪律等违法案件作为党风廉政建设的大事来抓，取得了明显的成效。

去年，县委先后3次专门召开常委会，研究解决办案的人力、物力、财力、交通工具等具体困难和问题，落实办案责任制，查办违纪违法案件。在查办经济案件时，采取“定人、定案、定时、定责任”的办法，强化案件目标管理责任制，实行纪检监察干部人人办案，领导分工包案制度，对有价值的线索及时组织力量初查，做到“事事有交待，件件有着落”。为了切实加强反腐败斗争工作，推进我县党风廉政建设，县上成立了反贪污贿赂工作局，从组织、机构和人力上加大查案工作的力度，大大提高了办案效率，加快了办案进度。截止12月27日止，全县纪检、监察机关共受理信访举报344件，立案29件32人，结案25件28人。

与此同时，我县县级干部自觉以《党章》、《准则》作为行为规范，严格遵守和执行中央新老“五条规定”，全县党政机关没有购买一辆发动机排气量大于2.5升或价格超过40万元的进口豪华小轿车；全县售出的2164套公房，其售房原则和价格均按市政府批准的住房改革实施方案统一组织核定，没有利用职权用公款超标准装修住房，压价购房或多处购买、占有公房的现象发生；制定并严格执行接待客人的原则和标准；尚未出现领导干部红白喜事大操大办、挥霍浪费的现象；全县63名干部自觉退出在公务活动中接受的礼金7876元，在各类经济实体中兼任职务的2名县级领导干部辞去了职务。

（林十）

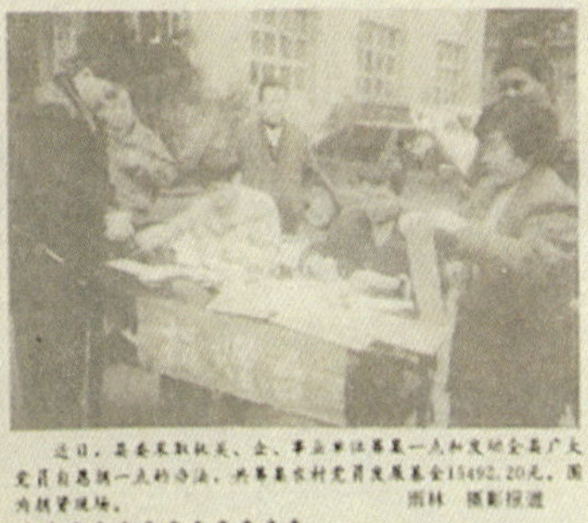

近日，县委采取机关、企、事业单位每星一人和党员全县广大党员自愿捐一点的办法，共筹集农村党员发展基金15492.20元。图为捐资现场。
雨林 摄影报道

简讯

●元旦前夕，我县在师校广场召开了公捕公判大会。市中级人民法院判处强奸未遂杀人犯吴大田、杀人犯彭先群、盗窃38头耕牛犯杨勇、抢劫强奸犯夏万友、蒋明成5名罪大恶极的人犯死刑，押赴刑场依法枪决。县法院对11名刑事犯罪分子进行了宣判。县公安局逮捕了40名刑事犯罪分子，7名违法人员被劳教。（李力 晓进）

●总投资120余万元，由地方、邮电联合建设的本地网——柏梓镇500门程控电话于12月26日凌晨三点剪彩开通。（本报通讯员）

●3年来，我县采取多渠道、多形式的办法，新建改建集贸市场1个，面积8万平方米，为全县经济发展注入了生机与活力。（杨宝昌）

强化人大监督职能

本报讯 在不久前召开的人大工作会上，县委书记刘光全要求，必须坚持和完善人民代表大会制度，更好地发挥国家权力机关的作用，推动社会主义民主法制建设。

我国的政权是以工农联盟为基础的人民民主专政，它决定了政权的组织形式只能是人民代表大会制度，本质是人民当家作主。自1987年以来，我县镇、乡均设立了人大主席团，在基层民主政治建设和基层政权建设中，人大发挥了应有的作用。但由于我国处于社会主义初级阶段，受社会政治、经济、文化的制约，在一些具体的民主制度、民主程序、工作方式上还存在着一些缺陷。因此，刘书记强调，要依照宪法规定，使人大及其常委会成为有权威的国家权力机关，成为能够担负起宪法赋予各项职责的工作机关。广大干部要自觉增强民主法制观念，提高对人民大会制度的认识，自觉接受人大监督，自觉依法办事。同时，人大也要努力改进和完善监督职能，大胆开展工作，抓住一些关键性的、全局性的、人民群众关心反映强烈的重大问题进行监督。（章立）

责任编辑
赵梓高 李洪强

复刊词

新年伊始，万物复苏。在全县人民欢声笑语、殷殷切盼中，经过三个月试刊的《潼南报》终于复刊了。

《潼南报》的正式复刊，得到了各级党委、政府和有关部门的热忱关怀，得到了全县人民的大力支持。在这里，我们表示衷心的感谢！

作为县委县政府的机关报，我们将坚持党的基本路线，围绕县委、县政府的重大决策和中心工作，及时正确地宣传党的方针和政策，报道各条战线上的新成绩、新经验和新事物，为广大农民群众传播科学信息，提供致富门路，为繁荣我县经济，推动两个文明建设的进程而鼓劲呐喊。

初涉报业的我们，经验和能力都还不足，但我们有信心努力办好县报。相信“精诚之至，金石为开。”《潼南报》之有今天，离不开全县人民的帮助。朋友们，如果《潼南报》是“禾苗”，愿全县人民都做“雨露阳光”，让我们携起手来，共创《潼南报》的美好明天！

本报编辑部

努力提高乡镇党委领导市场经济的能力

努力提高乡镇党委领导市场经济的能力，是深化农村改革，全面发展农村经济，建设精神文明，带领农民奔小康，实现共同富裕和共同进步的重要的组织基础。党的十四届四中全会《决定》指出：“基层党组织要结合各自特点做好工作，成为团结带领群众进行改革和建设的战斗堡垒。”要完成这一神圣而艰巨的历史使命，我以为，提高乡镇党委领导市场经济的能力应从以下几个方面进行。

首先，观念要更新。提高乡镇党委领导市场经济的能力，解放思想，更新观念是先导。要注意从思维方式上不断变革，树立一些适应市场经济发展的新意识；要在班子成员中形成搞市场经济的氛围，充分认识到党组织在市场经济建设中的职责和重要性；还要有“敢吃第一只螃蟹”的思想，只要符合“三个有利于”的，都要大胆决策，大胆动作。

其次，重点在思路。思路决定出路，这就要求乡镇党委领导市场经济要充分地调查研究，在制定思路上要有科学性和超前性；要深谋远虑，使思路能充分利用本地资源，具有战略性；要结合本地实际，抓住地域经济特色，使自己的思路具有独特性；要在改革、发展和不断总结提高中进一步完善思路，使其更具准确性和目标性。

其三，着眼于全局。认识全局，把握全局，是提高乡镇党委领导市场经济能力的关键所在。要注意抓“纲”，这个“纲”就是对重大经济问题和关键问题的宏观决策，制定总目标。要着眼全局，十分重视吃透“上情”，了解“民声”，从实际出发，选准主攻方向，创造出一个比较科学、客观、适合本地经济最大力度发展政策环境。

其四，组织作保证。一是注重班子建设，当务之急是造就一个能驾驭市场经济的领导班子，要把那些熟悉经济工作，懂经营、会管理，具有较强开拓精神的干部推上乡镇党委书记的岗位；二是不断提高乡镇党委的决策能力和水平，充分发扬民主集中制，以体现决策的高水准和科学性；三是要注重乡镇党委整体功能的发挥，班子人员素质、能力要能互补，从而使其更具凝聚力，也更有合力；四是做到一级抓一级，改变事无巨细，样样都抓的“无事忙”状况，环环相扣，整体推进。

（禄蓝）

求是录

《荣昌报》

1993年创刊
《荣昌报》 | 2016年更名
《荣昌日报》 | 2022年恢复
《荣昌报》

1993年7月1日创刊

《荣昌报》于1993年7月1日创刊。2016年10月1日《荣昌报》更名为《荣昌日报》，2022年5月6日恢复《荣昌报》。《荣昌报》坚持“贴近实际，贴近群众，贴近生活”的办报方针，以“端庄、大方、清新、活泼”的风格受到读者欢迎。

荣昌报

2022年5月 6 星期五

荣昌现代农业产业园跻身国家创建名单

我区召开“六张城市功能名片”工作推进会

突出特色彰显形象打造品牌 全力以赴做靓“六张名片”

区委外事工作委员会召开会议

高洪波主持并讲话

高洪波在全区运动服饰产业发展专题工作会上指出

着力构建竞争力强可持续发展的现代产业结构体系

我区“社银合作”协同推进发行第三代社保卡

以奋斗致敬青春

夏天到了

改版致读者

美丽荣昌我的家，食品安全靠大家。

《荣昌报》第1期 第一版

荣昌报

RONGCHANG BAO

中国共产党荣昌县委员会 荣昌县人民政府 主办

1993年7月1日 星期四 创刊号 川刊准印证03－047号

为实现富民兴县鼓与呼

中共荣昌县委书记 张福华

在邓小平同志建设有中国特色社会主义理论的指引下，古老而颇具特色的荣昌正以勃勃生机把繁荣昌盛的希冀变成现实。

我们已经确立了"强化农业基础，发展工商两翼，依靠科技起飞，实现富民兴县"的战略目标和以乡镇企业为突破口的发展方针；我们有被称誉为"荣昌三宝"的生猪、茶叶、夏布等资源优势和陶瓷、折扇等传统产品；我们正面临成渝高速公路建成，七千门程控电话开通和荣昌县被重庆市列为成渝线上的经济开发区等千载难逢的历史机遇；我们还有四川畜牧兽医学院、永荣矿务局、益民机械厂等市属以上企事业单位作技术后盾。荣昌人民正在抓住机遇，加快发展；荣昌经济开始迈上新路，勇往直前；荣昌的未来充满希望，令人鼓舞。

我希望，《荣昌报》以"求实创新，奋发向上"的精神，竭尽全力为实现"富民兴县"鼓与呼！

当好党政和人民的喉舌

荣昌县人民政府县长
中共荣昌县委副书记 刘树华

欣逢党的生日，全县人民盼望已久的《荣昌报》正式创刊了。这是我县政治生活中的一件大喜事，也是县委、县政府为全县人民办的一件实事。

为了加强党的宣传工作，全面准确地宣传"一个中心、两个基本点"的基本路线，宣传全县人民在社会主义建设事业中的业绩和经验，为改革开放和两个文明建设提供有力的舆论支持和精神动力，努力创造一个良好的舆论环境和社会氛围，经县委研究决定，今年7月1日《荣昌报》正式创刊。

由县委、县政府主办的《荣昌报》，是一张综合性新闻类党报，是县委和政府的重要宣传舆论工具。在县委、县政府的领导下，报纸要始终把坚持党性原则放在首位，与县委政府呼吸相通，紧密一致，当好党委、政府和全县人民的耳目喉舌，并围绕党的基本路线和中心任务进行宣传，充分反映我县改革开放和两个文明建设的新成就，及时传播各方面的信息，积极反映人民群众的呼声与建议、要求与希望。《荣昌报》全体办报人员必须遵循新闻宣传为社会主义服务、为人民服务和以正面宣传为主的方针，按社会主义新闻规律办事，办出自己的特色，以满足全县读者的需要。报纸只要办得"贴近生活、贴近实际、贴近群众"，就一定能在建设荣昌、发展荣昌，实现"富民兴县"目标的实践中发挥出重要作用。

为使这张报纸圆满和出色地完成县委、县政府交给的宣传任务，我们必须坚持"全党办报"的方针。县委、县政府希望各级党政组织和全县人民，都来关心《荣昌报》、爱护《荣昌报》、支持《荣昌报》，献计献策办好《荣昌报》，使她努力担负起为全县的经济建设和精神文明建设服务的重任。

宣传民主法制 加强舆论监督

县人大常委会主任 曹胜才

正值中国共产党诞生七十二周年之际，《荣昌报》创刊了，这是全县人民政治、经济和社会生活中的一件大事，也标志着我县新闻事业步入一个新的发展阶段。

《荣昌报》不仅是县委的喉舌，宣传县委的主张、意图的阵地，也是全县七十多万人民的喉舌，是外界了解荣昌、观察荣昌的一个重要窗口。通过她，既反映出荣昌改革开放、经济建设和民主法制建设的新貌，也及时将县上的重大方针政策传到千家万户。她的诞生，无疑将对我县的两个文明建设起着重要的作用。县人大常委会热烈祝贺她的诞生！

从一九八0年设立县人大常委会至今的十三年，是社会主义民主法制建设不断加强、人民代表大会制度日臻完善的十三年，也是荣昌改革开放及各项事业取得长足进展的十三年。在挑战与机遇并存的新形势下，县人大常委会将一如既往地履行宪法、法律赋予的职责，在县委的领导下，加强法律监督和工作监督，充分发挥地方国家权力机关的作用，二千多位县、乡、镇人大代表也将以实际行动为社会主义民主大厦的巩固不断添砖加瓦。希望《荣昌报》大力宣传我县在社会主义民主法制建设方面取得的新成就，宣传县人大及其常委会关于重大问题的决议、决定，讴歌人大代表依法履行职责的事迹，并坚持正确的舆论导向，加强舆论监督，不断丰富版面，扩大信息量，增强其指导性、新闻性和可读性，吸引更多的读者。

祝《荣昌报》尽快从幼稚走向成熟，为我县新闻事业的不断发展尽职尽责！

近年来，县城昌元镇城建速度加快，街衢干净，绿树成行，环境改善。图为莲花街的一角。（陈维海 摄）

以经济建设为中心 努力办好《荣昌报》

县政协主席 杨世华

在中国共产党成立七十二周年之际，县委机关报——《荣昌报》创刊了，她欣逢盛世，顺应民心，创于佳日，县政协对《荣昌报》的创刊表示衷心的祝贺！

当前，全国人民都在以改革开放和经济建设为中心，政协工作就是要围绕这一中心，加强学习，提高认识，增强发展经济的紧迫感，选好工作角度，搞好政治协商和民主监督，把监督、协商、参与和支持结合起来，既要防止只监督不参与，又要防止只参与而忽视监督，要在支持参与中去监督，监督中有支持，为荣昌两个文明建设搞好参政议政。

希望《荣昌报》在大力宣传改革开放、促进经济建设，推进社会主义民主政治建设，加强舆论监督中发挥重要的作用，县政协将全力支持她的工作，为荣昌的繁荣昌盛做出贡献！

县委表彰先进基层党组织优秀共产党员

本报讯 6月29日，县委作出决定，对在九二年度党内"创先争优"活动中作出显著成绩的101个先进基层党组织、140名优秀共产党员、37名优秀党支部书记和16名优秀党务工作者给予表彰（名单见第三版）。

决定指出，这些基层党组织、共产党员、党支部书记和党务工作者，他们有坚定的共产主义信念，坚持四项基本原则，模范地贯彻执行新时期党的基本路线；他们在深化改革、加快经济发展步伐中，坚持两手抓，出色地完成任务，为荣昌的两个文明建设做出了突出成绩。他们的先进事迹和思想品质，集中地反映了党的基层组织在社会基层组织中的领导核心、政治核心和战斗堡垒作用，反映了新时期具有共产主义觉悟的中国工人阶级先锋战士的精神风貌，他们不愧为全县一千多个基层党组织和一万八千多名共产党员中的先进楷模。

县委号召，全县各级党组织、全体共产党员和党的各级干部，要认真宣传、学习他们的先进事迹，开展好"创先争优"活动，在领导带领全县人民进行社会主义现代化建设中，充分发挥党组织的战斗堡垒作用和共产党员的先锋模范作用，为胜利完成我县十年规划和"八五"计划，实现富民兴县的目标而努力奋斗。（谭先荣）

潇潇洒洒赢一回

——访乒坛"希望之星"荣昌籍姑娘张凌

□本报记者 廖伟

也许乔红、乔云平、刘伟、唐薇依这些当今世界"乒坛大腕"们怎么也没有料到，会相继折箭于一位无名小卒手下。然而，这却是事实。6月上旬，七运会乒乓球赛场上，四川队荣昌籍姑娘张凌毫不客气，几天里先后将她们挑下马来。《中国体育报》大呼"迭爆冷门"，《人民日报》则称张凌等人"给中国乒坛带来新的气息"。6月19日，我们专程采访了回家小憩的张凌姑娘。

见到张凌是在她的启蒙教练马仁述家中。她虽然穿着粉红色运动衫、深黑色运动短裤，看上去却相当清秀文静。当时她正坐在沙发上，翻看着几张照片。听说要采访，她低下了头，轻轻咬着嘴唇，挺秀气的脸庞立即泛起了几分红晕，那双刚刚战胜了3位世界冠军的手竟然不知放在什么地方才好。

"在外面打球，想不想家？"我们问道，她微微一笑："才开始时想，现在习惯了。"随着我们轻松的闲侃，她渐渐消除了拘谨，主动拿起茶几上的照片向我们介绍："这是在安富小学读书时照的，这个是马老师，这个是我……"坐在旁边已是县体委副主任的马仁述也津津乐道起来："那时她才6岁，想比赛得不得了，练了没几天，就找到我，问啥门还不出去比赛。"马仁述接着介绍："她除了聪明灵活、身体素质好以外，最关键的是对乒乓球运动的酷爱。"

在马老师手下，一练就是3年，练就了扎实的基本功。1982年，省乒乓球队教练陈先觉见她训练时就连声称赞："不错，不错。"83年，刚刚10岁的张凌告别父母，跨进重庆市体校，同年在市业余比赛中获第1名，省运会第2名，不久就被省体工队"相中"，师从于郑桂芬教练。以"严"著称的郑教练发现张凌基本功比较扎实、拼劲十足，觉得她很有培养前途，于是把她盯得更紧。一次张凌的母亲到成都看望女儿，见女儿手臂上一条条伤痕，一问才知道是教练用体操绳抽打的。妈妈心疼了，拉着女儿要回荣昌，再不让她打球了。张凌却懂事地劝道："妈妈，是我自己不听话。"86年，郑教练短期出国，由于种种原因，张凌被安排回家"养病"近半年，这对一向一帆风顺的她，无疑是一次沉重的打击，可是生性好强的她没有消沉，找到启蒙教练继续进行基础训练。当年她获得首届省青运会甲组冠军，88年获首届全国城运会女双冠军，89年获全国少年比赛第5名，90年代表中国青年队获前苏联邀请赛团体第3名……张凌这只"丑小鸭"，逐渐成为省队的"台柱子"。

问起最难忘的比赛，张凌不假思索地说："当然是这次在鞍山参加的七运会预赛了。"这次，川队分在有"死亡组"之称的D组，8支球队中，上海、湖北、山东都是全国响当当的强队。明眼人一看便知川队此番出征凶多吉少。首战山东队，虽然以2∶3失利，作为队长的张凌却连胜世界冠军乔云平、刘伟两员名将，全队士气为之一振。次战全国冠军上海队，张凌又得两分，最后，以3∶2取胜。最关键一场是对湖北队那场比赛，直接关系能否出线，张凌的对手是世界第2号种子选手乔红，人们预测这场"生死之战"张凌没什么戏唱。第一局张凌果然惨败，第二局一开始，张凌不服输的"犟"劲又冒了上来，双方你来我往，比分交替上升，一直打到19∶19，趁着乔红一丝慌张，张凌一咬牙，连得两分，以21∶19扳回一局，张凌一鼓作气，以21∶13轻松拿下第三局，为川队以3∶2战胜湖北队，从而获得七运会决赛权立下了汗马功劳。紧接着，她又在单打中连胜包括国手王晨在内的3名选手，顺利进入单打决赛圈。行家评价张凌"身手不凡，她削球不仅落点好、旋转又强……不畏名手，敢打敢拼，令人可喜。"

采访结束时，我们请她为本报留言，她略微思考，挥笔写下："争取优异成绩，向家乡人民汇报。"因为她知道，家乡人民正等待她七运会决赛时再传佳音，期盼她在全国乃至世界乒坛一路潇潇洒洒赢下去。

报头题字 张福华

梧桐树林密 气候正宜人

荣昌创办两个夏布合资企业

本报讯 "夏布之乡"成为外商瞩目的一片热土。今年以来，香港和南韩10多家商社、实业公司的商人前来考察，与荣昌县夏布公司洽谈办厂事宜。目前两个合资企业正在兴建中。

荣昌县夏布公司成立20年多来，开发出特纺、细纺、高级夏布，拓宽了外销市场。公司经理黄良谓讲求经商道德，注重企业信誉，既在外商中留下了不可磨灭的印象，又激发出农民织布的热情，全县5000余台织机一天要比一天"唱"得欢。见此温和的"气候"，香港海洋贸易公司投资数百万元，在我县经济开发区征地24.7亩，修建可容纳2000台织机、1000余人食宿的车间、办公、食堂、宿舍大楼，与黄良谓私人合资经营"荣海夏布编织有限公司"，第一层楼房已拔地而起，年底即可竣工投产。

今年，在来我县洽谈的10多位外商中，荣昌夏布公司选择了韩国金先生，与对方创办夏布漂染厂，现已投资420万元，在石田乡征地5亩建厂房，对方将派出技术人员、管理人员和提供设备，就地收购夏布进行深度加工，产品全部由韩方销售。

（黄安明 张在福）

《开州日报》

1956年创刊
创刊报名《开县报》

1929年创刊	1956年创刊	1958年创刊	1997年创刊
《新开县报》	《开县报》	《开县工作》	《开州时报》
2005年创刊	2007年更名	2009年更名	
《开州》	《开州报》	《开州日报》	

《开州日报》报头为刘伯承同志手迹，其前身可追溯至创刊于1929年的《新开县报》。1949年《新开县报》停刊。1956年《开县报》创刊，历经《开县工作》《开州时报》《开州》《开州报》，直至2009年，更名为《开州日报》。

开州
今日导读
经济
我县"四大"劳务品牌叫响全国
铁桥镇优质梨香飘海外
把发展留给农民 把服务留给政府
我县新型工业化发展"路数"明晰
全民参与迎峰会 展示文明新形象
沧桑难话香绸扇

《开州》创刊号 第一版 第二版

开州日报
报道开县 连通天下
今日导读
新年贺词
鲤鱼塘水库向县城供水啦
可以满足50万城市人口的用水需求
流光溢彩迎新年
2010年：我的希望与梦想
特别的爱给特别的人
感动开县

《开州日报》总第626期 第一版

开州时报
KAIZHOUSHIBAO
1997年3月
14
星期五
丁丑年
二月初六
中国共产党开县委员会　主办
总第1期(试刊)

张德邻同志考察开县工作

2月2日，重庆市委书记张德邻到我县考察。他先后涉足长沙镇、赵家镇、刘帅纪念馆、郭家镇、新城区。他在听取县委书记张天雄汇报后，首先对开县工作给予评价："开县这几年经济发展、社会进步，很有特色，走出一条自己的路子。我看了非常高兴，觉得开县确实有一个好班子。一个精神振奋、不甘落后的好班子。"他认为在开县"一眼望去很舒服，很顺眼。"觉得张天雄同志所谈的"一个不争论、两个不宣传、四个坚实不移"很实在，体现了敢于创新和艰苦创业的精神。他表示："在适当时候要组织重庆市的区县委书记、区县长到开县来考察一下，学习一下，这里的景象在重庆郊区也不多见。"

张德邻同志对开县情况作了具体分析，认为开县资源丰富，人才丰富；移民任务繁重，扶贫任务繁重；基础建设薄弱，农业基础薄弱。针对这些情况，他对下步工作提出明确要求："第一要确保扶贫任务按照总体安排顺利完成，时时要把这项工作盯住；第二要确保移民工作按期完成任务，抓好移民工作关键要立足于自己，对口支援仍要积极争取，但不要抱太大的幻想，重庆要主动承担起对口支援开县移民工作，可以肯定地说，重庆对口支援开县一定不会比谁差；第三要集中精力抓好县域经济发展，坚持从实际出发，充分利用自己的资源，千万不要搞没长处、没基础、没优势的项目，要注意把科技与资源与资金投入结合起来，真正实现'两个转变'，使开县成为经济强县。"

张德邻同志还说："大家对重庆新体制都有个适应过程，我们要在发展中逐渐往新体制上靠，逐渐融合，逐渐深化对新体制、新形势以及面临的新问题的认识。今后都在一块过日子了，大家也得较量较量，互相学习，优势互补。"

张德邻同志2月3日离开开县。陪同他到开县考察的有重庆市政协主席张文彬、市委副书记[illegible]立沛、市委常委、秘书长李兵、市委常委、市长助理辜文兴、副市长秦昌典、李德水以及部分市级部门负责人。万县市委书记陈光国、市长魏益章、政协主席张元铸随行陪同。

杨祥维

吹响宣传舆论号角　为改革和建设呐喊

□本报评论员

1997年，我国将恢复对香港行使主权，我们党将召开第十五次全国代表大会，我县将划归新建立的重庆直辖市。值此极具历史意义之年，中共开县县委机关报——《开州时报》创刊了。这是我县人民政治、经济、文化生活中的一件大事，也是可庆可贺的一件喜事。

创办一张全面反映开县面貌的报纸，是开县人民多年来的迫切愿望。自古以来，开县文风蔚盛，在浓厚的思想文化氛围中涌现出一批又一批仁人志士，而造就这种"氛围"的，主要是报刊传媒。民国18年就有《新开县报》创刊，到解放后，1956年县委创办《开县报》，半年后停刊，1958年再办《开县工作》，至1962年停刊，自此以后，县报没有了，代之而起的是一些部门或单位创办的小报小刊。这些报刊在反映开县改革和建设方面发挥了一定作用，但不具有全面性和权威性。广大干部群众认为，与其办那么多小报小刊，倒不如集中精力继续办好一张县报。这种呼声，在县委九届四次全委会上反映强烈。鉴此，县委作出了创办《开州时报》的决定。

党的十一届三中全会以来，特别是进入九十年代后，开县取得了前所未有的建设成就，农业向着产业化方向大步跨越，工业发展突飞猛进，小城镇建设日新月异，交通通信建设快马着先鞭，教科文卫等社会事业获得长足发展，财政收入突破亿元大关后坚实提升，人民群众生活水平逐年显著提高……这些都期待着强有力的舆论工具宣传报道，以展现开县人民昂扬的精神风采和奋斗雄姿。

在建立社会主义市场经济体制的今天，发展已成为唯一主题。我们绝不能满足已经取得的成绩，必须放眼未来，为跨越新世纪奠定发展高起点。发展靠什么？靠改革和建设。要在全县持续掀起大起胆子搞改革、放开手脚抓建设的热潮，建立强大的宣传舆论阵地必不可少，尤其值得注意的是，我们所处的时代具有鲜明的开放特征，大开放才能促大发展。我县要开创对外开放新局面，首先应宣传好开县，使"金开县"牌子在全市、全国打响。做好这项工作，也必须以强大的宣传舆论阵地为依托。

《开州时报》在开县发展的重要历史时期诞生了！我们相信，它将忠实履行党报职责，充分发挥县委喉舌作用，致力于宣传党的路线、方针、政策和开展舆论监督，致力于弘扬"负重奋进，务实创新、团结争先、富民强县"的开县精神，致力于报道开县各行各业的突出战绩和先进人物。

让我们吹响宣传舆论号角，为开县的改革和建设呐喊助威！

县政协九届五次会议召开

团结、民主、求实、奋进

本报讯　3月11日，政协第九届开县委员会第五次会议隆重召开。来自全县各条战线的政协委员们认真履行政治协商、民主监督、参政议政职能，积极为开县两个文明建设建言献策。

县政协主席王传国作了工作报告。

报告说，96年县政协工作围绕党政工作中心，拓展社会各界理解、支持政协工作的外部环境，按照重实效、可供操作的原则，修订了《政协开县委员会关于政治协商、民主监督、参政议政的实施细则》，推进了履行职能规范化、制度化；围绕我县两个文明建设，把调查研究作为密切联系群众，积极反映社情民意，为党政领导民主决策和科学决策出点子，当参谋的重要手段；坚持一手抓提案质量的提高，一手抓办案工作的落实；注重跟中心、议大事、求实效，不断提高参政议政质量；本着"小型、专题、节约、实效"的原则，组织集中视察，为解决工农业生产和精神文明建设方面存在的问题，为解决被视察单位的实际困难和人民群众的疾苦鼓与呼；投身经济建设主战场，与县委、县府唱好经济建设同台戏；利用政协位置超脱、联系面广、委员在群众中有一定影响的优势，发挥了协调关系、化解矛盾、凝聚人心的作用，促进了安定团结。

王传国说，在新的一年里，县政协要在县委的领导下，高举爱国主义和社会主义旗帜，坚持"长期共存，互相监督，肝胆相照，荣辱与共"的方针，突出"民主、团结"两大主题，认真履行职能。

开幕式上，万县市政协主席张元铸作了热情洋溢的讲话。

会议期间，表彰了31名优秀政协委员，12件优秀提案，11个承办提案先进单位，25名承办提案先进个人。

（注："开州时报"四个道劲有力的大字，系刘伯承元帅手迹。）

突出发展、脱贫、移民主题

县第十二届人代会第六次会议开幕

本报讯　开县第十二届人民代表大会第六次会议，3月12日在人民大会堂隆重开幕。

为期5天的大会由大会主席团主持。县长刘本荣作了政府工作报告。人大副主任唐从健作了人大工作报告。

刘本荣在政府工作报告中说，过去一年，全县紧紧围绕经济建设这个中心，坚持大开放促大发展战略，强基础、重建设、促发展、保稳定，推动了全县国民经济和社会事业的全面发展。全年实现国内生产总值31.8亿元，完成工农业总产值45.05亿元，实现财政总收入14055.5万元，分别比上年增长20.3%、21.5%和15.37%，被评为万县市综合经济实力三强区县之一，获得万县市1996年度经济发展综合考评一等奖和精神文明建设一等奖，实现了十二届人大五次会议确定的工作目标。

刘本荣说，新的一年，我们要继续坚持以经济建设为中心，进一步解放思想，突出发展、脱贫、移民三大主题，加速实施"科教兴开"战略，着力培育新的经济增长点，提高经济运行质量和效益，加快产业化、城镇化进程，促进经济体制和经济增长方式的根本转变，保持经济建设与社会事业同步协调，快速发展。确保完成全年的奋斗目标：实现国内生产总值38亿元、工农业总产值55亿元、粮食总产量57.45万吨、财政收入1.55亿元及其它各项目标。

唐从健在报告中说，人大常委会在县委的领导下，把加强监督作为工作重点，把加强民主法制建设作为根本任务，认真履行宪法和法律赋予的各项职权。以经济建设为中心，遵循"顾全局、抓重点、攻关键、定大事"的原则，加强监督工作；以法律监督为重点，推进法制建设；以德才兼备为标准，搞好干部考核任免；以上级人大决定为契机，认真评议公安工作；以加强联系为基础，指导乡镇人大主席团开展工作；以提高工作效率为目的，加强自身建设。唐从健说今年要广泛深入宣传人大制度，提高社会地位；加大监督力度，提高工作实效；确保民主渠道畅通，制定指导方案；施行执法责任制，推进"普法"进程。

为期5天的会议，将根据大会议程，审议其它工作报告。

是护是淹？是呆是搬？面对开县移民的复杂情况与历史责任，从中央到地方风雨五载，呕心沥血，终于在96年末为方案的选择划上了句号。请看——

开县移民方案选定始末

□李玖成　陈宇光

国务院三峡工程建设委员会常务副主任郭树言面对开县江、东、浦大片良田沃土痛惜地说：开县淹了太可惜！

公元1992年4月3日，北京庄严的人民大会堂通过了举世瞩目的三峡工程。开县，这个地处小江支流末端的泱泱大县，从此便推上了淹没最大县的"高位"。平心而论，开县在全国的棋盘上不如小小的一粒棋子，而在三峡库区，由于特殊的地理位置和经济环境，成为各级领导和专家关注的特殊区域。开县人常用"牺牲与奉献"来对待移民。有专家评说：三峡移民是一道世界级难题。开县这题中之题到底如何解析？这不可回避地摆在了中央、省、市的领导、省内外专家以及开县一代领导人和移民工作者面前。1995年1月16日，国务院三建委常务副主任郭树言从云阳进入开县境内，马不停蹄，首次考察了万亩良田的厚坝、沃野无垠的白鹤、竹溪等地，并连夜登上刘帅纪念馆阶梯，俯瞰开县城万家灯火，他无不深沉地说：开县淹了太可惜！郭树言当即指示随行的国家移民局和长委会负责人立即着手组织专家，对开县移民防护方案详尽调查研究，以供高层领导决策！

诸葛亮借东风，开县人从某种角度上说，是否借了一场大雨？

1995年10月18日，正当长委会工程技术人员翻过高高的大垭口赶到开县通报小江大防护工程规划设计情况的重要时刻，一场大雨从天而降。这场雨，对开县来说确实太重要了。郭树言第一次来到开县考察移民工作，那是一个山寒水瘦的严冬，江、东、浦大量良田沃土在薄雾中愈显广阔。不到一年，郭树言再度踏上开县土地时，却是大雨倾盆。他从大垭口没有直接进县城，而是经高桥澜江而上至南门一线，他要趁大雨实地察看水文、泥沙等情况，因为他十分明白：小江大防护的目的是保护开县大片良田沃土，而大防护的可行与否又与小江流域水文、泥沙密不可分。

（转四版）

《开州时报》创刊号　第一版

《武隆日报》

1958年创刊	2002年更名	2004年更名	2005年更名	2013年更名
《武隆通讯》	《武隆报》	《新武隆》	《武隆报》	《武隆日报》

1958年创刊
创刊报名《武隆通讯》

1958年《武隆通讯》创刊，2002年更名为《武隆报》，2004年改为《新武隆》杂志，2005年更名为《武隆报》，2013年再次改为《武隆日报》。

2013年1月
1
星期二
今日16版
武隆日报
天气预报
中共武隆县委十三届二次全委会胜利召开
深入学习贯彻党的十八大精神
把建设中国武隆公园的宏伟事业推向前进
黄宗林主持
求真务实 谱写武隆跨越发展新篇章
社论
本期导读
风清气正的干事创业氛围
开通运营
珠子溪
2012年武隆县十大新闻事件
3 要闻·综合
黄宗林看望全县女企业家
围绕中心干事业 建功立业展风采
千里送爱心 冬日暖人心
人大校友会和重庆仕诚建筑携手来武捐赠
白马镇举行迎春文艺晚会
全力以赴做好游客接待
新年大喜事
武隆至江口段公交车开通运营
中共武隆县委十三届二次全委会胜利召开
求真务实 谱写武隆跨越发展新篇章

《武隆日报》总第752期 第一版 第三版

武隆報

元旦特刊

2002年1月1日 第1期（总第408期） 今日24版

中共武隆县委机关报 准印证：渝字（01）-19号

新年致辞

中共武隆县委书记 王元楷　武隆县人民政府县长 陈杰

同志们、朋友们：

一元复始，万象更新。值此2002年来临之际，我们谨向全县广大工人、农民、知识分子和各级干部，向驻武部队和武警官兵、政法干警，向全县离退休老八路、老同志、烈军属、退伍军人、伤残军人，向武隆籍的港、澳、台同胞及海外侨胞，向社会各界人士及勤劳朴实的40万人民致以亲切的问候和良好的祝愿！祝大家新年快乐、心想事成、万事如意。

刚刚过去的2001年，是我县发展史上非常重要的一年，也是很不平凡的一年。这一年，是我县全面实施"十五"计划的第一年。中国共产党的八十华诞，党的十五届六中全会的胜利召开，北京申奥成功，中国加入WTO，成功召开上海APEC会议，中国男足取得世界杯决赛资格，西部大开发的纵深推进，使全县人民深受鼓舞，进一步增强了加快发展、振兴武隆的坚强决心和坚定信心。

一年来，我们在党中央、国务院、重庆市委、市政府的坚强领导下，以深入开展江总书记"三个代表"重要思想学习教育活动为先导，认真贯彻落实江总书记的"七一"重要讲话和党的十五届六中全会精神，坚持以西部大开发统揽全局，坚持以经济建设为中心，以加快发展为主题，以结构调整为主线，以"双增两控一稳定"为根本目标，抓住千载难逢的历史机遇，强力推进全县国民经济和社会事业快速、高效、健康发展。在遭受"5·1"滑坡地质灾害事故和严重自然灾害等不利因素的影响下，全县经济仍然保持了良好的发展势头。农业和农村经济稳步发展，结构调整迈出可喜步伐；工业经济发展势头良好，发展后劲明显增强；商贸流通日趋活跃，财税金融稳健运行；旅游产业强劲发展，深度开发整体升位；固定资产投资强势增长，重点项目加快建设；各项改革纵深推进，对外开放进一步提高；科教兴县迈出新步，社会事业协调发展。全县上下呈现出政治稳定、经济发展和社会进步的大好局面，实现了"十五"计划良好开端。

刚刚来到的2002年，是全县人民政治生活中具有重要意义的一年。全国、全市喜事大事连台，我们将迎来党的十六大的胜利召开，迎来全市第二次党代会和重庆直辖五周年。武隆的发展既充满重大机遇，又面临严峻挑战。全县上下要继续坚持以实施西部大开发统揽经济社会发展全局，抓住入世机遇，抢占发展先机，深化改革扩大开放，发挥优势突破重点，强力推进基础设施建设，加大经济结构调整力度，努力提高经济增长质量和效益，推动全县国民经济强劲发展，促进各项社会事业全面进步，以优异的成绩向党的十六大和重庆直辖五周年献礼。

同志们、朋友们，改革开放大潮涌动，西部开发热浪扑面，武隆建设如火如荼，形势喜人、形势逼人、催人奋进。让我们高举邓小平理论伟大旗帜，以江泽民同志"三个代表"重要思想为指导，让我们用发展来统一思想，用变化来凝聚人心，用实干来塑造形象，用监督来端正党风，继续发扬敢想敢干、实干快干的武隆精神，举全县之力，纳各方之策，聚万众之心，献万民之智，抓住机遇，大胆开拓，乘势而上，继往开来，为早日把我县建设成为全市生态旅游大县、能源大县和山区型经济强县而努力奋斗。

民心工程

……（见2版）

百岁老人百年情

40万人中，有7位百岁老人，他们的人生经历，是一部活着的教科书，记录了世事沧桑，记录了人间悲欢，更记录了他（她）对前人的殷切期待。

（见5版）

书画世界

走进生意人

……（见7版）

编辑感言

新年，像一把巨大的折扇，徐徐展开！新的空气、新的阳光、新的希望，……我们一年365天……

（见9版）

责任编辑 杨永雄　本版摄影 张小伙

《武隆报》总第408期 第一版

《丰都日报》

1958年7月1日创刊
创刊报名《丰都通讯》

1958年创刊 《丰都通讯》	1960-2000年更名 《丰都报》《宣传员》《丰都周报》	2000年更名 《丰都报》
	2004-2015年更名 《今日丰都》《丰都时报》《丰都报》	2015年创刊 《丰都日报》

《丰都日报》前身为创刊于1958年7月1日的《丰都通讯》。

1960年至2000年间，《丰都通讯》先后更名为《丰都报》《宣传员》《丰都周报》。2000年7月1日《丰都周报》更名为《丰都报》。

2004年起，《丰都报》先后更名为《今日丰都》《丰都时报》《丰都报》，直至2015年3月5日，《丰都日报》创刊。

《丰都周报》曾多次被评为“优秀内部报刊”“优秀报纸”。2008年至2021年，《丰都日报》（《丰都报》）连续12年被重庆市文化委员会、重庆市新闻出版局评为优秀区县报。

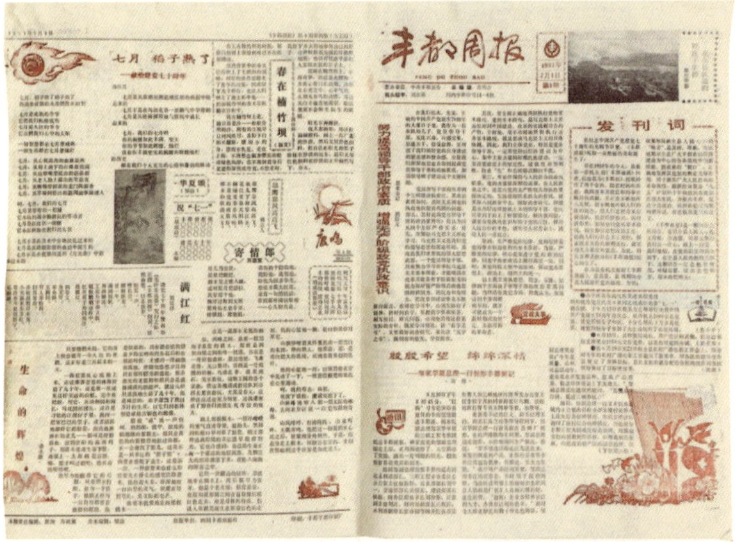
丰都周报
七月 稻子熟了
春在楠竹坝
寄情郎
满江红
生命的辉煌
发刊词

《丰都周报》创刊号 第一版 第四版

丰都時報
FENGDU TIMES
谭昭君只身闯南宁成百万富豪
开栏的话
稳了，我就放心了
发刊词
信息集纳
致远酒店

《丰都时报》创刊号 第一版 第四版

丰都日报

围绕中心　服务发展　关注民生

2015年3月
5
星期四
乙未年正月十五
本报热线
内部资料
免费赠阅
创刊号
总第1期

中共丰都县委主办　丰都新闻社出版　渝内字第516号　丰都新闻网：www.cqfd.cn　法人微博：weibo.com/3537246933

中共丰都县委
丰都县人民政府
热烈祝贺丰都日报创刊

振奋精神适应新常态 同舟共济开启新征程

——见证我县“生态涵养绿色崛起”第一年

本报记者 李莲

“135”发展思路

生态涵养 绿色崛起

2014年，我县拉开了“生态涵养、绿色崛起”的大幕。这一年，86万丰都人民精诚团结，创新实干，推动全县经济社会实现平稳较快发展。

这一年，丰都综合经济实力稳步提升，重大基础建设取得突破，社会民生事业持续改善。

这一年，也注定是丰都发展史上极不平凡的一年。面对一个个艰难险阻，面对各种重大挑战，面对经济社会发展新常态，县委、县政府团结带领全县干部群众，振奋精神，积极作为，逆势而上，开启了丰都改革发展的新征程。

确立思路
一条主线三大目标五大任务

思路是发展的先导，是方向的指引。

重庆市委四届三次全会确立了“五大功能区”的战略部署，面对渝东北生态涵养发展的定位，丰都要何去何从？

2014年1月9日，县委十三届四次全会给出了答案：要紧紧围绕“生态涵养、绿色崛起”的主线，突出抓好“工业立柱、城市聚气、农业夯基、旅游靓牌、生态铸魂”五大任务，以改革求突破、以创新添动力、以转型提质量、以发展惠民生，建设“三峡库区明珠、重庆生态低碳经济重地、国际旅游文化名城”。“135”发展思路就此诞生。

明晰了目标和思路，就找到了发展的突破口。一年来，全县上下坚定不移践行五大功能区战略，牢固树立生态涵养发展理念，立足“面上保护、点上开发”，坚持差异化、特色化发展，合理划分“沿江城市经济区、中山生态农业区、高山休闲旅游区”三大功能区域，提速推进“新型工业化、新型城镇化、农业现代化、信息化、旅游精品化”，全县面貌焕然一新。

这是我县面对新形势，立足全县乃至全市发展大局破解难题的有力举措，也是我县朝着“生态涵养、绿色崛起”的宏伟蓝图奋进的第一步，全县上下目标更明确，信心更坚定，各项工作推进有序，丰都发展一路高歌猛进。

夯实基础
开启深改元年

2014年，随着中央全面深化改革的“动员令”吹响，一股改革的蓄势之力在丰都汇集，一幅改革的壮丽画卷在名山脚下徐徐展开。

号角吹响，战鼓催人。顺利完成卫生局、计生委、城乡建委、市政园林局的改革重组，调整理顺城市建设、工业园区、旅游管理和食品药品安全监管体制；规范流转土地44.6万亩，农民工户籍制度改革转户5031人，农村“三权”抵押贷款余额达1.71亿元；整合成立一个融资平台、五个建设公司，全年融资27.6亿元；试行PPP投融资合作建设模式，引进渝富集团承债式收购存量土地和债务，引进济合集团“民办公助”投资建设学校；承接市上下放行政审批事项108项，取消和下放事项27项，建立项目立项、规划、建设环节并联审批制度，行政审批效率明显提升。推进工商登记制度改革，完善小微企业扶持机制，新增各类市场主体4845户……

一项项改革制度陆续出台，一条条改革举措逐步落实，一个个改革目标正在实现，一些制约丰都发展的瓶颈开始化解，一些多年累积的体制机制障碍得以突破。丰都迸发出一股全新的发展活力，以稳健步稳的姿态，开启了深改元年。

转变方式
外生型、承债式、资源+资本

2014年，丰都经济发展捷报频传。

无论是面对宏观经济持续下行的巨大压力，还是改革发展中的各种困难和挑战，县委、县政府始终把发展作为第一要务，全县经济发展成绩有目共睹。

过去一年，县委、县政府团结带领全县干部群众，紧扣发展主题，着力转方式、调结构，优化形成了“1+X”的投融资平台，发展路子向“外生型”转变，与渝富集团形成“承债式”合作模式，与能投集团形成“资源+资本”合作模式，为丰都经济社会的发展注入了强大的动力。

在水天坪工业园区和湛普建材工业园区，标准厂房鳞次栉比，宽阔平坦的园区公路上车辆穿梭。2014年，工业经济挺起发展的“脊梁”，按照“收缩战线、握紧拳头、优化布局、提升效益”的思路，东方希望千徒水泥全面投产，民济医疗止痒贴剂、恐龙生物肝素钠等项目建成投产，成品油库、废钢回收、机器人等项目开工建设……丰都工业步入发展的快车道。

一年来，我们的农业产业也是可圈可点，肉牛产业纳入国家项目计划，栗子大米斩获第八届中国国际有机食品博览会金奖，红心柚成全市唯一的柚类出口产品……农业现代化发展跨上了一个新台阶。

在长江二桥、龙河新桥等重点项目建设现场，塔吊林立、机器轰鸣。在龙河新城，万丈高楼平地起，丰都的城市面貌正在快速蝶变……

全年地区生产总值、固定资产投资、社会消费品零售总额、地方财政收入分别实现135.37亿元、209.23亿元、58.59亿元、24.79亿元，同比分别增长10.8%、12.4%、14.6%、23.7%。城乡居民收入分别达到21749元、8679元，分别增长11%、13.4%，列渝东北11区县第四位。

如果这一年是一场考试，那么每一个数据都是一份成绩斐然的答卷，是一年来奋力拼搏、团结奋进的生动见证。

改善民生
解决五大突出问题

民生天下事，点滴暖人心。回望过去的2014年，我们欣喜的看到，民生工作是一年来最耀眼的闪光点。

2014年4月17日，在我县召开的党的群众路线教育实践活动推进会上，县委书记徐世国指出，要聚焦民生，做好征地拆迁房屋安置、移民划地自建房产权证办理、市民生活环境提升、肉牛产业环境治理、城区学校大班额消除等，吹响了化解五大突出民生难题的集结号。（下转第二版）

创刊词

我们相依相伴　踏上崭新旅程

——写在《丰都日报》创刊之际

百花争春，万木竞秀。2015的3月5日，是一个值得纪念的日子。在各位领导和读者的殷切关怀下，顺应丰都加快发展的需求和人民群众的期盼，《丰都日报》正式创刊，又踏上了崭新的旅程。

生命在路上。24载风雨历程，24载春华秋实。《丰都日报》的前身《丰都报》创刊于1991年，有着24年的历史，一路走来，感谢有你相依相伴。《丰都报》由周报到周二报、周三报，由小报到对开大报，几经改版，几易其容，改版面、改内容、改文风，渐入佳境。24年里，《丰都报》连续获重庆市优秀区县报殊荣，矢志不渝，浓墨重彩书写丰都改革与发展，为营造风清气正的发展环境孳孳不息。

在新一届县委、县政府的坚强领导下，丰都转变思路，深化改革，致力于“生态涵养、绿色崛起”，经济社会迅猛发展，百姓安居乐业；倡导“上善丰都”，推进“五城同创”，市民文化素养大幅提升。为更好更及时传递党的声音，反映群众关心关注热点难点，架起党群心灵沟通的桥梁，经县委常委会研究决定，《丰都日报》于今日创刊。

梦想在路上，创新也在路上。《丰都日报》将努力创新，不断探索，着办突破，谋求更大发展。

要站高望远，更好地记录丰都发展和社会进步。今年是全面完成“十二五”规划的收官之年，是全面深化改革的关键之年，也是全面推进依法治县的开局之年。丰都发展深刻转型，改革探索攻坚克难，民生建设涉及面广，作为丰都县唯一纸质党媒，《丰都日报》使命光荣，责任重大。我们将凝神聚力，兢兢业业，敏于观察，锐意进取，与你相依相伴，参与时代变革，在创新的主旋律中，肩起我们的担当，建设美好明天。

要深入基层，讲好中国故事。今年，我们要进一步深化“走转改”活动，讲好中国故事。《丰都日报》长期根植于群众，更有理由深接地气、与生活同在、与读者同行。为此，我们将经营好重点报道，讲好丰都故事，把精彩的丰都故事，讲给重庆听，讲给中国听，讲给世界听，让丰都走向世界，让世界走进丰都。

要与时俱进，探索与新媒体融合发展之路。在全媒体时代，传统媒体与新媒体融合发展成为必然。《丰都日报》将与“丰都新闻网”、“重庆丰都手机报”、@丰都报法人微博、APP看丰都等新媒体深化互动合作，在选题策划、报道组织等方面共同努力，为读者提供形态更丰富、内容更生动、视角更多元的报道。

当然，在变的同时，《丰都日报》也有始终如一的坚守，那就是政治家办报的原则，坚持宣传党的路线、方针、政策，坚持面向基层、服务读者，为全力推动丰都“生态涵养、绿色崛起”，我们奋斗不止。

坚守未有穷期，革新没有止境。未来的日子里，《丰都日报》将继续与你温暖相伴，携手同行，书写丰都新的绚丽篇章。

2版刊登
肉牛产业成为富民强县的大支柱

3版刊登
再次带头修路“矮哥”人矮志不矮

4版刊登
周恩来总理的丰都情结

姹紫嫣红满城春

草长莺飞三月天，拂堤杨柳醉春烟。春天是一个充满诗情画意的季节，踏着和煦的春风，县城的每个角落都洋溢着春的气息，星星点点的迎春花、俏立枝头的玉兰花，桃花红、梨花白、粉色樱花漫天开。今年丰都要做的大事、盛事多多，让我们用智慧和汗水浇灌幸福，新的一年又值得期待哟！（程波 图/文）

生态广场玉兰花俏立枝头

建设中的长江二桥掩映在花丛中

海棠花开耀长江

宜声住宅小区桃花争艳

本报地址：重庆市丰都县平都大道西段53号　邮编：408200　邮箱：cqfdxws@163.com　总编：曹玲　常务副总编：李永生　值班领导：李贤文　本版责编、校对：文吉

《丰都日报》创刊号　第一版

《垫江日报》

1997年3月28日创刊

创刊报名《垫江报》

20世纪90年代创刊	1995年更名	1997年创刊	2011年更名
《宣传月报》	《垫江通讯》	《垫江报》	《垫江日报》

在20世纪90年代，垫江曾办过《宣传月报》，1995年11月恢复《宣传月报》的编辑出版工作，并更名为《垫江通讯》，内容为专刊专版，不登载综合消息。

1996年5月30日，《垫江通讯》改版为综合性报纸。

1997年3月28日《垫江报》创刊，并在重庆市首届区县优秀报评选中被评为优秀区县报。2011年1月1日《垫江报》更名为《垫江日报》。

《垫江日报》创刊号 第一版 第三版

墊江報

中共垫江县委　主办　　主编：陈万发
1997年3月28日（农历丁丑年二月二十）星期五　总第133期

鼓发展劲
吹進軍号
祝垫江报创刊
李光华
一九九七年三月

中共垫江县委书记李光华同志题词

祝垫江报创刊
努力办好垫江报
促进两个文明建设
刘劲业
1997.2.15

县人大主任刘劲业同志题词

为发展垫江服务
冉隆兴
一九九七年二月

县政协主席冉隆兴同志题词

垫江县机构编制委员会文件

垫编委发[1996]19号

垫江县机构编制委员会关于同意成立《垫江报》社的批复

中共垫江县委宣传部：

你部报来《关于申请成立"报江报"社的请示》（垫宣发[1996]32号）收悉。为了充分发挥新闻的舆论引导和宣传作用，促进两个文明建设协调发展。经县委常委一九九六年十月十二日研究，同意成立《垫江报》社。《垫江报》为中共垫江县委机关报，为副局级事业单位，所需要经费实行财政定额拨款，差额自筹解决。由县委宣传部管理。暂定编制2人，其经费由县财政预算解决。

报社的主要职责任务是：宣传党的路线、方针、政策和县委、县政府的重大决策；报道全县改革开放和两个文明建设的成就；反映全县人民关注的社会热点、焦点、难点；宣传典型、宏扬正气、鞭挞丑恶、鼓舞斗志，为建设工业大县营造一个良好的发展环境；同时负责《垫江报》的新闻采写、编辑、审定和报纸发行以及通讯员队伍业务培训工作。

此复

垫江县机构编制委员会
一九九六年十二月十二日

涪陵市新闻出版局文件

涪新出发[1996]5号

涪陵市新闻出版局关于同意《垫江通讯》更名为《垫江报》的批复

中共垫江县委宣传部：

你部垫宣发[1996]44号文《中共垫江县委宣传部关于〈垫江通讯〉更名及变更出版周期的请示》收悉。经研究，同意《垫江通讯》更名为《垫江报》，出版周期由半月报改为周报，每周五定期出版。

希你们严格遵守党的宣传纪律，严格遵守新闻出版有关管理规定，办好《垫江报》，为党的宣传事业和垫江县的两个文明建设作出贡献。

此复

涪陵市新闻出版局
一九九六年十二月二十六日

鼓发展劲　吹进军号

——《垫江报》发刊词

"忽如一夜春风来，千树万树梨花开"

三月，刚褪去冬的衣装，又披上春的绿装。季节的轮回和变幻，带来的不仅是春天的朝阳、雨露，草坪和鲜花，还有沐浴着春风春雨成长的希望。

翻过冬天的栅栏，迎着沙沙的春雨。在党的十五大即将召开和重庆直辖市成立这双喜临门的日子，《垫江报》社今天成立了。《垫江报》终于抉着和畅的春风，带着清新的墨香和读者朋友见面了，一如刚吐蕊的新绿，悄悄而又大胆地走向了春天。

《垫江报》是原《垫江通讯》的发展。过去岁月里，在中共垫江县委的领导下，在全县各级领导的热情关怀下、在广大读者、作者朋友的真心呵护下、在各界朋友的大力支持下，《垫江通讯》克服种种困难，恢复了综合报纸的编辑出版工作，并初步走上了发展的正轨。在此，本报编辑部全体同仁，对在过去一年里，对《垫江通讯》给予过大力支持和帮助的各级领导、广大读者、作者朋友们表示衷心的感谢！

《垫江报》是中共垫江县委机关报。她将以"宣传落实党的路线、方针和政策，及时反映全县人民关注的社会热点、焦点和难点，沟通领导和群众、社会和个人间的相互联系，团结和动员全县人民为'两个文明'建设建功立业，为早日实现工业大县作贡献"为办报宗旨；《垫江报》仍为对开四版，每周五定期出版。在办好已有栏目外，还将陆续推出"桂溪纪实"、"曝光台（或热点透视）、"月末版"。力求把"党报性质、晚报风格"融为一体，增加可读性，充分发挥新闻舆论的引导和宣传作用，进一步宣传典型、宏扬正气、鞭挞丑恶、鼓舞斗志，为我县的改革开放和经济建设营造一个良好的发展环境。

"草木知春不久归，百般红紫斗芳菲"在万紫千红的春天里，《垫江报》是沐浴着暖暖春阳，在和煦的春风中一朵刚绽开的小花。"要得上林花似锦，还须绿柳送春风"今天，《垫江报》虽然蹒跚着迈出了自己的第一步，但这只是一个刚刚学步的孩子，我们希望全县各级领导、广大读者、作者继续给予《垫江报》关心、帮助和支持，为她浇水、培土，给她阳光、雨露，使其健康、茁状的成长。

我们相信，有全县人民的大力支持，《垫江报》一定会越办越火红，迎来灿烂的春天！我们更坚信，《垫江报》作为我县宣传舆论的一块重要阵地，必将为我县的两个文明建设起到积极的鸣锣开道的作用。

《垫江报》再一次感谢全县人民的支持、理解和信任！

恭祝全县人民、广大读者、作者朋友们在春天里生活阳光灿烂、工作有大的进步、事业有新的发展，取得更大的成功！

《垫江报》编辑部
一九九七年三月二十八日

《垫江报》创刊号　第一版

《忠州日报》

1998年创刊	2004年更名	2007年更名	2009年更名
《忠州报》	《忠州通讯》	《忠州报》	《忠州日报》

1998年7月1日创刊

创刊报名《忠州报》

《忠州日报》前身为1998年7月1日创刊的《忠州报》。

2004年1月1日《忠州报》更名为《忠州通讯》。2007年1月1日更名为《忠州报》。2009年1月1日《忠州报》更名为《忠州日报》。

忠州报

围绕中心　服务大局　面向基层　服务群众

抢抓机遇　奋发图强

中共忠县县委书记　杜和平

2006年度忠县十大新闻

贺新年

县政府召开第48次常务会

既要和谐稳定　又要科学发展

热烈祝贺忠州通讯更名为忠州报

是你给我力量　是你给我爱　是你成就了我

——2006《忠州通讯》与我们一起走过

庆元旦　迎春节

购房送大礼

《忠州报》创刊号　第一版　第二版　第三版

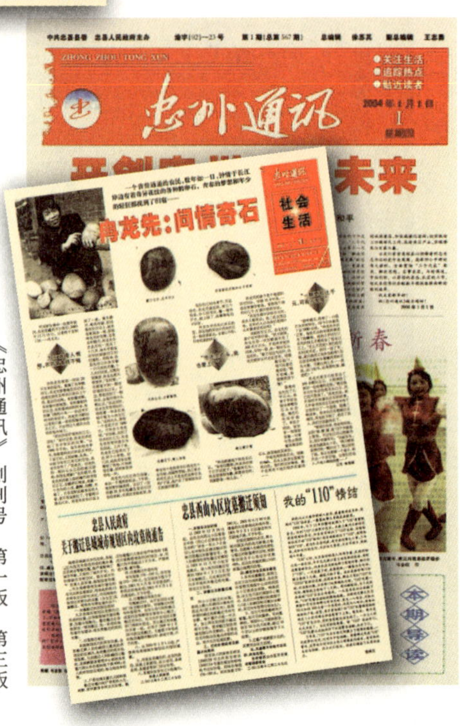

忠州通讯

2004年1月1日

再龙先：闻情奇石

社会生活

我的"110"情结

《忠州通讯》创刊号　第一版　第三版

忠州报

Zhong Zhou Bao

总第1期

中共忠县县委机关报　渝内字第3—17号

1998年7月1日　农历戊寅年闰五月初八　星期三

总编辑　颜其菊　副总编　徐苏其　王光中

县领导关心创办《忠州报》

本报讯（记者　王志勇）“加强忠县两个文明建设需要办张《忠州报》。”6月15日，县委书记廖觉超和县长王爱祖、县委副书记陈道柳、谭宏，看望本报编采人员时如是说。

廖觉超等领导听取了县委常委、宣传部长兼本报总编辑颜其菊，副总编辑徐苏其、王光中创办《忠州报》筹备工作的汇报。廖觉超在详细询问了人员安排、内部管理、办报经费、稿件组织、印刷发行等情况后指出，创办《忠州报》，是县委、县政府更好地宣传贯彻党的十五大精神的需要，是扩大对外开放、促进县域经济发展的需要，是传达县委、县政府重大决策和工作部署的需要。

廖觉超说，县委、县政府对办好《忠州报》寄予厚望，希望全体编采人员加强政治学习，提高业务技能，把《忠州报》办出特色，成为县委、县政府和人民的喉舌。

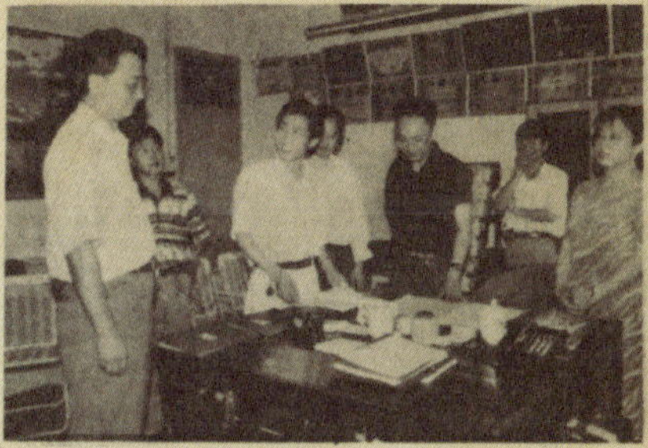

图为廖觉超、王爱祖、陈道柳、谭宏等县领导看望编采人员的情景。　秦福祥　摄

服务中心　服务大局　为两个文明建设鼓与呼

中共忠县县委书记　廖觉超
忠县人民政府县长　王爱祖

迎着新世纪的曙光，伴着党的77岁生日，全县人民期盼已久的县委机关报——《忠州报》诞生了！

合着改革大潮的节拍，踏着时代钟声的鼓点，忠县人民创造了辉煌的过去，必将创造辉煌的未来。面对新的历史使命和发展机遇，98万勤劳、勇敢、智慧的忠州儿女，在县委、县政府的领导下，正以全新的面貌、务实的作风、苦干的精神，豪情满怀地沿着有中国特色的社会主义道路，攻坚拼搏，团结奋进，致力于把忠县建设成为三峡库区的经济强县。

在迈向新的征程中，改革开放不断深化，社会经济不断发展，生活方式不断改变，新事物、新情况不断出现。在这种新形势下，党的理论、路线、方针、政策需要更深入更广泛地做好宣传；党和政府所采取的一系列推进改革的新办法、新举措需要群众理解和掌握；人民群众创造的新成就、新经验需要及时总结推广；各条战线涌现的先进人物和崇高精神需要讴歌传颂；群众日益增长的精神文化生活需要不断满足；实践中出现的许多新问题需要研究解答；改革中出现的热点难点问题需要疏导解惑；社会生活中的消极因素和倾向，需要坚决地抵制鞭挞；大改革、大开放、大发展的市场经济，需要忠县更多地了解世界和外界更多地了解忠县。为忠县两个文明建设鼓与呼，这就是《忠州报》肩负的历史使命。

《忠州报》创刊，是全县人民政治、经济、文化生活中的一件大事。以科学的理论武装人，以正确的舆论引导人，以高尚的精神塑造人，以优秀的作品鼓舞人，是《忠州报》的宗旨；将思路凝结在忠县的发展富强，将目光聚焦在忠县的热点，将视野着眼于忠县的未来，将热情倾注于忠县的人民，为全县人民火热的生活提神鼓劲，是《忠州报》的任务；融政治性、权威性、指导性、可读性为一体是《忠州报》的风格。热忱关心、大力支持《忠州报》，是各级党委、政府和全县人民义不容辞的责任。

直挂云帆济苍海，在改革洪流中诞生的《忠州报》，是域外人士眺望忠县文明的窗口，是各界人士共谋经济发展大计、施展才华的舞台，是反映社情民意、凝聚党心民心的纽带，是引导、鼓舞和激励全县人民奋发向上、走向辉煌的良师益友。

愿《忠州报》在创造忠县辉煌中创出辉煌！

一句话新闻

●6月28日至30日，县委、县政府分别召开全县粮食流通体制改革、计划生育暨流动人口计划生育管理、小城镇建设工作会议，对当前各项工作作了部署。（钟伟虎）

●6月9日至11日，县十三届人大常委会举行第三次会议，听取和审议了《电力法》贯彻执行情况、“三五”普法工作情况、1997年县财政预算执行和其他财政收支的审计工作报告，通过了有关人事任免案。（古建祥）

●在6月9日至10日召开的县总工会第七次代表大会上，罗红兵当选为主席，张清福、傅启英当选为副主席。（余鸿）

●县委宣传部6月24日发出通知，对全县开展纪念十一届三中全会20周年的活动作了具体安排。（钟轩发）

王爱祖考察移民乡镇

本报讯　6月中旬，县长王爱祖到洋渡、乌杨、东溪、任家、新生、涂井6个移民乡镇进行调查研究。

王爱祖走进移民家中，了解他们的生活情况，听取他们对搬迁的想法、建议和意见。他要求各移民乡镇加强对移民工作的领导，严格移民资金管理，加强移民项目招投标管理和施工质量监督。在听取各乡镇的场镇迁建规划后，王爱祖指出，要搞好新区的管线建设和街景设计、房屋单体设计，确保新区出形象。（礼宏）

廖觉超踏看重点工程

本报讯　6月20日，县委书记廖觉超到化工厂迁扩工程、长江公路大桥建设工地了解工程建设情况。

廖觉超实地查看了重点移民迁建企业——化工厂迁扩工程的抽水站和输油站的选址，要求工程设计人员作好管线的视角处理，解决好污水排放问题。长江公路大桥开工一个月，引道毛路初步拉开，石料已备60%，建设工地热火朝天。廖觉超要求大桥建设指挥部加强工程管理，降低工程造价，确保工程质量，并做好10月份主桥动工的准备工作。（彭泽明）

到一线　搞调研

牢记党的宗旨　争当合格公仆

县委举行庆“七一”宗旨教育报告会

本报讯（记者　古建祥）6月26日，县委隆重举行纪念建党77周年暨宗旨教育报告会，县委书记廖觉超作了题为《牢记党的宗旨，争当合格公仆，为建设繁荣富裕文明的新忠县而奋斗》的讲话。

廖觉超在讲话时说，党的历史就是一部全心全意为人民服务的奋斗史。全县党员、干部必须加强理论学习，不断提高对党的宗旨的认识，不断增强贯彻执行党的基本路线的坚定性和自觉性，努力提高为人民服务的本领，做人民满意的好党员好干部。针对极少数党员、干部忽视党性修养和世界观改造的现象，廖觉超要求这些同志尽快澄清模糊认识，摒弃错误思想，真心实意为人民干实事、干好事。

新立镇党委书记倪国双等5位同志在会上作了实践党的宗旨的发言。

大会表彰了曹家乡等10个“六好”乡镇党委、新生职中等89个先进党组织、杜文治等192名优秀共产党员、黄仕禄等47名优秀党务工作者、任家镇中园村等58个“四好”村。

忠州报创刊纪念

說老實話　辦老實事　做忠實人　唯吾為人民立言

一九九八年六月　馬識途

县委、县政府要求各地
坚决按保护价收购余粮

本报讯　6月中旬，县委、县政府就粮油收购发出通知。

通知说，全县国有粮食收储企业，必须坚持按保护价敞开收购农民的余粮；严格执行粮食顺价销售政策，严禁任何非国有粮食收储企业及个体经营者到农村直接收购粮食；粮食部门要配合工商部门加强对粮油市场的检查，加大执法力度，确保粮油有序流通；坚决执行收购资金封闭运行政策，确保粮食收购不打白条。（马万修　詹友国）

重庆索特集团兼并忠县盐厂交接仪式6月16日在县政府二会议室举行。廖觉超、王爱祖等县领导出席了交接仪式。　徐光华摄　徐其平文

忠万路忠县段改扩建工程竣工通车

本报讯（记者　古建祥）六月十六日，忠万公路忠县段改扩建工程竣工通车。县委书记廖觉超、县长王爱祖等领导为竣工通车典礼剪彩。

忠万路忠县段全长五十公里。县城至三元段二十六公里已于一九九六年改造完工，余下三元至羊马场段改扩建工程于去年十一月动工，仅用七个月时间就将四级泥混碎石路面改扩建为山重二级八点五米宽的混凝土标准路，提前两个月完成任务。

忠县长江大桥初设通过评审

本报讯（记者　王志勇）六月二十四日，忠县长江公路大桥初步设计方案通过专家评审。

以重庆市交通局总工程师蒙进礼为组长的专家组，认真评审了由四川交通设计院编制的《忠县长江公路大桥初步设计方案》。专家组认为，设计单位作出的初设文件基本符合国家对初步设计的要求，桥位选择恰当，孔跨布置和桥面标高满足通航要求，同意悬索桥方案。

邀您同行
——致读者

本报编辑部

在隆重庆祝建党77周年之际，《忠州报》与您见面了！这是忠县人民政治、经济、文化生活中的一件大事，我们为之庆贺，我们邀您同行。

《忠州报》是忠县县委机关报，县委主管，县委宣传部主办，四开四版，始为旬刊，逐步发展为周刊、周二刊。

《忠州报》的编辑原则是服务中心，正确导向，指导工作，贴近实际，贴近生活，贴近读者，为忠县两个文明建设鼓与呼。

《忠州报》关注“小人物”，多登“小文章”，让您唱主角，为您解疑释惑。您的热情来稿，我们精心编辑；您的善意批评，我们诚恳接受；您对报纸的良好愿望，我们尽力满足。

亲爱的读者，亲爱的作者，《忠州报》将是您最忠实的朋友！

《忠州报》创刊号　第一版

《云阳报》

2000年7月1日创刊

2000年创刊	2004年更名	2007年恢复
《云阳报》	《今日云阳》	《云阳报》

《云阳报》于2000年7月1日创刊，2004年更名为《今日云阳》，2007年恢复《云阳报》报名。《云阳报》常年设有时政新闻、经济发展、社会民生、深度报道4个版面，7次获评重庆市优秀区县报。

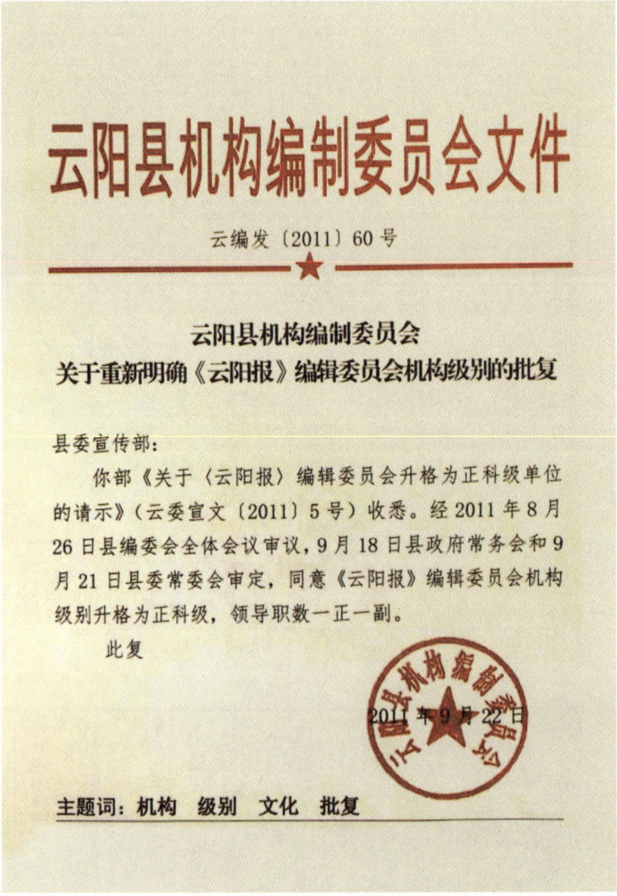

云阳县机构编制委员会文件

云编发〔2011〕60号

云阳县机构编制委员会
关于重新明确《云阳报》编辑委员会机构级别的批复

县委宣传部：

你部《关于〈云阳报〉编辑委员会升格为正科级单位的请示》（云委宣文〔2011〕5号）收悉。经2011年8月26日县编委会全体会议审议，9月18日县政府常务会和9月21日县委常委会审定，同意《云阳报》编辑委员会机构级别升格为正科级，领导职数一正一副。

此复

2011年9月22日

主题词：机构 级别 文化 批复

云阳县机构编制委员会
关于重新明确《云阳报》编辑委员会机构级别的批复

云阳报

YUN YANG BAO

中共云阳县委　云阳县人民政府　主办　云阳报社出版
2000年7月1　星期六　庚辰年五月三十　总第1期　渝内字(W2000)—11号　总编辑　李小云　副总编辑　熊同福

我县庆"七一"有声有色

本报讯　6月30日下午，县府八楼会议室里党旗飘扬，国歌高奏。县"四大家"领导、县直机关、事业单位党组织负责人、政治部主任、新老党员代表共260余人在这里举行了隆重的"七·一"庆祝大会。会上，县委宣传部副部长陶宏宽为与会党员上了关于江总书记"三个代表"重要思想的党课。县直机关52名新党员进行了庄严的入党宣誓。县属各部门、单位还表演了形式多样的文艺节目。大会由县委组织部部长付恺主持。

与此同时，我县各地纷纷开展了庆祝党的生日活动。南溪工委组织片区各镇乡开展了"我为党旗添光彩"活动。塔棚乡组织全乡新、老党员、入党积极分子深入到56户贫困户家中，为他们出点子，帮助他们调整结构发展经济。南溪、长洪、双土等镇乡还开展了与兄弟镇乡党支部"手拉手"活动，共同探讨新形势下加强基层党组织阵地建设和思想建设的措施。江口片区举办了庆祝建党79周年大型文艺晚会。云硐、双江、红狮、龙角等片区也相继开展了形式多样、内容丰富的庆祝活动，并紧密结合"致富思源、富而思进"的"双思"活动，教育了党员干部，进一步激发了广大党员的政治荣誉感、责任感和使命感。　（刘 礼）

高举旗帜　服务大局
为两个文明建设鼓与呼

中共云阳县委书记　黄　波
云阳县人民政府县长　王显刚

谱写新千年的乐章，迎着新世纪的曙光，伴着党的79岁生日，全县人民期盼已久的县委、县政府机关报——《云阳报》诞生了！

合着改革大潮的节拍，踏着时代钟声的鼓点，云阳人民创造了辉煌的过去，也必将创造辉煌的未来。面对新的历史使命和移民、对口支援、西部大开发等机遇，125万勤劳、勇敢、智慧的云阳儿女，在县委、县府的领导下，高举邓小平理论旗帜，正以全新的面貌、务实的作风、苦干的精神，豪情满怀地沿着中国特色的社会主义道路，放胆拼搏，团结奋进，致力于把云阳建设成为三峡库区的"经济强县、精神富县。"

在迈向新的征程中，改革开放不断深化，经济社会不断发展，生活方式不断改变，新事物、新情况不断出现。在这种新形势下，党的理论、路线、方针、政策需要更深入更广泛地做好宣传；县委、县政府所采取的一系列推进改革的新办法、新举措需要群众理解和掌握；人民群众创造的新成就、新经验需要及时总结推广；各条战线涌现的先进人物和崇高精神需要讴歌传颂；群众日益增长的精神文化生活需要不断满足；实践中出现的许多新问题需要研究解答；改革中出现的热点难点问题需要疏导解惑；社会生活中的消极因素和倾向，需要坚决地抵制摒弃；大改革、大开放、大发展的市场经济，需要云阳更多地了解外界和外界更多地了解云阳。这就是《云阳报》肩负的历史使命。

《云阳报》创刊，是全县人民政治、经济、文化生活中的一件大事。以科学的理论武装人，以正确的舆论引导人，以高尚的精神塑造人，以优秀的作品鼓舞人，是《云阳报》的宗旨；将思路凝结在云阳的经济发展，将目光聚焦在云阳的热点，将视野着眼于云阳的未来，将热情倾注于云阳的人民，为全县人民火热的生活提神鼓劲，是《云阳报》的任务；融政治性、权威性、指导性、可读性为一体是《云阳报》的风格。热忱关心、大力支持《云阳报》，是各级党委、政府和全县人民义不容辞的责任。

鼓满风帆浪中行，直挂云帆济沧海。在即将进入新世纪和改革洪流中诞生的《云阳报》，是县域外人士眺望云阳文明的窗口，是各界人士共谋经济发展大计、施展才华的舞台，是反映社情民意、凝聚党心民心的纽带，是引导、鼓舞和激励全县人民奋发向上、走向辉煌的良师益友。

祝《云阳报》在创造云阳辉煌中办出特色，创出佳绩！

6月9日，参加重庆市"一会一节"的中外嘉宾到云阳县参观考察，县里举行了隆重的欢迎仪式。　（秦华平　摄影）

重抓特抓移民工作
滕久明视察云阳时强调

本报讯　6月18日，重庆市委常委、秘书长滕久明视察云阳，就进一步搞好移民工作提出了具体要求。

他强调，移民工作必须加强领导，处理好内迁与外迁的关系。企业搬迁要搞好结构调整，绝不能搞低水平的原样复制。新县城建设要严格坚持按计划办事，量力而行，分步实施，切忌贪大求洋。要加强质量、安全管理，绝不准搞"豆腐渣"工程。移民资金监管，要建立健全监督管理和责任追究制度。要搞好移民追究服务工作，进一步教育、帮助已安置的移民，特别是外迁移民，扶上马，还要送一程，确保移民安置安得稳，逐步实现能致富、安居乐业。　（王 辉）

江苏表示　再援云阳

6月12日至17日，云阳县领导王显刚、周伯清、王清运、刘海清等随重庆市对口支援考察团赴江苏学习考察。与江苏省11个省级部门、8个地市级部门、3个企业集团进行了对口支援与合作洽谈。江苏方表示，今年要为云阳援建2至3个社会公益事业项目，为云阳电视台机房改造、农村电网改造提供资金和物资援助；为云阳山羊产业化建设提供波尔羊种羊和工作经费；扬子江药业、雨润集团对到云阳投资合作表现浓厚兴趣，近期将赴云阳实地考察，为三峡药业巩固和扩大江苏市场继续给予大力支持，并创造条件使三峡药业的产品进入《江苏省基本用药目录》和《职工医保用药目录》　（贺年耀）

重庆『贸洽会』捷报传云阳

本报讯　6月中旬，我县首次组团参加重庆市2000年对外投资贸易洽谈会，独立布展洽谈取得圆满成功。共接待客商1658人次，签订协议4项（其中意向性协议2个），投资总额达32300万元。

自3月以来，县领导王显刚、邬治民、刘海清等多次组织召开专题会议，研究部署组团筹备工作。会议期间，云阳展厅以详实的内容、新颖的形式介绍了我县优惠的投资政策、招商引资项目，以及9个名优产品和移民搬迁进展情况。

客商普遍对我县已建成的云万公路、双江大桥、扩建的云开路、渝巴路(云阳段)，拟新建的长江悬索大桥等交通基础设施项目及磐石城、四十八槽森林公园、张飞庙原样搬迁等旅游项目表现出浓厚兴趣，乐意来云阳考察投资；对摩配曲轴、还少丹系列药品、天立玻璃钢、王大汉桃片糕、常青树口服液、镇江香醋等产品印象较好，愿意购买或代销。前来参会的美籍华人陈廷章还表示要利用海内外关系为云阳工农业产品推销作贡献。

（王钧 黄奕）

主编：肖光城
责编：王　钧

致读者

盛世龙腾贺千禧，七月流火谱新篇。值党的79华诞之际，县委、县政府机关报《云阳报》创刊了！

《云阳报》由县委宣传部承办，大四开四版，初办为周刊，逐步办成周二刊。一版为要闻版，主要刊登全县政治、经济、文化生活中的大事。二版为经济版，主要反映国企改革、个私经济发展、基础设施建设、移民迁建、经济结构调整等方面的重要举措和变化。三版为政文版，主要刊载党建、法制、科技、教育、文化、卫生等方面的新成就及新经验。四版为综合版，主要登载各类文艺作品、社会新闻及其它信息等内容。

欢迎来稿。来稿需加盖有关单位印章，注明通讯地址及联系电话。作者自留底稿，恕不退稿。稿件一经采用，即付稿酬。

本报编辑部

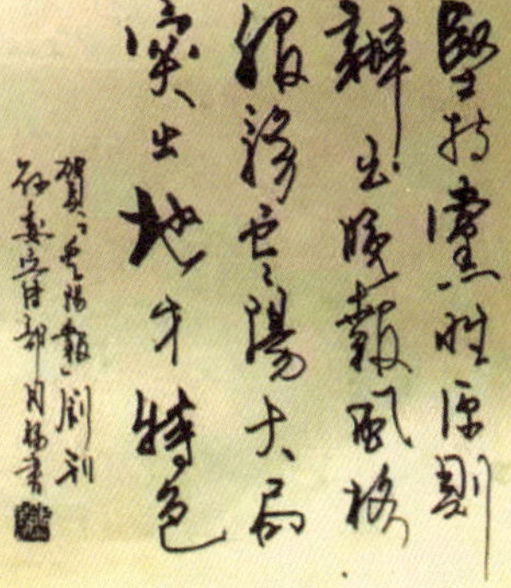

简明新闻

▲我县今年有1415名学生参加高考，比去年增加259人。目前，各校考生已进入紧张复习阶段，准备应考。　（牟 丹）

▲6月中旬，人和镇两次召开"三职"干部座谈会，专题学习讨论江泽民总书记关于"三个代表"的重要思想。与会同志纷纷联系实际，踊跃发言，表示要发挥党员干部的先进模范作用，把"三个代表"重要思想落实到为民办实事的工作中去。

（黄永鸿）

《云阳报》创刊号　第一版

《巫山报》

1993年创刊 《巫山导报》 | 2005年更名 《巫山报》

1993年7月1日创刊
创刊报名《巫山导报》

《巫山报》前身为1993年7月1日创刊的《巫山导报》。2005年9月1日，《巫山导报》更名为《巫山报》，复刊出版，为全方位宣传巫山建设提供宣传平台，构筑理论阵地，创建文化载体。

《巫山报》复刊第1期 第一版 第四版

《巫山导报》向广大读者问好

……育赛讯

△由县委宣……、体委、旅……等十五家单……办的第二届……龙舟赛，将……月4日在长江……西口以上的……地带举行。

△7月1日，……祝中国共产……党72周年和……机关文体生……我县将在望……举行职工篮……跳棋、象棋……赛。

巫山导报
WUSHAN DAOBAO
1993年7月1日 星期四
中共巫山县委机关报 癸酉年五月十二 创刊号

齐架连心桥 高奏兴县曲

中共巫山县委书记 王以同
巫山县人民政府县长 罗继瑜

迎着改革的大潮，冲出复苏的泥土，《巫山导报》终于应运而生。

面对改革开放和信息爆炸的时代，报纸、广播、电视的作用不可低估，也不能相互代替。《巫山导报》诞生在全县人民抓住机遇求发展，迈开大步奔小康的新时期，既任重道远，又必将对巫山的振兴起到积极的推动作用。

作为县委机关报，《巫山导报》也是巫山人民自己的报纸。它既是宣传政策、引导舆论、传播信息的重要工具，沟通党委、政府同人民群众联系的桥梁，接通巫峡与外界的纽带，又是指导工作、学习和生活的向导。主办部门应始终不渝地坚持以经济建设为中心，把为改革开放和经济建设服务，为基层服务，推动全县两个文明建设作为办报宗旨；编采人员应竭尽全力，把它办得可读、可信、可亲，充分发挥党报的喉舌作用。

创办一张报纸并不容易，要长期办下去办出特色、办出质量，更需要社会各方面的关心、支持。巫山地处川东边陲，三峡库区的腹心，虽资源丰富，山川秀丽，人杰地灵，但落后与封闭尚在，挑战与机遇并存。我们既需要打开峡门争取外力，更需要自身首先奋起。办好《巫山导报》，就可以引八面来风，增巫峡之清新；可以集万众之心力，描绘巫山的蓝图；可赞誉光明，抨击腐朽；陶冶情操，开启愚昧。茶余饭后，雅俗共赏，开卷有益……，因此，县委、县府对《巫山导报》十分重视，也希望各地、各单位和读者给予大力扶持，让这株扎根于巫山沃土的幼苗，结出两个文明建设的累累硕果！

福田镇千方百计组织财税收入

本报讯 到6月中旬止，福田镇共清理出历年拖漏欠税款3万多元，工商税比去年同期增长30%，其它税收都超额完成了全年任务。

今年以来，镇党委、政府先后四次研究解决税收工作难题，对200多名镇、村干部进行了税法知识培训，并将任务划片包干，落实到人。镇财税部门也落实专人加强了清收征管。（李明生）

一百七十万元开秤资金全部到位

本报讯 今年小春粮油收购五月二十日全面开秤，共需收购资金七百五十余万元。截止五月十八日，安排县农行、人行、工商行、粮食企业承担投放的开秤资金一百七十万元已全部投放到位。

为保证收购资金的及时到位，使农民交粮后就拿到现钱。县委、县府自五月上旬以来三次召开资金调度会议，多渠道筹集收购资金。同时，成立了由副县长王元学任组长的「小春农副产品收购协调领导小组」，负责解决收购环节中出现的各种问题。并严格要求各银行部门加强资金管理，建立专户储存制度，严格控制企业坐支现金，派出专人积极向上争取资金，把有限的资金尽量注入到小春农副产品收购上去。（魏先荣）

长江旅游船 泊巫有新港

三号旅游趸船使用以来反映好

本报讯 6月的旅游旺季，一艘艘长江游船紧傍着巫山三号旅游趸船随来随靠，海内外游客步履轻松地下船上岸，一扫过去长时间等待泊位的不快。

我县原来只有长航一个客运码头，供长江游船和客班船停靠。因泊巫的游船不断增多，设施未变，往往一天到达六、七只游船，需排在江心等待泊位，既耽误时间又影响游程。去年，国家旅游局协助争取专项贷款100万元，县旅游局和港口运输公司联合集资60万元，新造了这艘旅游专用趸船。并按枯水、洪水期需要在交通方便的江边修建了2个码头，配套建造了跳船、四条水泥路和2条人行梯道，不仅缓解了游船停靠的困难，还方便了游客上岸上车。为了丰富停泊过夜的游客和船员的生活，趸船上专门设置了卡拉OK厅、旅游小品部、餐食部和游乐室，同时成立了地方船泊客（货）运代理处，开展客货运综合服务，为游客代办小三峡、陆游洞船票、住宿和返程船票，保证了全程游览时间。

从今年3月趸船正式使用以来，长江游船和宜昌、涪陵等地20多条地方船只纷纷来此停靠，游客和船员反映良好。到6月中旬，趸船已接待游船200多航次，地方船只1200多航次，游客3万多人次，其中接待的海外游客占全县接待总数的2/3，实现了良好的社会、经济效益。（练孟荣）

县人大决定实行部门执法责任制

有法要知道 知道要执行 执行要严格

本报讯 针对行政执法工作中存在的"有法不知道，知道不执行、执行不严格"三个常见问题，6月9日，县人大常委会作出决定，对政府及其部门实行执法责任制，以提高全县的行政执法水平。责任制的基本内容有：一是政府及其各部门根据全国、省已经颁布实施的法律、法规，对照自己的工作职能，列出所有与己有关的法律、法规；二是制定出相应的学习、宣传、贯彻实施这些法律、法规的具体办法和措施，凡涉及两个以上部门共同执行的法律、法规，要明确职责，搞好配合；三是每年向县人大常委会汇报一次宣传贯彻执行情况，听取审议意见，接受人民监督。（谭家康）

久藏深山人未识 一朝露面受青睐

大昌镇大力开发铜矿资源

本报讯 坡上锒铿铿锵，道上车轮飞转，选矿的、装车的……正一片繁忙。大宁河边，锃亮的矿石堆积如山，不日将装船启运。这是我县大昌镇开发铜矿资源取得的成果。

很早以前，人们就传说长兴有条铜矿沟，但一直没有引起重视。去年11月，镇政府取样送武汉化工学院检测，报告结论，送检矿石的含铜量为2～5%。随后又派员前往长兴、朝正、七里、双胜一带实地勘察，发现均有铜矿源，储藏量可开采60年。今年3月，万县江南化工厂得知消息后，与镇政府签订了为期3年年供货3600吨的购销合同。大昌镇抓住机遇，将这一独特资源列入全镇支柱产业来开发。3月下旬，镇政府投资1.5万元修通3公里机耕道，并下派一名经验丰富的干部出任厂长，招收工人84人。4月2日，大昌镇长兴铜矿厂终于在大宁河畔崛起。

产品一问世，立刻引起各地厂家的青睐，纷纷前往要求供货。目前，这个厂已开采矿石1500多吨，创产值10多万元，工人月平收入500多元。为满足各地厂家的需求，镇政府又投资5万元，修通朝正、双胜村的断头路，着手筹建两个厂，让沉睡万年的荒山变成溢金流银的"宝库"。（邓富林）

6月1日，县南峰小学的操场上，彩条高悬，部分家长与全校师生欢聚一堂，共度孩子们的节日。 陈朝君 摄

我县出台税利大户奖励办法

本报讯 为加快我县经济的发展步伐，努力扩大税源，确保税利增长，县府最近出台《巫山县税利大户奖励办法》，已印发各地实施。

《巫山县税利大户奖励办法》的奖励范围是：除县卷烟厂外，凡是在县内从事生产、经营并照章缴纳税收、实现利润的独立核算的企业、事业单位、私营企业和个体工商业户，当年完成税、利100万元以上（含100万元），比上年增长10%以上（含10%），税收50万元（含50万元）的企业均属奖励范围；完成上述目标后，由县财政奖给该企业法人代表奖金1万元，所得奖金不征奖金税和个人调节税。（曾凤召）

93中国三峡国际旅游节将在我县开展活动

本报讯 六月下旬，参加93中国三峡国际旅游节的中外游客将在我县开展活动，届时，县文化局、体委、工业、财贸等单位和企业将分别在双龙镇和县城举办「长江三峡风情摄影展览」、「三峡杯龙舟赛」和旅游商品展销，同时进行美食、文化娱乐、购物、商贸等活动。（曾凤召）

我县干群向灾民捐款已逾六点六万多元

本报讯 从五月二十八日至六月十四日，全县一百三十五个单位的四千多名干部职工和学校师生，向已遭受狂风、冰雹袭击的灾民捐款六点六万多元。（山豹）

我县将新建三千门数字程控电话

本报讯 县政府前不久作出决定，为迅速改善我县投资环境，采取全方位、多层次、多渠道筹集资金一千零八十万元，新建三千门数字程控电话。县邮电部门现已同台湾国际标准电子股份有限公司签订了主机及主要附属设备购货合同，所有设备将于明年二月全部到位。该工程拟于明年六月底建成。（曾凤召）

巫峡两岸

本版责任编辑 陈朝君

致读者

《巫山导报》从即日创办，暂定每月出报两期，将竭诚为基层为读者服务。

本报一版为要闻版，着重报道社会、经济生活的重要新闻。二版为经济生活版，着重围绕农业、乡企、工交、财贸、金融、旅游等行业进行深度报道，发布科技、经济信息，为您提供深层次的思考，忠实的生产、生活服务。三版为上层建筑综合版，从多侧面、多角度展示思想理论、文教科技、体育卫生、民主法制和党的建设等方面的新天地。四版为文艺副刊版，主要刊登诗歌、小说、散文、文艺评论和美术摄影作品，偏重讴歌时代、揭示生活、昭示三峡历史文化的清新明快之作。

欢迎广大读者提出宝贵意见！欢迎通讯员和各界人士踊跃投稿！

本报编辑部

《巫山导报》 创刊号 第一版

《巫溪报》

1956年创刊《巫溪报》 | 1993年创刊《巫溪时报》 | 1996年更名《宁河报》 | 2006年创刊《巫溪通讯》 | 2008年更名《巫溪时报》 | 2011年更名《巫溪报》

1956年9月1日创刊

创刊报名《巫溪报》

《巫溪报》于1956年9月1日创刊，1962年7月3日停刊。1993年1月《巫溪时报》创刊，1996年5月《巫溪时报》更名为《宁河报》。2004年1月，《宁河报》停办。

2006年4月，《巫溪通讯》半月刊杂志创刊，2008年1月《巫溪通讯》更名为《巫溪时报》。2011年1月5日《巫溪时报》更名为《巫溪报》出版至今。

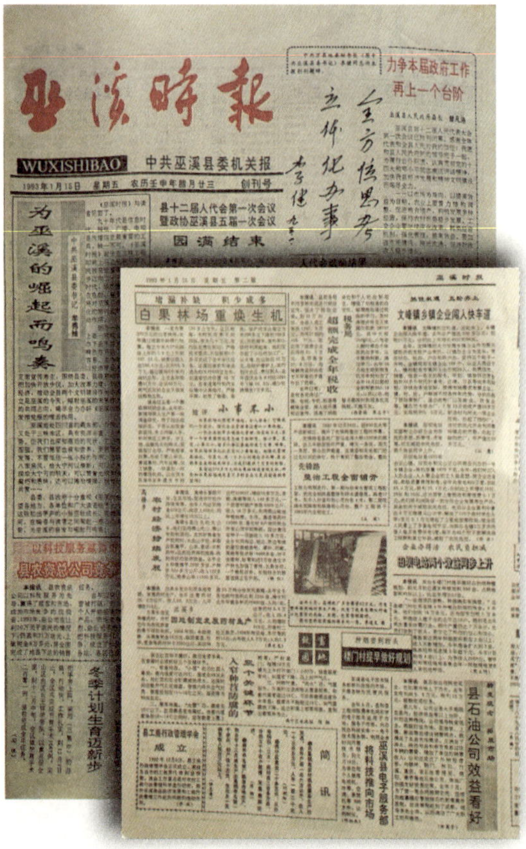

巫溪時報

WUXISHIBAO 中共巫溪县委机关报

力争本届政府工作再上一个台阶

县十二届人代会第一次会议暨政协巫溪县五届一次会议圆满结束

为巫溪的崛起而鸣奏

白果林场重焕生机

文峰镇乡镇企业闯入快车道

小事不小

冬季计划生育迈新步

县石油公司效益看好

《巫溪时报》创刊号 第一版 第二版

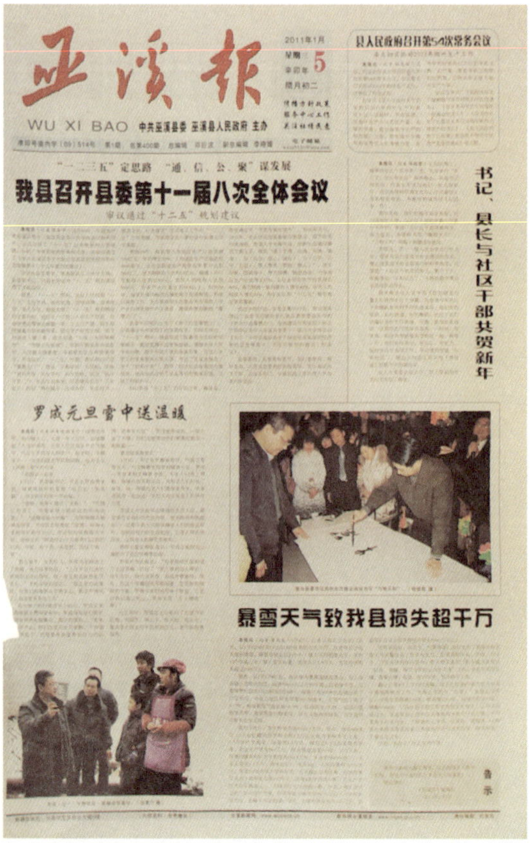

巫溪报

WU XI BAO 中共巫溪县委 巫溪县人民政府 主办

县人民政府召开第54次常务会议

我县召开县委第十一届八次全体会议

审议通过"十二五"规划建议

书记、县长与社区干部共贺新年

罗成元旦雪中送温暖

暴雪天气致我县损失超千万

《巫溪报》总第400期 第一版

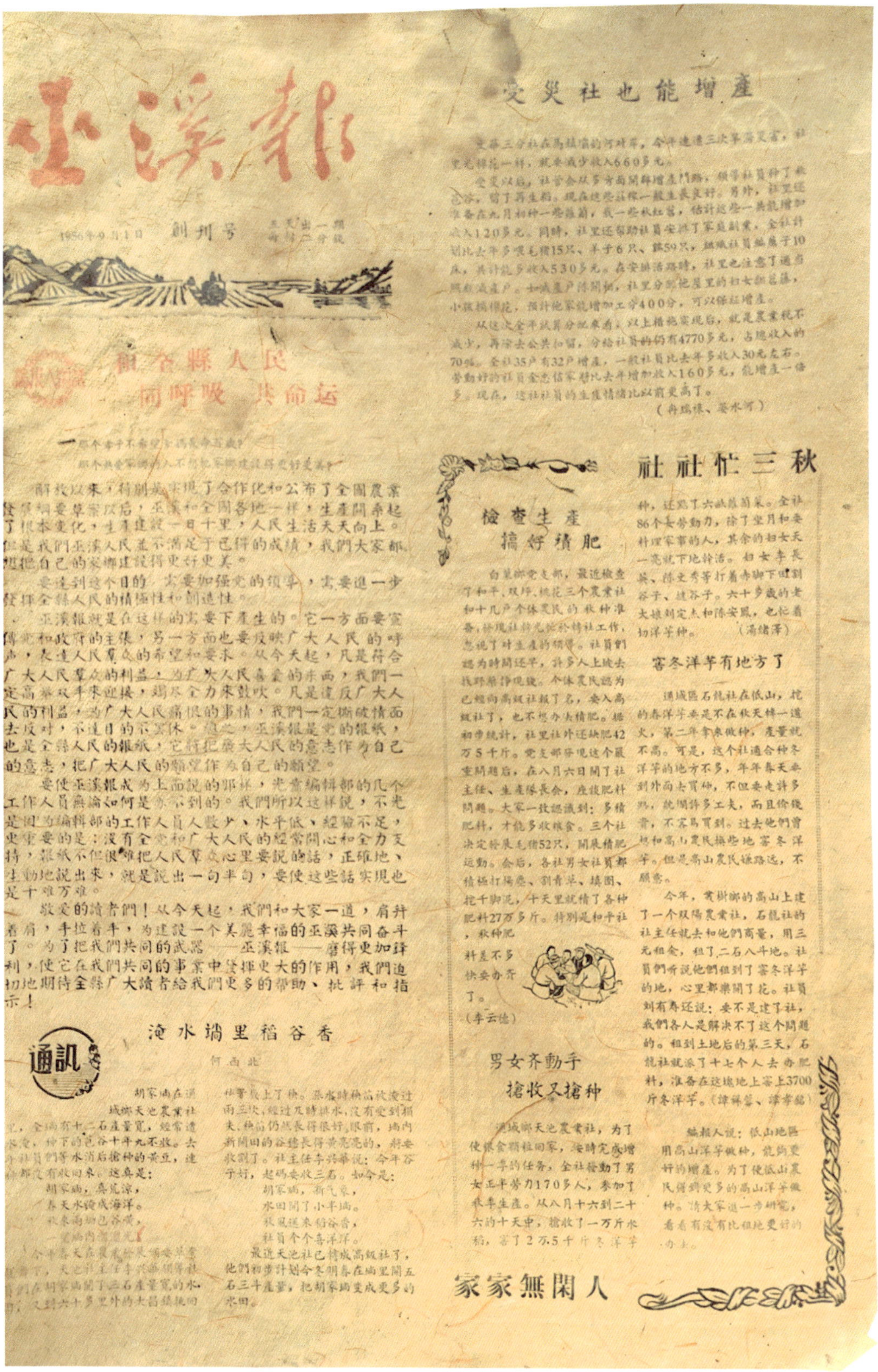
巫溪報

1956年9月1日　創刊号　三天出一期　每份二分錢

和全縣人民
同呼吸　共命运

——那个妻子不希望丈夫的事業……？
那个热爱家鄉的人不想把家鄉建設得更好更美？

解放以来，特别是实现了合作化和公布了全國農業發展綱要草案以后，巫溪和全國各地一样，生產開展起了根本变化，生產建設一日千里，人民生活天天向上。但是我們巫溪人民並不满足于已得的成績，我們大家都想把自己的家鄉建設得更好更美。

要達到这个目的，就要加强党的領導，就要進一步發揮全縣人民的積極性和創造性。

巫溪報就是在这样的需要下產生的。它一方面要宣傳党和政府的主張，另一方面也要反映广大人民的呼声，表達人民群众的希望和要求。从今天起，凡是符合广大人民群众的利益，为广大人民喜愛的东西，我們一定高举双手来迎接，竭尽全力来鼓吹。凡是違反广大人民的利益，为广大人民痛恨的事情，我們一定撕破情面去反对，不達目的不罢休。總之，巫溪報是党的報紙，也是全縣人民的報紙，它將把廣大人民的意志作为自己的意志，把广大人民的願望作为自己的願望。

要使巫溪報成为上面說的那样，光靠編輯部的几个工作人員無論如何是办不到的。我們所以这样說，不光是因为編輯部的工作人員人數少、水平低、經驗不足，更重要的是：沒有全党和广大人民的經常關心和全力支持，報紙不但很難把人民群众心里要說的話，正確地、生動地說出来，就是說出一句半句，要使这些話实現也是十難万難。

敬愛的讀者們！从今天起，我們和大家一道，肩并着肩，手拉着手，为建設一个美麗幸福的巫溪共同奋斗了。为了把我們共同的武器——巫溪報——磨得更加鋒利，使它在我們共同的事業中發揮更大的作用，我們迫切地期待全縣广大讀者給我們更多的帮助、批評和指示！

通訊

淹水塝里稻谷香

何西北

胡家塝在城廂天池農業社里，全塝有十二石產量寬，經常遭水災，种下的包谷十年九不收。去年社員們等水消后搶种的黄豆，連种都沒有收回来。这真是：

胡家塝，真荒涼，
春天水淹成海洋。
秋來……包谷黄，
……

今年春天在農業社……
……天池社主任李兴華領導社員們在胡家塝開了三石產量寬的水田，又到六十多里外的大昌鎮換回稻种，等……上了秧。涨水時秧苗被淹过兩三次，經过及時排水，沒有受到損失，秧苗仍然長得很好。眼前，塝內新開田的谷穗長得黄亮亮的，就要收割了。社主任李兴華說：今年谷子好，起碼要收三石。如今是：

胡家塝，新气象，
水田開了小半塝。
秋風送來稻谷香，
社員个个喜洋洋。

最近天池社已轉成高級社了，他們初步計划今冬明春在塝里開五石三斗產量，把胡家塝变成更多的水田。

受災社也能增產

……三分社在馬……的河对岸，今年連遭三次……，社里毛棉花一样，就要減少收入660多元。

受災以后，社管会从多方面開辟增產門路，領導社員种了秋包谷，留了再生稻。現在这些莊稼一般生長良好。另外，社里还准备在九月初种一些蘿蔔，栽一些秋紅苕，估計这些一共能增加收入120多元。同時，社里还帮助社員安排了家庭副業，全社計划比去年多喂毛猪15只、羊子6只、鷄59只，組織社員編……10床，共計能多收入530多元。在安排活路時，社里也注意了適当照顧減產户。如減產户陈開相，社里分配他屋里的妇女組……小組搞棉花，預計他家能增加工分400分，可以保証增產。

从这次全年社員分配來看，以上措施实現后，就是農業稅不減少，再除去公共扣留，分給社員的仍有4770多元，占總收入的70%。全社35户有32户增產，一般社員比去年多收入30元左右。勞動好的社員金忠信家超比去年增加收入160多元，能增產一倍多。現在，这社社員的生產情緒比以前更高了。

（冉瑞祿、晏水可）

檢查生產
搞好積肥

白果鄉党支部，最近檢查了和平、双坪、桃花三个農業社和十几户个体農民的秋种准备，發現社幹部忙於轉社工作，忽視了对生產的領導。社員們認为時間还早，許多人上坡去找野藥挣現錢。个体農民認为已經向高級社報了名，要入高級社了，也不想办法積肥。据初步統計，社里社外还缺肥42万5千斤。党支部發現这个嚴重問題后，在八月六日開了社主任、生產隊長会，座談肥料問題。大家一致認識到：多積肥料，才能多收糧食。三个社決定發展毛猪52只，開展積肥運動。会后，各社男女社員都積極打堆漚、割青草、填圈、挖干脚泥，十天里就積了各种肥料27万多斤。特別是和平社，秋种肥料差不多快要办齐了。

（李云德）

社社忙三秋

……种，还留了六畝蘿蔔菜。全社86个女勞動力，除了坐月和要料理家事的人，其余的妇女天一亮就下地幹活。妇女李長英、陈之秀等打着赤脚下田割谷子、挞谷子。六十多歲的老大娘刘定杰和陈安鳳，也忙着切洋芋种。（冯绪泽）

窖冬洋芋有地方了

通城區石龍社在低山，社的春洋芋要是不在秋天样一道火，第二年拿來做种，產量就不高。可是，这个社適合种冬洋芋的地方不多，年年春天要到外面去買种，不但要走許多路，耽誤許多工夫，而且价錢貴，不容易買到。过去他們曾想和高山農民換些地窖冬洋芋。但是高山農民嫌路远，不願意。

今年，黄樹鄉的高山上建了一个双陽農業社，石龍社的社主任就去和他們商量，用三元租金，租了二石八斗地。社員們听說他們租到了窖冬洋芋的地，心里都樂開了花。社員刘有寿还說：要不是建了社，我們各人是解决不了这个問題的。租到土地后的第三天，石龍社就派了十七个人去办肥料，准备在这塊地上窖上3700斤冬洋芋。（谭祥第、谭孝銘）

編者按：低山地區用高山洋芋做种，能夠更好的增產。为了使低山農民得到更多的高山洋芋做种。请大家進一步研究，看看有沒有比租地更好的办法。

男女齐動手
搶收又搶种

城廂天池農業社，为了使糧食顆粒回家，按時完成增种一季的任务，全社發動了男女正半勞力170多人，参加了秋季生產。从八月十六到二十六的十天中，搶收了一万斤水稻，窖了2万5千斤冬洋芋……

家家無閑人

《巫溪报》创刊号　第一版

《石柱报》

1958年创刊	1962年停刊	1990年复刊	1998年更名	2004年更名	2010年更名
《石柱通讯》	《石柱通讯》	《石柱通讯》	《石柱报》	《今日石柱》	《石柱报》

1958年8月创刊

创刊报名《石柱通讯》

《石柱报》前身为1958年8月创刊的《石柱通讯》。1962年7月《石柱通讯》停刊。1990年7月1日《石柱通讯》复刊。1998年至2010年间,《石柱通讯》曾先后更名为《石柱报》《今日石柱》。2010年1月,《今日石柱》再次更名为《石柱报》。

今日石柱
准印证号：渝内字（04）—（523）号 总第18期
2005年5月8
我县先进性教育活动走向深入
全县一季度经济运行实现开门红
我县首位农民全国劳模载誉归来
青春之歌
沪渝高速公路石柱段建设用电工程完工
五一长假各单位值班情况良好
致读者作者

《今日石柱》总第18期 第一版

石柱报
2011年12月 30 星期五
总第675期
围绕中心 服务大局 面向社会 关注民生
龙河水利风景区被批准为国家水利风景区
杀过年猪，闹热！吃刨汤肉，安逸！观景玩雪，美妙！
冬季旅游又一道好菜端上桌
参选要积极 氛围要浓厚
县选举委员会召开第三次会议
添措施 强督检 压事故 保平安
三个乡成功召开党代会
温暖过圣诞 留守不孤单
马武镇贯彻市委全委会精神早抓快动
石柱被列为国家学生营养改善计划试点县

《石柱报》总第675期 第一版

石柱通讯

SHIZHUTONGXUN

1990年7月 1 星期日 农历庚午年 五月初九

主办单位：中国共产党石柱土家族自治县委员会

总编辑：戴仁和 内刊准印证：川内字22—003号 总第1期

敬告读者

在县委、县政府的精心浇育下，《石柱通讯》今天与您见面了。

《石柱通讯》是中共石柱县委机关报，将在每星期一奉献给您。它力求使您能及时详细知晓县委、县政府的每个重大决策和活动，成为您了解全县政治、经济、文化生活的窗口，学习、交流先进经验的居所，为您获取各种科技知识提供帮助，给您的生活当好参谋。

《石柱通讯》衷心感谢您及您单位在它筹建中给予的关心和支持，并希望继续得到您的关心、支持。

《石柱通讯》通过邮局发行，今年随时都可订阅，希望您能及时积极订阅。

您单位、您企业可以与《石柱通讯》联办、协办有关专题栏目或专版，我们将竭诚为您服好务。

本报编辑部

齐心协力　艰苦奋斗　治穷致富

中共石柱县委书记　王　华

石柱县人民政府县长　刘学普

中共石柱县委、石柱县人民政府的机关报《石柱通讯》，在全县人民的关注下，于党的生日问世了。在此，我们代表县委、县府向关心这一新事物的同志们、向为她问世付出了辛勤劳动的同志们表示感谢！

40多年前，在中国共产党的领导下，中国人民经过浴血奋战，建立了新中国。石柱县各族人民从此跨入了伟大的复兴历程。贫穷困苦，磨炼和铸造了石柱人民坚韧不拔、自强不息、奋发向上的不屈性格和坚强意志。40多年来，在党的领导下，广大干部群众在这块土地上苦干实干，艰苦创业，一代一代地不懈努力，在政治、经济、文化、教育等各个领域取得了丰硕成果，特别是党的十一届三中全会以来，改革开放使全县面貌发生了前所未有的变化。去年全县社会总产值和国民生产总值已分别达到了3.27亿元、2.05亿元，粮食产量达1.79亿公斤；民族工业初具体系；商品基地建设已形成了“山上烟连药林、山下桑果兔猪，山上山下粮食安天下”的农业经济新格局。

展望未来，任重道远。我们要按照第八次党代会提出的要求和目标，进一步发扬光大艰苦奋斗的革命传统，奋斗三年，力争在1992年实现工农业总产值3亿元、财政收入3千万元、人均占有粮食500公斤、农村人均纯收入在1989年基础上新增100元；拚博十年，力争在本世纪内赶上省内中等发达县。

当前，我们要按照党的十三届六中全会精神的要求，进一步巩固和发展安定团结的政治局面，齐心协力抓经济，聚精会神建好党。要坚定不移地贯彻党的基本路线，密切党和人民群众的血肉联系。要充分利用石柱的各种优势，更加大胆地改革开放，加快我县两个文明建设的步伐。

在石柱这样一个基础和条件较差的县份，要实现既定的宏伟目标，还须付出更为艰辛的劳动，每前进一步，都要比别人花费更大的力气。我们坚信：有党的路线、方针、政策的指引，有艰苦奋斗这个传家宝，有自强不息，开拓进取，奋发向上，百折不挠的1万3千多党员和44万各族人民，我们的目标一定会实现。

《石柱通讯》的办报宗旨是：坚持党的四项基本原则，坚持正面报道，把党的方针政策、县委县府的重大决策广泛传输到人民群众之中，为我县的两个文明建设当好参谋服好务。

愿《石柱通讯》办出特色，不断提高，赢得广大读者的青睐。

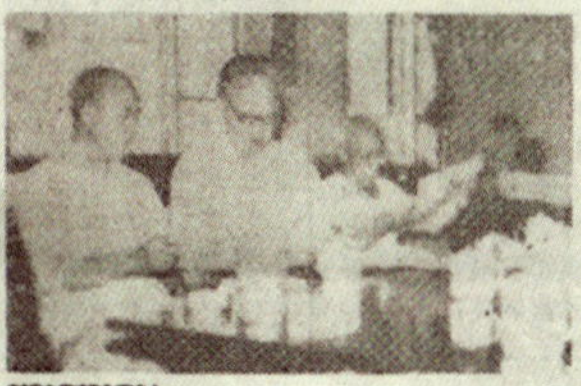

祝“七一” 离休干部正在练唱庆“七一”的歌曲。宣摄

县委宣传部发出通知
进一步强化临溪经验的宣传

由地委宣传部撰写的“临溪系列报道”在《川东南报》刊出后，引起了全地区各条战线的强烈反响。临溪在石柱，石柱怎么办？为此，县委宣传部发出通知，进一步强化“宣传临溪经验，学习临溪精神。”

其具体措施是：

各级领导干部要带头学习，并组织讨论，结合实际，找出差距，增添措施，迎头赶上。

各地各部门要采用有线广播、电视新闻、电影、宣传专栏、固定标语等多种形式宣传临溪经验，使临溪经验深入人心。

各级各部门应积极发动撰写学习临溪的心得体会文章，各级宣传委员、理论辅导员及通讯员每季度要写心得或稿件一篇以上。

通知还要求各地应结合实际，采取一些创造性的、行之有效的办法和措施，把学习宣传临溪经验有声有色地开展起来。并把此项工作纳入今年场镇宣传量化考核之中，年底组织检查和评比。

（石宣文）

党员论坛

切实抓好党的建设和廉政建设

加强党的建设和廉政建设是当务之急，我们必须切实抓好。

加强党的建设，是我们党的一贯要求。从当前来讲，要进一步解决好三个问题：一是转变作风，深入基层，保持同人民群众的血肉联系，全心全意为人民服务。这既是改善党群关系、干群关系的方法，也是改进领导作风和部门工作作风的必要途径。二是加强薄弱地方和单位的基层党组织建设。抓紧整顿后进支部，选好支部书记，配备好支部成员，增强党组织的战斗力。三是加强班子建设。这里，着重要抓住政治上的坚定性，勤奋务实，干出政绩。

加强廉政建设，是加强党的建设的重要组成部份。从总体上讲，我们各级党政机关是廉洁的，大多数工作人员能够自觉抵制各种腐蚀。但是也确实存在腐败现象和腐败分子。因此，必须加强廉政建设，坚决克服和消除各种腐败现象。各级党政领导干部，尤其要廉政勤政，严于律己，为群众做出表率，用好的党风来带动民风和社会风气的根本好转。

（盛本孝）

财贸系统举行职工篮球运动会

为了丰富“七一”庆祝活动，迎接亚运会的召开，我县财贸系统举办了职工篮球运动会。本次运动会已于6月25日拉开战幕，参赛的有该系统所属局、公司的10支男子篮球代表队。这次比赛采用的是分组单循环，由县体委、县篮球协会具体组织承办。

（冬文）

责任总编：冉春东

一四版编辑：蔡玉葵

省委学赖宁活动检查组赞扬我县
领导重视　发动深入　活动扎实

以团省委副书记、省少工委主任黄丹华同志为组长的省委学习赖宁活动川东地区检查组于6月19、20日在我县检查宣传学习赖宁活动的情况。

检查组听取了县委“学赖宁领导小组”的汇报，查看了县、区、乡及中小学形成的学赖宁的各种文件、简报和汇报材料，并到南宾镇小学随机抽问了三个班的学生学习赖宁活动情况。检查组认为，我县学赖宁活动，县委及下属各级领导高度重视，认识统一，宣传发动势广面大，活动立足思想教育，形式多样，效果显著。（谭智华）

简明新闻 JM XW

5月26日下午，**石柱中学**高三文科班学生马芳静，不顾个人安危，抢救一名落水儿童，受到社会、群众、家长的好评。学校表彰马芳静同学为“舍己救人的优秀青年”，并号召全校师生向马芳静同学学习。

（石团文）

3月25日凌晨4时，**下路乡**新星村包山组刘学金同志，为保护全组人的生命财产，不幸触电，当即殉职。6月中旬，共青团石柱县委追认刘学金同志为“优秀共青团员”，并号召全县团员、青年向他学习。

（团文）

县税务局积极推行新的征管模式，大力组织税款入库。今年1至5月入库已达711.7万元，完成年计划的50.47%，提前1个月完成半年入库任务。

（刚直）

由**县工业局**主办的“县工业会计、统计培训班”于6月12日正式开学，其培训班为两年，采取“加强基础训练、工业会统为主，科学适用并重，讲求适用效果”的原则。它将对提高工业发展的需要起重要作用。

（简阳、熊高祥）

人口普查登记已从今日零时开始

朋友　欢迎您赐稿

值此《石柱通讯》与您见面之际，通讯员朋友们，我们热忱欢迎您积极赐稿。希望您积极采写反映我县各条战线、各个地方和部门的先进典型、新人新事。

文字在300字以内的消息、简讯是我们求赐的主要对象，文字活泼、内容充实、情节动人的800字以内的小通讯，尤受到青睐；针贬不良、独有见地的言论、小品等我们视若珍珠，对促进生产和经济发展的各类科技知识，我们更是求之如渴；为发展山区经济、文化提出自己独到见解的论文，也是赐稿之列；贴近真实生活的文艺作品、新闻照片、美术作品也将在本报中占有一席之地；与群众生活密切相关的小知识，亦望您能赐予。

本报愿做您的知心朋友，愿您能写出更多更好、真实动人的报道，来稿寄《石柱通讯》编辑部，请自付邮资。　本报编辑部

《石柱通讯》创刊号　第一版

《彭水日报》

1958年6月创刊
创刊报名《彭水通讯》

1958年创刊 《彭水通讯》	1960年更名 《彭水报》	1966年改办 《永红通讯》《新华通讯》	1968年恢复 《彭水报》

1968-2011年先后更名 《彭水宣传》《彭水通讯》《彭水报》《今日彭水》	2012年创刊 《彭水日报》

《彭水日报》最早的创办时间可追溯到1938年，武汉华北抗日宣传队来彭水主办，出8期后停刊。

1958年6月《彭水通讯》创刊，于1960年3月更名为《彭水报》。1966年5月《彭水报》停刊，改办《永红通讯》《新华通讯》。1968年11月恢复《彭水报》。1968年至2011年，《彭水报》先后更名为《彭水宣传》《彭水通讯》《彭水报》《今日彭水》。

2012年1月1日《彭水日报》创刊。

传递党政声音　展现彭水风采　服务发展大局　关注社会民生

今日彭水

JIN RI PENG SHUI

新闻热线：78442517

新闻监督：13709494455

2011年12月29日　星期四

龙虎水库 凤升水库 附属工程破土动工

彭水页岩气FH—1井开钻

《今日彭水》总第683期　第一版

PENGSHUI DAILY

彭水日报

传递党政声音 关注社会民生 服务发展大局

2012年1月

1

星期日

壬辰年腊月初八

第1期

(总第1期)

中共彭水苗族土家族自治县委员会 主办　刊号：渝字第507号　中国彭水网：http://www.cqps.gov.cn　彭水新闻网：http://ps.cqnews.net　出版时间：每周二、三、四、五、六　今日4版

为民族文化高地和彭水小康立新功

——庆祝《彭水日报》创刊

彭水日报社

时政要闻

县委征求党代会工作报告意见

县政府征求《政府工作报告》意见

万人登山健步行 欢欢喜喜迎新春

"冬日阳光"温暖我县贫困留守儿童

连湖32万爱心捐款助朱俊霞

高挂灯笼迎节庆

中共彭水苗族土家族自治县纪委 彭水苗族土家族自治县监察局

关于加强2012年元旦春节期间廉洁自律工作的通知

《彭水日报》创刊号 第一版 第二版

《万盛日报》

1994年创刊	2012年更名	2013年更名	2015年更名
《万盛报》	《万盛经开报》	《万盛报》	《万盛日报》

1994年1月创刊

创刊报名《万盛报》

《万盛日报》前身为创刊于1994年1月的《万盛报》。2011年11月27日起，《万盛报》因行政区划调整休刊。

2012年4月27日，《万盛报》恢复出版，并更名为《万盛经开报》。

2013年7月2日，《万盛经开报》更名为《万盛报》。

2015年7月1日，《万盛报》更名为《万盛日报》。

萬盛日報

始终与万盛发展同频共振

——《万盛日报》致读者

表彰先进　举办活动　走访慰问

我区各界隆重庆祝建党94周年

今天，是中国共产党建党94周年华诞。连日来，全区各级各部门、街镇纷纷通过举办文艺庆祝活动、走访慰问困难群众等多种形式，隆重庆祝建党94周年。　详见第二版>>>

形成合力　精准扶贫

让贫困群众生活不断好起来

杨晓云赴金桥镇调研扶贫开发工作，看望慰问部分困难党员，向全区广大党员致以节日的问候

时事聚焦

中国共产党有党员8779.3万名 基层党组织436.0万个

《基本养老保险基金投资管理办法》向社会公开征求意见

公安部：内部人士违法插手办案可追刑责

《重庆市公路管理条例》今起施行

重庆文化产业投资集团有限公司成立

今日谈

今天我们如何仰望英雄

煤电化园区小微企业创业基地市场主体超过100家

老百姓家门口创业就业

园区职工就近享受配套服务

《万盛日报》总第400期　第一版

萬盛報

WANSHENGBAO　1994年1月1日　星期六　癸酉年冬月二十　试刊第1期

中共重庆市万盛区委　重庆市万盛区人民政府　主办

新的一年　新的起点

·本报编辑部·

金鸡鸣啼辞旧岁，喜鹊枝头闹新年。在这辞旧迎新之际，本报全体同仁向辛勤耕耘在全区各条战线的广大干部群众致以诚挚的敬意。

过去的一年，在区委、区府领导下，全区上下，精诚团结，艰苦奋斗，战胜重重困难，胜利完成了社会经济发展的各项指标。

但成绩已成历史。新一年我们要有新的起点，新的追求、新的收获。

——要认真学习《邓小平文选》第三卷及《中共中央关于建立社会主义市场经济体制若干问题的决定》，坚持党的基本路线，革故鼎新，转变观念，牢固树立进取意识、市场经济意识、参与意识、合力意识，按照区委提出的"改革、开放、发展、稳定"的方针，推动万盛社会经济的全面进步。

——要加大改革开放力度，促进经济沿着持续、快速、健康的轨道发展，力争经济结构调整尽快启步，重点优势产业有明显发展，主体企业素质和效益有较大提高，地方财力有显著增强。

——要进一步加强党的建设，民主与法制建设、精神文明建设，维护社会稳定，为改革开放和经济建设提供一个良好的社会环境。

展望新年，既任重道远，又锦簇相随。只要我们以改革的精神对待困难，以求实的作风对待工作，机遇就不难把握，万盛的明天将更加光辉灿烂。

抓住机遇　促进经济发展和社会进步

中共万盛区六届三次全委(扩大)会召开

本报讯　（记者唐富斌）俏梅催春，喜鹊欢歌。中共万盛区六届三次全委（扩大）会于1993年12月29日举行。会议议题是总结当年工作，提出1994年工作思路。

区委书记何国清在讲话中回顾了1993年的工作。他指出，这一年，区委认真贯彻党的十四大和区六次党代会精神，注重总揽经济全局，加强党的建设，加强社会主义民主法制建设和精神文明建设。在困难多、任务重、压力大的情况下，坚持把握中心、突出重点、开拓进取、加快经济发展步伐。实现了全区政治安定、社会稳定，夺取了经济建设和社会发展的新胜利。

讲到1994年工作时，何国清书记说，1994年，是经济快速增长，改革力度空前加大，市场经济体制建立的速度进一步加快的一年，全区党员、干部和群众，要统一思想，振奋精神，正视困难，紧紧把握历史赋予我们的机遇，实现新一年全区工作的主要任务和目标，即，着力深化改革，扩大开放；突出重点，全力以赴加快经济发展步伐；增强民主法制建设和社会主义精神文明建设，加强和改善党的领导。为此，区委要求全区上下要围绕"改革、开放、发展、稳定"的工作方针，"换脑筋、壮胆子、拓路子、找票子"，创造性地开展工作。切实做到，坚持不断地解放思想、更新观念不动摇；坚持突出重点，加快经济发展的步伐不动摇；坚持深化改革、扩大开放不动摇；坚持"两手抓、两手硬"的方针不动摇；坚持党的领导和党的建设不动摇。

讲话结束时，何国清书记强调，全区改革开放、经济发展的重任在我们肩上，人民群众的期望与重托在我们肩上，我们一定要以高度的责任感、事业心，以崭新的面貌和作风，牢牢抓住发展的大好机遇，同心同德，真抓实干，为全面完成1994年的各项任务目标，推动我区经济和社会的更大发展而努力奋斗。

出席会议的有区委委员、候补委员、区纪委委员、区级几大班子和区级部门、乡镇、街道领导以及区级离退休老同志。区委副书记李贻盛主持了会议。

山沟勤栽梧桐树　何愁没有凤凰来

我区对外开放初见成效

本报讯　虽然正值寒冬，但万盛工业经济开发区内却热闹非凡。十余名技术骨干正在为由香港泰和贸易商行、重庆陶瓷厂和区工业经济开发总公司三家合资8000万元兴建的卫生洁具五金件项目紧张地忙碌着，这是建区以来所上的最大的项目，也是我区扩大开放，积极招商引资的一项重大战果。

近两年来，区委、区政府把招商引资作为发展经济的一个重要手段来抓，先后建立了工业经济开发区、城市综合开发片区、景星综合开发园区等招商引资的基地。制定了吸引区内外客商投资的各种优惠政策。仅1992年就接待来自香港、台湾、韩国、新加坡和深圳、汕头等地客商二十余起。去年9月，区委、区政府又组团赴深圳、汕头等地招商。签订各种意向性协议8项。据统计，去年全区共接待外商20余人次，签订意向性协议20项，正式合同6项。协议总金额1130万美元，其中利用外资820万美元。目前，全区已有重庆万丰制衣有限公司、重庆特美卫生洁具五金件有限公司等合资企业4家。重庆中力保健品联合公司等一批内联企业和区外独资企业也来我区落户。

（本报通讯员　夏宇）

千人大战汤家沟　万盛年底可通水

本报讯　融灌溉、供水、发电、旅游为一体的汤家沟水库，预计年底可望建成通水。

汤家沟水库位于丛林镇白果村，距万盛城区15公里，是市"八五"期内83个重点建设项目之一，也是我区的"一号工程"。总投资达4148万元。工程地形地质条件好，水源充沛，库区流域内有集雨面积22平方公里，年均降雨时1300毫米。建成后，每年能供水1133.8万立方米，可缓解丛林、万东、景星等3个乡22村4万亩农田灌溉和万盛城区7.6万人饮水及工业用水。

汤家沟水库是1990年我区遭受特大旱灾后，为解决缺水问题，市政府派专家工作组通过实地考察，决定修建的。为早日建成通水，工程指挥部提出了"团结奋战精施工，建好水库为人民"的战斗口号，协助施工单位，精心组织了上千民工，在长达10公里的工地上，战高温、斗严寒，日夜加班加点，吃在工地，住在工地。到去年底，大坝主体工程土石方开挖已完成工程总量的34%左右，总干渠、西干渠土石方工程已部分接近完工，各种原材料准备工作正抓紧进行，预计年底可将水引到万盛。

（本报记者　罗昭能）

热点追踪

图为水库施工现场　何庆　摄

本报讯　调整产业结构，发展地面技术型企业。全区乡镇企业去年1至11月，产值、收入、利润分别比前年同期增长111.9%、125.81%和102.38%。

过去，我区乡镇企业以煤炭企业为主。由于资源的有限性，区里下决心把乡镇企业的发展由地下转到地面。全区119个新建、续建和技术项目中，90%以上属地面企业，涉及机械、化工、建材、旅游等。

（杨世维）

我区乡企实现三翻番

突出打击力度　加强治安防范

全区社会基本稳定

本报讯　区政法部门坚持"严打"，加强治安，全区社会基本稳定得到保障。

去年，区政法部门先后开展了打抢反盗集中行动、反盗斗争第三仗、大规模行动第一仗、"严打"斗争第二仗（目前仍在进行）四次专项斗争。去年1至11月，共破获刑事案件641起，比1992年同期增长11.3%，其中，特大案件47起，摧毁犯罪团伙57个，抓获违法犯罪分子2875人。其次，在厂矿、城市居民集中地区、城乡结合部和广大的农村开展了有效的治安防范工作，建立了各种治安联防组织和治安联防队伍，把犯罪活动消灭在萌芽之中。

（马占山　熊水文）

本报讯　从1989年全面实施"丰收计划"项目来，我区粮食共新增2650万公斤，新增菜、茶、果、蚕、鱼、畜、禽等592万公斤，新增总产值4230万元，农民增加收入2420万元。

实施"丰收计划"加速了科学技术向生产力的转化。同时，还推动了"三高"农业的发展，出现了一批具有"三高"特色的杂交水稻制种、蔬菜种子繁殖、名优茶、商品鱼等生产基地。其中，名优茶产品率63%，居全市前茅，500亩鱼塘以产草鱼等优质鱼为主的亩产量达850公斤，位列重庆第一。247人分别获市、区"丰收奖"15项、116项。（马三强　胡小蓉）

狠抓落实　强化推广

区"丰收计划"喜获丰收

万盛短波　WSDB

▲魏谢阳春后，万盛籍霖，最近被国家羽毛球总故选入国家羽毛球集训队。年六月举行的七届全运会羽毛球单打十六强。九月举行的"温布尔顿"羽毛球公打第三名。（周武生）

▲自一九五五年建区以来，名叫杨晓明的第一个台属子弟近日应征到中国人民解放军海军部队服役。杨晓明系万东镇人，其爷爷早在大陆解放前加入国民党海军部队，一九四九年随蒋入台至今。（竹楠）

▲万盛百货公司去年为职工办了四件实事，一是创办了工会经济实体，安置了内部富余人员，二是自费为职工调资，使职工收入有所增加，三是为职工购置了净水器，四是新建了一栋职工宿舍，解决了职工住房难问题。（曾加华）

▲去年十二月十八日上午，区广播电视综合大楼在鞭炮声中奠基。这幢建筑面五千一百余平方米的大楼，设计、造型美观。建成后不仅给万盛城市增添了一个景点，更重要的是进一步改善我区落后的新闻舆论设施。（黎天）

▲前不久，重庆市第一家乡镇企业职工医院在区人民医院成立挂牌。这是我区关心乡镇企业职工，支持乡镇企业发展的一个实在举动。（蒙春蓉）

《万盛报》创刊号　第一版

第二部分

都市报

《重庆晚报》

1985年5月1日创刊

《重庆晚报》于1985年5月1日创刊，是改革开放大背景下应时而生的产物。创办初期确立的办报方针是“传播信息、移风易俗、丰富生活、服务群众”，办报特色为“三近一小”，即时间近、距离近、感情近、以小事和小篇幅喻示大问题，立志办一张“飞入寻常百姓家”的报纸。

最好看 最有用

重庆晚报

等到满山红叶时 龚海燕的小目标：今年挣十万

习近平对脱贫攻坚工作作出重要指示强调

再接再厉 扎实工作 坚决打赢脱贫攻坚战

李克强作出批示

市委常委会召开会议强调

全力以赴做好近期各项工作 以实干实绩迎接党的十九大

陈敏尔主持并讲话

陈敏尔张国清张轩拜会全国人大常委会副委员长陈竺

市政府召开第185次常务会议

零售价：1元

《重庆晚报》总第11505期 第一版

重庆晚报

CHONGQING WANBAO　1985年5月1日 星期三　乙丑年三月十二　第1号

首都各界游园联欢庆「五一」

据新华社北京五月一日电 首都各界群众十万人今天在劳动人民文化宫和中山公园举行游园活动，庆祝"五一"国际劳动节。

邓颖超、习仲勋、王震、余秋里、宋任穷、张廷发、胡乔木、倪志福、陈慕华、陈丕显、胡启立、乔石、郝建秀、王首道、赛福鼎·艾则孜、严济慈、胡愈之、叶飞、田纪云、杨静仁、康克清、胡子昂、钱昌照、董其武等同志，同首都各界人士一起游园联欢。

黄文欢同志参加了今天的庆祝活动。

本市庆祝"五一"有盛会

文化宫今天大游园

今天，阳光灿烂，绿树掩映的市劳动人民文化宫张灯结彩，四万多群众高兴地来到这里，参加游园活动，热烈庆祝"五一"国际劳动节和中华全国总工会成立六十周年。

本市党、政、军负责同志和部分劳动模范、先进生产者、科技教育工作者和工会工作者的代表，同群众一起参加了游园庆祝活动。

游园群众满怀节日喜悦，兴高采烈地观看了《我国工人运动的光辉战斗历程》图片展览。决心在经济体制改革中发挥主人翁精神，做有理想、有道德、有文化、守纪律的优秀职工。设在红星亭的科技游艺乐园里，重庆特殊钢厂、嘉陵机器厂、重庆水泵厂、重庆肉联厂等单位的"骑龙打靶"、"腾空射击"、"嘉陵动物园"、"金龙吐水"、"定点投弹"等有科学性、趣味性、娱乐性的科技活动项目，吸引着众多的青年和儿童。

游园活动还有职工业余文艺演出、花卉展览、工人篮球比赛、武术、拳击和职工象棋比赛等。（陈宣义　毕洪）

向读者致意

本报编辑部

改革的春天，万花竞艳；劳动者的佳节，一片欢腾。当此良宵，重庆晚报和读者见面。

山城人民渴望看到本地的晚报，党和政府为大家办起这份晚报。我们匆迫受命，紧促筹备。三月规划，一夕试刊，终于正式出报。

我们重庆晚报是党的报纸，它的编辑方针是在四项基本原则指导下，传播信息，服务群众，丰富生活，移风易俗。我们希望能把思想性、真实性、时间性、知识性和趣味性认真结合起来。力求新鲜活泼，避免八股官腔；尽量通俗，却不庸俗；力求亲近读者，又不一味迎合。我们宣传党和政府的方针政策，我们和人民群众呼吸与共。我们要奔走在街头巷尾，结交千家万户，切望成为各家老老少少的良伴益友。我们热忱盼望大家的帮助和支持。

祝大家节日愉快幸福！

今天日报要闻

△首都集会庆祝"五·一"和纪念全国总工会成立六十周年

△共青团中央第一书记胡锦涛在全国新长征突击手表彰大会上讲，青年要为国家富强人民富裕建功立业

△全军今起改着新式军装。

△江现段供水工程竣工今天供水，观音桥地区的工厂和居民用水难得到缓和

△刘谷音、蒋文彬、侯光炯、袁蜀继、耿松柏、许伯南、饶晓成荣获"五·一"劳动奖章

解放军驻渝部队（左）和武警重庆市支队（右）今换新装。本报记者　周宜鹏摄

壮哉，长城！

——记驻军某部阅兵式

四月三十日下午三时许，在驻军某部的操场上，一个个身穿新式军装的干部战士，正肃立待命……

检阅开始！随着指挥员一声令下，指战员们昂首挺胸，接受部队首长的检阅。站在最前面的，是由司、政、后机关组成的三列方队。这些军中"秀才"，在办公室里是那样文质彬彬，此刻，却是生龙活虎，举足抬手，无不规范化。

"嚓！嚓！嚓！"由通讯分队组成的方队走过来了！这些眉清目秀的女兵们，身着新式军装，显得更加英姿飒爽。爱民模范施加伟生前所在通信二连的指战员们，行进在队列中，心情格外激动，他们决心继承老排长的遗志，发扬光荣传统，为国防现代化建设立新功。

在教导大队方队里，站在排头的是"红军团"一营营长税建华，他曾在对越自卫还击战和抗洪抢险中两次荣立二等功，被四川省委授予劳动模范的光荣称号。紧跟在税营长后面的，是被树为"优秀基层干部"标兵的九连李指导员和"革新能手"杨志虎，这些功臣模范，在"八一"军徽的映衬下，显得更加威武雄壮。

"嚓嚓嚓……"一串激越的音符，谱写出人民军队的崭新篇章；

"嚓嚓嚓……"一曲昂扬的战歌，令十亿神州群情激荡！

壮哉，祖国的钢铁长城！（赖朝训）

向阳二号隧道首战告捷

驻军某部奖功臣

本报讯 驻军某部昨日召开向阳二号隧道施工首战告捷表彰大会，有二十一人荣立三等功，一百五十一人受到通令嘉奖。部队长杨安忠、政委艾维仁到会讲话并颁奖。

某军千余名指战员自去年10月15日打响向阳二号隧道施工战斗后，他们发扬拼搏精神，不怕苦，不怕死，克服各种困难，日夜奋战，到4月底已掘进主洞三百五十一米，支洞四十二米，占总体工程的55.8%，被复3300多立方米，出土石方6万多方，未发生重大伤亡事故。施工中涌现出一批吃大苦耐大劳的先进集体和个人。（梁松　彦顺述）

交通干警解危急　三分钟排除险情

本报讯 昨天上午十点，茄子溪铁轨与公路交叉口，火车刚过，汽车放行，一大队汽车鱼贯而过。突然，驻渝某部一辆满载河沙的重载车横担在铁轨上，抛锚了。约五分钟后，这里又将有一列火车飞驰而来。

突然发生的险情，使在场的人都惊呆了。这时，呼喊声混成一片，满头大汗的司机肖林手忙脚乱，汽车仍然纹丝不动。在这千钧一发时刻，乘车路过这里的交通大队的一名干部，当机立断，指挥等在后面的大渡口八桥乡刘珍福的东风牌货车上前，来不及调头，就头对头挂上铅丝，将抛锚车拖出轨道。人们长长地吐了口气。一看表，仅用了三分钟。

汽车刚拖出轨道，呜——，一声汽笛，远处一列火车风驰电掣般开过了茄子溪交叉路口。（焦富）

⇩今日凌晨，新型双尾翼客轮——江渝十六号，满载旅客，从本市首航旅游名城丰都。图为江渝十六号风姿。（李文景摄）

新增渝丰旅游班轮

本报讯：节日期间，重庆长江轮船公司调集四艘大中型客轮开辟重庆——丰都旅游新航线。从五月一日至十日，每天早上七点从重庆开航，丰都发船时间是每天下午七点。（黄太胜）

我国在一九九〇年前后将建三、四座大中型核电站

李鹏副总理在新近撰写的一篇阐述我国发展核电方针的文章中说，建设核电站是和平利用核能的一个重要方面，也是解决能源需求的一项重要措施。根据我国的资源条件，解决电力需求主要靠水力发电和燃煤发电，但也要适当发展核电。文章说，我国搞核电站已经晚了，必须尽快赶上去，但根据我国的现实经济情况，又不能一下子搞的太多。初步设想，在一九九零年前后要建设三至四座大中型核电站，到本世纪末有可能达到一千万千瓦。我国将与外资合作经营的广东大亚湾核电站，是我国第一座大型核电站，前期工程已开始动工。（新华社）

天下事

游览区武夷山建仿宋"古街"

福建著名游览区武夷山的一条仿宋建筑的"古街"已动工兴建，近期工程"彭祖山庄"和"翠绿小肆"将在年底竣工。

这条长二百米的"古街"，在建筑造型、色调上都力求符合宋代风格。它建成后，在这条街上的服务人员将着宋代服饰，为旅客服务。（中新社）

迪斯科音乐影响听力

由于14%的迪斯科舞迷经常光顾迪斯科唱片俱乐部而使听力减退，于是，英国、瑞士和联邦德国已作出规定：迪斯科唱片俱乐部的音量不许超过九十分贝。

民航加班飞广州

本报讯 为缓和重庆至广州空运紧张状况，民航从四月二十九日开始，用一架安24飞机专门加班飞行重庆—广州—重庆航线。

另外，四月下旬重庆—北京航线飞行波音737飞机以来，由于载客量大，每天尚有部分至北京的机票出售。（张秀林）

明日海陆空

假日粮店无米卖　急煞群众　黄牛套取首饰券　敲诈顾客

△四月二十八日上午，我到弹子石桥子沟粮店买米，不料这个店里没米卖。我问一位女值班人员，好久才能买到米，她说："不晓得"。一些群众问她能不能领粮，回答是："今天是星期天，没得人。"大家只好摇头兴叹。粮食供应直接关系着群众生活，越是节假日，服务工作越要做好，可不能让群众无米下锅！　鲁闻

△每天早晨，从三花石到滋江小学、二十三中一带，可以看见有人提着塑料袋在拣一些吃剩的东西，拿去喂猪。塑料袋中有馒头、花卷、包子、面包、蛋糕等等，足有几斤重。丢早点的人，多半是附近工厂职工的子女。粮食来之不易，望家长和老师加强对子女和学生的教育。　宁炳

△最近，重庆金银首饰店生意兴隆，有人就趁机钻营，每天在首饰店门前混进人群中，用各种方式套得金银首饰定券后，转手卖给顾客，一张券高的索要一元五角，希有关部门予以制止。（立言）

警钟长鸣

《重庆晚报》创刊号　第一版

《重庆晨报》

1995年4月28日创刊

《重庆晨报》于1995年4月28日创刊。初期注重时政新闻和民生新闻，后经不断改版，逐渐实现从“微观经济报道”定位到“都市新闻早报”定位的转变，迎来发展高峰期。

2001年《重庆晨报》网站正式开通。2006年，《重庆晨报》热线“966966”被团中央授予“全国青年文明号”称号。

CHONGQING MORNING POST
全媒体集群
呼叫中心 966966
重庆晨网 www.cqcb.com
晨报微博 @重庆晨报
城市读本 社区报

重慶晨報

重庆第一都市报
新闻立报 读者为本
2014年12月12日 星期五
甲午年十月廿一

今日天气 阴 5℃-9℃ 重庆日报报业集团主办 国内统一连续出版物号CN50-0003 代号77-13 第6940期

明年要保持经济中高速增长

中央经济工作会议部署明年经济工作5大主要任务

1 努力保持经济稳定增长
2 积极发现培育新增长点
3 加快转变农业发展方式
4 优化经济发展空间格局
5 加强保障改善民生工作

中央经济工作会特别报道2-8版

这两天好冷哦 主城还没入冬呢

12月来主城平均气温高于常年；周末阳光回归

17版

昨日天气阴冷，解放碑步行街上，一男子为女伴披衣御寒。
重庆晨报见习记者 雷键 摄

主城整治市容市貌

渝北600米盲道问题多
居民担心不帮盲反添乱 19版

茶园换乘枢纽28日投用
5种交通工具无缝换乘 21版

国际刑警组织全球通缉
503名外逃中国人 16版

天猫亚马逊等电商
被曝双11卖假冒商品 44版

南京大屠杀死难者 国家公祭仪式明举行

央视、人民网、新华网等直播

今日看点 九鑫集团特约

12版

《重庆晨报》第6940期 第一版

重慶晨報

CHONGQING MORNING NEWS

1995年4月28日 星期五　乙亥年三月廿九　创刊号

国内统一刊号CN51—0090　重庆日报社主办

热烈祝贺

《重庆晨报》创刊

创刊词　市民的服务员

本报编辑部

市民朋友，您早！

《重庆晨报》今天正式创刊了。

《重庆晨报》是一张指导和服务群众生活的党报，面向生活，服务群众，当市民的服务员；与市民朝夕相处，心手相连，作市民的知心朋友，是我们的真诚愿望。

每天的清晨都是宝贵的。我们愿架一条高效热线，随时听从呼唤。走街串户，体民情，发民声，分民忧，解民难，上达民意；问政访官，传政策，布法规，通政令，告工作，下达政情。致上下同心，甘苦共享，政通人和，百业齐兴。每天清晨拿到《重庆晨报》，像看到东方的一抹红霞，心旷神怡。

每天的清晨都是崭新的。我们愿铺一条高速公路，及时传播信息。家事、国事、天下事，凡人小事，无所不传；政治、经济、科技、文化，无所不通。市民需要什么信息，《重庆晨报》就采撷什么信息。每天清晨拿到《重庆晨报》，像呼吸了一口新鲜空气，格外舒畅。

每天的清晨都是美好的。我们愿做一份精美食品，进入市民的早餐。社会热点追踪，市井百态透视，入情入理；身边故事讲述，生活知识传授，平和实在；蕴两江之水，采群山之灵，延时弊，扬正气，快言快语……每天清晨拿到《重庆晨报》，像摄取了一份精神食粮，活力倍增。

愿我们的服务，给您高雅的享受。

整治脏乱　贵在行动

——市级机关干部上街大扫除小记

4月26日，渝中区上清寺街头那些泥浆满面、灰尘遍体的广告牌，终于风风光光地在市民面前露了一回脸。

这天上午，由市委、市人大常委会、市政府、市政协机关的500多名干部组成的清洁大军，对上清寺、两路口、解放碑等地区的人行护栏和广告牌，作了一番彻底的清洗。市长刘志忠等领导同志带队参加了义务劳动。

在上清寺人行天桥上，刘志忠认真擦洗护栏。他对与他攀谈的市民说：创建卫生城市，领导机关要作表率，但关键是把群众组织起来，不搞形式主义。参加劳动的市委副秘书长姚正朝说：实行五天工作制后，干部和群众休息时间多了，应该考虑把干部和群众参加义务劳动作为制度。创卫工作靠搞突击是不行的。

本报记者　吾君

石破天惊

——贺《重庆晨报》创刊　马丁画

全国劳模钟声赴京

本报讯　4月25日下午，重庆火车站二站台，锣鼓喧天，掌声雷动。重庆客运段在这里隆重欢送全国劳模钟声赴京参加劳模大会。

钟声是重庆客运段9／10次列车第7包乘组列车员。参加工作11年来，他视旅客为亲人，深受广大旅客赞誉，被誉为京渝列车上的活雷锋。他先后荣获重庆市、四川省“服务明星”、铁道部劳动模范等荣誉称号。（杨学涛）

城里老汉喂猪　平价供应市场

本报讯　渝中区化龙桥个协会长、72岁的邓树尧老人于今年初自筹资金1万元，请来一帮工利用江边空地饲养9头肥猪卖给国家。现又有23头肥猪将于6月出栏按平价出售。他说，今年将再投资10万元，扩建200平方米的养猪场，饲养100头肥猪供应市场。　（吴成友）

中梁山水泥厂发生伤亡事故

本报讯　昨日上午，九龙坡区华岩镇中梁山水泥厂扩建工地发生一起违章伤亡事故。记者中午截稿时已死亡3人。

上午9时，承建该扩建工程的某建筑公司6名现场施工人员，违章搭建简易升降架时，因钢丝绳断裂，从17米高处坠落地面，当场死亡一人。事故发生后，水泥厂职工和施工人员立即将伤员护送中梁山矿务局职工总医院进行抢救。记者13时许截稿时，又有两人因伤势过重在医院抢救中死亡。另一人伤势严重，现已转送新桥医院抢救。其余两人仍在抢救中。事故原因正在调查。

（万芝平）

黄桷古树五百棵　绿荫蔽日好乘凉

本报讯　山城“古黄”知多少，园林普查有结果。全市五百余棵古黄桷树为城镇景观添彩。

我市园林部门经过4年时间对全市“双百”（即树径100厘米以上，树龄100年以上）的古黄桷树采取“比较观察”的办法，对不同地区、不同年龄阶段的植株抽样调查结果表明，我市目前尚存古黄桷树有539株，其中9区有111株，占20.5%，3市有214株占39.7%，另几县有214株占39.7%，尤以合川市居多，有162株占30%。树龄400年以上、树径270厘米以上的有4株，分别布于大足、荣昌、渝北和歌乐山，堪称“黄桷王”。

从黄桷树的应用和配置看，我市街道乔木占30%，护坡绿地占20—25%，城市公园占10—15%，社会单位附属绿地中尤以污染大、立地条件差的地方偏多。如重庆发电厂黄桷树覆盖面占总绿量的35%。

（袁明儒）

江津一农妇　从来不睡床

本报讯　江津市付家镇川虎四社76岁高龄的唐跃琴，从小到老不睡床铺，当地群众传为“奇人”。

唐跃琴小时候因家穷，父母重男轻女思想严重，饮食起居无人过问，长期睡板凳。这是习惯成自然，不算怪事。奇怪的是，她同王华山结婚后，男人睡床铺，她仍然睡板凳。直到1955年的30多年中都没有改变过睡板凳的习惯。大约1956年的一天晚上，她突然想起要去睡风车，农村用的风车，没有一点平顺之处，如何睡呢？她就在风车梭斗里仰着睡，把臀部曲起放在梭斗里，头、脚两头出，不能侧身。唐跃琴睡风车一睡就是10年。1965年队上有意将她睡觉的风车买了，派人把她的床重新铺过，垫的、盖的搞得巴巴实实。督促她一定要到床铺上去睡，可她睡下不久就喊周身骨头痛，睡不实。近三十年，无论寒暑，她天天在凉椅上睡才能过夜。（简代盈）

政府调控有方措施得力　春淡菜多价格稳

本报讯　“春淡”时节菜不“淡”。由于市蔬菜生产、销售部门措施有力，目前市场上蔬菜供应充足、价格较稳。

据悉，为保证菜源，政府拨款50万元，安排种植5000亩速生菜，比原定计划多100亩。这些速生菜包括小白菜、木耳菜、干藤菜等，于4月下旬陆续上市，有力地缓解了市场的需求矛盾。

“春淡”期间，市蔬菜公司从云南、贵州等地调进300万公斤大路菜，政府为此补贴150万元。蔬菜公司对这些菜实行最高限价，设立了55个蔬菜零售点和市场专供点。并要求零售点大路菜品种必须在两个以上；限价菜不能卖给大户，做到一菜一签，明码标价。为此，市蔬菜公司组织了巡回检查组，对本公司违纪人员分别给予罚款、留用或开除处分。

目前，我市蔬菜市场菜价平稳，随行就市的大路菜与最高限价相比，差价不超过3%。

（记者　西水　显章）

我们的朋友遍天下

——祝《重庆晨报》创刊　张弘画

晚报今出特刊

本报讯　今日《重庆晚报》将以48版的浩大篇幅和丰富多彩的内容庆祝该报创刊10周年。

《重庆晚报》今天的内容十分丰富，有深受读者喜爱的专刊、副刊、美术摄影、要闻、综合新闻、文化体育新闻、市井以及众编辑与读者谈心的“十年无悔”特刊。

启事

本报今日彩印，共16版，零售价2角。

《重庆晨报》创刊号　第一版

《重庆商报》

1997年1月1日创刊

《重庆商报》于1997年1月1日创刊。《重庆商报》加强新闻策划力度，注重新闻表现的新锐，强调版面设计的时尚，从最初的“情系市民，爱洒商家”，到“关注社会，以人为本”，再到“主流、好看、轻松、有用”的八字方针，在办报思路和理念上逐步形成成熟和科学的理论体系。

1996年11月，重庆商报社公开招聘编辑记者现场笔试

采编人员编前会

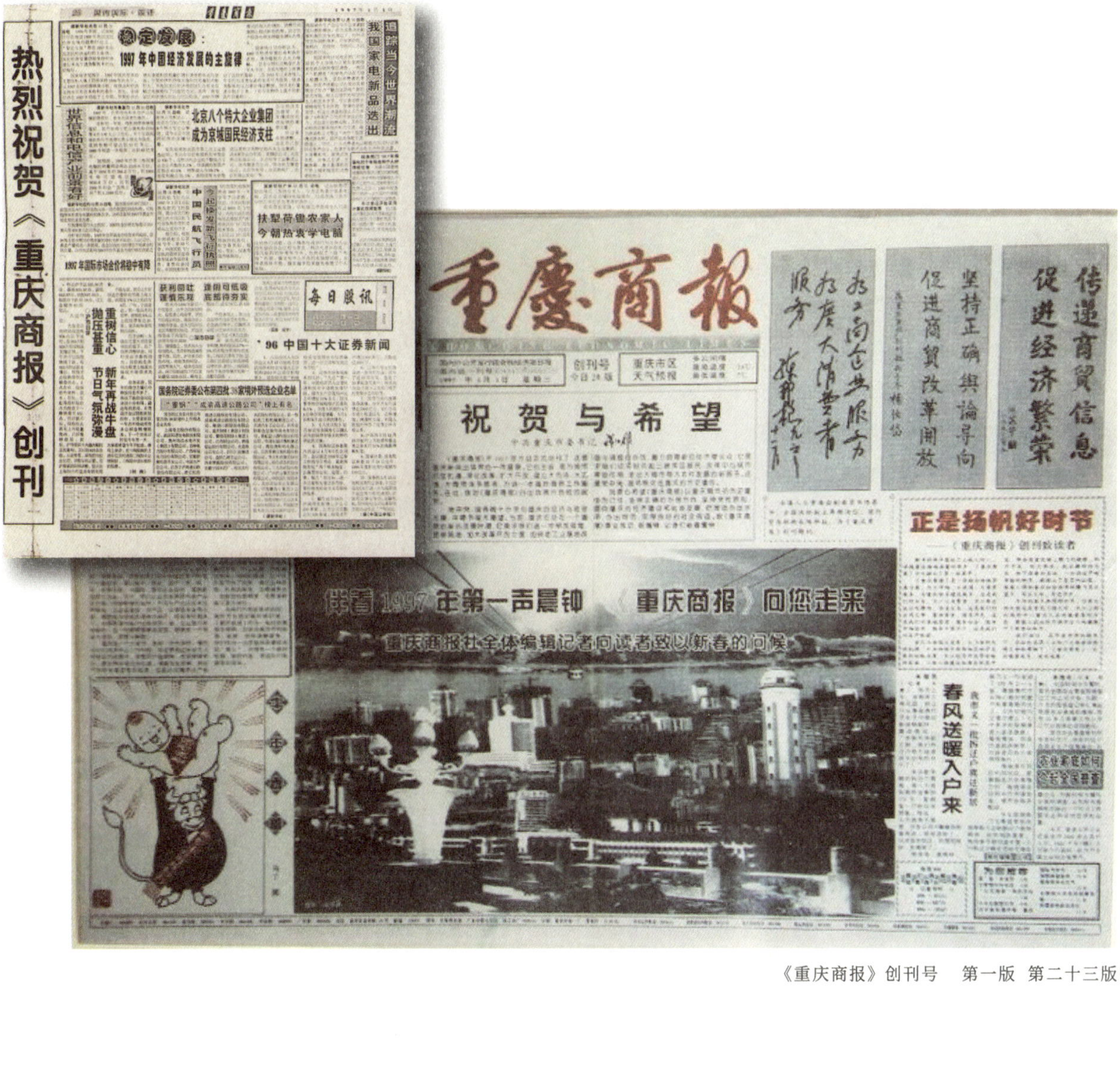

热烈祝贺《重庆商报》创刊

稳定发展：1997年中国经济发展的主旋律

追踪当今世界潮流 我国家电新品迭出

北京八个特大企业集团成为京城国民经济支柱

扶犁荷锄农家人 今朝热衷学电脑

每日股讯

'96 中国十大证券新闻

重树信心 抛压甚重

新年再战牛盘 节日气氛弥漫

重慶商報

祝贺与希望

传递商贸信息 促进经济繁荣

坚持正确舆论导向 促进商贸改革开放

正是扬帆好时节

——《重庆商报》创刊致读者

伴着1997年第一声晨钟 《重庆商报》向您走来

重庆商报社全体编辑记者向读者致以新春的问候

春风送暖入户来

《重庆商报》创刊号　第一版 第二十三版

《新渝报》

2022年6月17日创刊

2004年创刊	2019年休刊	2022年创刊
《重庆时报》	《重庆时报》	《新渝报》

《新渝报》于2022年6月17日创刊，前身为《重庆时报》，于2004年8月25日创刊，由《工人报》《西南工人报》《重庆工人报》《现代工人报》发展而来。

《重庆时报》创办以来，全力打造多媒体平台，开设新闻报料、发行咨询、广告投放、看房买房、选车购车、美食咨询等服务，实现信息的多介质传播。2019年1月1日，《重庆时报》休刊。2022年1月26日，《重庆时报》更名为《新渝报》，由重庆日报报业集团与大足区融媒体中心共同组建。2022年6月17日，《新渝报》创刊。

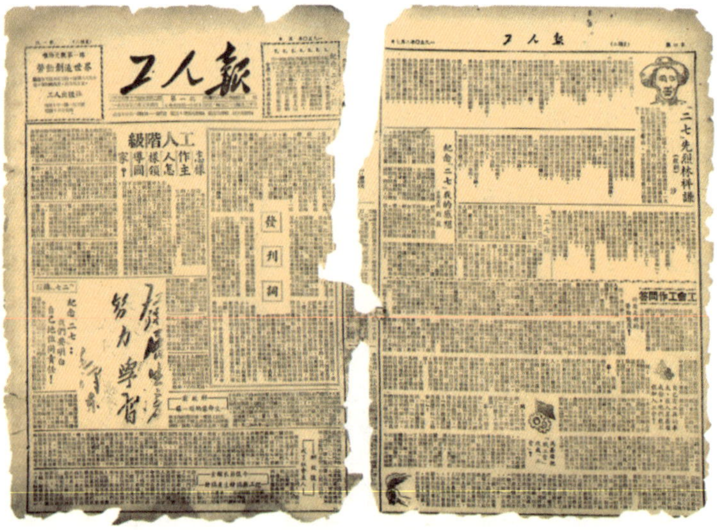

工人報

發刊詞

努力學習

《工人报》创刊号 第一版 第四版

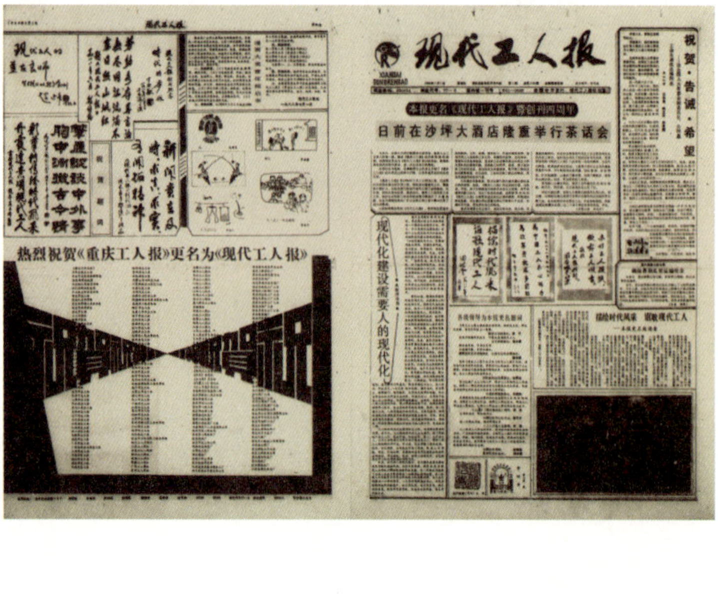

现代工人报

本报更名《现代工人报》暨创刊四周年

日前在沙坪大酒店隆重举行茶话会

现代化建设需要人的现代化

祝贺·告诫·希望

热烈祝贺《重庆工人报》更名为《现代工人报》

《现代工人报》总第360期 第一版 第四版

我市多个区县昨日最高温破30℃

重庆时报

重庆A级景区将对65岁以上老人免票

14日起到解放碑买打折好书 最低6.8折

《重庆时报》总第4834期 第一版

创刊号
新渝報
XIN YU BAO

2022年6月
17
星期五
农历壬寅年五月十九
国内统一连续出版物号
CN50-0036
邮发代号77-40
总第1期 今日8版
微信公众号 新闻客户端

17条措施助重庆企业上市

昨日，重庆市金融监管局发布消息称，市上市办（重庆市金融监管局）正式印发《重庆市进一步推动企业上市工作实施方案（2022—2025年）》（以下简称《方案》），主要从形成推动企业上市合力、实施企业上市“育苗”行动、帮助企业解决上市障碍、积极发挥上市服务机构作用、引导私募股权基金加大投资力度、完善工作保障机制6个方面入手，共17条措施。《方案》将助力推进重庆市企业上市，提高直接融资比重，服务西部金融中心建设，促进全市经济高质量发展。

记者在《方案》中看到，在形成推动企业上市合力方面，主要包括加强统筹调度、压实区县部门责任2条措施，旨在统筹企业上市各环节工作，让市级行业主管部门树立“管行业也要管上市”的理念；在实施企业上市“育苗”行动方面，通过完善拟上市企业后备库管理、加快入库企业培育、重点培育科技型企业上市、加快推动“专精特新”企业上市、聚焦优势和特色行业企业上市这5条措施，发掘有上市潜力的在渝企业；在帮助企业解决上市障碍和积极发挥上市服务机构作用方面，主要有畅通上市“绿色通道”、支持企业整改规范、鼓励优质上市服务机构展业、建立上市服务机构评价机制这4条措施，旨在帮助企业扫清上市障碍，让上市服务机构发挥应有的作用。

另外，《方案》还提出要引导私募股权基金加大投资力度，健全私募股权基金投资体系，发挥私募股权基金培育拟上市企业作用，并建立完善的工作保障机制。

华龙网记者 吴黎帆

陈敏尔胡衡华在调研城市更新提升工作时强调

增强城市功能 提升城市品质 不断满足人民对美好生活的向往

□ 重庆日报记者 杨帆 张珺

6月16日，市委书记陈敏尔，市委副书记、市长胡衡华前往渝中区、江北区、南岸区，调研城市更新提升工作。陈敏尔强调，要深入学习贯彻习近平总书记关于城市工作的重要论述，坚持以人民为中心的发展思想，深入推动城市更新提升，进一步增强城市功能、提升城市品质，加快建设国际化、绿色化、智能化、人文化现代大都市，不断满足人民对美好生活的向往，以实际行动迎接党的二十大胜利召开。

市领导陆克华、罗蔺参加。

渝中区十八梯片区原为棚户区，经过保护修缮，恢复了传统的“七街六巷”肌理，还原了“云梯式”特色民居建筑风貌。陈敏尔、胡衡华沿主街道察看街区风貌，听取渝中区老旧小区改造和十八梯传统风貌区规划建设运营情况介绍。走进沿街商户，陈敏尔、胡衡华与经营者交流，了解经营情况和疫情带来的影响。陈敏尔说，困难是暂时的，在政府的帮助支持下，大家共同努力，一定会越来越好。陈敏尔、胡衡华来到“六五”轰炸人防陈列馆，深入了解重庆人民英勇抗战的感人故事；在十八梯记忆馆，详细了解老街的历史变化。陈敏尔说，历史文化是城市的灵魂，要像爱惜自己的生命一样保护好城市历史文化遗产。十八梯承载着重庆人的深厚历史记忆，在改造提升过程中，要保护好老建筑、老巷子，为城市留住根脉、留存记忆。要提升商业业态，丰富人文内涵，让城市更具烟火气、文化味。

江北嘴江滩公园是江北区推进“两江四岸”城市更新工作的重点项目，经过治理提升，岸线消落区绿意盎然，步道系统完善便利，吸引了大量市民游客到这里健身、游憩。来到观景平台，陈敏尔、胡衡华听取全市城市更新提升和“两江四岸”核心区整体提升情况介绍，沿人行步道察看基础设施配套、生态修复治理等项目实施情况。陈敏尔说，“两江四岸”核心区是城市的“客厅”和“窗口”，要高质量实施治理提升，处理好点、线、面的关系，注重与城市形态相协调、与周边设施相衔接、与片区功能相结合，打造高品质的城市公共空间。

南岸区龙门浩老街拥有众多历史文物建筑，是重庆中心城区保存最完好、规模最大的历史文化老街。这里的每一栋老建筑都述说着历史故事，一砖一瓦都蕴含着人文记忆。陈敏尔、胡衡华来到这里边走边看，听取旧址群保护修缮进展情况介绍，了解重庆城市变迁。陈敏尔说，要坚持正确的历史观，深入挖掘整理历史文化，保护利用好历史遗址和文物建筑，精心做好展陈设计，让更多人了解城市的历史，从中汲取前进的力量。

（下转2版）

中共重庆市大足区委三届四次全会召开

系统学 深入思 用心悟 扎实做 奋力把市第六次党代会擘画的美好蓝图变为生动现实

大足区委常委会主持 陈一清讲话 徐晓勇作说明

审议通过《中共重庆市大足区委关于深入学习宣传贯彻市第六次党代会精神的决定》和全会决议

新渝报讯（记者 刘星 陈龙 杨琢）6月15日，中国共产党重庆市大足区第三届委员会第四次全体会议召开。全会的主要任务是：坚持以习近平新时代中国特色社会主义思想为指导，全面贯彻落实习近平总书记对重庆所作重要讲话和系列重要指示批示精神，认真学习宣传贯彻市第六次党代会精神，组织动员广大党员干部系统学、深入思、用心悟、扎实做，奋力把市第六次党代会擘画的美好蓝图变为生动现实，加快做靓享誉世界的文化会客厅、建强链接成渝的“两高”桥头堡，以实干实绩迎接党的二十大胜利召开。

全会由大足区委常委会主持。大足区委书记陈一清讲话。

全会审议通过了《中共重庆市大足区委关于深入学习宣传贯彻市第六次党代会精神的决定》和全会决议。大足区委副书记、区长徐晓勇就《中共重庆市大足区委关于深入学习宣传贯彻市第六次党代会精神的决定（讨论稿）》作说明。

全会指出，市第六次党代会是在党的二十大即将召开、我市奋进社会主义现代化建设新征程关键时期召开的一次重要会议。大会坚持以习近平新时代中国特色社会主义思想为指导，全面总结回顾了重庆过去五年的工作和主要成就，明确了今后五年的发展思路、重大任务、奋斗目标和重点举措，对深化全面从严治党作出系统部署，选举产生了新一届市委和市纪委班子以及出席党的二十大代表，是一次鼓舞斗志、振奋人心，团结民主、风清气正的大会，必将对重庆未来发展产生重大而深远的影响。

（下转2版）

胡衡华在促进外贸外资平稳发展座谈会上强调

千方百计稳存量促增量 全力稳住外贸外资基本盘

□ 重庆日报记者 王翔

6月16日，市委副书记、市长胡衡华主持召开促进外贸外资平稳发展座谈会。他强调，要深入贯彻习近平总书记关于稳住外贸外资基本盘的重要指示批示精神，认真落实全国稳住经济大盘电视电话会议部署要求，按照市委、市政府工作安排，高效统筹疫情防控和经济社会发展，把稳外贸稳外资工作摆在更加重要位置，千方百计稳存量、促增量，全力稳住外贸外资基本盘，以实际行动迎接党的二十大胜利召开。

市领导陆克华等参加。

会上，市商务委、重庆海关、市经济信息委汇报了稳外贸稳外资工作情况。达丰电脑、重庆对外经贸集团、京申动力、传音科技、弘愿工具、洪九果品、长安福特、奥特斯科技、巴斯夫、长安民生物流等外贸外资企业作交流发言，介绍生产经营情况，提出意见建议。胡衡华认真听取发言，同大家交流讨论。他说，大家的发言，进一步增添了我们齐心协力克服当前困难、稳外贸稳外资的信心决心。对企业提出的具体问题，市有关部门要专人负责、逐项研究、认真解决。

胡衡华指出，今年以来，全市外贸外资总体呈现稳中提质的良好态势。1—5月，外贸进出口总值增长12.9%，好于预期，出口连续10个月保持单月两位数增长，实际利用外资增长22.2%。同时要看到，稳外贸稳外资压力仍然较大。我们要积极适应新形势、准确把握新变化，坚定信心、迎难而上，推动外贸外资行稳致远，努力开创开放型经济发展新局面。

胡衡华强调，当前，要采取更加精准有效、更加务实创新的措施，切实稳住外贸外资基本盘。一要保订单、稳企业，全力以赴保生产顺畅、物流通畅、订单履约，用好留抵退税等政策，优化外贸企业资金链，保障好外贸企业用工需求。二要扩进口、稳出口，支持企业加大关键零部件、资源性产品、高品质消费品、农产品进口力度，持续拓展“一带一路”沿线国家、RCEP成员国等市场，更好满足我市产业发展需要。三要优结构、促转型，做大外贸新业态新模式，提升外贸产品附加值，增强开放平台引领辐射功能，加快推动外贸提质增效。四要强链条、增韧性，做强优势产业，壮大外贸主体，进一步提升中欧班列、西部陆海新通道、长江黄金水道等通道能级，增强产业链供应链韧性和竞争力。五要抓机遇、强招商，用好产业链招商、以商招商等方式，加快引进一批重大外资项目，推动项目早建成、早投产、早达产。

胡衡华强调，稳外贸稳外资，要政企协力、凝聚合力，心往一处想、劲往一处使，拧成“一股绳”、协同“一起干”，努力营造促进外贸外资平稳发展的良好氛围。要筑牢疫情防控防线，坚决守牢“外防输入”关口，坚持防疫和生产两手抓，持续推进通关便利化。要提升服务效能，狠抓政策兑现，加强精准帮扶，强化专业服务，帮助企业渡过难关。要优化营商环境，提升外商便利化生活服务水平，保护外商投资合法权益。要压实工作责任，各级领导联系服务重点外贸外资企业机制要落实到位，市有关部门工作专班要加大工作力度，各开放平台、区县要加密调度频次，扎实做好稳外贸稳外资工作。

市有关部门、开放平台、企业、金融机构负责人参加。

十里荷棠别样景 山湾时光记乡愁

6月14日，大足“十里荷棠·山湾时光”的荷花振气生姿，“如梦荷棠”激光灯光秀绚丽多彩，吸引了不少游客前来游玩、打卡。

“十里荷棠·山湾时光”是大足区乡村振兴重点项目，位于该区棠香街道五星社区，规划面积1万亩，总投资2.34亿元，已建成荷花观赏区505亩、海棠观赏区400亩，并打造了荷棠寨舍乡村振兴民宿项目。

新渝报见习记者 曾蕊 摄

视频更精彩

这里是大足

弄潮巴山渝水 挥写时代新篇

——《新渝报》创刊致读者

本报编辑部

潮涌巴渝大地，挥写时代新篇。在深入学习贯彻重庆市第六次党代会精神的热潮中，在迎来重庆直辖市挂牌25周年的喜庆时刻，在万众一心不断创造崭新业绩迎接党的二十大胜利召开之际，踩着新时代逐进新征程的鼓点、踏着全面深化改革的浪花，在社会各界的大力支持下，《新渝报》带着鲜明的新时代印记，如出水芙蓉般，款步而至。2022年6月17日，宣告了她的问世。

早在125年前（1897年），一份川渝新闻传播史上第一家近代报刊《渝报》，诞生于重庆市白象街。报纸“为广见闻，开风气而设”，揭露帝国主义对中国的侵略，提倡兴学校办科学以启民智，宣传维新变法，具有鲜明的“先导性”“革新性”，为后来的辛亥革命爆发发挥了舆论先导作用。

沐浴着新时代朝霞雨露的《新渝报》，将传承其“先导性”“革新性”的优秀基因，融入新时代发展的滚滚洪流，做党的政策主张的传播者、时代风云的记录者、社会进步的推动者、公平正义的守望者，替人民抒怀，为时代放歌，做谱写巴渝新篇章的价值引领者。

“科技创新”是《新渝报》嘹亮的号角。重庆高标准、高起点建设西部（重庆）科学城，是贯彻习近平总书记重要指示精神、把习近平总书记的殷殷嘱托全面落实在重庆大地上的具体行动，是服务国家创新需要的重大举措，是推动高质量发展、创造高品质生活的内在要求，是补齐重庆创新短板的迫切需要。

“乡村振兴”是《新渝报》在希望的田野上永无止境的追求。重庆市的脱贫攻坚取得胜利后，重庆“三农”工作的重心转向全面推进乡村振兴。发力产业振兴、人才振兴、文化振兴、生态振兴、组织振兴，全面实现农业强、农村美、农民富。

文化是旅游的灵魂，旅游是文化的载体，没有文化的旅游就没有魅力，没有旅游的文化也会缺乏活力。让巴蜀文化活在当下服务当代、让巴蜀文化旅游走廊充满魅力走向世界是《新渝报》义不容辞的责任。巴蜀文旅是中华优秀旅游文化的重要组成部分，是长江上游地区最富有鲜明个性的民族文化旅游资源之一，大足石刻、乐山大佛、峨眉山、都江堰、川江号子、秀山花灯、铜梁龙舞、黔江摆手舞等地域文旅“特产”，历史悠久，瑰丽多彩。

传承弘扬红岩精神、让其在新时代闪烁出更加璀璨的光芒是《新渝报》的庄严使命。红岩精神是中国共产党人精神谱系的重要组成部分，习近平总书记高度肯定，他以更加深邃的历史眼光、更加宽广的时代视野和更加厚重的历史史实，多次对红岩精神进行了重要论述。他表示“重庆的光荣革命传统，铸就了崇高的红岩精神，是激发和凝聚全市干部群众团结奋进的强大精神力量。”

出生在新时代，长在移动互联网传播的环境下，《新渝报》将长成一个“时代的宠儿”。

她是一张态度纸、思想纸、文化纸、故事纸。

她为奋进新征程、建功新时代加油鼓劲、擂鼓助威，让正能量更强劲、主旋律更高昂，有着一张新时代的“笑脸”。

她是新时代的思想者，不仅仅满足于告诉你是什么，还要披荆斩棘，翻越千山万水去追寻为什么。从滴水见太阳的“群言堂”，到不断深化的“观点”；从“天下大足”的“北塔瞭望”，到纵横捭阖的“渝报深度”，她追求一种思想的深刻透彻，报道的温度和扩大影响的力度。

她“腹有诗书气自华”，一颦一笑展现中华优秀文化的魅力，让悠久醇厚的巴蜀文化从悠悠历史中走出来、站起来、活起来。追求文化是她的品格，更是她灵魂的闪光。

她要努力改作风、革文风，力求做到语言生动优美，文风清新自然，形式活泼新颖，做一个会讲故事的“大王”，在讲好讲新巴渝故事上抓落实见成效，让报道更具亲和力、感染力。

在她所有的追求中，这仅是你所能见到一个背影。

长在移动互联网传播的时代，她的基因注定了新时代传播的特性。线上线下深度融合，纸里纸外无限包容。《新渝报》客户端、《新渝报》微信公众号，将无障碍链接你我他，全天候传递她心跳的好声音。

让我们记住2022年6月17日这个特殊的日子，这个充满喜庆而生机勃勃、千帆竞发的日子。从一声昭示新生命到来的嘹亮啼哭，到成长为风姿绰约、亭亭玉立的美丽风景，离不开您——关心《新渝报》的各界人士，以及与《新渝报》骨肉相连的读者与作者抛洒的阳光雨露的滋润，诚挚感谢您为她茁壮成长所付出的辛劳。

劈波斩浪启新程，建功立业著华章。我们披星戴月奔跑在逐梦的路上，我们相约在新时代的故事……

本报地址：重庆市大足区棠香街道棠风路1号 邮编：402360 投稿信箱：dzxybbjb@163.com 广告许可证：渝工商广字第9800666 订报热线：43768052 总编辑：刘广辉 副总编、视觉总监：龚果 副总编、总值班：罗文华 主编：谢凤 美编：阳晖 校对：李玄 零售价：1.5元 重报印务有限公司承印

《新渝报》创刊号 第一版

第三部分

行业报

1981年创刊
《红岩少年》

1987年更名
《少年先锋报》

《少年先锋报》

1981年9月创刊
创刊报名《红岩少年》

《少年先锋报》前身为创刊于1981年9月公开发行的《红岩少年》报。1987年1月更名为《少年先锋报》。2003年10月，《少年先锋报》在全国240家少儿报刊评比中，荣获中国首届少儿报刊金奖，进入全国一流报刊行列。

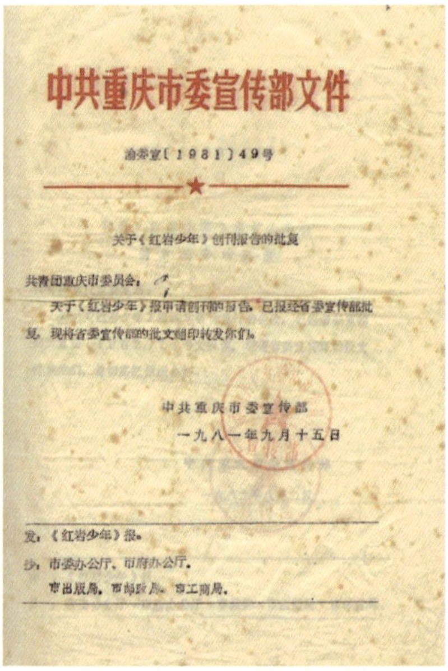

中共重庆市委宣传部文件

渝委宣〔1981〕49号

关于《红岩少年》创刊报告的批复

共青团重庆市委员会：

关于《红岩少年》报申请创刊的报告，已报经省委宣传部批复，现将省委宣传部的批文翻印转发你们。

中共重庆市委宣传部
一九八一年九月十五日

发：《红岩少年》报。
抄：市委办公厅、市府办公厅、
市出版局、市邮政局、市工商局。

中共重庆市委宣传部关于《红岩少年》创刊报告的批复

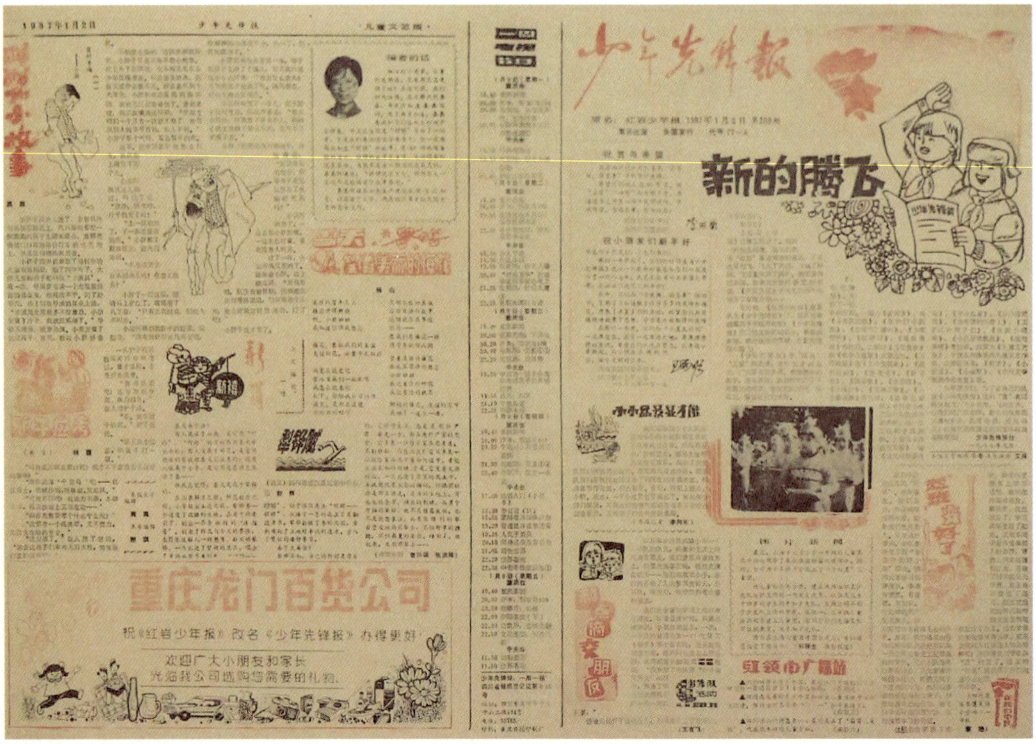

少年先锋报

新的腾飞

重庆龙门百货公司

祝《红岩少年报》改名《少年先锋报》办得更好!

欢迎广大小朋友和家长
光临我公司选购您需要的礼物。

《少年先锋报》总第4252期　第一版　第四版

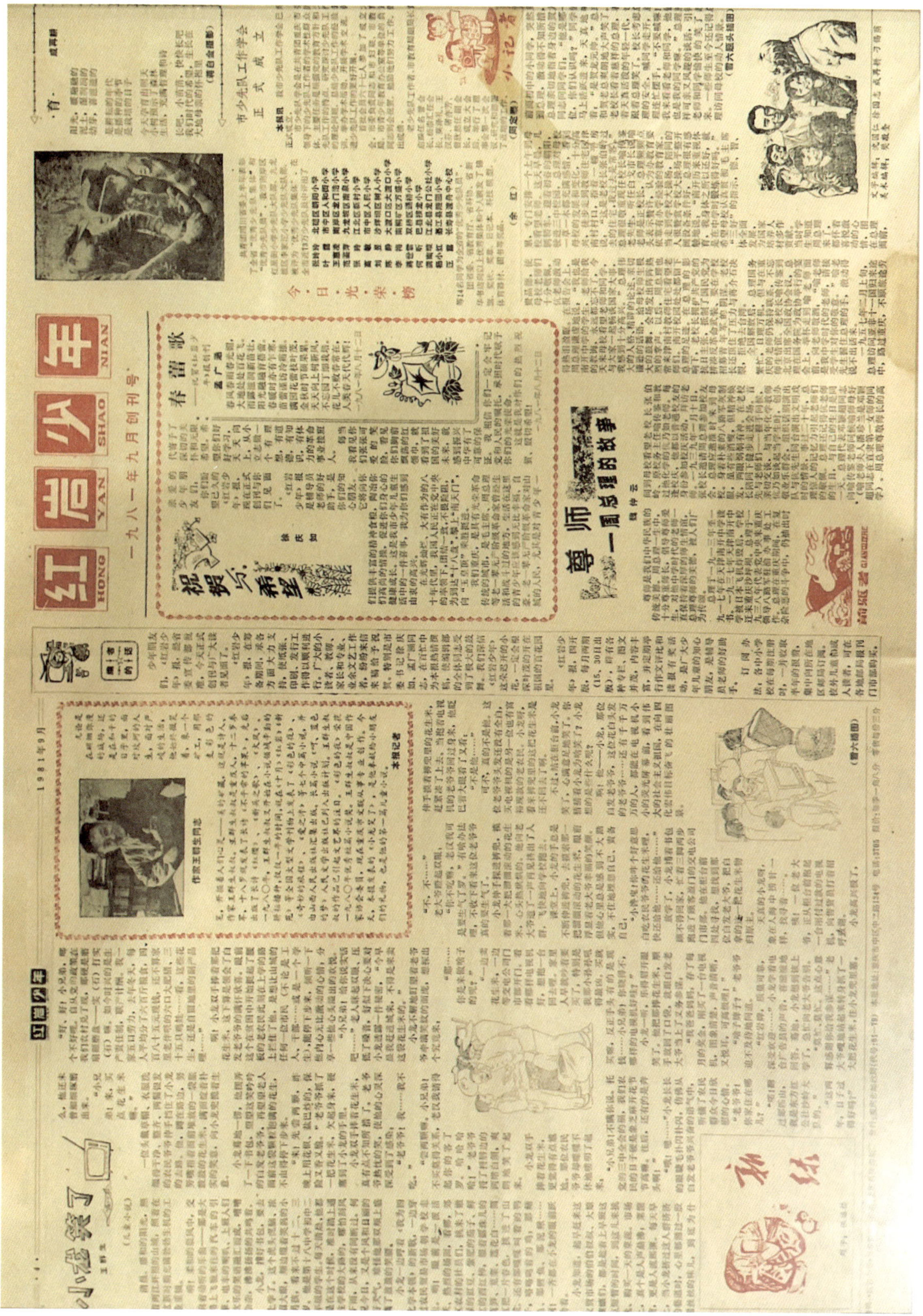
红岩少年
HONG YAN SHAO NIAN
一九八一年九月创刊号

《红岩少年》创刊号 第一版 第四版

《重庆农村报》

1983年创刊 《重庆日报》农村版 | 1986年定名 《重庆农村报》 | 1994年停刊 《重庆农村报》

1983年1月18日创刊

创刊报名《重庆日报》农村版

《重庆农村报》原为《重庆日报》农村版，于1983年1月18日创刊，1986年10月1日正式定名为《重庆农村报》。创刊以来，《重庆农村报》坚持政治服务、政策服务、科技服务、信息服务、生活服务的五个服务功能，办出自身特色。1994年12月30日，报纸停刊。

重庆农村报

热烈庆祝中华人民共和国成立三十七周年 1949 1986

面向农村 服务农村

中共十二届六中全会胜利召开

《重庆农村报》定名号 第一版

重庆农村报

在新的一年里 身体健康 万事如意 合家欢乐

重庆日报农村版 国内统一刊号 CN51-0005 1994年12月31日 第1440期 停刊号

向关心、支持、爱护、帮助《重庆农村报》的读者、作者和各界人士表示深切谢意

临别道情

——本报停刊致读者

《重庆农村报》停刊号 第一版

重庆日报

1983年1月18日 星期二

农村版

壬戌年腊月初五 大寒：腊月初七

第1号

天下大事

△国务院总理赵紫阳于去年十二月二十日出国，经过近一个月时间，对埃及、阿尔及利亚、摩洛哥、几内亚、加蓬、扎伊尔、刚果、赞比亚、津巴布韦、坦桑尼亚和肯尼亚等非洲十一国进行了访问。访问即将圆满结束。

△全国计划生育宣传月活动，从新年第一天起全面展开，目前已进入高潮。这项基本国策正在深入人心。

△全国全民义务植树工作会议一月五日在北京召开。去年十二月二十六日，邓小平同志在一份关于全民义务植树运动进展情况的报告中写了批语：「这个报告令人高兴。这件事，要坚持二十年，一年比一年好，一年比一年扎实。为了保证实效，应有切实可行的检查和奖惩制度。」

△中共中央宣传部等二十三个单位最近发出通知，要求一九八三年元旦、春节期间，深入开展「五讲四美」活动，突出地进行一次「提倡节俭，反对大办婚事，提倡男女平等、敬养老人，反对歧视虐待妇女老人，提倡相信科学，反对封建迷信，提倡健康的文化娱乐、反对赌博」的宣传教育。

中共重庆市委关于增出《重庆日报农村版》的决定

一九八三年一月三日

一、党的十一届三中全会以来，我市郊区农村通过拨乱反正，落实党对农村的一系列经济政策，逐步推行了以"大包干"为主要形式的联产承包责任制，涌现出一批专业户、重点户和农民自愿结合的新的经济联合体，商品经济生产蓬勃发展，整个农村出现了从自给性、半自给性生产转向专业化的具有历史意义的开端，形势一派大好，政治上欣欣向荣，经济上蒸蒸日上，生产连年获得丰收，农民的生活显著改善。广大农民群众在提高经济生活的同时，对政治文化生活更加关心。他们渴望了解党的政策，学习科学技术，丰富业余文化生活，培养教育好子女。因此，迫切需要一张适合农民需要，具有本地特色的农村报纸。过去《重庆日报》也刊登了一些农村稿件，但干部、群众普遍反映数量少，远远不能满足郊区四百多万农民群众的需要。为了适应形势发展的需要和农民群众的要求，市委决定从今年元月起，增出《重庆日报农村版》。

二、《重庆日报农村版》为一张四开综合性的小报。它的主要任务是：以党的十二大精神为指导，宣传党的方针政策，对农民进行共产主义思想教育，交流农林牧副渔、工商各业和农村经营管理的先进经验，传播科学技术和文化知识，介绍商品流通的动向和市场信息，活跃农村文化生活，反映农村的新气象、新面貌和农民的意见、要求，解答农民提出的问题，以推动农村的社会主义物质文明和精神文明建设。

三、《重庆日报农村版》要面向农村基层，面向广大农民群众和农村基层干部。既要突出"农"字，又要大力开拓报道面，丰富宣传内容。要按照农村的实际和农民的口味宣传党的方针政策，讲农民的身边事，说农民的心里话，抓农村的新问题，给农民当好参谋和顾问，使《农村版》力争成为农民的知心朋友。要重视报道的思想性、指导性，也要注意知识性。稿件要针对农村的实际，做到短小、精干、新颖、通俗。版面编排要生动活泼，图文并茂，为群众喜闻乐见。

四、我们的报纸，要靠全党来办，靠大家来办；要办好《重庆日报农村版》这张小报，也是这样。市郊农村的各级党组织和广大干部、群众都要满腔热情地支持这张小报，关心这张小报。要有计划有步骤地发展培养农村业余通讯员队伍，加强通讯队伍的思想建设和业务培训。要发动群众为这张小报写稿，并经常向报社反映情况，提建议，出主意，想办法，群策群力，把这张小报真正办成市郊农村广大基层干部和农民群众学习和交流经验的阵地。

五、要认真做好《重庆日报农村版》的发行工作。各区、县委要加强对发行工作的领导。邮政部门要做好发行工作。农业口各局和区、县机关的每个科室，各县辖区，各人民公社（乡）、大队、生产队，以及大队以上的社队企业，各基层供销社的门市部和信用社，农村各中小学校都要订阅《农村版》。同时，还要大力发动群众，特别是专业户、重点户、科技示范户都要订阅。邮政部门要努力提高服务质量，大力改进农村报刊投递工作，切实解决农村看报难的问题，真正做到报纸收订得起来，投递得下去。各级宣传部门还要把农村读报用报活动搞好，使这张小报能更好地发挥组织、鼓舞、激励、批判、推动的作用。

本刊自我介绍

（农村版编辑部）

本刊姓农，为农家服务。

向农民宣传党的方针政策，进行共产主义教育，传播科学技术和文化知识，交流农林牧副渔各业和农村经营管理先进经验，是我们的主要任务；介绍城乡商品流通动向和农贸市场信息，活跃农村文化生活，报道农村的新人新事新气象，反映农民的呼声，解答农民提出的问题，也是本刊应尽的职责。

我们坚持小报小办，使宣传紧密联系我市农村实际，讲农民身边的事，说农民心里的话。文字力求短小、实在、新颖、通俗，让农民看得懂，学得到，用得上。版面力求生动活泼，图文并茂。

我们渴望与广大农民和农村基层干部结交朋友，特别希望和专业户、重点户、科技示范户、农村知识青年、社队企业人员、农村商业人员、赤脚医生和科技教师结为知心朋友。欢迎你们为本刊写稿，介绍你们在生产上、工作上所取得的优异成绩和先进经验，宣传你们那里的好人好事好思想好作风；也欢迎你们给本刊写信，反映你们在政策上、技术上、生产上和思想上遇到的矛盾和困难，我们乐意给你们当参谋，作顾问。同时我们热情欢迎大家经常给我们提出意见和建议，帮助我们改进工作，把我们的报纸办好。

"大包干"责任制后出现前所未有的新局面

我市去年农业总产值增长9%

本报讯 我市农村认真贯彻党的各项经济政策，逐步推行和完善以"大包干"为主要形式的联产承包责任制，极大地调动了农民的积极性，使郊区农村出现了前所未有的新局面。

全市农业总产值预计达到十二亿元，比一九八一年增长百分之九左右。粮食生产获得连续第四个大丰收年，集体粮食总产量三十三亿八千万斤，比历史最高的一九七九年增长百分之六点六。多种经营的发展比过去大为加快，油菜总产量四千二百七十万斤，茶叶总产量六万担左右，成鱼产量一千零七十多万斤，均创历史最高水平，生猪和桑蚕产量也稳定增长，林业建设出现新的景象。社队企业比上年增长百分之二十三。随着生产的发展，农民收入不断上升，人平收入比上年可增加三十元以上，社员口粮人平可达七百斤。与此同时，农村的精神文明建设，改变了人们的精神面貌和人与人的关系。整个农业战线生机勃勃，广大农民喜气洋洋。

（熊庆元）

"今年又增加这个数"。

李菊向 摄

市郊农村办起三十四座电影院

本报讯 去年，我市农村主要依靠集体经济，又办起了十九座集镇和公社电影院。其中有巴县的青木、惠民、虎溪、元明、南彭、仁流，长寿县的云集、桃花、梓潼、太平、沙石，江北县的礼加、沙坪，綦江县的通惠，北碚区的东阳、龙凤、文星，九龙坡区的华岩，还有巴县跳蹬公社红旗大队在白沙陀镇办的影剧院。

这些电影院，设备都较好，一般每月放映十多部影片。

现在，全市农村集镇电影院，加上去年以前的十五座，共有三十四座。

（涂苏）

李海清 自出千多元 为群众修路

本报讯 璧山县凤凰公社黑龙一队社员李海清，实现了为群众修路的愿望。原来，李海清看到有一段三华里长的渠道修在隆龙到丁家场的大路上，来往行人只能走渠道的坎子，很不安全，早就想整修这段路。去年实行大包干到户的联产责任制后，他依靠菜种生产，一下子收入一千四、五百元。于是拿出一千二百一十元，请五名石工，开石板，整路面，为渠道加盖。从九月下旬开始，经过两个多月的施工，一条平坦的大道就修成了。

（罗忠泉）

巴县小坝公社五户社员联办抱房

本报讯 巴县小坝公社化龙三队徐有前等五户社员，集资一千元，办起了小鸡孵抱房。从去年十月份投产以来，已孵小鸡四千多只，出孵率达百分之八十七。每人月收入达九十五元。由于成活率高，服务周到，取得了群众信任。今年他们计划出孵小鸡两万只，已被订购了一万多只。

（李汉成）

为农民贩运开设班车

本报讯 江北区汽车队，为江北县农民贩运农副产品开设了两条班车：从观音桥至江北县石船区、观音桥至洛碛区两条线路的集市、夜市，每班客车还配备货车一至二辆，实行人货分载。每天晚上八点钟，班车由观音桥开出，第二天早晨五点半钟，又分别由石船、洛碛返回。到去年十二月三十一日止，两条线路已经运行了六十四车次，运客三千二百三十二人，载运了各种鲜活农副产品共二十二万多斤。

（本报通讯员）

怎样解决田土壁界畔纠纷

问：实行联产承包责任制后，由于田土壁壁没有包净而引起界畔纠纷的事，怎么解决？

社员 谢家福

答：对于这个问题的处理，可采取以下办法：

一、按历史习惯。有的地方是"上管下壁"，而有的地方又是"下不锁头，上不勾腰"。这就要根据当地的习惯来办了。

二、由生产队议订具体的规定，民主讨论，大家共同遵守。

三、如果未包净的非耕地面积较大，纠纷又较多的话，也可以进行丈量后承包。

四、在处理界畔纠纷时，无论是队与队、户与户之间，都要讲风格，互谅互让，不要为一点小小的界畔，争得不可开交，伤了和气，影响团结。

经文

《电脑报》

1992年1月3日创刊

《电脑报》于1992年1月3日创刊，聂荣臻同志题写报名。

《电脑报》坚持“普及计算机知识，提高全民族文化素质”的办报宗旨，始终保持“通俗、实用、专业”的内容特色，提出“大众化的专业媒体，专业化的大众媒体”的办报理念。2003年，电脑报社被列为全国文化体制改革试点单位之一，是重庆市被列入中央文化体制改革试点单位的文化企业。

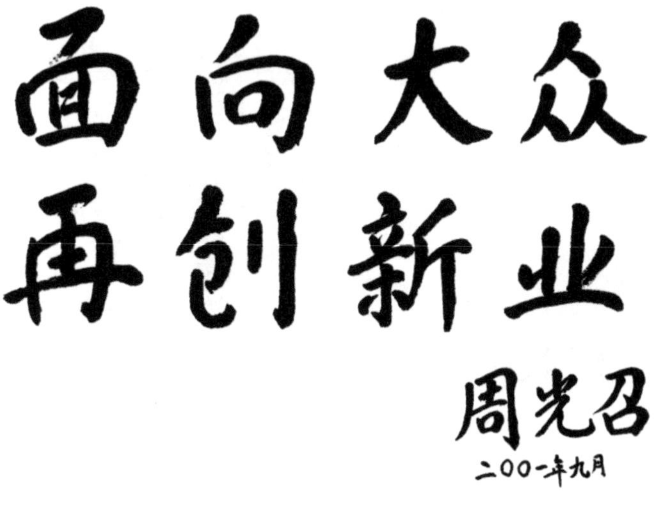

第九届全国人大常委会副委员长
两弹一星功勋奖章获得者
中国科学院副院长周光召
为《电脑报》题词

电脑報

适用于办公室、学校、家庭的计算机普及报

电脑报社主办 | 1992年1月3日 第1期 总第6期 | 统一刊号CN51—0107 邮发代号77—19

你的朋友《电脑报》
——创刊致读者

在举国上下宣传“科学技术是第一生产力”、万众一心向新科技革命进军的今天，我国第一份普及型计算机报——《电脑报》向你走来了。《电脑报》向全国各地的广大读者致敬，祝大家新年好！

我们面临着严峻的挑战。中华民族要在激烈的国际竞争中立于不败之地，必须把我国的高新技术搞上去，必须增强全民族的科技意识和科技素质，打破群众对高新技术的陌生感和神秘感。这个时候，《电脑报》向广大群众走来了。

电脑（即电子计算机）在现代社会中的作用、地位，如一位著名科学家所言：计算机是继自然语言和数学之后第三种对人一生都有重大影响的通用智力工具。在未来社会中，不会使用这一工具的人，无异是一种“新文盲”。因此，广大群众迫切要求学习电脑知识，掌握使用电脑的技能。于是，《电脑报》走来和你交朋友了。

《电脑报》以普及计算机知识，提高民族文化素质为宗旨。

《电脑报》面向办公室、学校、家庭的广大群众服务。

《电脑报》集实用性、知识性、趣味性、资料性于一体，力求通俗易懂、雅俗共赏。

总之，《电脑报》以满足最广大群众对电脑知识的渴求为目的。希望你能喜欢。

《电脑报》目标高远，但只能脚踏实地一步步走，愿你与《电脑报》风雨同舟。《电脑报》将开门办报，集纳广大读者的智慧，向你敞开心扉。

你的朋友——《电脑报》。

祝贺与希望

重庆市市长 孙同川

经国家新闻出版署批准，《电脑报》在重庆创刊了，我表示热烈的祝贺。

以计算机和微电子技术为特征的信息技术是当前国际竞争的热点，它影响着现代社会生活的各个方面，从家电产品、工厂自动化到企业的经营决策，都离不开它。没有我国自己的信息技术及其产业，我们就不可能在世界上取得平等对话的资格。因此，必须大力向群众宣传和介绍电脑和微电子技术，促进信息技术及信息产业的发展。在这样的背景下，创办《电脑报》这样普及性的计算机报，向广大群众普及计算机及微电子技术知识，打破其神秘感，是非常必要、非常及时的。

重庆，作为我国重要的大工商业城市，长江上游的经济中心，应当努力为我国的经济发展，作出更大的贡献。我们要依靠科技振兴重庆。

重庆，又是一个老工业城市，改造传统产业的任务很重。改造传统产业很重要的一点，就是要充分利用电子信息技术。因此，我希望《电脑报》在普及电子信息技术、提高我市劳动者素质方面发挥作用，为科技兴渝作出应有的贡献。

千里之行，始于足下。我希望《电脑报》从一创刊起就办出特色，而且一期比一期办得好，真正成为广大群众了解电子信息技术、学习计算机知识的良师益友。

祝賀《電腦報》創刊

中国計算机学会
辛未冬月

普及電腦知識
迎接信息時代

祝电脑报发行
張致祥

我与电脑三年交

韶华

电脑写作

从1988年11月至今，我与电脑结交三年了。现在，对这位我的“朋友”和得力“助手”，想说些什么呢？

我首先想说，三年来，我用电脑写作了一部长篇小说《三角红黄白》，几部中篇小说，十几个短篇小说，几十篇报告文学、散文、杂文、寓言，而为朋友作品集写的序言、书信，可以开列一篇长长的目录。总计大约有一百多万字。可以说，用电脑写作获得了丰收。

其次，它把我从写稿、修改、抄稿、再改、再抄的这种既繁琐又须极端认真的“爬格子”劳动中解放出来了。写作中得到了无穷的乐趣。

再次，到了象我这样“66”大顺的年纪，除了正常的身体锻练之外，还需要手脑并用的锻练，以增加机体反映的灵敏度和延迟脑子的老化。电脑写作这种手脑并用的劳动，比玩“健身球”要有效多了。我在写作之余，还常常打开电脑，和这位“朋友”下下围棋、象棋，或者玩玩其它的电子游戏，它成了我的一种很有趣的健身工具。

过去，我当然是用笔写作的。把稿纸铺在桌上，拿起笔来，随即产生灵感；乍然坐在电脑前写作，灵感忽然不见了。“习惯”、“习惯”，总是先“习”而后“惯”。现在，我已经很习惯了。我是一个星期学会，一个月内熟悉，写了若干作品之后运用自如的。现在，即使写一封短信，总想打开电脑，懒得用笔了。

《电脑报》记者来采访，要我就《电脑报》的创刊说几句话。我想，我们已经进入了电脑时代，或者叫作信息时代，电脑即将走进千家万户，它会象电冰箱、彩电一样普及。作家、记者、编辑、教师、学者、文秘人员以及一切需要写汉字的人，电脑必将成为他们不可缺的家电成员。目前，我的电脑仅仅是用它写作的一种功能，其实，它还可以在许多方面成为我家中的得力助手，只是还没有开发。就是在电脑写作方面，我也常常接到一些想用或刚用电脑工作的朋友、同志的来信和电话，提出这样和那样的问题。用电脑比起电冰箱、彩电当然要复杂。他们迫切需要一个普及电脑的报纸加以指导。在此时，《电脑报》的创刊，是很必要的。我想，不要很久，《电脑报》就会成为千家万户的良师益友。

在同志和朋友的来信和电话中，也常常提出一些不成问题的问题，比如哪里有卖电脑的？多少钱一台？好学吗？等等。他们提出的某些问题，只要多少留意一下广告，就会迎刃而解。今年我在北京参观过两＊＊＊＊＊＊＊个电脑和电子产品展览会。电脑产品的牌子、型号、厂家之多，用农贸市场来形容这两个展览会的景况，不算过分。其价钱已经和彩电、冰箱不相上下了。

我还想说：用电脑写作，需要一个好的编码方法（或叫中文输入方法）。目前已经发明的编码方法，约有五六百种之多。早几年所推出的编码方法，由于对不能使用中文电脑有了突破，起过重大的历史性、革命性的作用。可是有些方法因比较难学，需要死记硬背的“信息量”较大（年轻人尚且需要进学习班，学习一二个月），其难度使好多人望而生畏，已成为阻碍电脑普及、推广的一种障碍。随着新的更加科学、迅速、易学、难忘的编码方法的不断推出，好的输入方法应该得到推广。《电脑报》在这方面也是大有可为的。

不要对电脑有神秘感，不要拒绝这种现代科学结晶的工具。不用不知道，一用真奇妙。请君一试！

图片说明：正在操作的是著名作家、原中国作家协会书记处书记韶华同志，旁边是表形码研制者陈爱文同志。

软件服务台

·中小学学生德育鉴定管理系统
·拼音词组输入程序
·FOXBASE的反编译程序
（内容续二、三版中缝）

短波

▲据世界半导体贸易公司统计，由于膝上型机、掌上型机、高速工作站等技术的发展使世界半导体需求激增，去年底，世界半导体市场达550余亿美元，较1990年增长10.4%，据预计在今后的2年中都将以2位数持续增长。

＊＊＊＊＊＊＊＊＊

▲据报道，10年前微机刚刚诞生之初，美国仅有23万台计算机，而今美国已拥有计算机5500万台，占全世界计算机总数1.1亿台的一半。

▲据日本通产省的调查，日本1980年的软件销售额约为6700亿日元，1990年增长到5.87万亿日元，10年增长了8倍，平均增长率达24.3%，而同期日本国民生产总值年增长率为6%。

▲继世界PC机市场的霸主IBM和Compaq等售价相继大幅度下调30%后，联想集团顺应国际市场的变化，其386机种也降价30%。

▲艺高3.5英寸磁盘机去年5月销售以来，已向国外销售12万台，成为目前唯一能批量供货的非日本厂家。目前99%的磁盘机市场为日本所占。

▲新加坡过去10年在推进电脑化和发展信息科技取得显著成绩，已有1／5的家庭拥有个人电脑；2／3雇用超过10名雇员的商业部门使用电脑；已培养电脑专业人才1万多名，每年培训人数达1500名；几乎所有政府部门都进行电脑化，减少公共服务部门人数5000名以上。

本版编辑 李小洪

《电脑报》创刊号 第一版

《重庆法制报》

1982年创刊
《重庆司法》

1985年更名
《重庆法制报》

1982年12月15日创刊
创刊报名《重庆司法》

《重庆法制报》于1986年7月1日创刊，前身为创刊于1982年12月15日的《重庆司法》。1985年1月5日，《重庆司法》更名为《重庆法制报》。

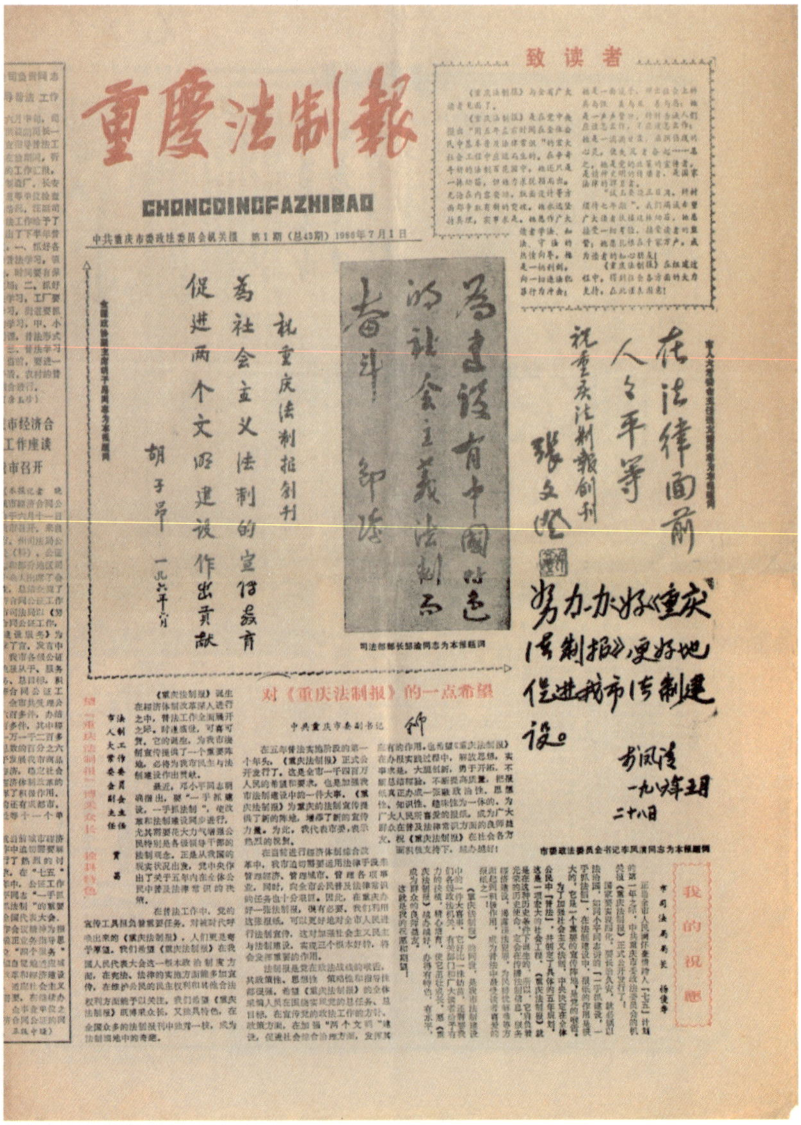

《重庆法制报》创刊号 第一版

《重庆司法》试刊号 第一版 第四版

《重庆经济报》

1999年创刊 《重庆经济报》　2005年休刊 《重庆经济报》

1999年1月1日创刊

《重庆经济报》创刊于1999年1月1日，是面向全国发行的一张综合类经济日报，该报休刊于2005年11月30日。

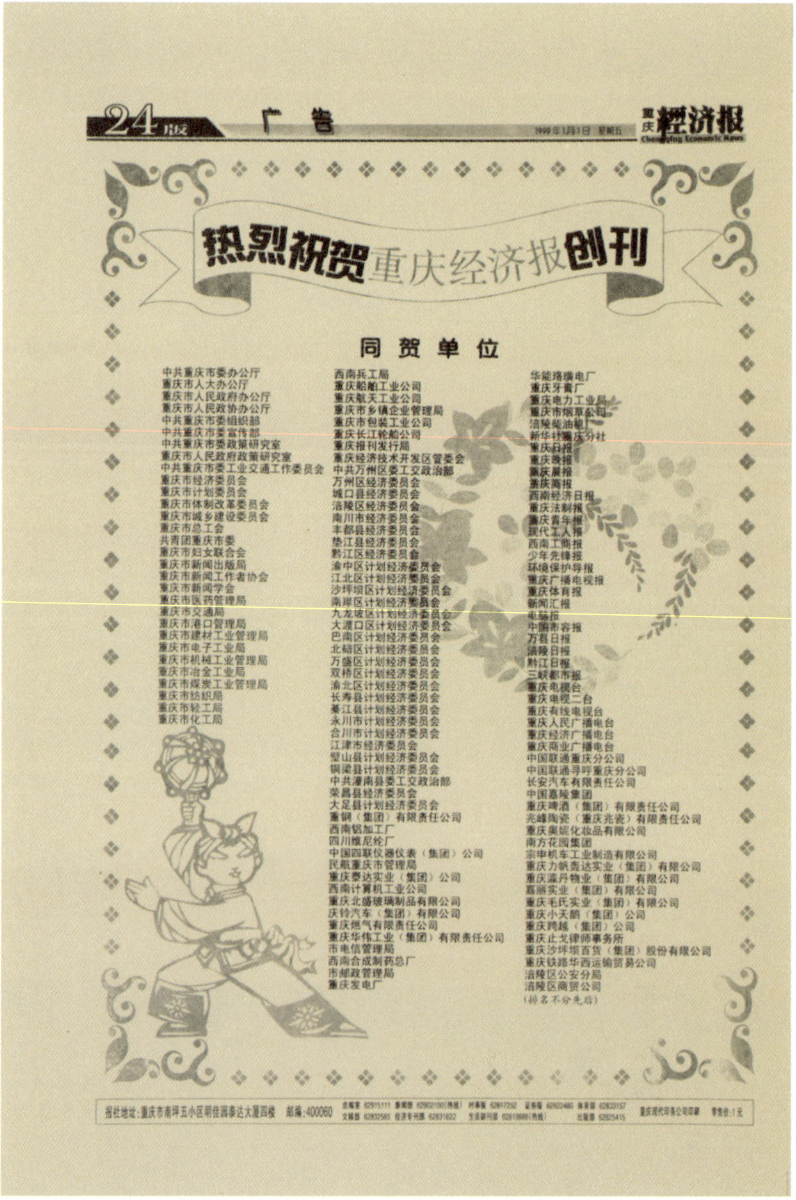

24版　广　告　1999年1月1日　星期五　重庆经济报 Chongqing Economic News

热烈祝贺重庆经济报创刊

同贺单位

中共重庆市委办公厅
重庆市人大办公厅
重庆市人民政府办公厅
重庆市人民政协办公厅
中共重庆市委组织部
中共重庆市委宣传部
中共重庆市委政策研究室
重庆市人民政府政策研究室
中共重庆市委工业交通工作委员会
重庆市经济委员会
重庆市计划委员会
重庆市体制改革委员会
重庆市城乡建设委员会
重庆市总工会
共青团重庆市委
重庆市妇女联合会
重庆市新闻出版局
重庆市新闻工作者协会
重庆市新闻学会
重庆市医药管理局
重庆市交通局
重庆市港口管理局
重庆市建材工业管理局
重庆市电子工业局
重庆市机械工业管理局
重庆市冶金工业局
重庆市煤炭工业管理局
重庆市纺织局
重庆市轻工局
重庆市化工局

西南兵工局
重庆船舶工业公司
重庆航天工业公司
重庆市乡镇企业管理局
重庆市包装工业公司
重庆长江轮船公司
重庆报刊发行局
重庆经济技术开发区管委会
中共万州区委工交政治部
万州区经济委员会
城口县经济委员会
涪陵区经济委员会
南川市经济委员会
丰都县经济委员会
垫江县经济委员会
黔江区经济委员会
渝中区计划经济委员会
江北区计划经济委员会
沙坪坝区计划经济委员会
南岸区计划经济委员会
九龙坡区计划经济委员会
大渡口区计划经济委员会
巴南区计划经济委员会
北碚区计划经济委员会
万盛区计划经济委员会
双桥区计划经济委员会
渝北区计划经济委员会
长寿县计划经济委员会
綦江县计划经济委员会
永川市计划经济委员会
合川市计划经济委员会
江津市经济委员会
璧山县计划经济委员会
铜梁县计划经济委员会
中共潼南县委工交政治部
荣昌县经济委员会
大足县计划经济委员会
重钢（集团）有限责任公司
西南铝加工厂
四川维尼纶厂
中国四联仪器仪表（集团）公司
民航重庆市管理局
重庆泰达实业（集团）公司
西南计算机工业公司
重庆北盛玻璃制品有限公司
庆铃汽车（集团）有限公司
重庆燃气有限责任公司
重庆华伟工业（集团）有限责任公司
市电信管理局
西南合成制药总厂
市邮政管理局
重庆发电厂

华能珞璜电厂
重庆牙膏厂
重庆电力工业局
重庆市烟草公司
涪陵柴油机厂
新华社重庆分社
重庆日报
重庆晚报
重庆晨报
重庆商报
西南经济日报
重庆法制报
重庆青年报
现代工人报
西南工商报
少年先锋报
环境保护导报
重庆广播电视报
重庆体育报
新闻汇报
电脑报
中国市容报
万县日报
涪陵日报
黔江日报
三峡都市报
重庆电视台
重庆电视二台
重庆有线电视台
重庆人民广播电台
重庆经济广播电台
重庆商业广播电台
中国联通重庆分公司
中国联通寻呼重庆分公司
长安汽车有限责任公司
中国嘉陵集团
重庆啤酒（集团）有限责任公司
兆峰陶瓷（重庆兆瓷）有限责任公司
重庆奥妮化妆品有限公司
南方花园集团
宗申机车工业制造有限公司
重庆力帆轰达实业（集团）有限公司
重庆瀛丹物业（集团）有限公司
嘉丽实业（集团）有限公司
重庆毛氏实业（集团）有限公司
重庆小天鹅（集团）公司
重庆跨越（集团）公司
重庆止戈律师事务所
重庆沙坪坝百货（集团）股份有限公司
重庆铁路华西运输贸易公司
涪陵区公安分局
涪陵区商贸公司
（排名不分先后）

报社地址:重庆市南坪五小区明佳园泰达大厦四楼　邮编:400060　零售价:1元

《重庆经济报》创刊号　第二十四版

重庆 經济报

创刊号 第1期 Chongqing Economic News

国内统一刊号CN51—0062 (代号77—11) 今日16版

1999年1月1日 星期五

站在下一个千年的门槛上

——发刊词

《重庆经济报》诞生于千年之交的1999，这一点意味深长。

旧的正在过去，新的正在到来。我们这份全新的综合性经济类日报，将为三十万山城人民带来新世纪的声音。

一份好的报纸，所能做的，无非是忠诚地传达党和政府的方针、政策，真实地记录百姓的故事，准确地传达民众的呼声。我们的口号——党的工具，社会看点，百姓喉舌。

站在二十一世纪的门槛上，我们将紧贴社会跳动的脉搏，追赶时代经济浪潮，深入剖析平凡故事之后的不平凡的社会经济改革轨迹——《重庆经济报》，一份对历史负责的报纸。

在中共重庆市委工交工委、重庆市经委的主管主办下，《重庆经济报》面临着重庆直辖的新机遇，加盟到经济建设、改革开放的大潮中，指导全市经济工作，服务全市经济生活。

重庆经济报与二十一世纪的重庆拥有同样的灿烂和光明！

本报编辑部

快，抓住世纪末的尾巴

希望·梦想·打算，街头百姓短语厚望寄新年

伴随着新年的钟声，本世纪的最后一个年头向我们走来。这一年在百姓心中有着怎样的位置和份量呢？请看本报"零点行动"记者发回的报道。

标题新闻

为世界的更加美好而共同努力！

——江泽民发表新年讲话

"朝天巨舰"横空出世

大门朝天迎笑脸

这钟赖在1998不走

新闻热线：62902100

中国电信

135 136 137 138 139

重庆市移动通信局

市民密切关注"毒黄鳝"追踪

他们愤怒了

●追踪"毒黄鳝"

○市民备忘○

虎

逻辑炸弹即将爆炸

洋专家造洋祸被遣回洋家

《重庆电力报》

1980年创刊 《重庆电力》 | 1984年更名 《重庆电力报》 | 2015年停刊 《重庆电力报》

1980年3月创刊

创刊报名《重庆电力》

《重庆电力》报创办于1980年3月。1984年11月9日李鹏同志来渝视察重庆发电厂扩建工程时，为该报题写报名“重庆电力报”。2015年10月22日，《重庆电力报》停刊。

重慶電力報

川东电业局主办

1984年12月25日 第21期 总第126期

在改革精神的指引下

重庆电力印刷厂越搞越活

局已评选出席表彰会的先进集体

今年用于职工教育的经费约二十八万余元

全局“双补”任务提前一年完成

局工会团委本报编辑部联合举办

为改革献计献策有奖活动

重庆市电机工程学会召开年会

春节前广泛开展为职工做好事送温暖活动

重厂获热工监测仪表工作赛第一名

经济承包好处多

《重庆电力报》总第126期 第一版

重慶電力

CHONGQING DIANLI

1980年3月22日　　第一期

华蓥山电厂是我省新近投产的一个大型火电厂，第一期工程装机容量为十二万千瓦。图为运行中的一、二号机组。

缪经纶　摄

各单位党委认真学习五中全会公报

决心创安全生产新水平

党的十一届五中全会公报发表后，重庆电业局所属各单位党委认真组织了学习讨论，一致表示坚决拥护五中全会所作出的各项决议，更加紧密地团结在党中央的周围，同心同德搞四化，以实际行动迎接党的十二大的召开。

重庆发电厂党委的同志在学习讨论中说，五中全会作出的一系列加强和改善党的领导的决策，是提高党的战斗力，使四化建设得以顺利进行的重要保证。决心在五中全会精神的鼓舞下，带领全厂职工全面完成各项计划，在安全生产四百八十天的基础上，再创安全生产新记录。

长寿发电厂党委的同志在学习公报中读到，五中全会决定的件件都是大事情，条条都是好消息，完全符合党心、民心。特别对刘少奇同志平反感到欢欣鼓舞。大家说，平反刘少奇同志冤案，表明了我们党是实事求是，有错必纠，严肃认真，光明磊落的马克思主义政党，表明了我们党是有战斗力的。厂党委表示要进一步领会公报精神，搞好生产，创安全生产六百天的记录，为四化多作贡献。

达县供电局党委在学习讨论公报时说，全会增选胡耀邦、赵紫阳同志为中央政治局常委，设立中央书记处，是党中央的英明决策。这些同志年富力强，经验丰富，都是大干四化的实干家，实现四化大有希望。他们在讨论中还谈到，五中全会公报给他们正在开展的调资工作带来了东风，大家认识到，只要中央有这样强的领导班子，形势发展是快的，职工调资升级的好事今后有的是，因此有力地促进了调资工作的顺利进行。

创刊词

在局党委的领导下，在广大职工的大力支持下，《重庆电力》在八十年代的第一个春天创刊了。让我们祝愿她沐浴着春天的阳光健康地成长吧！

《重庆电力》是局党委的喉舌。她的指导思想是坚持马列主义、毛泽东思想，认真贯彻执行党的政治路线，以电力生产为中心，大力宣传有利于四项基本原则，有利于安定团结，有利于四化建设，有利于安全生产的人和事，使《重庆电力》成为系统广大职工向四化进军的号角和促进各项工作发展的重要思想舆论阵地，把广大职工的注意力吸引到四化建设上来，大干四化，为四化建设当好"先行官"。

《重庆电力》的主要任务是正确宣传党的路线、方针、政策，宣传八十年代的三件大事和实现四化的四个前提，及时传达局党委的指示和工作部署，热情赞颂在四化建设中做出优异成绩的模范人物、先进标兵的好思想、好作风，大力推广企业管理和工业学大庆的先进经验，认真传播广大职工在增产节约、挖潜革新和安全、经济、多发、多供电中所取得的新经验、新技术、新发明、新成绩，积极支持广大职工的合理化建议，注意反映群众的要求和意见，关心群众生活，正确开展批评和自我批评。

我们力求把《重庆电力》办得生动、活泼，内容丰富，形式多样，，让她最大限度地发挥作用。而要做到这一点，必须贯彻"全党办报、群众办报"的方针。因此，希望各级党的组织，希望有关部门和广大职工大力支持，积极投稿，把《重庆电力》办好，以激励系统广大职工为四化建设作出更大的贡献。

为动员系统女职工大干四化

局工会召开「三八」红旗集体「三八」红旗手表彰大会

重庆电业局工会为了动员系统女职工在八十年代大干四化、大显身手，于三月十日召开了三八红旗集体、三八红旗手表彰大会。会议认真学习了党的十一届五中全会公报和邓小平同志关于目前形势和任务的报告，大会向一百五十一名三八红旗集体和三八红旗手发了奖，十二个先进集体和先进个人代表在会上发了言。发言的同志一致谈到，八十年代是实现四化的关键，妇女要在八十年代大显身手。妇女需要四个现代化，四个现代化需要妇女。没有四个现代化，妇女的地位就要丧失，合法权益就没有保障。因此，妇女一定要在八十年代大显身手，为党为国争气，尽快把我国建设成为社会主义现代化强国。

局党委付书记王彦功同志在会上讲了话，他勉励大家再接再励，勤奋学习政治，学习文化，学习科学技术，努力掌握现代化知识，把聪明才智最大限度地发挥出来。每个同志要树立一切为了四个现代化，一切围绕四个现代化，一切服从四个现代化的思想，做安定团结的促进派，促四化建设的促进派，为电力生产安全、经济、多发、多供作出更大的贡献。

（局工会）

光荣榜

出席重庆市七九年度先代会先进集体和先进个人

今年二月二十二日，局系统共二十三个先进集体和个人出席了重庆市一九七九年度先代会。

先进集体是：重庆发电厂、重庆发电厂锅炉车间、重庆发电厂化学运行三班、重庆发电厂东机运行一班、长寿发电厂桃花溪发电所、长寿发电厂试验室继电保护班、华蓥山发电厂燃运检修班、重庆供电局调安队、重庆供电局修试场油务班、重庆供电局双山变电站。

先进个人：胡先良　李世通　肖国伟　张烈民　丁学安　郝庭云　王渝乐　汤洪英　黄治章　王春联　吴德修　袁红英

重庆发电厂锅炉泥工班班长胡先良带领全班同志回收、利用废旧保温材料，节约资金近八万元，被评为重庆市七九年度先进生产者。

范点寿　摄

抓住安全不松手　完成任务有保证

重庆发电厂一二月份超额完成国家计划

重庆发电厂紧紧抓住安全不松手，今年一二月份又全面超额完成国家计划，比去年同期多发电五百四十万度，增长百分之一点五三。厂用电率降低百分之零点零三，节电十一万四千五百度，供电煤耗每度电降低三克，节约标准煤九百八十七吨。

今年一开始，重庆发电厂的各级领导和专责技术干部就深入第一线，了解运行和设备情况，针对影响安全生产的薄弱环节，有目的地开展反事故斗争。在春节公用系统检修时，各车间运行人员根据厂里安排的反事故斗争项目，开展了有声势的反事故斗争。今年一二月份全厂共进行反事故斗争一百三十四次，四百八十人次参加，形成了人人讲安全、重视安全的良好风气。在设备检修中，这个厂很注意设备的改进，凡是布局不合理、不利于安全、威胁着安全生产的设备在检修时大胆地加以改进。西厂五至八号机原疏水管位置不妥，汀机时常有大量汽水冲击发电机引出线，严重威胁着西厂的安全生产。在检修时，汽机、土木等车间互相配合，不怕困难，将疏水管重新改道，消除了这一重大隐患，确保了设备的安全运行。

（范点寿）

黑石子变电站安全运行十四年

重庆供电局城区供电所黑石子变电站，牢固树立安全第一的思想，从一九六五年投产以来，安全运行十四年无事故。

这个站能安全运行十四年主要抓了两件事：一是严格贯彻执行规程制度。十四年来全站开操作票二千四百五十六张，合格率为百分之九十九点九四，操作步数达到二万四千七百一十二步，正确处理雷击和系统引起的事故跳闸八百二十六次，做到了千次操作无差错。二是精心操作，把事故消灭在发生之前。十四年来他们发现设备缺陷一千零二十五起，值班员自己处理缺陷三百六十四起。（朱自成段含久）

处处为用户着想

南充供电局城区供电所校表组是由几个女同志组成的。她们对电表的每项试验从不马虎，校出的电表计度准确，无虚动、无倒转、无停走的现象，深受用户好评。目前，农村出现干旱，急需装表抽水，她们放弃中午休息，电表随到随校。同时，她们还抽出人员，上门校表，方便用户。在工作中，她们发扬"一厘钱"精神，到绸厂垃圾堆里检回废钢棕代替封表的钢丝。电表里的钢珠磨平了，她们想法把钢珠翻面使用。电表里的线圈烧坏了，换一只新的要七、八元，她们重新绕制，只收一元多钱的工时费。从一月份到现在，这个组共校表七百多只，超出定额一倍多。（杜代康）

《重庆电力》创刊号　第一版

《中国供水节水》

1985年创刊 《城镇供水》 | 1988年更名 《供水节水报》 | 1993年更名 《中国供水节水》

1985年9月15日创刊

创刊报名《城镇供水》

《中国供水节水》前身为创刊于1985年9月15日的《城镇供水》，是全国水务行业唯一面向全国行业交流的报纸。

1985年中国城镇供水协会在北京成立，决定创办会报。会报由重庆市自来水公司承办，定报名为《城镇供水》。

1985年9月15日试刊，1986年1月正式出版，1988年《城镇供水》报更名为《供水节水报》，1993年，《供水节水报》更名为《中国供水节水》。

中国供水节水
ZHONGGUO GONGSHUI JIESHUI
中国城镇供水协会主办 全国同行业发行 星期三、六出版
http://www.cnwaternews.com 2002年1月1日 总第1089期 E-mail:zggsjs@163.net

三峡库区污水治理工程启动
首批项目投资23亿元建19座污水处理厂

马到成功
二〇〇二年元旦献辞

广而告之
——2002一版编辑有约

明确指导思想 制订十大目标
福山水司提出二〇〇二年工作思路

恭贺新年
向广大读者作者

京水集团
八资天宫隆

《中国供水节水》总第1089期 第一版

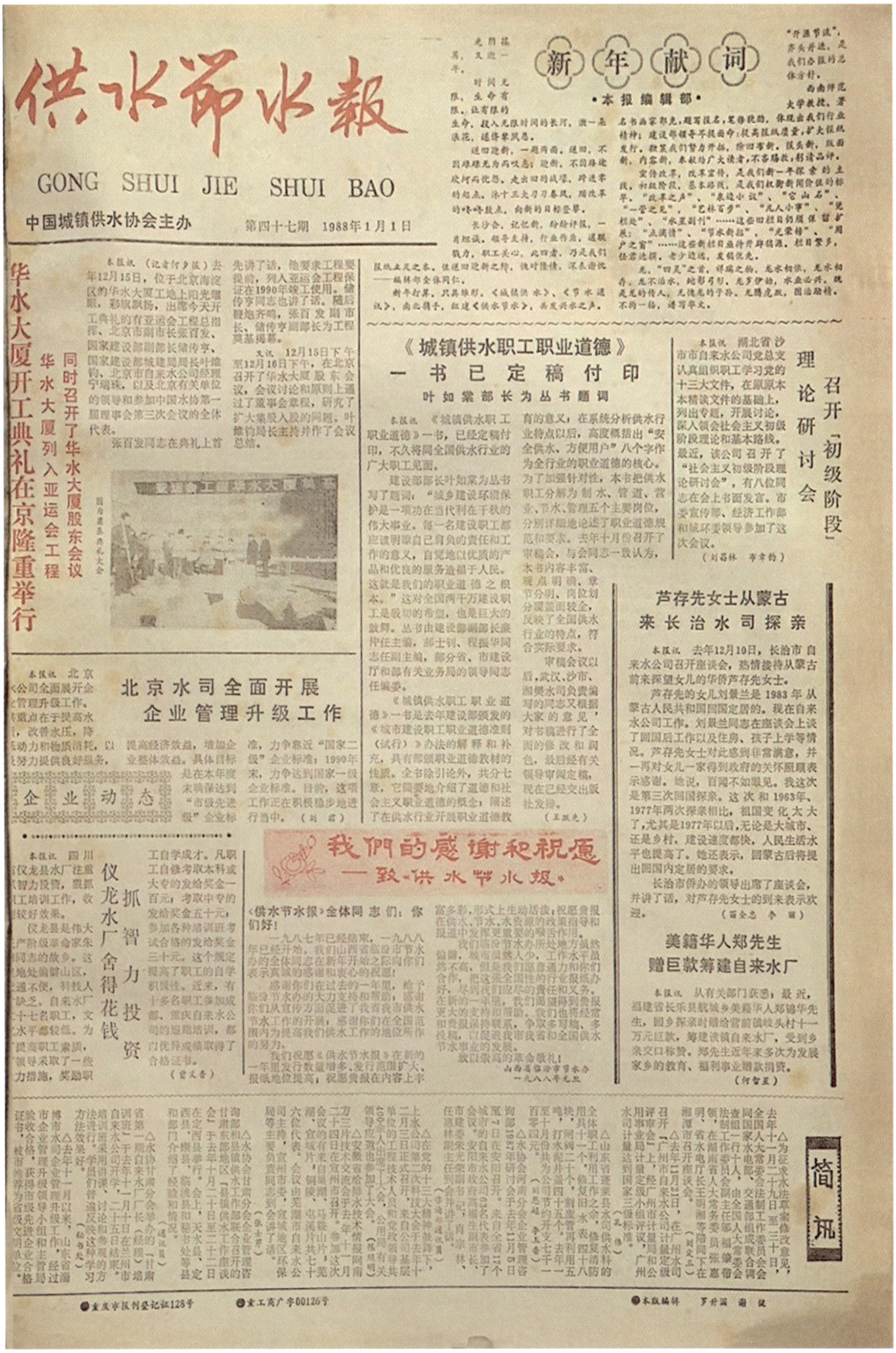

供水节水报

GONG SHUI JIE SHUI BAO

中国城镇供水协会主办　第四十七期　1988年1月1日

新年献词

·本报编辑部·

华水大厦开工典礼在京隆重举行

同时召开了华水大厦股东会议

华水大厦列入亚运会工程

本报讯（记者何乡政）去年12月15日，位于北京海淀区的华水大厦工地上阳光灿烂，彩旗飘扬，出席今天开工典礼的有亚运会工程总指挥、北京市副市长张百发、国家建设部副部长储传亨、国家建设部城建局局长叶维钧、北京市自来水公司经理宁瑞珠，以及北京有关单位的领导和参加中国水协第一届理事会第三次会议的全体代表。

张百发同志在典礼上首先讲了话，他要求工程要提前，列入亚运会工程保证在1990年竣工使用。储传亨同志也讲了话。随后鞭炮齐鸣，张百发副市长、储传亨副部长为工程奠基揭幕。

又讯　12月15日下午至12月16日下午，在北京召开了华水大厦股东会议，会议讨论和原则上通过了董事会章程，研究了扩大集股入股的问题。叶维钧局长主持并作了会议总结。

图为奠基典礼大会

北京水司全面开展企业管理升级工作

本报讯　北京……公司全面展开企……管理升级工作。……重点在于提高水……，改善水压，降……动力和物质消耗，以……努力提供良好服务，提高经济效益，增加企业整体效益。具体目标是在本年度末确保达到“市级先进级”企业标准，力争靠近“国家二级”企业标准；1990年末，力争达到国家一级企业标准。目前，这项工作正在积极稳步地进行当中。（刘　岩）

企业动态

仪龙水厂舍得花钱抓智力投资

本报讯　四川……仪龙县水厂注重……智力投资，狠抓……职工培训工作，收……较好效果。

仪龙县是伟大……产阶级革命家朱……同志的故乡。这……地处偏僻山区，……通不便，科技人……缺乏。自来水厂……十七名职工，文……水平都较低。为……提高职工素质，……领导采取了一些……力措施，奖励职工自学成才。凡职工自修考取本科或大专的发给奖金一百元；考取中专的发给奖金五十元；参加各种培训班考试合格的发给奖金三十元。这个规定提高了职工的自学积极性。近来，有十多名职工参加成都、重庆自来水公司的短期培训，都以优异成绩取得了合格证书。（曾文秀）

《城镇供水职工职业道德》一书已定稿付印

叶如棠部长为丛书题词

本报讯　《城镇供水职工职业道德》一书，已经定稿付印，不久将同全国供水行业的广大职工见面。

建设部部长叶如棠为丛书写了题词：“城乡建设环境保护是一项功在当代利在千秋的伟大事业。每一名建设职工都应该明确自己肩负的责任和工作的意义，自觉地以优质的产品和优良的服务造福于人民。这就是我们的职业道德之根本。”这对全国两千万建设职工是殷切的希望，也是巨大的鼓舞。丛书由建设部副部长廉仲任主编，郝士钊、程振华同志任副主编，部分省、市建设厅和部有关业务局的领导同志任编委。

《城镇供水职工职业道德》一书是去年建设部颁发的《城市建设职工职业道德准则（试行）》办法的解释和补充，具有部颁职业道德教材的性质。全书除引论外，共分七章，它简要地介绍了道德和社会主义职业道德的概念；阐述了在供水行业开展职业道德教育的意义；在系统分析供水行业特点以后，高度概括出“安全供水、方便用户”八个字作为全行业的职业道德的核心。为了加强针对性，本书把供水职工分解为制水、管道、营业、节水、管理五个主要岗位，分别详细地论述了职业道德规范和要求。去年十月份召开了审稿会，与会同志一致认为，本书内容丰富、观点明确、章节分明、岗位划分覆盖面较全，反映了全国供水行业的特点，符合实际要求。

审稿会议以后，武汉、沙市、湘樊水司负责编写的同志又根据大家的意见，对书稿进行了全面的修改和润色，最后经有关领导审阅定稿，现在已经交出版社发排。（王振先）

召开“初级阶段”理论研讨会

本报讯　湖北省沙市市自来水公司党总支认真组织职工学习党的十三大文件，在原原本本精读文件的基础上，列出专题，开展讨论，深入领会社会主义初级阶段理论和基本路线。最近，该公司召开了“社会主义初级阶段理论研讨会”，有八位同志在会上书面发言。市委宣传部、经济工作部和城环委领导参加了这次会议。（刘昌林　李常钧）

芦存先女士从蒙古来长治水司探亲

本报讯　去年12月10日，长治市自来水公司召开座谈会，热情接待从蒙古前来探望女儿的华侨芦存先女士。

芦存先的女儿刘景兰是1983年从蒙古人民共和国回国定居的。现在自来水公司工作。刘景兰同志在座谈会上谈了回国后工作以及住房、孩子上学等情况。芦存先女士对此感到非常满意，并一再对女儿一家得到政府的关怀照顾表示感谢。她说，百闻不如眼见。我这次是第三次回国探亲。这次和1963年、1977年两次探亲相比，祖国变化太大了，尤其是1977年以后，无论是大城市、还是乡村，建设速度都快，人民生活水平也提高了。她还表示，回蒙古后将提出回国内定居的要求。

长治市侨办的领导出席了座谈会，并讲了话，对芦存先女士的到来表示欢迎。（苗全忠　李丽）

美籍华人郑先生赠巨款筹建自来水厂

本报讯　从有关部门获悉，最近，福建省长乐县航城乡美籍华人郑锦华先生，回乡探亲时赠给营前镇岐头村十一万元巨款，筹建该镇自来水厂，受到乡亲交口称赞。郑先生近年来多次为发展家乡的教育、福利事业赠款捐资。（何智星）

我們的感謝和祝愿

——致《供水节水报》

《供水节水报》全体同志们：你们好！

一九八七年已经结束，一九八八年已经开始。我们山西省临汾市节水办的全体同志在新年开始之际向你们表示真诚的感谢和衷心的祝愿！

感谢你们在过去的一年里，给予临汾节水办的大力支持和帮助，感谢你们从宣传方面促进了我省我市供水节水工作的开展；感谢你们在全国范围内为提高我们供水工作的地位所作的努力。

我们祝愿《供水节水报》在新的一年里发行数量增多、发行范围扩大、报纸地位提高，祝愿贵报在内容上丰富多彩，形式上生动活泼；祝愿贵报在供水、节水、水资源的政策指导和报道中发挥更重要的喉舌作用。

我们临汾节水办所处地方虽然偏僻，城市虽然人少，工作水平虽然不高，但是我们愿意通力和你们合作，把这张全国性的行业报纸办好，尽到我们应尽的责任和义务。在新的一年里，我们渴望得到贵报更大的支持和帮助。我们也将经常和贵报保持联系，争取多写稿、多投稿，以促进我市我省和全国供水节水事业的发展。

致以崇高的革命敬礼！

山西省临汾市节水办

一九八八年元旦

简讯

《供水节水报》第47期　第一版

《都市热报》

2011年12月22日创刊

2011年8月，中共重庆市委宣传部批复同意创办《重庆轻轨（地铁）报》，暂定报名《渝都轻轨》。2011年12月22日以《都市热报》正式创刊。《都市热报》秉承“价值阅读、开心生活”的办报理念，并成功创造“零投资”发展模式，实现全线覆盖，免费阅读，成为重庆轨道渠道内唯一具备媒体属性的宣传平台。2019年，获评重庆市报业融合创新先进单位。2020年，获评重庆市数字出版优秀企业。

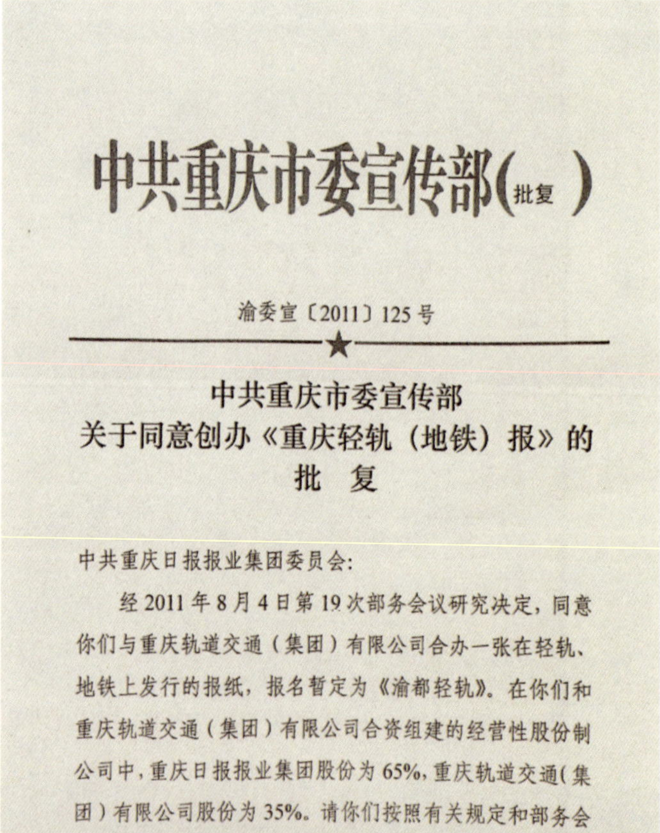
中共重庆市委宣传部（批复）

渝委宣〔2011〕125号

中共重庆市委宣传部
关于同意创办《重庆轻轨（地铁）报》的
批 复

中共重庆日报报业集团委员会：

经2011年8月4日第19次部务会议研究决定，同意你们与重庆轨道交通（集团）有限公司合办一张在轻轨、地铁上发行的报纸，报名暂定为《渝都轻轨》。在你们和重庆轨道交通（集团）有限公司合资组建的经营性股份制公司中，重庆日报报业集团股份为65%，重庆轨道交通（集团）有限公司股份为35%。请你们按照有关规定和部务会要求，始终将社会效益放在首位，认真思考策划，为广大乘客提供一张资讯多、可读性强的报纸。

中共重庆市委宣传部
关于同意创办《重庆轻轨（地铁）报》的批复

捷时代
重庆轻轨（地铁）免费报
METRO NEWS

都市热报

创刊号
价值阅读 开心生活
2011年12月22日 星期四
农历辛卯年十一月廿八
今日88版
热线电话:966988

重庆日报报业集团 重庆轨道集团 主办 重庆晚报编辑出版 国内统一刊号CN50-0020

今天，绝不是一次邂逅

——《都市热报》发刊词

请牵着我的手
在城市的旅途
这绝不是一次邂逅
冬天的风酝酿着悸动
你年轻的目光昭示
一场轰轰烈烈的爱情降临
从此以后
我渴望自己就是你每天站台的守候
那些漫漫长长的路不再寂寞
你指尖的每一丝温度
都会让我感觉到春日暖阳
带着晨曦带着我
穿越城市上空我们唱古老的歌：
这个世界什么都会老
只有爱情永远年轻

地铁1号线为何搁置了14年
政府为何要先修轻轨2号线
高层揭秘
33-64版

轻轨(地铁)1、2、3号线
轨道族(收)
都市热报
2011.12.22

福

总值班 廖伟 责编 杨飞 图编 程晨 美编 张天禹 责校 杨仁丽 邵玲

《都市热报》创刊号 第一版

第四部分

企业报

《重钢报》

1950年创刊
《钢铁报》

1963年停刊
《钢铁报》

1966年复刊
《重钢简讯》

1979年更名
《重钢报》

1950年10月24日创刊
创刊报名《钢铁报》

《重钢报》前身为1950年10月24日创刊的《钢铁报》。1963年,《钢铁报》停办。1966年,以《重钢简讯》复刊,并于1979年12月26日更名为《重钢报》。1993年7月2日经国家新闻出版署批准公开发行,成为重庆市唯一拥有公开发行刊号的企业报。1995年,《重钢报》获得“全国百优企业报”称号。

抗战期间,“重钢”前身“钢铁厂迁建委员会”还办有会刊《涛声》,该刊名是为纪念汉阳铁厂创办人张之洞,用其名号“香涛”命名得来。

采编工作会

早期办公楼

重钢报
CHONGGANG BAO
1979年12月26日 (星期三) 第1期

贺电

全党同心同德抓生产建设为打好实现四化第一战役而努力奋斗

《重钢报》创刊号 第一版 第三版

一九五〇年十月二十四日　鋼鐵報　星期二　第一版

鋼鐵報

第一期

第二十九兵工廠工會文教委員會編

本報啓事

在上次職工代表大會的時候，有許多熱心愛護廠報的同志們對於「工人之聲」提出了寶貴的意見，會後文教部即召集了各分支會的通訊員會議。在會議上除了對於原有工作進行了一番檢討外，并經議決：一、「工人之聲」自即日改爲「鋼鐵報」二、擴大通訊網的組織并成立了編輯委員會三、在廣播電台內修理一間房子作爲固定辦公室。現在這個小報誕生了，但是它的內容與編排都還存在許多缺點，所以希望各位同志多多批評，并把你們工作的情況與經驗克服困難的經過以及完成任務的情形都踴躍地寫出來送給我們好使它成爲美麗的大衆的園地的報紙。

消息

工會文教部將於本月廿七號放映電影，廿八、廿九號兩天有廿一廠京劇組爲擁救蘇北皖北災民徵募寒衣，售票演出，這次演出的京劇是一舉兩得的好事情，希望全廠工友弟兄，伸出熱情的手踴躍購票。

鋼軌場的職工代表

分班傳達了大會的精神

（本報訊）鋼軌場的職工代表回場後分班傳達了大會的精神，並把集體草案發給每一個工人，分組討論，大家又補充了一些意見，反覆修改了三次於本月十七日正式簽字，這個合同訂立後使大家對完成生產任務充滿了信心同上雙方保證的條件很明確，加強了行政上的責任心，工會對於領導生產也具體辦法，工人對於生產計劃瞭解得很清楚，每個人都有了具體的努力目標。……以工人的生產情緒很高。合同上規訂的有產量，質量與獎勵辦法。事實證明簽訂……體合同是搞好生產最好的辦法，希望各部都普遍簽訂集體合同。（傳斌）

水電部職工代表

開了會回來起些什麼作用

嘉義

本廠召開擴大職工代表大會，水電部在小組討論發現了很多問題，行政與工會辦事沒有照顧全面，致使各生產班工作不能推進，甚至員工鬧不團結，經過這次職工代表會開完回來就解決了幾個基本問題——民主運動之展開和各種制度。

（一）以行政同工會召開工會幹部職工代表及工管會委員會，傳達這次職工代表大會的精神和任務，並成立臨時主席團，通過主席團把大會精神同任務再深入到羣衆中去，同時醞釀召開全部員工大會，在這次會上，尤於行政與工會的檢討，引起員工在大會展開互相批評同自我批評檢討，吐露了從前互相攻擊鬧不團結的主要問題。

二、在這次全部大會高潮中，收集了羣衆許多意見和提案，根據這些意見與提案，開始訂立各種制度與規則合同：

拿最重要而顯明的鋼軌場服務組，因爲沒訂立各種制度與規則合同，連發生了很多事故，却找不出原因，也不知道誰負這個責任。修理9250 KVA變壓器一事技術領導缺乏預計與連繫，拖了中建公司很多時間，至到現在電不足用，這個責任該誰負，到臨頭只有互相推諉，所以這次使首先訂出責任制，專責制，懲獎制，操作規則，與其各部，嚴密合同，因此最近生產效率有初步成績。

鉤釘組帶回了職工代表大會精神生產提高

鉤釘組張金壽同志，解放後工作情緒並不高，在綫做魚尾螺絲時通常最高標準二八〇至三五〇低的也有一八〇至二二〇支，職工代表大會後，代表們回場來向羣衆報告和檢討，怎樣配合今年一萬三千噸鋼軌完成的任務。大家檢查了過去工作中的缺點，一致認爲張同志成績最差，同班同志向他提出許多的批評，張同志檢討自己性情暴燥，這次他虛心的接受了並說「你們批評我是爲了……料……們……五……習……驗。……積極……（所……

職工代表會中潘所長……

此次職工代表會中，四所潘所長這樣的虛心檢討，是值得我們學習，因潘所長在檢討中，所說的是我們大家都容易犯的毛病，在潘所長檢討在九月份沒有完成任務的原因，他說他犯的一下幾個毛病，（一）忽視羣衆力量，不相信羣衆，在生產上沒有交羣衆討論，沒有向羣衆詳細解释，成渝鐵路鋼軌的任務……重要……、（二）……的工作沒……，（三）……重的任務……自己沒有……工作，沒有……任，犯了……

《钢铁报》创刊号　第一版

《长安汽车》

1950年创刊	1956年更名	1960年停刊	1979年复刊更名	1984年更名	1995年更名
《劳生报》	《火炬报》	《火炬报》	《新长征》	《长安报》	《长安汽车》

1950年12月创刊

创刊报名《劳生报》

《长安汽车》前身为长安机器制造厂于1950年底创办的《劳生报》。1956年3月，更名《火炬报》。1960年9月，停刊。1979年3月15日，复刊并更名为《新长征》。1984年9月更名为《长安报》。

1985年2月24日，杨尚昆同志为《长安报》题写报头。1995年，长安、江陵两厂合并后，启用报名《长安汽车》。

長安報

1984年 9月29日 第1010期 注意保存

重庆市报刊登记证内字第59号

厂长对三名省级劳动模范晋升一级工资

1949—1984

庆祝中华人民共和国成立三十五周年

猎枪生产创历史新纪录

微型汽车生产又突破一道难关

锐意进取 当好人民勤务员

年家骏

勇挑重担 不负众望

《长安报》第1010期 第一版

火炬報

內部刊物　注意保存
1956年3月6日　星期二　第一期

★中國火星體育協會825支會籌備委員會成立★

中國火星體育協會825支會籌備委員會成立，已在三月一日開了第一次會議。委員會由于明先等17人組成，許明先為主席，趙春明，牛森兩同志為副主席。

以前我廠體育活動開展的不夠正常，主要缺點之一，就是沒有健全的領導機構。825支會籌備委員會的任務，是籌備在四月一日正式成立中國火星體育協會825支會，以便領導本廠的體育活動，使更多的人參加體育活動，做練成強壯、勇敢、朝氣勃勃的社會主義建設者和保衛者。

825支會籌備委員會將着手整頓各單位體育機構；在三月底或四月初，舉辦本廠第四屆運動大會，同時選拔優秀運動員，參加587分會的選拔大會和本市第一屆工人運動大會。（利祥）

在建設社會主義前進的道路上　本廠出現了新氣象

毛主席「關於農業合作化問題」的報告和本市進入社會主義的消息，大大鼓舞了職工同志們的勞動熱情，都積極把生產和工作做得更多、更快、更好、更省。如今本廠已現了新的氣象。

首先是職工勞動熱情空前高漲。今年的任務是繁重的，在繁重的任務面前不是畏縮，而是堅決保證提前完成，出現了很多動人的事蹟。如模範三車間就保證提前四個月全面完成全年的計劃。二車間全員鏨銲組也訂出到1957年為國家節約1620元的計劃。改進工作、突破新定額、消滅廢品的喜訊，是接二連三地從各單位傳出來。

第二：過去認為辦不到的事，現在也辦到了，提合理化建議已成為羣衆性的運動。今年一、二兩月職工提到合理化建議件的就有388件，已用在生產上的有141件，節約價值為五萬二千多元。職工的智慧，就是完成繁重任務的有力保證。

第三：出現了學習高潮。進入本廠文化技術學校學習的職工，佔職工總人數80%以上，因設備等問題限制，還有很多職工要求學習，但一時不能入校。職工要求學習政治理論的心情也非常迫切。

總之，很多新氣象都說明本廠正處在工業生產的熱潮中，這股熱潮即將發展到新的高潮。我們要是看不到這種新的氣象，停滯不前，那就會落在時代的後面，落在羣衆的後面。

見面的話

全廠職工同志們：

「火炬報」今天和大家見面了。

「火炬報」由本廠黨委會主辦。它的主要任務是：宣傳黨的政策，對職工進行共產主義教育；大力报導示範開展勞動競賽、提前完成五年計劃的情況，宣揚職工的生產熱情，大力支持先進，表揚先進，交流經驗，並反對領導的右傾思想和保守主義，官僚主義，展開自下而上的批評與自我批評，反映職工對黨、政、工、團組織的批評和建議，反映職工的物質文化生活。

「火炬報」暫定每週出報一次，多登通俗、短小的稿子。

這是本廠全黨、全體職工自己的報紙，靠少數人是辦不好的，必須依靠大家的熱情關懷和支持。我們懇切地要求大家經常閱讀「火炬報」，經常寫稿子、提意見，並向報紙編輯室反映各種情況，使「火炬報」在加速社會主義建設的時候，在生產及其它各個戰線上起到應有的戰鬥作用。

火炬報　啓

本廠模範、先進生產者　倡議開展先進生產者運動

三月二日晚上，本廠模範、先進生產者在五一劇場開了大會，向全廠職工提出倡議「開展先進生產者運動」。他們認識到：先進生產者運動可以加速實現社會主義工業化，使我們的生產大大地向前推進。勞動模範趙天福在會上表示，要大力發動、支持羣衆推廣先進經驗，把實門，使他們工段至少將出現兩個先進的工段，出現70%的先進組，出現50%以上的先進個人。勞動模範蔡自和提出了提高工具壽命幫助工人提到技術的具體辦法。勞動模範何明學也提出了突破三月份新定額的保證。

本廠這次出席重慶市勞動模範大會的代表是：勞動模範周榮華、周民、何明學、夏長福、文朝秀、張清海，模範三車間代表蔣梅生、四車間十二工段——模範工段代表李本榮。蔣梅生同志代表以上八個同志表示：除積極投入先進生產者運動之外，這次到市裏開會，要把職工的成績帶到大會上去，要把領導的指示和兄弟廠的經驗帶回來。

最後，趙春明同志代表黨委祝賀大家在先進生產者運動中創造新的成就，和全體職工一同前進，全面提前超額完成今年第一季度計劃。

倡議書（摘要）

親愛的全廠職工同志們：

在共產黨和毛主席的英明領導下，祖國的各項建設事業已迅速進入社會主義建設的高潮，全國總工會向廣大職工發出號召：為提前完成第一個五年計劃，必須大力開展先進生產者運動，在全國範圍內掀起學習先進經驗的熱潮，因此我們必須積極行動起來，深入開展社會主義勞動競賽，人人學習先進，爭取先進，創造功績，保證全面提前超額完成一季度國家計劃，迎接黨第八次全國代表大會的召開。倡議保證內容：

一、提高產品質量，大力消滅廢品：認真學習、推廣不出廢品的先進經驗，堅決執行工藝規程和各種保證質量的制度，加強互相幫助和監督，工作時細致、專心，防止報廢和返修的產生。

二、大力突破新定額，超額完成計劃：積極學習模範先進經驗，推廣先進生產者的各種經驗，不斷改進操作方法，改善勞動組織和生產組織，突破先進的生產定額。超額完成工作計劃，力求在已有的先進水平上，進一步取得新的成就。

三、大力提合理化建議，針對生產上的關鍵和薄弱環節開動腦筋提合理化建議，組織技術較高的同志和工程技術人員共同研究解除實現中的困難，達到提得多，實現快，效果好，迅速解決關鍵問題，在各種生產崗位上爭取創造新記錄。

四、重視安全生產，遵守安全操作守則，貫徹安全制度，消滅重大事故，減少一般事故。

全體勞動模範、先進生產者啓

一九五六年三月二日

是我們戰鬥的陣地　李敏

火炬報是我們全廠職工自己的報紙，是我們戰鬥的陣地。我們要愛護它。

我們要通過火炬報大力表揚先進，學習先進，創造先進，提高我們的生產技術水平；要大力開展自下而上的批評與自我批評，反對老一套，打破老規矩，使我們的思想、工作向前推進。

祝火炬報在貫徹保證完成國家計劃中取得大的成就！

祝賀火炬報創刊　趙春明

在偉大的社會主義建設的熱潮中，火炬報出現在我們的面前，我相信職工同志們看到它一定很高興。在工作中火炬報將不斷為我們指出方向，總結和推廣先進經驗，火炬報將不斷督促和幫助我們在工作和學習上加速前進。我相信職工同志們一定要積極地檢查這個報，並通過它來開展批評與自我批評，大力揭發官僚主義和保守主義，使我們的工作突飛猛進，使我們更多、更快、更好、更省地完成國家計劃！

是我們青年學習的園地　牛森

首先讓我代表全廠青年團員，祝賀我們廠報——火炬報的誕生。它是我們社會主義勞動競賽的旗手，是我們青年學習的園地。

火炬報將鼓舞前進者，鞭策落後者，揭發官僚主義、保守主義，揭露我們工作中的缺點，為提前完成我們偉大的第一個五年計劃，加速社會主義工業化而鬥爭！

我們青年需要各方面的知識，要求「火炬報」經常刊登一些生動有趣的好文章。

我們每一個青年團員，必須十分重視「火炬報」，我們應該經常向「火炬報」投稿和閱讀「火炬報」，把它的成就和失敗，看成是我們自己的成就和失敗。

祝「火炬報」獲得成就！

祝賀與獻禮

呵，「火炬」！
在社會主義建設的高潮裏，
你在黨的領導下誕生。
你熊熊的火焰，
將要燒掉廢舊的一切垃圾，
幫助我們前進！
請接受吧：
每月五篇稿子，
是我們文藝組的一點獻禮。

·工會文藝組·

小啓

★因鉛字關係，本報現在還不能全部採用簡化字。★

《火炬报》创刊号　第一版

《南桐矿工报》

1955年创刊	1958年合并	1961年更名	1983年更名
《矿工生活报》《东林工人》	《上游报》	《矿工通讯》	《南桐矿工报》

1955年4月创刊

创刊报名《矿工生活报》《东林工人》

《南桐矿工报》前身为创刊于1955年4月的《矿工生活报》和《东林工人》。1958年，两报合并成为《上游报》，并于1961年2月9日更名为《矿工通讯》。

1983年1月1日，正式更名为《南桐矿工报》。

南桐矿工报

NANTONG KUANGGONGBAO

迎接1983年的到来 元旦

新老干部合作文情好 坚决打响今春第一炮

局党委召开工作会议落实部省两级计划会议精神

《南桐矿工报》第867期 第一版

南桐矿工报

NANTONG KUANGGONGBAO

1992

热烈祝贺南桐矿创造安全"三连冠"奇迹

局党政作出争创安全最好年决定

91 光辉的足迹

恭贺新年

《南桐矿工报》第1500期 第一版

礦工通訊

南桐矿务局

1975 年 4 月29日　　第 198 期　　发到班组

毛主席语录

列宁为什么说对资产阶级专政，这个问题要搞清楚。这个问题不搞清楚，就会变修正主义。要使全国知道。

学理論 批“四自一包” 建立健全职工考勤制度

倡 议 書

全局革命职工同志们：

我队全体革命职工，以饱满的政治热情，認真学习了伟大领袖毛主席关于理论问题的重要指示，学习了马克思、恩格斯、列宁论无产阶级专政的语录，学习了中央九号文件和中央领导同志的有关讲话，受到一次深刻的路线教育。認识到，只有刻苦学习革命理论，加强无产阶级对资产阶级的全面专政，才能保证社会主义革命和建设不断深入发展。为了共同进一步学好无产阶级专政的理论，彻底批判以“四自一包”为突出表现的资本主义倾向，加强无产阶级革命纪律，抓革命，促生产，完成和超额完成国家计划，我们向全局各兄弟队倡议：

一、認真学习好无产阶级专政的理论。

毛主席指出：**“列宁为什么说对资产阶级专政，这个问题要搞清楚，这个问题不搞清楚，就会变修正主义。要使全国知道。”**毛主席的重要指示，是反修防修，巩固无产阶级专政的大事，是搞好抓革命，促生产，搞好社会主义建设的指路明灯。一定要把学习毛主席的重要指示作为首要任务来抓，进一步掀起大学习，大宣传，大贯彻毛主席重要指示的热潮。每个党员、团员、干部、工人，都应当刻苦学习和钻研马列著作和毛主席著作，学好无产阶级专政的理论，从理论和实践相结合上懂得为什么要对资产阶级专政，弄懂无产阶级专政的任务是什么，要怎样为巩固无产阶级专政而斗争。干部和党员要带头学，带头联系实际，带头批，带头改。通过学习理论，端正思想政治路线，認真改造世界观，焕发革命精神，为巩固无产阶级专政而英勇战斗。

二、坚持党的基本路线，彻底批判“四自一包”。

我队的阶级斗争实际表明，“四自一包”是当前煤矿资本主义倾向的突出表现，是资产阶级向无产阶级进攻的一种形式，是企业两个阶级、两条道路、两条路线斗争的客观反映。“四自一包”的危害极大，它助长了职工队伍内部资本主义自发势力的自由泛滥；它扩大资产阶级法权思想，助长了对革命生产工作斤斤计较的雇佣思想；它腐蚀职工队伍，破坏安定团结；它冲击社会主义计划经济，破坏抓革命、促生产。在“四自一包”的温床上，滋生了新生的资产阶级分子。为此，我们要在党的领导下，坚持党的基本路线，狠抓阶级斗争，坚决批判“四自一包”，打退资产阶级的猖狂进攻，端正企业的方向道路，沿着毛主席的革命路线奋勇前进！

三、建立健全职工考勤制度，坚持八小时工作制，加强组织纪律，大干社会主义。

毛主席指出：**“纪律是执行路线的保证，没有纪律，党就无法率领群众与军队进行胜利的斗争。”**革命战争年代如此，社会主义建设时期也是如此。我们社会主义企业必须要有科学的管理制度和严密的组织纪律，才能保证革命生产的顺利进行。建立健全职工考勤制度，是加强组织纪律，抵制“四自一包”资本主义倾向的具体措施，是贯彻执行“不劳动者不得食”这一社会主义原则的实施办法。它有利于限制资产阶级法权的扩大，有利于社会主义建设的不断发展。我们要采取边学、边批、边改的方法，在斗争中积极地严肃認真地把职工考勤制度建立健全起来，并坚定不移地坚持巩固下去，做到出满勤，干满点，大战红五月，提前完成和超额完成党和国家交给我们的光荣任务。

在毛主席革命路线的指引下，团结战斗，为把我国建设成一个社会主义现代化的强国而努力奋斗。

直属四井采煤一二一队

一九七五年四月二十七日

評“干脆论”看“小包干”危害

·直属四井　余戟·

“小包干”是资本主义倾向的产物，已經受到广大职工群众的批判。但是，我们偶尔也听到有人还在欣赏它，說什么“这样干脆”。

我们就来分析一下这些同志讲的“干脆”是什么内容：

当有的同志受资产阶级思想影响，对完成国家计划产生畏难情绪时，我们有的领导同志就说：“一把风镐采×棚支柱，打完就走，干脆！”

当有的同志在经济主义思潮侵蚀下，对革命工作斤斤计较，不願多干一点活时，我们有的领导同志就说：“干脆，你们一人干多少，干完就下班。”

当有突击任务时，我们有的领导同志又是来个“干脆”：“你们今天想法把它突击完，一个人算两个班”。

如此等等的“干脆”甚多，不需再列举了。

据说，我们这“好心”的领导者是为了完成任务，“推动”工作。且慢！让我们再看看这样“干脆”带来的后果如何？

在这样的“干脆”指挥下，有的职工只干三、四小时，甚至一、二小时就下了班，破坏了无数革命先烈用鲜血换来的八小时工作制，破坏了国民经济建设；工作时间沒有干八小时，拿了八小时的报酬，滋长了少数人的剝削思想；为了抢时间，早出班，一些人弄虚作假，不顾质量，造成人力物力和国家资源的严重浪费；少数人出早班后“搜社会”，看黑书，追求资产阶级生活方式，严重影响了青年工人的身心健康，帮了资产阶级向无产阶级专政进攻的大忙。

再看它的由来，我们这些喜欢“干脆”的同志，他们不时钻在事务堆里，不读书，不看报，不搞无产阶级政治挂帅，不願做艰苦细致的政治思想工作，用工时刺激代替制度，代替政治工作，助长了企业中“四自一包”的泛滥。

犯有这种“干脆病”的同志，危险得很哪，希望在无产阶级专政理论的学习运动中，带头学，带头联，带头批，带头改，端正思想政治路线，为人民立新功！

铆枪欢唱

“哒哒哒哒……”铆钉枪在欢唱，一颗颗火红的铆钉从炉膛接二连三飞到铆接处。“快！”“干啦！”“加油呀！”同志们此呼彼应，好一派热气腾腾的场面。

下班时，同志们为一件事议论起来啦：今天，咱们铆了十二台，创造了高产新纪录，明天，咱们跨上怎样的新高度。

一个老师傅指着一堆未铆的煤车底盘说：“咱们明天把它铆完”。

“多少台？”

“十七台。”

“啊！十七台，困难困难，今天都是鼓了好大干劲才铆了十二台。”有人伸了下舌头。

“怎么不行，”老师傅說：“看来呀，你脑子里的‘定型论’还得挖一挖。无产阶级专政的历史任务记在心头，干起活来就有劲头。没有上不去的！”

“对，大干社会主义，就得不断刷新纪录！”同志们挥午着拳头，劲鼓得足足的。第二天就这样干起来了。

“哒哒哒哒……”铆钉枪高奏凯歌，十七台的新高度跨过去了。下班后，同志们又议论起攀登新的高度来。心头，激荡着为革命多作贡献的欢乐。

（机厂　张强）

“五一”国际劳动节

（资　料）

“五一”国际劳动节是全世界无产阶级和劳动人民的光辉节日，也是工人阶级向全世界显示“**全世界无产者联合起来！**”的雄伟力量的日子。

一八八六年五月一日，美国芝加哥当地二十万工人爆发了总罢工和游行示威，要求改善劳动条件，实行八小时工作制。工人们不顾统治集团的血腥镇压，英勇斗争，获得了胜利。一八八九年七月，在无产阶级革命导师恩格斯的领导下，在巴黎举行了第二国际第一次代表大会，为纪念芝加哥工人的英勇斗争，加强各国无产阶级的团结、战斗和胜利的信心，决定五月一日为国际劳动节。

《矿工通讯》第198期　第一版

《望江报》

1955年创刊	1966年停刊	1972年复刊更名	1976年更名	1982年定名
《战斗报》	《战斗报》	《战讯报》	《望江简讯》	《望江报》

1955年5月创刊

创刊报名《战斗报》

《望江报》创刊于1955年5月，曾定名为《战斗报》。1966年，《战斗报》停刊。1972年复刊，更名为《战讯报》。1976年，更名为《望江简讯》。1982年10月，正式定名《望江报》。

《望江报》创刊以来，多次受到厂党政领导表扬和嘉奖，曾被原兵器工业部兵工记协评为“好报纸”，受到表彰。

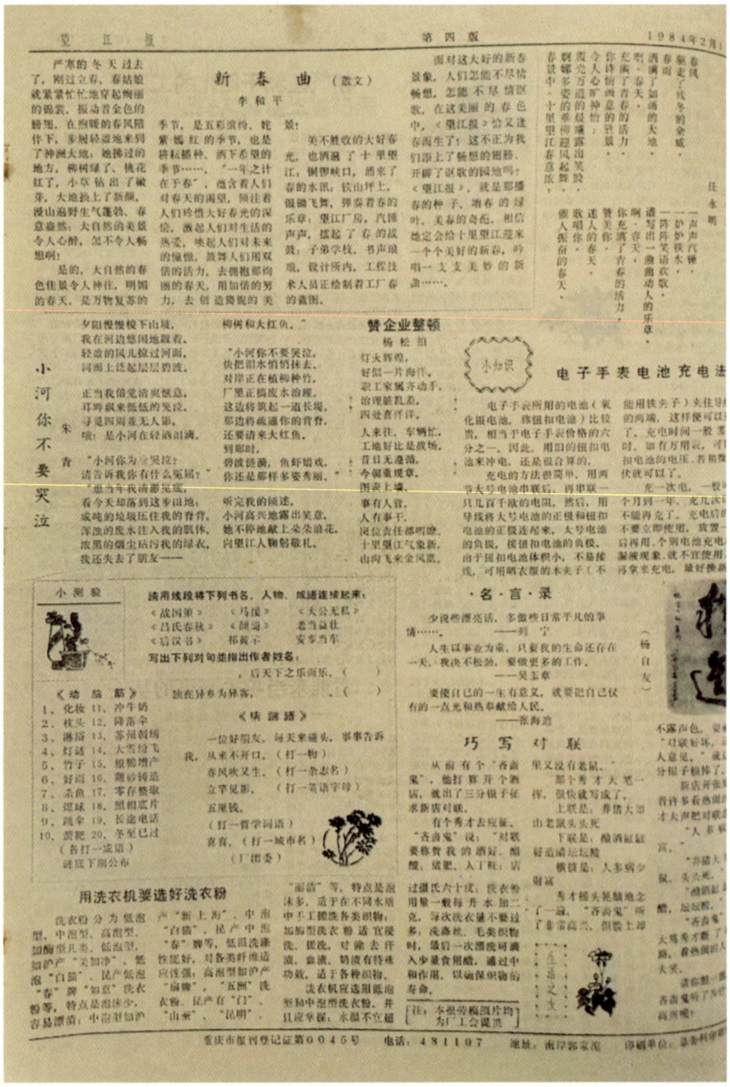
望江报 第四版 1984年2月

新春曲

小河你不要哭泣

赞企业整顿

电子手表电池充电法

·名·言·录

巧写对联

用洗衣机要选好洗衣粉

《望江报》复刊号 第四版

望江報
WANG JIANG BAO （注意保存）
第一期（总366期） 1984年2月15日

铁山风光

春到望江（中国画） 长忠

热烈祝贺望江报复刊

复刊词

诲国斌

《望江报》的出版是必要的。

望江厂近几年来，在党的路线、方针、政策的指引下，在兵器工业部和省、市委领导下，做了大量的、艰苦的工作。特别是在贯彻军民结合方针、加强企业管理、提高经济效益方面，取得了可喜的成果，受到了中央和地方各级领导的赞扬。但要真正做到"以民养军"，差距还很大。

创办《望江报》，就是为了进一步宣传党的十一届三中全会以来的路线、方针和政策；团结、教育广大职工，贯彻"军民结合"方针；为增强企业素质，不断提高经济效益而奋斗！

一个企业的素质，起决定因素的是职工队伍的素质。提高干部、工人队伍的政治思想素质和文化、科学、技术素质，是搞好企业的关键所在。我厂过去涌现出了很多模范人物，但还不够，还需进一步在我厂培养建设一支有理想、有道德、守纪律的职工队伍。这是摆在我们面前的一项十分艰巨的任务。《望江报》要把完成这项光荣而艰巨的任务作为自已的重要职责去履行。

《望江报》要努力以通俗的语言文字，群众喜闻乐见的形式，报道我厂各条战线的好人好事，推动我厂两个文明建设的发展。报纸要以表扬为主，适当兼之以批评，使它成为加强思想政治工作，张扬正气，打击歪风邪气的阵地。

全厂职工都来关心《望江报》，办好《望江报》吧。

一定要办好望江报

周上海

为了进一步贯彻党的十一届三中全会以来的路线、方针、政策，做好党的宣传工作，促进社会主义物质文明和精神文明的建设，全面开创我厂社会主义建设新局面，党委决定《望江报》复刊。现在，经过有关部门积极筹备，《望江报》与全厂职工见面了。

《望江报》的宗旨就是要向广大干部和群众宣传党的路线、方针、政策；宣传国际国内大好形势；宣传党委和厂部的重要决定和布署；总结交流社会主义两个文明建设的经验；表彰好人好事，揭露和批评各种不良倾向；推动工厂各项工作的全面完成。

《望江报》要积极宣传贯彻思想政治工作纲要40条，成为思想政治工作的前哨阵地。

最后，殷切希望全厂职工对《望江报》予以大力支持和帮助，群策群力，一定要把《望江报》办好。

社论

努力完成党给予的历史重任

《望江报》由油印转为铅印，以崭新面貌与大家见面了。

《望江报》的前身，是《战斗报》、《战讯报》、《简讯》和《望江简讯》。自58年创刊以来，中途几停几复，现改名为《望江报》。这是全厂职工可喜可贺的一件大事。

《望江报》是厂党委机关报。它肩负着党给予的历史重任：充分利用厂报这块阵地，大力宣传党的方针政策：大力宣传马列主义、毛泽东思想；大力宣传社会主义物质文明和社会主义精神文明建设；大力宣传工人阶级肩负的历史使命和历史重任；大力宣传国际国内大好形势；大力宣传共产主义的新思想、新道德、新风尚，让无产阶级思想牢固占领思想文化阵地。

《望江报》当前的工作重点，是宣传报道我厂广大职工在社会主义建设中涌现出来的先进事迹和先进人物；宣传党的十二届二中全会精神；搞好整党。要积极地宣传加强企业管理，提高经济效益的好经验，动员全厂职工为工厂扭亏持平献智出力，起好思想政治工作上的窗口作用，当好党委思想政治工作的参谋，为在我厂建设一支又红又专、能军能民的职工队伍而努力奋斗。

《望江报》要有好的文风，采取职工喜闻乐见的形式，运用生动的语言，从多种角度和用多种体裁来反映厂风厂貌，使报纸成为广大职工的亲密朋友。

《望江报》是一株幼苗，希望全厂职工都来当这株幼苗的园丁，把《望江报》办活、办好。

《望江报》的编采人员，要在党委领导下，在全厂职工的支持下，努力奋进，完成党给予的历史重任。

祝賀望江报复刊

厂工会

在深入贯彻党的十二届二中全会精神、两个文明建设在我厂不断取得新的成果、全厂职工正精神饱满地跨进新的一年的时候，《望江报》复刊了！我们向贵报表示极其热烈的祝贺。

《望江报》的复刊，将对工厂两个文明建设起到有力的推动作用。它将及时宣传党的方针政策，及时报道我厂的新人、新事、新风尚，交流生产工作经验，成为伸张正气，抵制和清除精神污染的锐利武器。

《望江报》是工厂厂报，是为全厂职工服务的，希望全厂职工认真阅读它。同时，还殷切希望大家都来关心它，积极出主意、想办法，共同把《望江报》办好。

我们希望《望江报》全体同志把报纸办成受到广大职工喜爱的良师益友，为我厂两个文明建设谱写出新的篇章。

祝贺 希望 要求

春节前夕，《望江报》复刊准备工作正在紧张地进行。根据领导要求，我冒着凛冽的寒风，来到厂专家招待所，就《望江报》复刊一事访问了光荣退居二线的老干部。他们正在学习讨论、气氛热烈。我说明来意后，老干部们热情地接待了我。

当我告诉他们，《望江报》于84年2月正式复刊的消息时，老干部们一个个乐得连连说：好！好！办《望江报》好！离休老干部赵太生同志说："《望江报》今年的主要任务是，大力宣传以整党为中心，力争党风的根本好转是关键；还要大力宣传工厂进行建设性整顿，继续巩固企业整顿成果，提高企业和职工队伍素质，提高社会经济效益，达到六好企业要求，实现扭亏增盈"。赵太生同志还说："《望江报》要经常报道党的方针政策，面向经济建设，为四化服务。要宣传计划生育，宣传一对夫妇只生育一个孩子，提倡优生优育"。离休老干部李忠友同志接着说："《望江报》要办得形式多样，生动活泼。要宣传好人好事，以表扬为主，批评为辅。宣传报道要力求事实准确，实事求是"。赵太生同志打开《邓小平文选》和《陈云同志文稿》说：你看，这些文章写得多好！你们要多学习毛泽东、周恩来、邓小平、陈云等领导同志的文章，办好《望江报》。其他在座的离休老干部也你一言、我一语的踊跃发言。他们一致希望宣传部门要加强业余通讯员的培训工作，经常性的开展新闻宣传业务辅导，达到每个生产班组有一个通讯报道员，形成全厂网络的通讯报道队伍，以保证厂报有充足的新闻宣传稿源。同时，也希望工厂对《望江报》从经费、人力、物力上给予大力支持。

访问结束，当我离开专家招待所时，离休老干部们一再嘱咐说：《望江报》出刊了，别忘了给我们离休老干部党支部发一份。 友军

《望江报》复刊号 第一版

《新建设》

1956年创刊	1960年停刊	1984年复刊更名	1994年更名	2004年更名	2015年更名
《前进报》	《前进报》	《建设报》	《建设集团》	《建设工业》	《新建设》

1956年1月创刊

创刊报名《前进报》

《新建设》前身为1956年1月创刊的《前进报》。1960年10月，《前进报》停刊。1984年7月1日，复刊后更名为《建设报》。1994年1月更名为《建设集团》报。2004年10月更名为《建设工业》。2015年1月更名为《新建设》。

建设报　1984年7月1日　第三版

浅谈企业报的地位和作用

在党的十一届三中全会精神的指引下，随着四化建设的发展，企业报有如雨后春笋之势，发展迅速。据统计，目前全国已有企业报五百多家，成为我国新闻事业的一支重要方面军。企业报是新闻战线的前沿阵地，是企业党委加强思想政治工作的有力工具。

工人阶级是我国的领导阶级，如何用共产主义思想武装好这支队伍，关系到这支队伍的健康成长。通过企业报不断地向职工进行爱国主义、共产主义教育，宣传社会主义精神文明，宣传共产主义的新思想、新道德、新风尚，树立共产主义思想的先进典型，让无产阶级思想占领思想阵地，抵制资产阶级思想和封建思想残余的腐蚀，积极主动地清除各种精神污染，建立一支有共产主义觉悟、思想、道德的职工队伍。

根据新时期青年职工多的特点，企业报将成为他们的良师益友，将开展专题讨论，以分清是非，增强免疫力，引导他们开展读书活动和各种有益的活动，以提高他们文化水平，丰富他们的业余文化生活，使他们成为热爱祖国、热爱社会主义的无产阶级事业的接班人。

由于全党工作着重点的转移，企业报在宣传党的方针、路线、政策；宣传经济体制的改革方面担负着光荣而艰巨的任务。在联系工厂的实际，搞好工厂改革的宣传报道上，企业报应采取职工喜闻乐见的形式，抓住群众关心的问题，运用多种体裁反映工厂改革新貌，使广大职工对改革的重大意义有深刻的理解和认识。

由于企业报植根于工人之中，报道的是工人身边的事，反映的是工厂的情况，因此在这方面，它有着大报替代不了的作用。

（党委宣传部）

谈谈我厂党风问题

·厂纪委·

热烈祝贺《建设报》诞生

（厂工会）

寄语《建设报》

·厂科协·

跟着党，在改革的洪流中奋进

·厂团委·

办好教育 向党献礼

（教育中心）

稿约

《建设报》创刊号 第三版

建設報

JIAN SHE BAO

1984年7月

1

创刊号

内部报刊

注意保存

党委召开建党六十三周年纪念大会

表彰在八四年度创先争优活动中做出优異成绩的16个先进党支部、29个先进党小组，84名优秀党员

本报讯 六月三十日，党委在电影院召开中国共产党成立六十三周年纪念大会，并表彰在八四年度创先争优活动中做出优异成绩的先进党支部、先进党小组和优秀党员。

参加大会的有厂党委委员，厂部领导同志，有先进党支部、先进党小组的代表、优秀党员和来自各个单位的党员代表共一千余人。

下午二时，大会在雄壮的《国际歌》声中开始。会议由党委组织部部长李立忠主持。党委副书记谢金国在会上作了重要讲话。他首先回顾了党走过的光辉历程，论述了当前进行各项改革的重大意义，总结了我厂上半年在党委和厂部的领导下所取得的成绩。他说，我厂上半年能完成工业总产值×千×百万元，靠的是党的路线、方针、政策的正确，靠的是各支部的战斗堡垒作用和党员的先锋模范作用，靠的是全体职工的共同努力。

接着，谢金国同志强调说，今年要实现党委年初提出的“一一、四、三、二”的奋斗目标，任务十分艰巨，需大家继续艰苦奋斗，不失时机抓紧各方面的改革工作，把我厂的生产和各项工作搞上去，创造更加优异的成绩向建国三十五周年献礼。他指出：在下半年和今后一段时间里，要认真抓好以下四项工作：

一、贯彻十二届二中全会精神，继续学好整党文件。各支部一定要继续抓好党员学习整党文件这一工作。对一些直接关系到党的形象和威信，关系到群众切身利益的事，要切实贯彻边学边改，未整先改的方针，使党内外群众随时看到整党的实际效果。

二、积极参加各项改革工作，做改革的促进派。目前城市改革方兴未艾，党委要求全厂党组织、全体党员和职工一定要围绕我厂改革的总目标、总任务，创造性地开展工作，冲破各种阻力，勇于探索，大胆创新，发挥聪明才智，为改革献策出力，做改革的促进派。

三、继续深入开展创先争优活动，进一步搞好党的建设。各支部要在“创”字上下功夫，不断丰富“创争”活动的内容，造成学先进，争上游的局面，为四化建设多做贡献。

四、发挥党员的先锋模范作用，为确保全年奋斗目标的实现而努力。党政领导干部要深入生产现场，实地解决各种问题。

（下转第二版）

发刊词

“春色满园关不住，一枝红杏出墙来”。

全厂职工殷切期待的厂报——《建设报》，在举国上下如火如荼的改革热潮中创刊了。创刊之际，正值我们伟大、光荣、正确的中国共产党成立六十三周年，这是颇有纪念意义的。

《建设报》是思想政治工作的前沿阵地。它将根据党的十二届二中全会提出的关于“大力加强思想政治工作，开展爱国主义，共产主义教育，清除各种精神污染”的精神，坚持四项基本原则，积极宣传马列主义、毛泽东思想；围绕各个时期的中心工作，结合工厂实际，及时宣传“两个文明”建设中涌现出来的先进典型，大力扶持正气，抨击歪风邪气；重点报道工厂改革和加强企业经营管理、军民结合、产品开发，不断提高经济效益的活动，交流经济工作、思想工作的新情况，新经验。

《建设报》植根于全厂职工群众之中，报道职工身边的事，它将为新时期的建设者，为勇于探索，大胆创新的改革者呐喊，讴歌、塑象。

《建设报》是全厂职工自己的报纸，它必将得到大家的关心、爱护和帮助。我们相信，在厂党委的领导下，有全厂职工的大力支持，《建设报》一定能够起到调动职工的积极性，努力开创我厂物质文明和精神文明建设新局面的作用。

让我们为把《建设报》办成一张全厂职工喜闻乐见的企业小报而共同努力吧！

“重庆·雅马哈”摩托车投产剪彩仪式，六月十九日上午在我厂隆重举行。市委、市政府、中国北方工业公司及摩托车联合体、各销售单位，兄弟单位的领导和代表出席了大会。图为市长于汉卿、雅马哈公司常务董事执印智司在林琦厂长的陪同下，步入会场。

本报雨华摄影报道

我厂六种产品获国家优秀新产品奖和证书

本报讯 1983年全国新产品展览会胜利结束，经国家经委会同国务院三十四个部门审定，我厂JT50型重庆牌摩托车，峨眉牌JH5801型电动多能缝纫机，峨眉牌EM—751型5.6mm自选步枪，峨眉牌EM—752型5.6mm标准步枪，峨眉牌EM—763型5.6mm打跑猪枪，峨眉牌EM—815型7.62mm大口径标准步枪，荣获国家经委颁发的优秀新产品奖和证书。

祝賀《建设报》在改革中创刊

林琦

《建设报》创刊了，是一件值得庆贺的事。

党的十一届三中全会以来，在国民经济调整、改革、整顿、提高方针指引下，我厂军品科研、试制、生产取得了可喜的成果，在由单纯的生产型向生产经营型转变，企业素性的改革工作已经迈出了可喜的步伐，面临的任务艰巨而光荣；生机勃勃、兴旺发达的美好前景还需要我们努力开拓，奋发进取。

目前，全厂职工正围绕创建“六好”企业，开展综合性改革和推进技术进步，推进现代化管理，为大力提高企业素质而努力奋斗。如何引导全厂职工深刻理解和认识这一历史的责任，并激发革命热情，《建设报》的创刊必将起着积极的宣传、鼓动作用。

《建设报》要努力宣传贯彻党中央的路线、方针、政策，传达厂党委、厂部的决定以及工作部署，反映我厂各部门的新形势，新面貌；交流新经验，研究新问题；表扬先进，鞭策后进。在当前一个时期，要紧紧围绕改革这个中心，着重报道坚持改革，勇于创新，在管理体制、干部制度、劳动制度、工资奖励等方面大胆探索的革新者，引导全厂职工共议改革大事，解开束缚，调动积极性，发展生产力，不断提高经济效益，逐步提高和改善职工的物质生活和文化生活水平。

《建设报》是面向我厂各部门领导干部、各类专业干部和全体职工的，因而它也是我们职工自己的刊物。希望广大职工热忱地爱护它、扶持它，积极投稿，一定要把它办好！

最后预祝《建设报》在开创我厂各项工作新局面中写下激励人心的新篇章！

充分发揮新闻宣传的作用 努力办好《建设报》

董福庄

在纪念中国共产党诞生六十三周年的时候，《建设报》创刊了。早在五十年代，我厂就办过《前进报》，当时在宣传党的路线、方针、政策，宣传新人新事，鼓舞群众的积极性，都起了很好的作用。在八十年代的今天，恢复厂报，这对于推动我厂的各项改革工作，推进社会主义物质文明和精神文明建设，无疑是具有很大意义的。

报纸是一种对群众进行思想政治教育的有力工具，是思想政治工作的重要阵地。厂报同各级地方党报一样，首先要无条件地宣传马列主义、毛泽东思想，宣传党的路线、方针、政策、坚持四项基本原则，同党中央保持在思想上、政治上的一致。厂报应有工厂的特色，要针对职工的思想实际，有的放矢地进行宣传教育，向他们灌输爱国主义、社会主义和共产主义思想，使他们增强抵制资本主义思想侵蚀的能力。厂报要加强群众性和战斗性。既要大力宣传好人好事，也要正确开展批评。只有这样，才能把厂报办得生动活泼，丰富多彩，为群众喜闻乐见，发挥它应有的作用。

我们的国家在经历了十年动乱之后，正处在一个继往开来的伟大时期。当前城市经济改革迅速向前发展，到处呈现出一派你追我赶、振奋人心的局面。改革的浪潮正猛烈冲击吃“大锅饭”的落后制度，束缚生产力发展的管理体制，禁锢人们头脑的陈腐观念，极大地促进了生产的发展。在这种新形势面前，厂报的重要任务，就是要大力宣传改革的重大意义，宣传改革中出现的先进典型，使群众充分认识到不大胆改革那些妨碍发挥社会主义制度优越性的管理方式、活动方式，不肃清“左”的思想影响，四化就没有希望，从而把全厂职工动员起来，为搞好我厂各项改革工作，实现今年和今后三年的奋斗目标而努力。

《建设报》创刊号 第一版

《永荣矿工报》

1964年创刊

《永荣矿工报》创刊于1964年，郭沫若同志题写报头。1984年4月复刊为旬报。1989年，将旬报改为周报。

《永荣矿工报》积极宣传党的路线、方针和政策，传播知识，沟通信息，反映矿山生产、建设、生活中涌现出来的新人新风貌，为广大矿工服务，促进矿区两个文明建设。

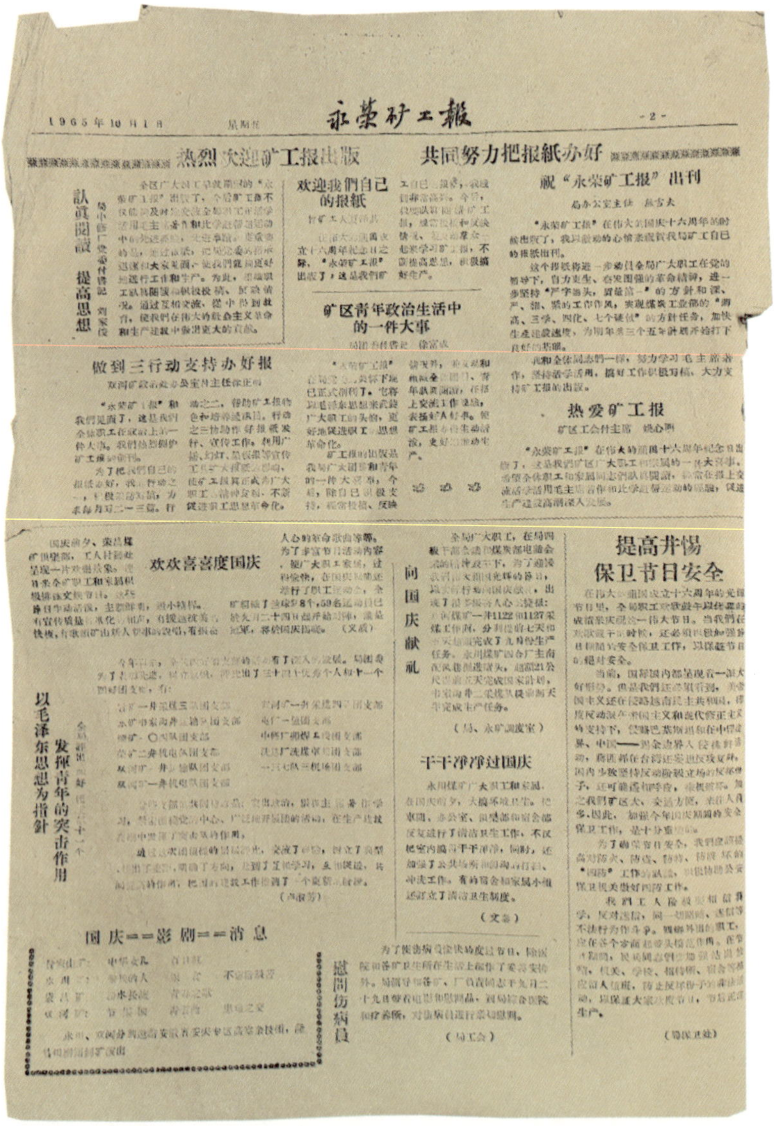

永荣矿工報

热烈欢迎矿工报出版

共同努力把报紙办好

认真阅读 提高思想

欢迎我們自己的报紙

祝"永荣矿工报"出刊

矿区青年政治生活中的一件大事

做到三行动支持办好报

热爱矿工报

欢欢喜喜度国庆

向国庆献礼

提高井惕 保卫节日安全

以毛泽东思想为指针 发挥青年的突击作用

干干净净过国庆

国庆——影剧——消息

慰问伤病员

《永荣矿工报》复刊号 第二版

永荣矿工报

中共永荣矿务局政治部编印
1965年10月1日（星期五）内部报纸
第1期 （本期二版）注意保存

毛主席語录

我們应該謙虛，謹慎，戒驕，戒躁，全心全意地为中国人民服务……

——摘自《两个中国之命运》

庆祝国庆

1949　1965

高举毛泽东思想伟大红旗，宣传党的方针政策，表扬好人好事。

刘宗义

高举毛泽东思想伟大红旗，提高全体职工的思想觉悟水平，树立工作是为了革命，为了建设社会主义。

杜兮厘

創刊詞

“永荣矿工报”在局党委的重視和同志們的关怀下，今天正式出版与大家见面了。

“永荣矿工报”的出版时間，正值我国各族人民的伟大节日——建国十六周年紀念日，矿区的广大职工群众在“严字当头，質量第一”的方針指导下，正在以努力完成和超額完成国家計划的实际行动迎接自己的光辉节日。因此我們相信，这份小报的出版，将会受到广大职工同志們的热烈欢迎，它将对我們的生产（工作）起推动作用。

当前国际国内的形势都很好。我国人民高举毛泽东思想伟大紅旗，在党的社会主义建設总路綫的指导下，正在进一步搞好社会主义革命和社会主义建設，准备为实现第三个五年計划而奋斗。因此，“永荣矿工报”的首要任务就是要高举毛泽东思想的伟大紅旗，广泛深入地宣传毛泽东思想，以毛泽东思想为指导，做好我們的各項工作；同时，还要及时地宣传时事政策和有关煤炭工业的方針任务，並广泛的組織交流活学活用毛主席著作和生产、建設及其他各方面工作中的先进經驗，經常的表扬好人好事，推动比学赶帮超运动的深入开展。

“永荣矿工报”鉴於人員及設备条件的限制，初步确定每周出一期或两期，发到每个科室、車間及班組。

由於我們政策理論水平較低，加之又沒有办报紙的經驗，难免不产生缺点錯誤，因此恳切的希望矿区各單位的領导同志和全体职工群众，及时地提出批評意見，並經常地給我們来稿和反映情况，求得共同努力，办好小报，实现局党委和上級政治机关对我們的要求。

祝同志們节日快樂

节前不断传喜訊　☆　节后准备开門紅

今天，全矿区都沉浸在节日的欢樂气氛里。街头、广场、俱樂部处处都是喜气洋洋。人們的欢笑，不仅是因为佳节来临，更重要的是：在过去的三个季度里，全局超額完成了生产任务。在节日里，有不少同志，为了今后更好地完成国家計划和为明年生产作好准备，放棄了休息，投入了紧张的設备检修和坚持生产。本报向他們致敬並表示慰問。

曾家山煤矿吳紹彬采煤班向全局职工发出倡議

亲爱的局内各矿、厂兄弟班組同志們：

我班全体同志經过認真討論，保証节前不松劲，节后出满勤和更出色地完成今年的生产任务，並为明年生产做好充分准备，特向全矿区兄弟班組发出倡議，以便互相促进，共同提高。

（一）、繼續坚持活学活用毛主席著作，积极投入社会主义教育运动，不断提高阶級覺悟，促进思想革命化。

（二）、认真貫彻“好字当头、質量第一”的方針，搞好工作面、运输巷道的爪仮、煤尘和机器設备等管理工作，保證不发生冒頂和人身事故，原煤含矸率和灰份不超过国家指标。

（三）、保証超額完成十月分和第四季度的生产任务，工效达到四噸，节約材料，降低成本。

（四）、节前不松劲，节后出满勤。节日期間休息好，以充沛的精力迎接生产。

（五）、提高革命警惕性，积极参加站崗放哨，严防坏人破坏。

最后，祝大家节日愉快，共同进步。

国庆坚持检修保証安全供电

今晨，广播场的汽笛、鈴声相鳴，宣告国庆佳节开始了，就在这欢喜不胜的節日里，永荣火电厂是一派热气騰騰的景象，全厂职工坚持生产和检修，出現了很多动人事迹。配电技术員李文忠同志，原准备在国庆办喜事，为了节日生产推迟了婚期。工人謝幸方、罗之太两同志，在国庆前夕就轮到他們探亲假，为了工作需要，放棄了在节日里和亲人团聚。

全厂职工都把“严字当头，質量第一”的方針貫彻到自己的工作中去，保証矿区安全用电。工程师张广助同志說：“节日照常生产，是我們电业工人光荣的責任，今年国庆的生产和检修，我們一定保証質量和安全”。这个厂的职工还排演出了不少文娱节目，举行球賽等，使大家过一个既紧张又愉快的国庆节。

（孙再伦）

高举毛泽东思想紅旗奋勇前进
毛主席著作积极份子代表会議精神
認眞貫彻全国煤炭职工学习

〔本报訊〕局政治部宣传部最近召开了各單位宣传干部会議，传达貫彻了中共煤炭工业部政治部八月下旬在北京召开的全国煤炭工业职工学习毛主席著作积极份子代表会議精神。出席这次全国会議的学习毛主席著作积极分子代表二百零一人，列席代表一百一十三人，其中：四川代表四人，列席代表四人，包括我局出席的代表和列席代表各一人。

会上由局宣传部付部长蔣国彬同志传达了煤炭部张霖之部长的指示，政治部付部长作的形势任务报告，政治部刘慧元付主任作的“为掀起一个广泛深入、扎扎实实地学习毛主席著作热潮而努力”的报告精神，以及部份典型經验等。通过传达、討論，使到会同志进一步提高了对学习毛主席著作重大意义的认識，領会到学习毛主席著作是时代的任务，革命的需要。干革命，搞工作，必須学习毛主席著作。結合本單位学习毛主席著作情况，找出了差距，提出了貫彻执行的具体措施。表示要认真把部領导的指示精神，全面传达貫彻到职工中去，結合本單位学习毛主席著作情况进行全面总結，表扬先进，找出差距，达到更好地活学活用的目的。

《永荣矿工报》复刊号　第一版

《川维化工新闻》

1974年创刊	1980年更名	1998年更名	2017年更名
《川维战报》	《川维报》	《川维新闻》	《川维化工新闻》

1974年3月12日创刊
创刊报名《川维战报》

《川维化工新闻》前身为1974年3月12日创刊的《川维战报》。1980年4月12日更名为《川维报》。1998年，更名为《川维新闻》。2017年，正式更名为《川维化工新闻》。

《川维化工新闻》紧紧围绕企业生产经营中心工作，以“川维人写，写川维事，写给川维人看”作为办报宗旨，为打造一流的天然气化工企业，营造了“对内凝聚力量、对外树立形象”的良好氛围。

川维新闻
CHUAN WEI XIN WEN
中国石化集团四川维尼纶厂主办（内部发行）　2015年1月16日　星期五　第1823期

川维自有技术将走出国门
乌兹别克斯坦国化工部副部长带队到厂访问

我厂扶贫工作获重庆市表彰

我厂第二轮高层级职位聘任工作圆满结束

廉政“关口”响起“温馨提示”

简讯五则

《川维新闻》第1823期　第一版

川维新闻

CHUAN WEI XIN WEN

渝内字(02)—056号 第1227期 | 中国石化集团四川维尼纶厂主办（内部发行） | 2002年11月1日（星期五）

我厂表彰青工技能大赛优胜者

28人获技术明星称号、56人获技术能手称号

本报讯 由厂团委、劳培处和干部处联合开展的我厂第十届青工技能大赛活动，历经宣传发动、培训、预赛和决赛4个月，于日前结束，昨天举行表彰大会，有夺得各工种第一名的陈远东等28人荣获"川维厂青年技术明星"称号；有夺得二、三名的张年等56人荣获"川维厂青年技术能手"称号。

举办青年职工技能大赛活动，旨在培养适应社会主义市场经济和现代企业制度需要的掌握过硬实用技能的熟练劳动者，造就面向新世纪具有较高科学文化素质的青年人才。本次大赛共开设28个项目，有27个项目均由二级单位组织预赛、决赛和考评。各参赛单位按照总厂总体要求，对青工的技术讲课、业务培训、操作练兵，既搞得有声有色，又做得扎扎实实，活动内容不断创新。从预赛到决赛，他们始终紧扣为我厂改革发展培养合格的劳动者这个中心，抓住理论和实作两个重要环节，确保了本次竞赛的质量。

（本报记者）

消缺、改造齐抓 安全、质量并重

我厂实现22天两头见乙炔大消缺目标

本报讯 10月30日16点30分，乙炔车间向下游装置送出合格的乙炔气。至此，我厂2002年10月大消缺工作圆满结束。

为配合307#大精馏和PVA聚合回收的改造以及天然气项目的实施，从10月8日开始，我厂进行了为期22天的停车消缺，主战场在化工厂展开。这次消缺范围广、项目多，既要完成乙炔R200的清洗，甲醇TC101压机、B101转化炉等设备的例行检修，又要完成VAC车间的DCS改造、307#大精馏改造以及PVA聚合回收和现场仪表改造以及乙炔D447、E252等项目的更新，同时还要进行137个天然气乙炔工程的配套项目。其中，VAC车间DCS改造、307#大精馏改造和PVA聚合回收改造项目消缺后就要开车，因此成为消缺工作的重中之重。为保证各项消缺项目能保质保量保安全完成，各车间成立了大消缺领导小组，组建了技术指导、安全检查监护、工程验收等专业组，全力以赴配合施工单位搞好消缺工作。与此同时，为保证DCS改造后能一次开车成功，VAC车间还在消缺期间对职工进行了DCS强化培训，为开车做好准备。

各施工单位为保证工程能按时完成，克服现场交叉作业多、施工场地狭窄等不利因素，加班加点连续作业，使各项消缺项目都有所提前。

10月26日，制氧车间提前2天生产出氮气，为全厂开车准备了条件。随后，各装置引入公用工程进行设备的吹扫、联锁试验、开车置换及预热、升温，作好投料开车的所有准备。10月29日19点30分乙炔车间在天然气送达装置后，当班工艺人员立即着手引天然气烘炉升温。30日是化工厂出乙炔的日子，总厂领导徐刚燮、厂长助理王才安、总厂有关部处室负责人和化工厂党政领导都来到乙炔主控室，关注开车进程。工艺人员在车间开车领导小组的指挥下，现场和控制室人员密切配合，按照工艺规程按步骤进行各工序的开车准备，经过当班工艺人员的认真调节，15点15分，乙炔投氧获得一次成功，16点30分生产出合格乙炔，实现了22天两头见乙炔的大消缺目标。

（雷 凤）

安全 优质 高效

检修公司圆满完成消缺任务

本报讯 10月27日22时，由检修公司承担，最后完工的一台重要设备——甲醇TC720交付工艺。至此，检修公司安全、优质、高效地完成了今年的139项消缺任务。

从10月10日起，检修公司机、电、仪检修人员全面进场作业，公司领导及生产部、技术部有关人员深入现场进行指挥，严把检修质量关。各车间质管员在消缺中充分发挥作用，对项目尤其是关键项目，及时全过程进行施工质量的检查监督。凡关键机组的复装，相关专业都到现场做好协助和配合工作，确保机组成功复装到位，保证不因质量问题影响开车。消缺接近尾声准备试车阶段，各车间根据主机试车时间积极做好试车配合工作，公司领导、车间分管领导、技术员和相关人员都到现场，及时解决处理试车期间可能出现的问题。由于检修质量有保证，乙炔NC250机组经检修后试车检验，各项指标均达到或优于故障前。

消缺期间，检修公司上下一盘棋，统一组织指挥，各方积极协调，有效地保证了消缺的顺利推进。R200裂化气柜修复工作是此次消缺的重大项目，检修公司在外单位不愿意接、没有该设备检修经验的情况下，以大局为重，毅然接下该项目，发挥专业化重组的优势，抽调三个机械车间的精干力量，成功地完成了任务。公司各车间之间、车间各班组之间积极配合，合理配置人力资源，高效完成了检修任务。

（阮 林）

天然气乙炔工程碰管甩头项目全部完工

本报讯 截止到10月27日，在今年大消缺中实施的137项天然气乙炔工程碰管甩头全部完工，为2003年部分装置提前建成，实现新老装置的互联互通、优化运行奠定了基础。

根据天然气乙炔工程建设进程，2002年底及2003年初空分、甲醇、动力、循环水、脱硫等五个装置将建成中交，为确保这五个装置建成中交后的试车工作，天然气乙炔工程项目组决定，利用10月大消缺完成137个碰管甩头项目，完成部分车间新老装置的互联互通。为保证碰管甩头项目能保质保进度完成，化工厂生产准备部积极协助监理，设计院、安装施工单位、工程管理等部门，追踪安装施工，对每条管线，每个阀门，逐台设备都严把质量关，到10月27日137个碰管甩头项目全部完成，其中307#大精馏、PVA聚合回收都顺利完成了新老装置的互联互通

在此次大消缺中完成的137个碰管甩头项目，逐步完成的七个车间新老装置的互联互通，为实现三甲醇装置"倒开车"，充分暴露下游装置或后工序在工艺设备和操作方面的问题，为施工单位及时加以整改赢得了时间，为保证乙炔新装置投料后顺利打通全流程，做到投料试车一次成功，从而缩短试车时间、降低试车成本奠定了坚实的基础。

（晓 雷）

早动员 早部署 早落实

建安公司大消缺划上圆满句号

本报讯 截止10月27日，建安公司参与承担的川维大消缺和扬子大修100多个项目全部完工，这是该公司继天然气乙炔设备以及大消缺备台制作后，取得的又一战果。

跟以往大修相比，今年建安公司由于实施了分流改制，人员减少幅度较大，而承修任务相对较重，对能否安全保质按期完成检修任务是一大考验。该公司早动员、早部署、早落实，采取有力措施，确保了检修工作进展顺利。一是广大员工参修热情高。各分公司面对参修项目多、地点和人员较分散的具体情况，既做到划整为零，分路突击，又根据开工计划灵活调整，集中人员投入重点、难点项目检修。二是现场协调有力。围绕检修项目，公司领导在分工负责协调抓好各装置检修的同时，又集中统一协调指挥。只要有项目检修，不管白天或晚上，公司、分公司及部门领导都坚持到现场。三是临时急件抓得及时。大消缺期间，累计加工急件达70多套(件)，加工制作人员昼夜加班连轴转，保证了现场检修所需。四是后勤保障有力。检修用车辆，实行集中统一调派和登记管理，提高了车辆的使用效率，有效避免了过去检修中的散、乱、推诿扯皮现象。五是实行文明规范检修见效果。这是该公司改制后为真正树立在川维厂检修良好形象而采取的实质步骤，也是该公司强调从一件件小的具体的事抓起，严格按程序，逐步向规范化迈进，体现自身实力的一次观念和行动上的大突破。由于实施文明规范检修，有效地避免了各类安全事故的发生。

（蒋长兴）

检修公司开展主题活动保消缺质量

本报讯 检修公司非常重视今年大消缺工作，将"质量月"活动从9月延长到10月消缺结束，在全公司开展了"质量在我心中，我为消缺质量作贡献"主题活动，从而确保了本次各项消缺项目质量。

此次消缺，该公司项目多、时间紧、任务重、作业面广。为此，各车间根据公司要求，结合本车间特点开展了形式多样、独具特点、内容丰富的消缺质量活动。机械一车间开展了"党员身边无质量事故"活动，以点带面，以党员的模范带头作用带动全车间职工抓消缺质量，并提出了10月消缺设备返修为零的目标。消缺前夕，该车间52名党员同志都在党员承诺书上签了名。机械二车间在党员中开展"讲诚信、树形象，我为消缺作贡献"活动，成立了以分管质量工作的领导为组长的消缺质量检查小组，经常深入消缺现场督促检查消缺质量。仪表车间分管质量工作的副主任每天坚守在U3装置DCS改造现场，亲自调试回路。其他各车间也成立了消缺领导小组或技术专业组等，明确了项目质量负责人。车间领导和车间技术员经常到消缺现场督促检查消缺质量，解决技术问题。班组技术员和工人技师更是每天与工人们一道爬高架，进设备，具体负责每个项目的检修质量。

检修公司层层质量把关，全员动手，确保了消缺检修质量，确保了检修设备开车一次成功。

（技术部）

科技处明年工作计划出台

本报讯 根据厂部安排，科技处于近日完成了明年工作计划的制定。明年，科技处将继续贯彻厂部关于深入开展"产品技术升级大行动"的总方针，以到2005年的新一轮"升级"规划为奋斗目标，以开展好科研、技改项目为核心任务，提高认识，强化管理，深入调研论证，严格项目把关，加强对外交流与合作，认真实践参与、组织管理和服务三大职能，与各单位密切配合，多创效益。

（纪 木）

热电厂按时向全厂提供蒸汽

本报讯 10月27日21时25分，热电厂锅炉车间7号炉点火升炉一次成功，蒸汽并网络，确保了外界蒸汽负荷增高的需要，从而保证了化工厂的顺利开车。

升炉期间，锅炉车间作好了升炉调整计划准备，各班组严格贯彻执行操作规程，精心操作，认真巡检，仔细查看消缺后设备的运行状况，以保证对外供蒸汽的需要。按总厂开车计划安排，锅炉车间同时做好了随时升9号炉的准备工作。锅炉车间在点火升炉期间，分厂、车间各级领导都在现场指挥把关，确保开车顺利。

（何忠恕）

厂合理化建议项目二级评审结束

本报讯 我厂2002年度合理化建议项目二级评审工作已于10月10日结束。

各二级单位合理化建议管理委员会按照管理标准要求，严格考核验收，认真检查评比，同意给奖项目257项。其中化工厂64项（含检修公司项目25项），维纶厂39项，涤纶厂44项，热电厂61项，检修公司30项，职工医院11项，上报总厂评审项目8项，年创直接经济效益约400万元。这些项目的实施为提高产品质量、优化装置运行作出了一定贡献。

（科技处）

《松藻矿工报》

1983年9月1日创刊

《松藻矿工报》于1983年9月1日创刊，1984年9月，由半月刊改为旬刊，1989年11月改为周刊。

《松藻矿工报》坚持“立足矿山、面向基层发布新闻、传递信息反映民情、引导舆论提供知识、服务读者”的办报宗旨，讴歌矿山火热的生活，讴歌矿工“特别能战斗”的风采，为矿区“两个文明”建设作出了应有的贡献。

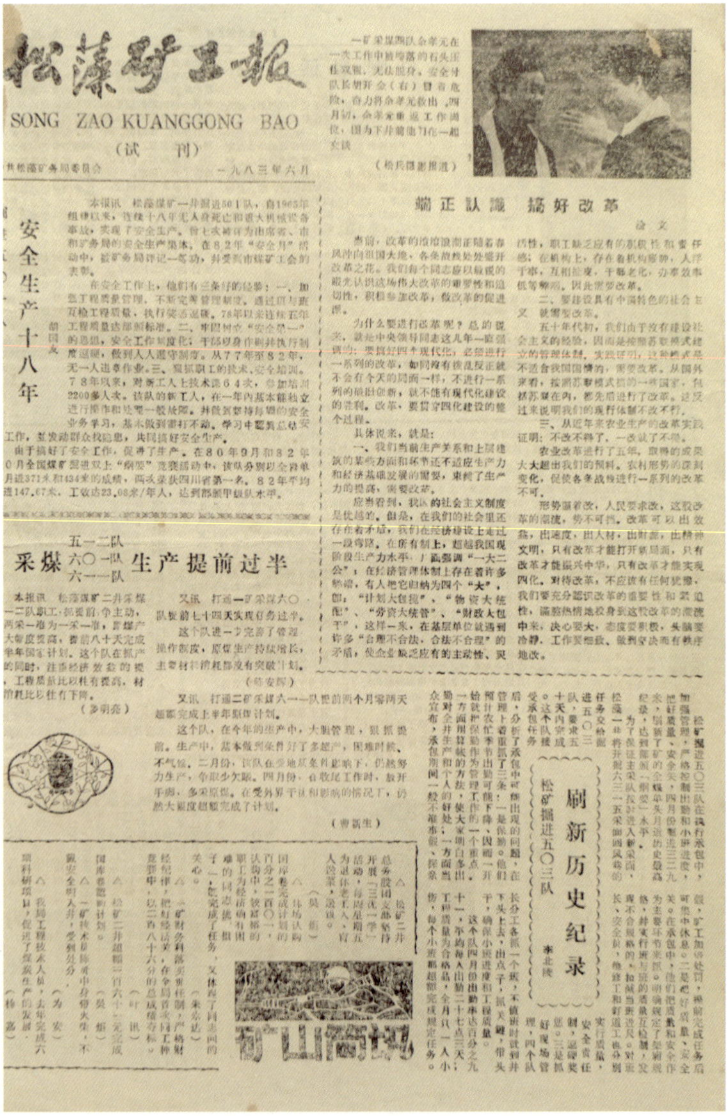

松藻矿工报

SONG ZAO KUANGGONG BAO

（试　刊）

一九八三年六月

安全生产十八年

端正认识　搞好改革

采煤　五一二队　六〇一队　六一一队　生产提前过半

刷新历史纪录

松矿掘进五〇三队

矿山简讯

《松藻矿工报》试刊号　第一版

松藻礦工報

SONG ZAO KUANGGONG BAO

第一期

中共松藻矿务局委员会　　一九八三年九月一日

开创我局职工思想政治工作新局面

局党委召开思想政治工作会议

本报讯　松藻矿务局思想政治工作会议，从八月二十二日至二十五日在打通二矿召开。各矿、直属单位党委、总支、支部的书记，政工部门、工会、团委的负责人，共一百二十多人参加了会议。

会议要达到的目的是：学习、贯彻《国营企业职工思想政治工作纲要（试行）》，总结经验，提高認识，开创我局思想政治工作的新局面。为促进煤炭生产的发展，创建“六好”企业作出贡献。

局党委书记阚清水同志在会上作了思想政治工作报告。报告从三个方面总结了上半年的思想政治工作情况。在肯定成绩和经验的同时，也指出了存在的差距和教训。

针对目前我局职工队伍的思想情况，阚清水同志提出了今后思想政治工作的意见：首先要明确职工思想政治工作的重要性；第二，要明确职工思想政治工作的内容和方法；第三，明确思想政治工作必须遵循的原则；第四，加强政工干部的自身建设；第五，加强党对职工思想政治工作的领导。

会议期间，与会同志学习了《国营企业职工思想政治工作纲要（试行）》，并由局宣传处长张宣元同志作了要点提示。听了七个队党支部书记的经验介绍。

同志们根据阚清水同志的报告、七个队党支部的思想政治工作经验，进行了小组讨论。找出了本单位的差距，落实了开创思想政治工作新局面的措施。大家表示，一定要把这次会议精神带回去。按照局党委提出的要求，广泛发动职工，反浪费，增效益，全面完成我局今年的原煤生产计划和其它经济技术指标。　大陆

供应处汽车队　企业管理加强　经济效益显著

本报讯　矿务局供应处汽车队，今年以来，注意提高各项工作的经济效益，取得了显著的经济效果，超额完成了各项经济指标。

1——6月份，这个队汽车运输完成216,433重车公里，为计划的126.25%。节油4046公斤。实现利润60073元，为计划的600.73%。与去年同期相比，重车公里提高28.75%，多节油1243公斤，利润增加47372元。

汽车队上半年能大幅度地增加利润，提高经济效益，主要是车队领导注意加强企业质量管理。他们作了大量的调查研究工作，订出了较细致、精确的管理制度，重申和完善了经济责任制。从降低材料消耗和提高工作效率着手，全面实行单车成本核算、利润包干工时计奖等经济责任制。同时严格材料领取制度，从分配上体现按劳分配的原则，从而调动了全队职工的积极性。

以前，在材料领取上，有章不循，浪费严重，漏洞很多。司机可以随意领取、更换零配件。许多半新材料也弃之一旁，保管不善。由于实行了单车成本核算，把材料消耗同职工收入挂上钩，节约有奖，超支受罚。这样一来，职工们注意点滴节约，搞好修旧利废。在不影响安全的前提下，可换可不换的零配件尽量不换新的。同时规定，司机要求更换的零配件，必须由技术员进行检验后才能以旧换新。杜绝了随意更换的浪费现象。

对汽车修理工作，他们也作了改进。以前，修配汽车的工作量沒有规定，就象自由市场上的商品沒有“国家牌价”，安排工作讨价还价。该半月完成的工作量拖至一月甚至更长的时间，效率极低。奖金分配又是按流行的评分制，你一份，我一份，大家都差不多，体现不出按劳分配的原则。为了改变这种现象，车队领导花了近三个月的时间，摸索各类修配工作的需工时数，订出一套较细的“国家牌价”。安排修车任务按派工单上规定的工时考核，以工时作奖金分配的依据。此办法实行以来，职工的干劲大了，大大加快了修车速度，提高了工效，增加了效益。

最近，本报记者获悉，汽车队的干部、职工并不满足上半年巳取得的成绩。八月中旬，他们又召开了全队职工大会，传达局三干会精神，进行反浪费，增效益的动员。要求人人算细帐、想办法、堵漏洞、反浪费，不折不扣地完成每人节约30元的任务。同时他们打算继续抓好油料和材料的节约，坚决完成供应处下达的追加计划后今年共盈利九万五千元的计划。车队领导决心很大，力争盈利突破十万元。

大陆

簡訊

▲ 松藻煤矿二井股室干部积极响应局关于“反浪费，增效益”的号召，利用业余时间承包部分井下老巷的材料回收工作。目前，已经回收坑木20.7立方米，钢轨960公斤，金属支架15根，金属支架接头12个，价值2552元。　陈渝孝

▲ 我省开考党政干部基础科的佳音传到本局后，有80余名干部，正在抓紧自学复习《哲学》、《中国近代史》，迎接今年十至十一月间的第一次开考。　渝文

▲ 金鸡岩木材加工厂正式办起了托儿所。厂内两周岁以上未入学的儿童，已全部入托，为职工解决了后顾之忧。　赵立行

▲ 打通一矿将在三年内为井下职工配备自救器。今年该矿将配备578台，目前巳配备150台。自救器的配备，不但标志着煤炭科学的发展，而且也体现了党对煤矿工人的关心。　陈安辉

▲ 八月上旬，松藻煤矿二井延伸工程——人行斜井下山开始动工。担负这项工程的掘进110队职工，两个小班进尺2米，打响了延伸工程的第一炮。　蒋富国

▲ 我局一九八三年上半年采掘队上“纲要”竞赛揭晓。有7个采掘队达到“纲要”标准，其中甲级队有采煤612队，掘进501队；乙级队有采煤601队、掘进604队，掘进612队；丙级队有采煤604队，掘进622队。　松兵

▲ 截至8月20日止，松藻煤矿共有29名同志自愿报名读“山西刊授大学”。

▲ 松藻煤矿工会，坚持用业余时间开展体育活动。从六月下旬起至八月十二日止，先后组织了乒乓球赛、羽毛球赛和游泳比赛。三次比赛共进行了二百三十场次，参加比赛的运动员二百五十七名（有的兼裁判），无一人脱产。为保证比赛不误生产，他们提前调换参加比赛人员的班次。工会的几名干事，不顾盛夏炎热，义务搞好联络。三次比赛规模大、效果好，丰富了矿山职工的文化生活。　陶本忠

▲ 八月中旬，打通一矿组织机关各科室37名干部，工作人员到井下南东皮带巷回收坑木9立方米，摩擦支柱25根，和少部份钢材，价值三千余元。　雪冰

局掘进工作会议在打通二矿召开

坚定信心多掘快进为完成全年任务而拼搏

本报讯：八月十九日，我局掘进工作会议在打通二矿召开。会议的主要议题是总结上半年掘进工作情况，交流经验，找差距，定措施，努力扭转我局掘进工作的被动局面。

局领导、各矿、井、掘进队和局、矿有关部门的负责同志共一百一十四人参加了会议。会上，蒋永淦副局长作了题为《坚定信心，多掘快进，为完成全年掘进任务而奋力拼搏》的工作报告。局党委阚书记，李局长，局工会刘主席等分别在会上讲了话。打通一矿掘进604队等六个生产任务完成较好的掘进队，在会上介绍了经验。

会议指出：由于种种因素的影响，目前我局掘进生产十分被动。今年一至七月份，全局总进尺仅完成16706米，为年计划的50.62%，比去年同期下降13.5%。如果剔除石壕矿的掘进进尺949米，则比去年同期少掘3564米，相当于原三个矿今年1.58个月的进度。

目前，有的矿井已暴露和潜伏着采掘失调的危险。会议期间，各矿代表进行了为期一天的讨论，分析了掘进生产完成不好的原因，找出了症结，明确了任务，增强了搞好掘进工作的信心和决心。

会议指出：今年还有四个月的时间，在时间紧，任务重的情况下，全局职工要振奋精神，采取强有力的措施，做好思想政治工作，变压力为动力，充分发动群众，积极组织『创水平，上纲要』竞赛。稳定掘进队伍，强化调度指挥。二线和各职能部门的同志要为掘进工作开绿灯。发扬煤矿工人『特别能战斗』的精神，苦战一百二十天，打大仗，打硬仗，为完成和超额完成我局全年掘进任务而奋力拼搏。

罗兴华

◁ 编　后 ▷

局三干会提出在全局开展反浪费、堵漏洞、算细账、添措施、增效益活动，要求必须实现节亏150万元，生产原煤193万吨。这是关系到全局职工切身利益的大事。如果这两个指标完不成，将直接影响到四季度调资和预留在年终算总账的20%的吨煤奖的返回。今年剩下的时間不多了，全局干部职工要有一种迫切感，积极着手搞好这一工作。汽车队在反浪费、增效益方面成效显著，他們的一些办法值得借鉴。比如材料的領取制度，如果各单位庫房都坚持以旧换新，同时經有关部門或技术人員检驗后才能領取，否則坚决不发，堵住各种漏洞，反对大手大脚，搞好修旧利废，把材料消耗降下来，那这笔账是相当可观的。

《松藻矿工报》创刊号　第一版

《重庆轻纺》

2011年创刊

《重庆轻纺》创刊于2011年，为月报，该报旨在宣传党的理论和路线方针政策，宣传市委、市政府关于国有企业改革发展的决策部署，宣传集团改革发展和党建工作情况，宣传集团企业文化和广大干部员工干事创业风采。

重庆轻纺集团

重庆轻纺

CQLT

准印证号：
渝内字第159号

敬请关注 轻纺微信公众号

主办：重庆轻纺控股（集团）公司　内部资料 免费交流　总第96期　2019年7月

陈敏尔在企业调研时强调

因势利导壮大实体经济 满腔热情帮助企业解决难题

据重庆日报消息 7月1日，市委书记陈敏尔深入企业生产一线调研。他强调，要深入学习贯彻习近平总书记视察重庆重要讲话精神，坚持稳中求进工作总基调，践行新发展理念，落实高质量发展要求，因势利导壮大实体经济，满腔热情帮助企业解决难题，扎实推动全市经济持续健康发展。

市领导王赋、熊雪参加调研。

重庆登康口腔护理用品股份有限公司生产的"冷酸灵"牙膏，是家喻户晓的老品牌，销售份额位居全国前列。陈敏尔了解企业发展历程，询问产品市场开拓等情况。近年来，公司加强产品创新，"火锅牙膏"等在网上热销。陈敏尔说，电子商务为企业拓展市场提供了广阔空间，要充分发挥电商平台作用，让企业产品销得更远、卖得更多。

调研中，陈敏尔指出，实体经济是一个地区经济发展的根基，发展壮大实体经济是推动高质量发展的战略支撑。习近平总书记视察重庆时强调，要因势利导壮大实体经济，激发各类市场主体活力。全市上下要深入学习贯彻总书记视察重庆重要讲话精神，紧紧扭住实体经济不放松，聚焦关键环节和重点领域，一手抓研发创新、一手抓补链成群，大力推进产业转型升级、新旧动能转换，加快构建具有重庆特色的现代化经济体系。抓实体经济一定要抓好制造业。要把制造业高质量发展放到更加突出的位置，因地制宜选择发展新兴战略产业，加大力度改造升级传统制造业，推进先进制造业和现代服务业深度融合，推动产业结构迈向中高端水平。要加大创新支持力度，深入推进大数据智能化为引领的科技创新，优化创新生态环境，实施更加积极、更加开放的人才政策，让创新成为推动实体经济发展的强大动能。市场主体有活力，高质量发展就有动力。要结合开展"不忘初心、牢记使命"主题教育，精心做好服务企业工作，深入企业了解情况，满腔热情帮助企业解决难题，激发各类市场主体更大发展活力，营造实体经济更好发展环境。各级各部门要进一步加强对当前经济形势的精准研判，增强前瞻性和预见性，把应对措施考虑得更加周密一些，把工作做得更加扎实一些，着力稳住经济基本面、培育新的增长点，牢牢掌握经济工作主动权。

有关区和市有关部门负责人参加。

轻纺集团扎实开展"不忘初心、牢记使命"主题教育专题调研

本报讯 根据市委主题教育领导小组的统一部署，近期，轻纺集团扎实开展"不忘初心、牢记使命"主题教育专题调研，集团领导分别深入境内外多个企业，广泛听取干部职工意见，形成调研报告汇编，召开调研成果交流会，为下一步深入推进高质量发展和全面从严治党打下坚实基础。

这是一轮主题鲜明的调研。集团党委高度重视此次调研，从主题教育一开始，就把专题调研工作纳入主题教育总体方案谋划，召开党委会明确调研主题和工作要求。集团领导班子成员按照"上接天线、下接地气"的原则认真组织制定调研方案，调研既紧扣学习贯彻习近平总书记关于"不忘初心，牢记使命"重要论述、关于重庆工作和国企工作重要讲话重要指示精神，又联系轻纺集团工作实际，突出解决当前工作的重点、难点、痛点。针对各方面对境外企业管理认识不一致、管控模式待优化，党组织代管企业党建工作比较薄弱等情况，集团党委书记、董事长谢英明选择了境外企业管控、代管企业党建工作两个主题。集团党委副书记、总经理余刚负责调研供给侧结构性改革和完善现代企业制度。集团党委委员、监事会主席潘立平针对完善监督管理机制、防范化解重大风险进行调研。集团领导李兴强、徐阳、张万钧、邹宁、丁勇分别就投资风险防范、僵尸企业关闭退出、税务风险防范、上海三毛高质量发展、防范安全环保输入性风险等展开调研。

这是一轮作风扎实的调研。从6月底开始，集团领导通过深入境内外所属企业、走访同类型企业，邀请专家座谈、电话会交流、发放调研问卷、个别谈话、查阅学术论文等方式，进行多形式、多地域、多对象的调查。为了搞清楚中资海外企业的管理模式、萨固密集团现有管控模式的不足，谢英明既与同属国企且有境外投资的上海申达、中航汽车负责人进行研讨交流，又远赴萨固密集团卢森堡总部与企业外籍负责人沟通座谈并发放调研问卷。余刚深入10户企业，与这些企业的领导班子、中层管理人员、研发人员、职工代表等共130余人次开展了广泛的沟通交流，收集意见建议151条，汇总梳理出了制约企业高质量发展的6个方面突出问题。

这是一轮成果丰硕的调研。7月31日、8月2日，集团两次召开调研成果交流会。谢英明详细介绍国内企业对境外企业实施跨国管控的财务型、战略型、营运型管控模式的利弊，明确轻纺集团对萨固密集团的管控应是战略及财务型管控，在此基础上提出优化管控的基本思路、主要内容、具体措施。余刚在介绍中提出到2020年和2022年高质量发展的目标，明确高质量发展的原则是聚焦主业、向改革要动力、向创新要活力、向管理要效益，从5方面提出下一步的思路及措施。其他班子成员也一一作了详细介绍。整个调研形成成果36个，梳理问题60个，提出对策措施61条。调研报告中提出的对策措施，集团将召开党委会研究，进一步明确意见后组织落实。

市委第十六巡回指导组副组长刘家明指导了8月2日的调研成果交流会。他说，这次交流会开得很好很成功，集团党委高度重视、准备充分，通过多种方式开展了深入调查研究。调研主题明确，符合主题教育要求和企业实际。对调查发现的问题和大家在会上提出了意见建议，集团党委要认真研究吸纳。下一步，要继续抓好理论学习，坚持"四个贯穿全过程"，做到"四个到位"。要抓好调研成果运用，形成制度机制。

谢英明在会上要求，集团领导班子成员要进一步完善调研报告，吸收会上提出的意见建议。要进一步细化整改措施，切实解决调研发现的问题，坚持立行立改、即知即改。要在调研基础上开展好专题党课，激发活力，凝聚力量。要继续抓好主题教育各项工作，做到相互融合，以学促改。要进一步把调查研究等好的作风转化为工作常态。**（陈其龙）**

轻纺集团召开专题会议办理中央生态环境保护督察组交办群众举报龙璋纸业环保案件

本报讯 7月18日上午，轻纺集团召开中央生态环境保护督察组交办群众举报龙璋纸业环保案件办理专题会议，深入学习市配合第二轮中央生态环境保护督察工作领导小组办公室《关于做好第二轮中央生态环境保护督察群众信访举报工作的通知》、《中央生态环境保护督察群众信访举报问题办理要求》、《关于切实做好第二轮中央生态环境保护督察组交办举报环境问题查处整改工作的通知》，认真研究群众举报的龙璋纸业4个环保问题，梳理龙璋纸业环保遗留问题前期整治和近期办理工作的情况，安排部署下一步办理工作。集团党委书记、董事长谢英明主持会议，集团党委委员、监事会主席潘立平，集团党委委员、副总经理徐阳、丁勇出席会议，资产管理公司、经济运行部（安全管理部）、办公室有关负责人参加会议。

会议认为，群众举报认为龙璋纸业环保整治存在问题，充分体现了人民群众对更好生态环境的迫切需求、对追求美好生活的迫切向往，是对集团环保工作的鞭策，有利于集团把龙璋纸业环保遗留问题整治工作做得更深更细更实，有利于督促集团更好履行政治责任和生态文明责任。对此，集团上下要深入学习贯彻习近平生态文明思想，坚持以人民为中心的发展思想，贯彻落实中央环保督察动员会精神，提高政治站位、端正思想态度、敢于担当面对，不要怨天尤人、委屈抱怨，在前期整治基础上继续努力，以彻底完成整治的实效取信于民。为扎实办理群众举报问题，按照市环保督察配合办要求，会议决定立即成立轻纺集团办理群众举报龙璋纸业环保案件临时工作小组，党委书记、董事长谢英明任组长。工作小组要落实市环保督察配合办提出的四条办理原则，按照会议确定的"高度重视、实事求是、科学可行、立行立改、务求实效"要求，全力以赴办理群众举报问题，推进龙璋纸业环保遗留问题彻底整治。

会议强调，集团有关领导、部门、企业要提高政治站位，充分认识到办理好此次群众举报案件，是检验初心使命的现实考验。要将群众举报问题列入"不忘初心、牢记使命"主题教育检视问题清单，实事求是，不讳疾忌医，不遮遮掩掩，以刀刃向内、自我革命的精神抓好整改办理。在整个办理过程中，轻纺集团及工作小组要坚持立行立改、边督边改，加强与铜梁区政府的沟通协调，统一认识，共同努力做好群众沟通解释工作。资产公司要落实主体责任，经济运行部（安全管理部）要落实监管责任，加强龙璋纸业渗漏液收集设施及处理站的运行管理，通过明察暗访督促龙璋纸业现场管理团队加强管理和监测，保证持续达标排放。要加强舆论引导工作，及时回应群众关切，适时公布办理和整治进展，不断以新的整治成效和最终彻底完成整治增强人民群众的获得感、幸福感、安全感。

会议指出，要立足当下、着眼长远，谋划论证白泥渣场隐患彻底整治方案。这次群众举报的问题，是历史积累形成的，时间跨度大、情况复杂、整治难度很大，虽然我们已经做了大量工作，但还有大量工作要做，必须做好打攻坚战、持久战的准备。第一轮中央环保督察以来，集团克服两户环保整治施工方退场的困难，投入2300多万元完成龙璋纸业厂区内废液、废渣清理处置，建成渗漏液收集设施及处理站，取得排污许可证，持续达标排放，两项工作均通过专家组验收，完成了上次中央生态环境保护督察组交办的两项任务。在取得阶段性整治成效基础上，下一步要在进一步摸清数据和掌握可靠资料的情况下，制定和落实后续各个阶段的整治计划，加快白泥渣场隐患治理方案的尽快尽早论证工作，限时完成方案的选定，完成后及时组织专家评审，根据专家评审结果启动相关建设工作。**（陈其龙）**

●主编：郑亮　●责编：贾振军　●本版编辑：李雪飞

《重庆轻纺》总第96期　第一版

第五部分

高校报

《重庆大学报》

1936年创刊	1955年创刊	1988年更名	2000年更名
《重大校刊》	《重庆大学》	《重庆大学校报》	《重庆大学报》

1936年10月16日创刊

创刊报名《重大校刊》

《重庆大学报》前身可追溯至创刊于1936年10月16日的《重大校刊》。《重大校刊》由时任校长胡庶华亲笔题写刊名并亲自撰写发刊词，并发表文章《理想中的重庆市文化区》。

1943年至1948年间，除校方常规性连续出版物《重庆大学校刊》外，1947年出现学生自创刊物《学府导报》。1950年至1951年由校务委员会和学生代表共同组成编辑部负责编辑出版《重大生活》。1955年3月5日，校刊《重庆大学》创刊，至20世纪60年代初停刊。1977年9月《重庆大学》复刊，并于1988年3月更名为《重庆大学校报》，1999年1月获得国内统一刊号。2000年，重庆大学、重庆建筑大学、重庆建筑高等专科学校合并组成新的重庆大学，更名《重庆大学报》。

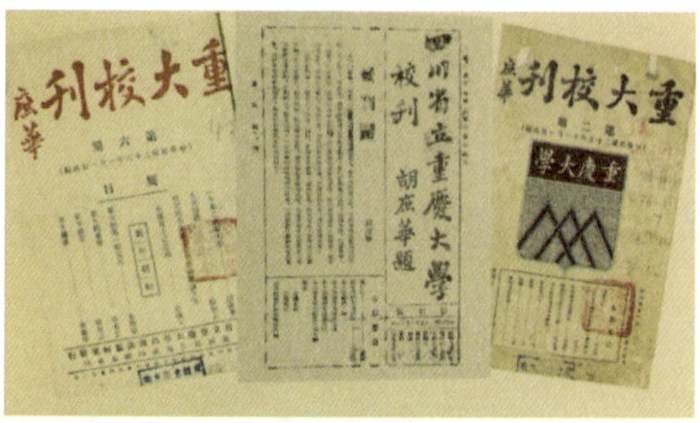

1936年10月16日创刊
由胡庶华校长亲笔题写刊名并亲自撰写发刊词

重庆大学報

重庆大学校报编辑部　第341期　本期共4版

国内统一刊号：CN50—0807/(G)　主编：杨清明　2000年6月1日

关于重庆大学、重庆建筑大学、重庆建筑高等专科学校合并组建新的重庆大学的决定

关于祝家麟等同志任职的通知

拓宽学科领域　提高办学效益
以崭新的面貌迈向新世纪

迈向二十一世纪的重庆大学

《重庆大学报》第341期　第一版　第四版

重慶大學

第 1 期　　一九五五年三月五日出版

重慶大學校刊編輯委員會編

我校於二月七日召開了科學代表會議第一次會議，圖爲會議時的情形。

重慶大學科學代表會議第一次會議的兩個決議

一　關於進行畢業設計或結業作業的決議

本校科學代表會議第一次會議聽取了全知教務長關於一九五四——一九五五學年第二學期五項教學工作的報告及對本校實際情況的估計，認爲是符合我們實際情況的。爲了貫徹實行這些重點工作，首先要求本校一九五四——一九五五應屆畢業生中在作好課程設計的基礎上，進行畢業設計或結業作業，以提高畢業生的質量。各系應適當的修改過渡教學計劃，妥善安排時間，組織力量，本着「邊準備、邊試行、邊指導」的精神，穩步前進，並可根據實際需要成立系畢業設計委員會。同時建議在全校範圍內成立一九五四——一九五五學年度畢業考試委員會，以便加强領導。各級行政應從組織、制度上對這一工作進行督促檢查。關於各系進行畢業設計或結業作業所採取的方式作如下的建議：

（一）本科各班：

機械製造系機械製造工藝專業：四十九人，按中華人民共和國高等教育部（以下簡稱高教部）所指示的第一類第一種作法進行（全部學生參照統一教學計劃的規定進行畢業實習和畢業設計，（畢業實習與畢業生產實習結合進行）。

電機系發電廠配電網及聯合輸電系統專業：四十六人，按高教部所指示的第一類第二種作法進行（在畢業實習後進行縮減某些內容而仍完整包括各組成部份的畢業設計）。

採礦系礦區開採專業：二十三人，按高教部所指示的第一類第二種作法進行（在畢業實習後進行縮減某些內容而仍完整包括各組成部份的畢業設計）。

冶金系鋼鐵冶金專業：三十二人按高教部所指示的第一類第二種作法進行（在畢業實習後進行縮減某些內容仍完整包括各組成部份的畢業設計）。

地質系金屬與非金屬礦產地質和勘探專業：五十七人，按高教部所指示的第一類第二種作法進行（在畢業實習後進行縮減某些內容而仍完整包括各組成部份的畢業設計）。

（二）專科各班：

機械製造系金屬切削加工專業：一百七十五人，參照本科專業第一類第一種作法進行。

電機系發電廠配電網及聯合輸電系統專業：一百一十七人，參照本科專業第一類第二種作法進行。

地質系金屬與非金屬礦產地質和勘探專業：二百零四人，參照本科專業第二類第二種作法進行。

進行畢業設計或結業作業是一個繁重複雜的工作，全校應以此爲中心任務，要從物質供應上及政治思想工作上求得保證，因之有關部門都應作出相應的措施，有力地配合，以保證完成這一任務。

二　關於一九五四——一九五五學年第二學期幾項教學工作的實施的決議

根據一九五四——一九五五學年第一學期教學工作的實際情況，我們除對進行畢業設計或結業作業作出決議外，對於其他教學工作亦應在現行的基礎上提高，因此特作如下的確定：

（一）全面展開新的考試考查工作：

1. 各教研組主任應重視本組考試考查工作；
2. 各教研組及早準備考試考查工作，特別是題簽及答案的準備；
3. 教務機關早日頒佈有關考試考查的各項具體規定；
4. 各系主任要很好督促檢查，定期透過教務處向校長彙報準備情況；
5. 早日向學生宣傳考試考查辦法。

（二）作好學生自學工作指示圖表的工作：

1. 教務機關早日準備必需的表格；
2. 各系主任必須親自動手，進行組織，並定期檢查執行情況，隨時改進；
3. 全體教師要認真遵守指示圖表，進行有節奏的教學。

（三）積極建立資料室和整理實驗室的工作：

1. 各教研組應在現有人員情況下指定專人（專職或兼職）對資料進行收集與整理；
2. 學校在生產實習科內設置保密資料機構；
3. 整理實驗室工作：

（甲）各實驗室應發揮現有設備的效率，並在現有基礎上加以整理，具體從下列各項先辦：

（1）整理並統一現在的規章制度，儘可能做到正規化；

（2）加强保安防火設置和器材的維護工作，維持清潔衛生；

（3）增加需要的統計圖表及必要的指示圖表；

（4）增設必要的標語、科學家掛像及展覽成績。

（乙）各實驗室應改進實驗的質量：

（1）加强實驗準備工作；

（2）精簡與提高實驗內容；

（3）改進實驗報告格式與內容。

（丙）教務科進行研究大循環排課制度，爲一九五五年下期打下基礎；

（丁）在全校經費範圍內，盡最大的努力爭取滿足實驗室的需要，優先購買小型新式的儀器及機器，逐步去舊添新；

（戊）打破滿足於現狀和等待思想，建立有長遠利益的確定思想，克服困難，大力提倡師生自製實驗儀器用品；

（己）各實驗室提出培養實驗員的具體方案，提交學校研究辦理。

（四）爲提高基礎課和基礎技術課的質量而努力：

1. 進一步鑽研教學大綱，配合適當教材，提高講課內容的思想性，貫徹辯證唯物主義觀點；
2. 提高習題課及實驗課的質量，進一步開展習題卡、實驗卡等制度；
3. 有計劃有目的地開展科學研究工作；
4. 採用多式多樣的直觀教材（模型、幻燈、掛圖等）以提高教學效果；
5. 深入學習蘇聯專家的報告，開展教學法研究工作；
6. 教學有關教學資料或下廠，以提高教師的生產實際知識；
7. 加强業務學習，豐富會議內容，可酌開提高教師思想理論水平討論會、專題報告學術討論會、教學方法討論會、科學研究討論會等；
8. 爲下年度開學時設舉行的基礎課及基礎技術課教學研究會作好準備。

一九五四——一九五五學年第二學期五項教學工作的報告

（摘　要）

在科學代表會議第一次會議上，由全知教務長作了關於一九五四——一九五五學年第二學期五項教學工作的報告。

報告首先分析了上一學期教學工作的情況，指出了成績，如：

在一年級學生中貫徹執行了統一教學計劃，在二、三、四年級學生中執行了過渡教學計劃；同時貫徹執行了中央頒佈的統一教學大綱和修訂了尚未制定統一大綱的教學大綱；

根據「教師工作日及教學工作量暫行辦法（草案）」的精神，結合學校實際情況，全面地訂出了系、教研組及教師個人工作計劃，並大都按計劃進行了工作；

大多數課程開展了新的考試和考查，曾進行教學計劃規定的七個課程設計和重點地準備了畢業設計。

報告中同時指出，我們的工作還不能完全符合客觀發展的要求。如：畢業設計還沒有經驗；新的考試考查，上學期舉行口試的課程雖佔了百分之六八・八，筆試尚佔百分之三一・二；學生學習中的緊張忙迫現象仍然存在；基礎課及基礎技術課的教學效果一般是比較好的，但是爲了滿足新的要求，仍須在現有基礎上進行提高等。

針對以上情況，報告中接着提出了一九五四——一九五五學年第二學期的教學工作任務，即：一、各專業應屆畢業生全部進行畢業設計或結業作業；二、全面開展新的考試和考查；三、進一步克服學生的緊張忙迫現象，實施學生自學工作指示圖表的制度；四、積極準備成立資料室和整理現有實驗室；五、提高基礎課和基礎技術課的質量。

關於進行畢業設計或結業作業，報告中強調說：這是培養合格建設人才的重要關鍵；是本學期學校一切工作的中心。當然困難是有的，但不能過份强調困難，也不能盲目樂觀，必須正視困難。要求教師思想上有明確的認識，發揮集體力量，積極進行準備和試作。

報告接着談到一九五四——一九五五學年第二學期共開出二百零七門課程，根據教學計劃，考查的七十一門，考試的一百三十六門。對照第一學期的情況，以教師少、學生多、舉行口試困難較大的政治課來看，教師都已積極地準備在第二學期全部進行新考試。所以要求全面展開新的考試和考查是具有客觀條件的。但報告中也指出：第一學期口試工作存在有一些缺點，如題簽搭配的不夠全面，評分標準掌握不夠穩等，要求教研組吸取經驗教訓，有步驟地從開學起即行着手準備。

對克服學生的緊張忙迫問題，報告中說，應從三方面着手：在各級教學行政領導方面，應注意到如何組織領導和督促檢查學生自學工作；在教師方面，應注意到如何提高講課質量，揣好各個教學方式，佈置分量合適的作業；在學生方面，應如何加强學習的計劃性，提高工作效率，認真的完成一切作業。

報告中引證了莫斯科莫洛托夫動力學院在組織學生自學、制定學生自學工作指示圖表的經驗，指出學生在學習中的緊張忙迫現象，是可以用一定的制度形式來解決的。要求各級領導和全體教師多討論、多研究，爲試行學生自學工作指示圖表這一制度，爲進一步解決學生在學習中的緊張忙迫現象而努力。

關於建立資料室和整理實驗室的工作，報告中說：資料室是教研組的組成部份，是進行課程設計、畢業設計和開展科學研究不可缺少的一項工作。教研組應指定專人負責並建立制度。至於保密資料，學校已經有專門的資料保密機構，並訂出了保密條例，統一來進行聯系和保管。

實驗工作首先應在原有的基礎上逐步擴大。教學計劃規定要開的新實驗必須大力鑽研、擬訂內容，有計劃的籌設新實驗室；這方面的工作尤應密切與有蘇聯專家的先進學校聯系，收集有關資料。

另一方面，應進一步整理現有的實驗室。第二學期首先要把清潔衛生、保安防火佈置圖表和標語等工作做好。在進行實驗中，還應加强貫徹對同學的保安防火、愛惜公共財物的思想教育。

關於提高基礎課及基礎技術課質量的工作，報告中指出：基礎課和基礎技術課對專業課各教學環節的進行關係很大，爲了適應新的要求，緊密地與畢業設計的銜接相配合，進一步研究教學質量的提高非常必要。應研究如何提高講課質量，使學生在課堂上能把教學的重點清楚地系統地理解；研究如何改進習題課，使學生在習題課上對運用公式、運算技巧能得到培養，對所學理論得到鞏固；研究改進實驗課，使學生有較多時間親自動手，培養他們獨立工作的能力。

報告最後總結說：我們要爭取在今年把蘇聯先進經驗中的各個教學環節在不同的程度下普遍地採一遍。只有這樣才能體會到蘇聯先進經驗的整體性及實質。學校正準備把各種有關制度，在總結制度規定下來，進一步加强對各級領導和學生工作的組織的措施，以保證各個教學環節的實現與提高。

《西南大学报》

2005年9月创刊

1953年创刊
《西南师范学院院刊》

1958年更名
《西南师范学院》

1985年更名
《西南师范大学》

1985年更名
《西南师大报》

1953年创刊
《西南农学院》

1985年更名
《西南农业大学》

1999年更名
《西南农大报》

2005年合并更名
《西南大学报》

2005年7月17日，西南师范大学与西南农业大学合并为西南大学。是年9月，原《西南师大报》与原《西南农大报》合并，更名为《西南大学报》，保留原《西南师大报》国内统一连续出版物编号，注销《西南农大报》国内统一连续出版物编号。

2 校园·教 西南大学报

新起点·新贡献·新辉煌

走进西南大学：更大的舞台 更高的起点

校园一隅

学校热烈庆祝第21个教师节

学术短讯

校领导班子到荣昌校区集体调研

重庆文化产业高级人才研修班在我校开学

八万余爱心捐款献白血病儿

《西南大学报》创刊号 第二版

《西南大学报》创刊号 第一版

《西南师范学院》前身是创刊于1953年4月《西南师范学院院刊》，1958年3月改为《西南师范学院》，1960年9月停刊。1981年5月，《西南师范学院》复刊。1985年8月5日学校更名为西南师范大学，《西南师范学院》更名为《西南师范大学》。1990年改为《西南师大报》。

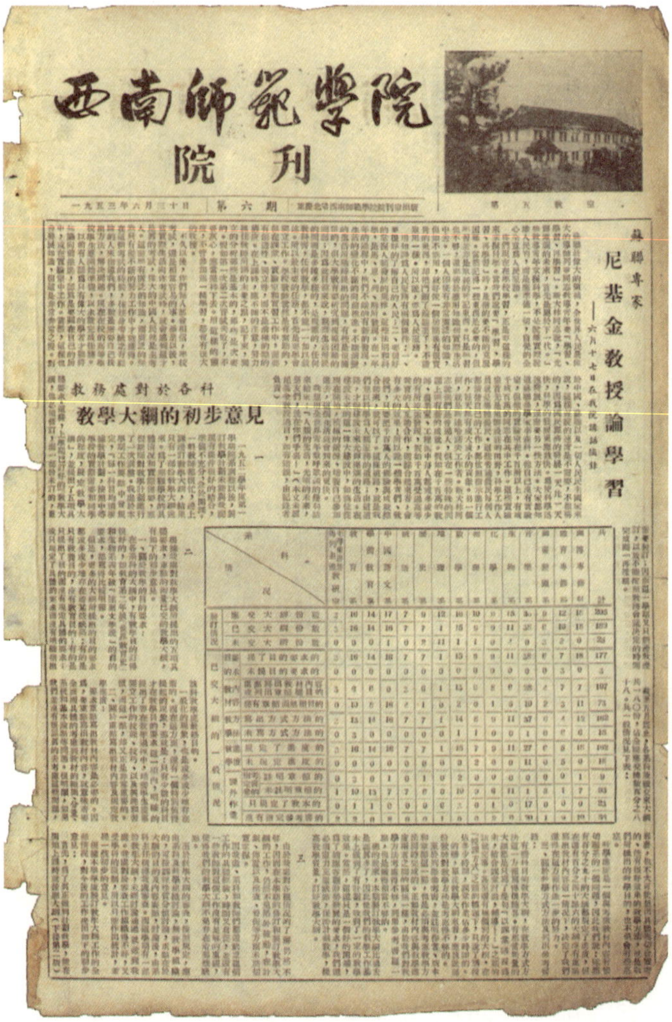

西南師範學院

院刊

一九五三年六月三十日 第六期

蘇聯專家

尼基金教授論學習

教務處對於各科

教學大綱的初步意見

《西南师范学院院刊》第6期 第一版

1954年
正在修建的西南师范学院大校门

總務工作的初步檢查

關於基本建設工程的幾點說明

《西南师范学院院刊》第6期 第二版

《西南农学院》创刊于1953年6月30日，历经《西南农学院》（1956—1985年）、《西南农业大学》（1985—1999年）、《西南农大报》（1999—2005年）演变。其间，曾于1960年3月停刊，至1984年12月复刊。

西南農學院

創刊号

努力向科學文化进軍

社論

迎接本院第一次科學討論會

为貫澈 自由討論百家爭鳴 的方針而努力

《西南农学院》创刊号 第一版

20世纪70年代
西南农学院综合大楼

《西南农学院》创刊号 第四版

报刊由西南大学档案馆提供

《重庆文理学院报》

1982年创刊	1985年更名	2001年更名	2005年更名
《江津师专》	《重庆师专》	《渝西学院报》	《重庆文理学院报》

1982年3月创刊

创刊报名《江津师专》

《重庆文理学院报》前身为创刊于1982年3月的《江津师专》，分别于1985年、2001年，随校名更改为《重庆师专》《渝西学院报》。2005年，再次随校名更改为《重庆文理学院报》至今。

重庆文理学院报

News of Chongqing University of Arts and Sciences

中共重庆文理学院委员会主办　重庆文理学院报编辑部编辑出版

总编辑：刘定云　副总编辑：夏明宇

2005年8月30日（总第370期）　CN50—0806/(G)

新思路 抓学习 收实效

我校暑期先进性教育活动成效显著

暑假期间：周济部长、邢元敏副书记相继莅校视察

希望我校为职业教育多作贡献

要闻简讯

认真学习周济部长讲话精神

党委以“三个始终”“四项工程”落实共产党员先进性

我校接受“四五”普法依法治理检查验收获好评

我校与澳大利亚维多利亚大学建立友好合作关系

《重庆文理学院报》总第370期　第一版

渝西学院报

我院新学年开局顺利

新世纪高等教育发展战略女校长论坛在京举行

我院今年招生工作顺利结束

高职院开局顺利　招生过400大关

《渝西学院报》总第295期　第一版

重庆师专

三代人的心愿

《重庆师专》总第39期　第一版

江津师专

JIANGJIN SHIZHUAN

第1期 （1982.3.14） 江津师专校刊室 编

教学大楼 何绪济 摄

全校动员 有声有色 扎扎实实 开展文明礼貌月活动

本刊讯 三月一日，校党委向各总支、支部、工会、团委发出了《关于组织全校师生员工积极参加“全民文明礼貌月”活动的通知》，要求“各级组织要以高度负责的精神，认真组织动员全体师生员工，立即行动起来，积极投入这一活动，进一步振奋精神，使校风、校貌有一个更大的变化。”

《通知》要求“把思想教育放在领先的地位，广泛深入地开展宣传教育，提高认识，增强自觉性，使师生员工认识建设社会主义精神文明，开展‘全民文明礼貌月’活动和‘向雷锋同志学习’的重大意义。进一步正确理解和处理好物质文明和精神文明的关系，明确建设两个文明是对科学社会主义的新概括，建设精神文明是我国的根本方针，是我们学校培养德智体全面发展的人才的根本任务，是一件具有战略意义的大事。”

《通知》指出，要“运用多种多样的形式和方法，深入做好宣传教育工作，提高共产主义道德水准。党、团组织和工会应把‘五讲四美’列入组织生活内容，教育党、团员和教职工在活动中起表率作用。以身作则，教育、影响青少年。”“三月份的第一周要进行群众性的动员，层层发动，掀起宣传教育活动的热潮。”“在师生中采取多种形式，开展‘你在文明礼貌月活动中怎么办？’、‘人民教师应有什么样的情操？’等专题讨论，全校上下造成建设社会主义精神文明的浓厚气氛，大力提倡‘为您服务，为民造福’的新风尚；自觉遵守和维护社会公德的新风尚；人与人之间互相尊重的新风尚；自己动手创造美好环境的新风尚。”“使讲卫生、讲纪律、讲礼貌在我校蔚然成风。”

《通知》号召全校师生员工“立即行动起来，治理‘脏’、‘乱’、‘差’，力争学校环境面貌和风气双改观。”

《通知》说，“下功夫搞好清洁卫生，解决一个‘脏’字，是我校‘全民文明礼貌月’活动的重点。发动广大师生员工及家属，人人动手，个个出力，搞好清洁和植树造林，使学校环境净化、绿化、美化。使我们的校容有一个明显的大改观。

“清洁卫生的重点，是抓住群众性强，接触面广的教室、宿舍、食堂、操场、影剧场、阅览室等公共处所，力求做到经常保持清洁、整齐、美观。把我校师生员工的宿舍变成既是传播社会主义精神文明的阵地，又是一个安静的学习场所。

“要发动群众，对我校学生大厨房里外、车库及其周围、总务处保管室周围、浴室，四、五、六号宿舍阴沟及洗衣台，教师小厨房周围，男生宿舍卫生间及厕所、女生宿舍水槽及洗衣台、饮食服务部里里外外、湖滨楼周围，存有垃圾的处所等十一个不卫生的死角，采取措施，在中旬改变面貌。

“要动员师生员工，为造福人类，改变环境，装点学校，大力植树造林。绿化的重点，校区内主要是保护现有成活的树木、花草，同时大力植树覆盖荒坡、楼房区尽力解决美化、香化、遮荫问题。”

《通知》说，要“培养为人师表的作风，讲纪律，守秩序，解决一个‘乱’字”。要“提高服务质量，树立为您服务、助人为乐、礼貌待人的新风，解决一个‘差’字。”要“增进上下之间，部门之间，同志之间，师生之间，教师与职工之间的友谊和团结。职工要做好为教学第一线的服务工作；教师、学生要坚持三好目标，教和学都应坚持七认真，要尊重职工，尊重他们的劳动；学生应该尊重教职工。教职工要努力提高教学和工作质量，要有慈母般的热情，关怀、爱护、教育、引导学生，特别要给后进生送温暖给力量，使转化后进生的工作有一个显著的进展。

在措施中，《通知》指出，“每一个系科、处、室、班级，都要按照学校的具体要求，从本单位的实际出发，一层一层，一级一级的有计划、有组织、有目标、有措施地加以部署，落到实处。事事有人负责，做一件见效一件。

“教职工要按科、处、室、组或楼房，根据学校的部署和要求，抓住师表作风这一环，结合本部门的情况，发动群众，找出目标，订出几项准则，提出几条切实的措施，付诸行动。学生应以学生手册为基本依据。一个班，一个团支部，一个宿舍都各自突出三月要解决的重点，依靠群众订出几条，共同去做。

“三月份内要利用党、团、工会组织生活，学生的生活讲话，评比二至三次，及时总结，宣扬新人、新事、新风尚、先进集体的先进典型事迹，支持先进。”“在学生中开展创先进团支部、文明礼貌班、文明宿舍、优秀共青团员、文明礼貌标兵的活动，四月初进行一次总结评选，五月表彰先进。”

《通知》最后强调各级领导要“加强领导，作出表率”“各总支、各支部的负责人要亲自抓，行政领导干部也要一手抓教学工作，一手抓活动。党委要求学校中层以上领导干部每人都要亲自选一个班或一个宿舍，一个系科，部门或教研组亲自蹲点，抓典型做出成绩。”号召“领导干部、党员、团员和教师要以身作则，给全体学生作出表率，做建设精神文明的先锋。”

振作精神 鼓足干劲 从自己做起

学校党委提出端正作风的要求

校党委于二月十三日发出文件，对端正作风提具体要求。

文件指出：“耀邦同志提出今年要使我们的党风有个决定性的转变。我们党委一班人要振作精神，鼓足干劲，从自己做起，端正党风，带动民风，办好学校。”

文件提出五点具体要求：

“1、每个党委成员都必须坚持四项基本原则，坚决贯彻执行党的方针政策，遵纪守法，不搞特殊化，杜绝不正之风，在群众中起模范带头作用。”

“2、坚持民主集中制原则，重大问题集体研究决定。部门职能工作，分工负责，各方去办。”

“3、坚持实事求是原则，深入实际调查研究，督促、检查，每个党委成员都必须联系一个科、室，一个班，一个寝室，了解新情况，研究和解决新问题。”

“4、加强思想政治工作，密切党群关系：①每期分析师生思想动向二次。②每周星期二下午为接待日，接待师生职工来访。③每周下班听课两节以上。④每周与师生职工个别谈心一人以上。⑤党委与行政设意见箱，对群众意见作出书面回答。”

“5、半年过两次民主生活（期中、期末），发动师生职工提意见，带头开展批评和自我批评。”

讲文明 讲礼貌 树新风

“文明礼貌月”活动在我校蓬勃展开

校党委负责同志和校领导，以一个普通党员的身份，同党支部其他党员同志一道，在全校大小二十六间厕所、十间盥洗室、两间浴室里，扫灰尘、洗厕所、冲粪坑、拖地板，擦门窗，去污垢……带了好头。

六十开外的老教师胡道泽、何琢之、曾举先、邬卓凡、罗炳淮及其他教师和家属们，搞卫生，寻地面、扫垃圾、铲草皮。……不减当年。

在男生宿舍的后山上，有五个学生团支部的一百多名共青团员正在营造“青年林”，又有一百三十多株香樟幼苗，在黄瓜山湾安下了家。

女生院阶檐下去马路那段难走的坡路，现在已改观，是进修生孟庆如、何玲玲等六人，利用休息时间，把它开成了一步一步的土梯！

中文科八一级一班团支部的团员们，花了整整一个中午的休息时间，用清水洗、带帕拖，把学生新食堂的地面清扫得干干净净。

学生食堂正要办成文明食堂，五幢教工宿舍楼房环境焕然一新，师生员工和家属同志们都行动起来了！

《白屋诗选》将于年内出版

我校《白屋诗选》校注组选编校注的《白屋诗选》已脱稿，交由四川人民出版社出版，将于今年下半年出书。

《白屋诗选》选编了现代诗人吴芳吉先生的诗作一百多篇，其中包括有脍炙人口的《婉容词》、《护国岩词》等，并作了校勘、标点和注释。老作家姚雪垠同志为本书封面题了签。全书约有二十万字，并收有吴芳吉先生遗照和手迹等。

《江津师专》创刊号 第一版

《重庆交大报》

1986年6月创刊
创刊报名《重庆交通学院》

1986年创刊
《重庆交通学院》

1986年更名
《重庆交院报》

1998年更名
《重庆交院》

1998年更名
《重庆交院报》

2006年更名
《重庆交大报》

《重庆交大报》前身为创刊于1986年6月的《重庆交通学院》。1986年11月，《重庆交通学院》更名为《重庆交院报》。1998年3月，更名为《重庆交院》，1998年12月，再次更名为《重庆交院报》并公开发行。2006年，重庆交通学院更名为重庆交通大学，《重庆交院报》随即更名为《重庆交大报》。

①
②
③

① 20世纪50年代
重庆交通大学的老图书馆一角

② 20世纪60年代
重庆交通大学的大门

③ 20世纪80年代
重庆交通大学建成的第一教学楼

重庆交通学院报　第四版

路之情 ——田文国

兴业路礼赞 ——管理系航专84　毛志铨

晨曦 ——吴革生

告校友

重庆交通学院校友会办公室

征稿启事

院报编辑室

科研简讯

大学生　刊头设计　丁泽充

本报地址：重庆南岸七公里　电话：482651　印刷单位：重庆花溪印刷厂　电话：481549　1986年6月

重庆交通学院
ChongQingJiaoTongXueYuan
院报编辑室：　第一期　一九八六年六月一日

中共重庆交通学院委员会
一九八六年工作要点

一、加强党风建设

二、加强党的思想建设和组织建设

三、加强教工队伍建设

四、加强思想政治工作

（下转第二版）

发刊词　院报编辑室

稳定教职工队伍　解决好后顾之忧
近几年来学院为教职工办了十件实事

编者按：四月十一日，重庆市高等院校思想政治工作研究会在我院召开，有市委宣传部副部长，市教育工会负责人，十八所高校的党委书记，工会主席和宣传部长参加，我院党委书记方镛同志，就这"十大"实事，作了发言。

（本院高教研究室供稿）

创建的教学大楼

全市大学生运动会
我院荣获第三名
夺三项冠军
五项亚军

院第十届学生会组成

经党委同意，院第十届学生会委员会分工如下：

主席：王征平
秘书长：邹健（兼）
宣传部长：周永连
学习学术部长：张晓敏
女生部长：王慧（女）
文艺部长：蒋晶
体育部长：李树泉
社会实践部长：叶长青
生活部长：何益海

（学生会）

树立严谨求实　团结奋进的校风

《重庆交通学院》创刊号　第一版　第四版

《重庆邮电大学报》

1988年创刊
《重庆邮电学院报》

2006年更名
《重庆邮电大学报》

1988年创刊
创刊报名《重庆邮电学院报》

《重庆邮电大学报》前身为创刊于1988年的《重庆邮电学院报》，2006年更名为《重庆邮电大学报》。2013年起，《重庆邮电大学报》实现网络版、手机版和纸质版线上线下同步发行。

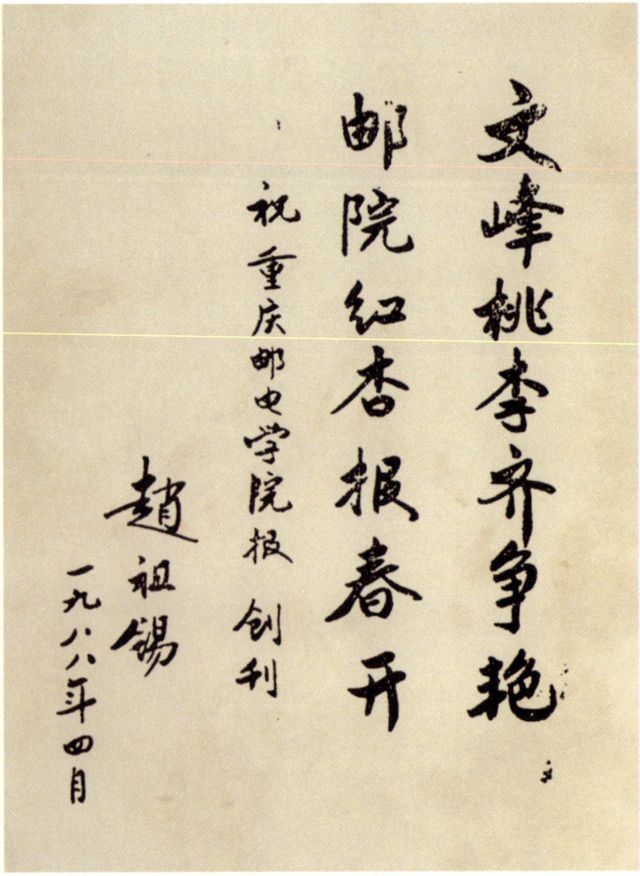

原重庆邮电学院院长 赵祖锡 题词

重庆邮电学院报

CHONGQING YOUDIANXUEYUAN BAO

重庆邮电学院报编辑室编　创刊号　1988年5月5日　内部报刊准印证重庆字第221号

我院即将召开第四次党代会

各总支、支部已推选出80名党员代表

本报讯　3月中旬，院党委先后多次召开会议，对我院召开第四次党员代表大会作了研究，决定在今年5月下旬召开我院第四次党代会。会期预计两天，主要议程有：1、听取和审议中共重庆邮电学院第三届委员会的工作报告并作出相应的决议；2、听取审议中共重庆邮电学院第三届纪律检查委员会的工作报告并作出相应决议；3、选举中共重庆邮电学院第四届委员会和中共重庆邮电学院第四届纪律检查委员会。党委还对第四届党委委员、纪委委员的条件和产生办法，党员代表的条件、产生办法和名额分配等，都进行了研究并作出了决定。

3月中旬以来，各总支，支部积极组织广大党员，学习党委的决定，按照民主集中制的原则，酝酿提名新一届党委委员和纪委委员候选人，最后将以差额选举的办法，产生我院第四届党委和纪委。此外，各总支、支部还按照党员代表的分配名额，推选了八十名党员同志，为我院第四届党员代表大会的正式代表。　（组织部供稿）

创刊词

《重庆邮电学院报》经上级批准，今天正式同各位读者见面了。她的诞生凝聚着内外广大支持者的心血和爱心，我院广大师生员工及校友从此有了属于自己的耕耘、创造和收获的一席园地，实在令人可喜可贺。

《重庆邮电学院报》在院党政领导下，是我院党、政、工、团、学及广大师生员工的喉舌和耳目。她将以四项基本原则为根本宗旨，坚持服务教学，传播信息，活跃生活，照顾层次，具有思想性、群众性、知识性和趣味性的办报方针。紧跟教育改革的步伐，宣传贯彻党的教育方针，促进两个文明的建设，配合学院各项工作的开展。

我院恢复八年来，已进入狠抓教学质量，大搞科研，深化教育领域里的各项改革时期。《重庆邮电学院报》生逢盛世，她必将顺应教育改革的大潮，栉风沐雨，推波助澜。

《重庆邮电学院报》竭诚为广大师生员工服务，倾听他们的呼声，反映他们的要求，并热忱为他们提供，发表佳文佳作提供园地。

《重庆邮电学院报》坚持实事求是的原则，针砭阴暗，反对谬误，表扬好人好事，努力成为读者的知音。

愿《重庆邮电学院报》能得到院内外广大读者的支持和喜爱。

让我们对所有给予院报大力支持和帮助的领导、院内外各单位及同志们致以衷心的谢意。

贺辞

重庆邮电学院报：

欣闻贵报创刊，谨代表我省44家高校校报，向贵报表示热烈的祝贺！

高校校报是宣传马列主义、毛泽东思想和党的教育方针的重要阵地，它在完成学校的根本任务中起着重要作用。近几年来，我省高校校报在各级领导的关怀下，有了很大的发展。贵报作为校报工作的一支新的力量，必将在我省校报工作中积累新的经验，为我省校报工作的更大发展作出贡献。

四川省高校校报研究会　四川省高校新闻工作者协会

图为我院新建校门　（晓川　摄）

《重庆邮电学院报》编委会成立

党委书记张运华任编委会主任

本报讯　《重庆邮电学院报》编辑委员会于3月5日正式成立。

编委会成员名单如下：

主　任：张运华（党委书记）

副主任：何销柱（副院长）

　　　　刘泽惠（党委宣传部副部长）

委　员（按姓氏笔划为序）：

王琼三（马列教研室副主任）、易念德（院工会主席）、李晓勇（团委书记）、陈俊杰（院报编辑室主任）、陈彤（院学生会副主席）、黄钦德（纪委副书记）。

在成立大会上讨论通过了：《重庆邮电学院报》编委会的任务；《重庆邮电学院报》的性质、任务、办报方针及通讯员试行条例；《重庆邮电学院报》稿酬暂行规定，并讨论明确了院报1987年至1988年度第二学期的报导要点。

优质服务　方便师生

总务处积极开展“优质服务月”动动

本报讯　院总务后勤部门在4月份开展了以提高服务质量，改善服务态度，为师生办实事为主要内容的“优质服务月”活动，受到了广大师生员工的好评。

3月以来，分管后勤的院领导和总务处负责同志积极动员广大职工，要求党政工团各级领导大力支持，紧密配合，以身作则，带领职工积极投入这项活动中。要求每个职工以崭新的姿态在这项活动中做出更大的成绩，为教学科研提供优质服务。到四月中旬为止，总务部门在完成正常的服务，保障管理工作外具体办了几件实事，如，设立较长时间营业的小食部、举办食品展销、课间送糕点到教学大楼；整治卫生死角、抢修六吨开水锅炉等。

通过这项活动，将使我院后勤部门呈现一个新景象，推动我院管理育人，服务育人的进一步深入。　（向必安）

文峰桃李齐争艳

邮院红杏根春开

祝重庆邮电学院报创刊

赵祖锡

一九八八年四月

原学院院长赵祖锡同志为本报题词

校园短波

△4月1日，胡文立院长在处以上干部会议上，对我院科研走向社会的问题，提出了三点原则性的建议：一，要大胆积极；二，要力所能及；三，要认清我院的现状。并强调说：“我们的着眼点是：为四化服务，锻炼自己，提高信誉，立足长远。　（陈俊杰）

△我院无线电工程系党总支副书记徐纹波同志被推选出席5月初召开的中共重庆市第六次党代表大会。　（陈德慧）

△我院职工李元春、舒自勤、蒋维清三同志的美术作品参加了重庆市文化宫在4月份举办的市职工美术作品展览，李元春同志的版画《山城美》、舒自勤同志的国画《秋山幽居图》、蒋维清同志的花鸟画都被评为优秀作品。这些作品将参加5月1日在昆明市举办的四省五市职工美术作品展览。李、舒二同志被邀请出席开幕式及参加创作经验座谈会。　（成达）

△4月15日，学院召开档案工作会议，学习了有关档案工作的制度和管理办法，要求各单位进一步抓好文书的分类归档工作，迎接省和邮电部的档案检查评比。　（综合档案室）

本版责任编辑　张小川

重洋远渡傳友誼

——记我院1987年度优秀外籍教师詹姆斯·维宁先生

初春的下午，阳光和煦，春风徐徐，我们来到了外籍教师的住所，踏进温馨的房间，迎接我们的是两声带着浓重异国声调的汉语，“您们好，欢迎您们。”刚坐定，我们就被对面平柜上的一组东西吸引住了，看得出来那些都是主人最钟爱的，除了各种造型精美的陶瓷和烤漆工艺品外，最醒目的位置上搁着一个扎着红缎带的荣誉证书，上面写着：“詹姆斯先生光荣评为1987年度优秀教师。”我们的，话题就从这里开始了。

中国，多年的夙愿

詹姆斯先生虽年已六旬，仍精神矍烁，神采飞扬。他是美国科罗拉多州人，晚年不甘平庸，不顾年事已高，携夫人远渡重洋，来到一个完全陌生的国家任教，克服语言上的隔阂和生活中的种种不便。这该有多大的勇气啊。谈到这里，詹姆斯先生神情庄重地说：“中国是一个伟大而古老的国家，我很小的时候就向往这块神秘的地方，今天有幸实现了我多年的夙愿，心里万分激动。”

确实，这对美国夫妇对中国的一切都感到那么喜爱和新奇。我们司空见惯的东西，都会引起他们连声的赞叹。今年二月，自贡国际恐龙灯会邀请詹姆斯夫妇去参加开幕式，他们高兴得象小孩子。带什么礼物呢？想来想去，最后决定自己做一个灯去参展。做中国传统的工艺灯，对一个外国人来说谈何容易。可是，他们毫不气馁，不知请教了多少人，反复做了多少次，还亲自到野外去采集丝茅草，终于做成了一个虽显稚嫩但却非常漂亮的工艺灯，在自贡国际恐龙灯会上获得好评。

严谨的治学导师

作为一个教师，詹姆斯先生有着非常严谨的治学态度。他早年主攻法律，会几国语言，有较丰富的教学经验。尽管如此，他对每一堂课仍抱以强烈的责任心，认真备课，合理组织教学，不断改进教学方法。詹姆斯先生每周有十五学时的课，除给研究生上课外，还分别给教师脱产班和业余班上课，并时常举办各类讲座，晚上还要经常接待上门练习口语发音的师生。无论是在课间还是家里休息，他都非常热情地接待求教的学生和教师，细心专注地倾听他们的口语，发现错误，总是耐心地指正，夙兴夜寐，孜孜传授，这对一个六十多岁高龄的老人来说是多么不易啊。詹姆斯先生以前作过心脏搭桥手术，我们很担心他的身体，劝他多注意休息，他总是满不在乎地说：“没关系，我这辈子做梦也想不到会到中国任教，我要珍惜这个机会”。（下转第二版）

《重庆邮电学院报》创刊号　第一版

《重庆师大报》

1954年创刊	1986年复刊	1993年更名	2003年更名
《重庆师院》	《重庆师院》	《重庆师院报》	《重庆师大报》

1954年创刊
创刊报名《重庆师院》

《重庆师大报》于1954年建校之初创刊，其间因“文革”而停刊。1986年10月16日，《重庆师院》正式复刊。报名“重庆师院”为郭沫若同志手迹，四开四版，铅字排印，手工插图。1999年3月使用《重庆师院报》报名，2003年6月校报更名为《重庆师大报》。从2013年12月31日起《重庆师大报》由四开四版小报改为对开四版彩报。2020年4月15日，《重庆师大报》出版第500期。

重庆师院报
重庆师范学院院报》编辑室 川内字03—098号 月报
主编：徐仲伟 1997年6月27日 总第100期
我院传达重庆市三代会精神
重庆师院 第五届教代会 第十一次工代会 隆重召开
大会号召为创建重庆师范大学而努力奋斗
为实现学院跨世纪宏伟蓝图而奋斗
抓住机遇 团结奋进 再创辉煌
抓住机遇 负重自强 加快发展

《重庆师院报》总第100期 第一版

重庆师大报
400期 纪念刊
400期，让我们一起跨越！
校领导把脉问诊力促学院提档升级
恪守学术道德 严格学术规范
努力营造风清气正育人环境
我校召开教育实践基地建设专家研讨会
简讯
《人民日报》理论部主任张首映来校作专题报告

《重庆师大报》总第400期 第一版

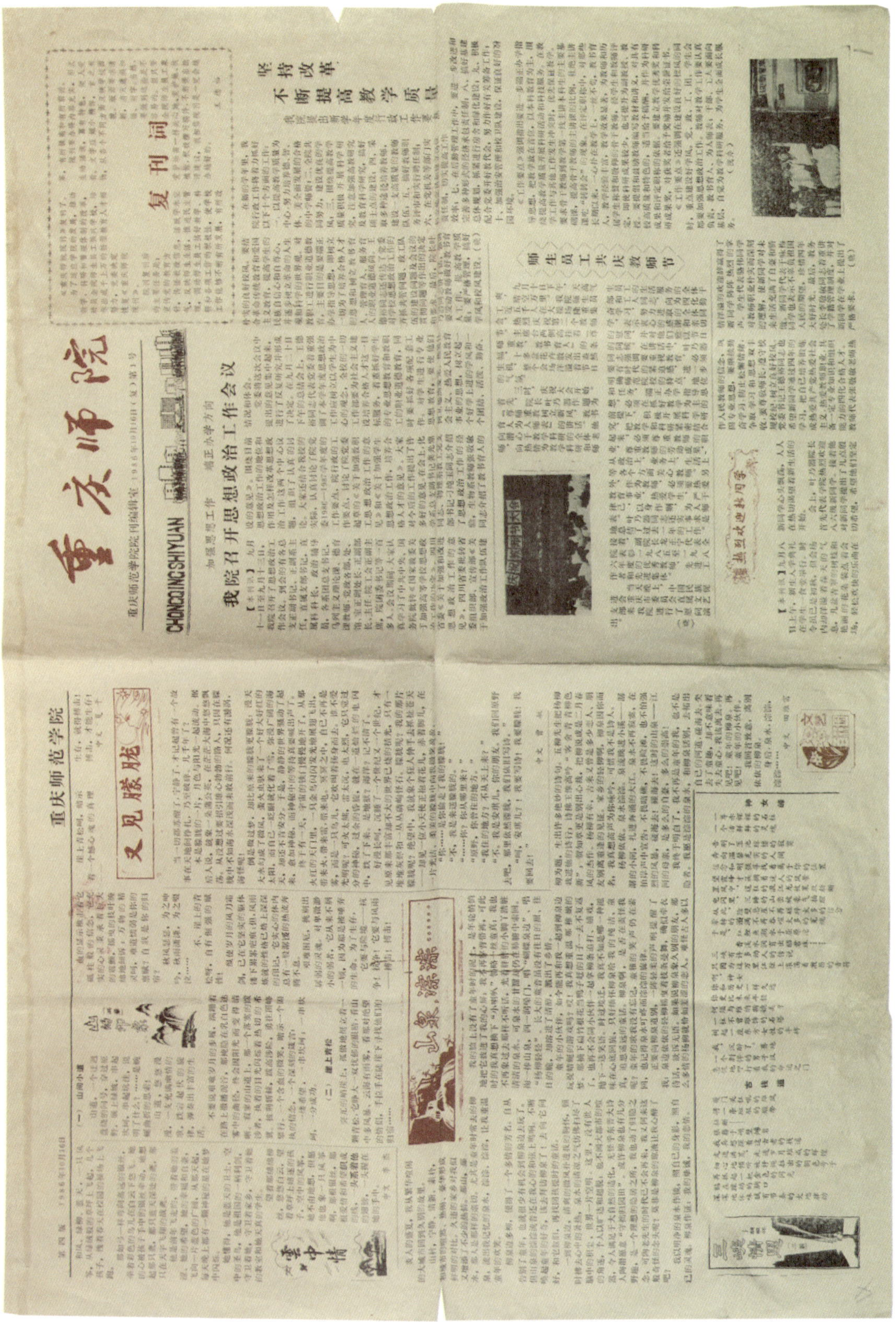
重庆师院
重庆师范学院院刊编辑室 1986年10月16日（复刊第1号）
CHONGQINGSHIYUAN
我院召开思想政治工作会议
复刊词
坚持改革 不断提高教学质量
师生员工共庆教师节
重庆师范学院
又见朦胧
山泉淙淙
云中情

《重庆师院》复刊号 第一版 第四版

《四川美术学院校报》

1952年出版	1958年创刊	1992年复刊
《学习简报》	《西南美专快报》	《四川美术学院校报》

1958年10月13日创刊

创刊报名《西南美专快报》

《四川美术学院校报》前身可追溯至西南人民艺术学院于1952年5月23日出版的《学习简报》。

1958年10月13日《西南美专快报》创刊，后更名为《四川美术学院》，20世纪60年代停办。

1992年《四川美术学院校报》正式复刊，报名“四川美术学院”为郭沫若同志手迹。

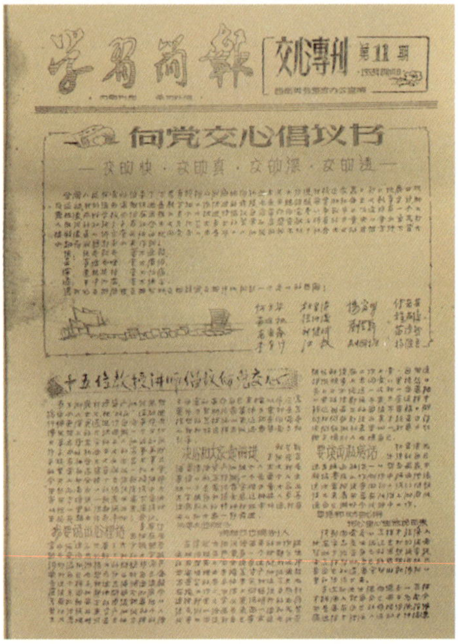

《学习简报》第11期 第一版

《四川美术学院校报》第218期 第一版

《四川美术学院》总第69期 第一版

西南艺专快报

第 1 期

本期共二版　1958.10.13.

西南美专校刊编委会编印

全党动手全校炼钢为日产一吨钢而奋斗

——党支部书记王頌威同志在炼钢动员会上作重要指示——

（本刊讯）10月11日下午学校召开炼钢动员大会，党支部书记王頌威同志在会上作了重要指示，他首先指出全党全民炼钢的重要意义，接着分析了我校前一阶段没有把炼钢抓起来的原因，他说：我们学校在前一段时间都在轰轰烈烈的办工厂，可是没有把炼钢放在计划之内，没有破除炼钢的迷信，学校的工作没有以钢为纲，对教学结合生产劳动还存在一些问题，例如有的人认为炼钢与教学的关系不大，还有的人认为是得不偿失，这些看法都是错误的。

接着指出我们最近的情况，有好些化铁炉子都建立起来了，有的正在修建，有的已经开始投入生产，这是很好的现象，目前我们要在原有的基础上，加倍努力，广泛开展炼钢运动。

最近市委指示我们炼钢已纳入国家计划，决定我们修建两个转炉，要求日产钢五百公斤。

目前我们必须充分发动群众，坚决贯彻小、土、群相结合的办法进行炼钢。

最后他向全体同志提出了"全党动员，人人炼钢，为日产一吨钢而奋斗"的行动口号。

全校范围内大造炼钢炉 人人动手 [illegible] 全面开花

（本刊讯）党支部动员后，10月12日在全校范围内掀起了广泛大办炼钢炉的群众运动，声势异常浩大，第一连的坩锅炉昨天开始修炉身，打修厂房，暂停生产，全连同志都紧张投入了战斗，第二连和第四连正在加紧赶修转炉，第三连昨天上午炼出了几炉钢后，立即暂时停火进一步研究炉子构造及鼓风设备，第五连也在日夜修造鸡窝炉，部份同志到各地寻找炼钢材料，全校员工形成了一道战斗的海洋。

好样的李祥真

李祥真是工农班的同学，为了炼钢早就熬过了不少夜了，可是当要制造鼓风机的时候他又干劲十足的担负起鼓风机的电焊工作，深夜我们可以从电灯房里看见耀眼的电光，这就是李祥真同志在为钢而战的紧张工作，在制造鼓风机中他整整熬了两个夜，最后终于把鼓风机焊好了，这种踏实苦干的精神，值得大家学习。

有待于比鸡窝更幸福

鼓风机呜呜的叫唤，揭开炉盖，火花儿像是百条飞龙得到解放，一个个向天际窜入天空，消失在茫茫的黑夜里，这就是第三连的鸡窝炉工地。它没有坩锅炉那样复杂的设备，操作起来不困难，一般女同志都能掌握，这对三连众多的女兵说来是喜事，它的燃料也是极贱的木材，很多方面鸡窝炉比起其他炉子要优越得多，它在我校将找到合适的土壤，大量繁殖起来，成为我校为钢而战的一个强力战士。三连在钢铁战斗中，原来是后备力量机动队伍，但是很多人都积极主动的参加了战斗，连更熬夜的干，何崇亮同志就是一连几夜没有好好休息和一连的同志们一道终于熬出了我校第一炉钢，现已转入全线出击阶段，在连部召开了动员誓师大会后，各班都进行了讨论，大家一致表示了战斗的决心，全校的炼钢高潮将要到来，连部选派了钟战英同志到四女中学习技术经验，学习他们的干劲，组成了第一批技术力量，在工人同志的帮助下终于找到适合的地方，由三排二班的同志们在石头上打好了两个炉子，并迅速分配了刘大宝、曾庆华去门负责第一座鼓风机的改装，同时又颇费唇舌之力，借到了一个鼓风机，终于使鸡窝炉于10月11日晚起火，连首长亲自督战，带领了三排二班的同志发动了突击，现在已是12点了，大家都挽起袖子投入了紧张的战斗，原来是观众的也加入了这个热潮中，炉口聚集着很多人，仿佛炉里炒的不是钢而是大家的心，铁老还是一片片的熔不成团，大家的心也就火一样的受着煎熬。第一次没有炼成，出火口的地方，铁已发生了融化现象，连首长们信心十足，许先生说：这不

《西南美专快报》创刊号　第一版

《重庆科技学院报》

1994年创刊
《重庆钢专报》

2004年更名
《重庆科技学院报》

1994年1月10日创刊
创刊报名《重庆钢专报》

《重庆科技学院报》前身为创刊于1994年1月10日的《重庆钢专报》。2004年更名为《重庆科技学院报》，先后有多篇新闻稿件被外媒引用、转载，有多篇新闻入选全国高校报刊好新闻奖。2006年，为扩大影响力，试办电子版。

厚德　博学
砺志　笃行

重慶科技學院報

2022年4月30日
总第371期
国内统一
连续出版物号
CN50-0812/G

中共重庆科技学院委员会主办　《重庆科技学院报》编辑部编辑出版

我校师生热议习近平总书记在中国人民大学考察调研时的重要讲话精神

（党委宣传部）

学校召开疫情防控工作领导小组会暨应急处置预案桌面推演会

（党政办公室）

校领导带队走访中冶建工集团

（安全工程学院）

我校获批一项教育部供需对接就业育人项目

（机械与动力工程学院）

"扫一扫　读校报"　关注重庆科技学院官方微博微信

《重庆科技学院报》总第371期　第一版

重慶鋼專報

CHONGQING GANG ZHUAN BAO

重庆钢专党委宣传部主办　《重庆钢专报》编辑室编辑出版

主编：刘先辉　副主编：李必勤

1994年1月10日（创刊号）　内部报刊准印证：渝内字第064号

发刊词

党委书记　刘玉德

《重庆钢专报》在我国改革开放和现代化建设事业进入新的发展阶段，教育被摆在优先发展的战略地位的新形势下诞生了。作为学校党的宣传思想工作的一个载体和阵地，她的诞生很幸运。在她活跃跃动于寻根的时候，党的十四大即已正式确立了邓小平同志建设有中国特色社会主义理论在全党的领导地位，明确了党的基本路线一百年不动摇，只要坚持以这个理论和基本路线为指引，《重庆钢专报》就一定能坚持好为社会主义服务、为人民服务的方针，沿着正确的方向前进。

高等学校担负着培养高级专门人才，发展科技文化，促进现代化建设和社会进步的重大任务。我校要适应改革开放、现代化建设和建立社会主义市场经济体制的需要，使规模有较大发展，结构更加合理，质量和效益明显提高，为国家培养出更多德、智、体全面发展的建设者和接班人。校报肩负着重任。校报必须全面贯彻党的教育方针，坚持用建设有中国特色社会主义的理论武装党员、干部和师生员工的头脑，紧密围绕以育人为中心的各项任务，及时宣传党的路线、方针、政策；动员广大教职员工积极投身学校的改革和发展，增强“三育人”责任感；传播知识信息，反映群众建议和心声，不断推动党的建设、思想政治工作、教学科研、后勤、产业等各项工作，特别是学校教育经验的总结交流，全心全意地为提高教学质量、提高办学水平和学校的两个文明建设服务。

高等工程专科教育是以培养应用型人才为己任的有突出特色的教育。《重庆钢专报》也要办出自己的特色。要面向教职工、面向广大同学，在求是、务实上下功夫，生动活泼，不尚空谈，吸引和争取群众广泛地参与和支持。相信《重庆钢专报》这株新出土的幼苗，在全校师生员工的共同培植下，一定能茁壮成长。

贯彻中央两部一委通知
党委召开党建思想政治工作座谈会

本报讯　11月25日，学校党委召开中层以上干部、党支部委员和全体政工人员会议，传达中央、省、市组织工作会议精神和中央宣传、组织部、国家教委《关于加强和改进高等学校、党的建设和思想政治工作若干意见的通知》，座谈新形势下如何结合实际贯彻党中央的指示精神。

党委书记刘玉德同志亲自主持会议，传达文件，讲解文件精神实质，畅谈学校的精神文明建设和教书育人现状，布置今后一个时期的思想政治工作。会议分两段进行，首先传达有关文件及会议精神，其次分教学、政工、后勤服务、产业部门等几个小组座谈讨论。会议气氛严肃而热烈，既表示了中央精神顺乎党心民心，又表达了广大党员干部拥护、贯彻中央精神的意志和信心。这次会议对于团结全校师生、加强学校两个文明建设，推动各项工作的开展必将起到积极的作用。

（[illegible]）

冶金部属高校政治课学科会在我校召开
探讨新形势下高校政治理论课建设

冶金系率先成立《邓选》学习班

机械系管理育人新举措
系列规章制度出台

全校师生纪念毛泽东诞辰百周年

学生干部总结会 促进我校“三风”建设

应化系与劳动局联手 毕业生可获专业技能等级证书

朱新才副教授到日本参观访问

《重庆钢专报》创刊号　第一版

《西南政法大学报》

1954年创刊
《西南政法学院校刊》

1995年更名
《西南政法大学报》

1954年1月创刊

创刊报名《西南政法学院校刊》

《西南政法大学报》前身为创刊于1954年1月的《西南政法学院校刊》，并经历了三个阶段：1956年至1966年为起步时期；1978年至1999年为发展时期，1978年西南政法学院恢复招生，校报恢复办刊为《西南政法学院》报，逐渐步入正规化办报时期。其间，1995年，随着学校升格为“西南政法大学”，校报更名为《西南政法大学报》；1999年，西南政法大学校报获国内统一连续出版物编号，进入办报新时期。

20世纪80年代
西南政法学院校门

西南政法学院
XINAN ZHEGFA XUEYUAN
西南政法学院院刊编辑室 特 刊 1978.10.16.

学习、学习、再学习，
团結、团結、再团結。
华国锋

我院举行开学大会
努力办好学校，为实现新时期总任务作貢献

本刊讯：十月十二日我院举行开学大会，热烈祝贺经华主席、党中央批准恢复后第一届新生入学。最高人民法院司法教育行政厅沈兰村付厅长，四川省高级人民法院张子英院长和市文教办公室学校教育处黄付处长等特来参加了大会。省革委文教组、高教局还发来了贺电。

贺电

西南政法学院：

值你院举行开学典礼之际，特电祝贺。望在新学年中各项工作取得新的成绩，为早出成果、多出人才作出更大的贡献。

省革委文教组
省高教局
1978年10月10日

苏明德同志在开学大会上的講話

《西南政法学院》特刊 第一版

《西南政法学院校刊》创刊号 第一版 第二版

《重庆医科大学报》

1956年创刊
《重庆医学院》

1985年更名
《重庆医科大学》

1999年更名
《重庆医科大学报》

1956年创刊
创刊报名《重庆医学院》

《重庆医科大学报》原名《重庆医学院》，于1956年重庆医学院建校后创办，曾一度停刊。1984年《重庆医学院》复刊，1985年更名为《重庆医科大学》。1999年4月，经重庆市新闻出版局审核，取得国内统一刊号，并更名为《重庆医科大学报》。

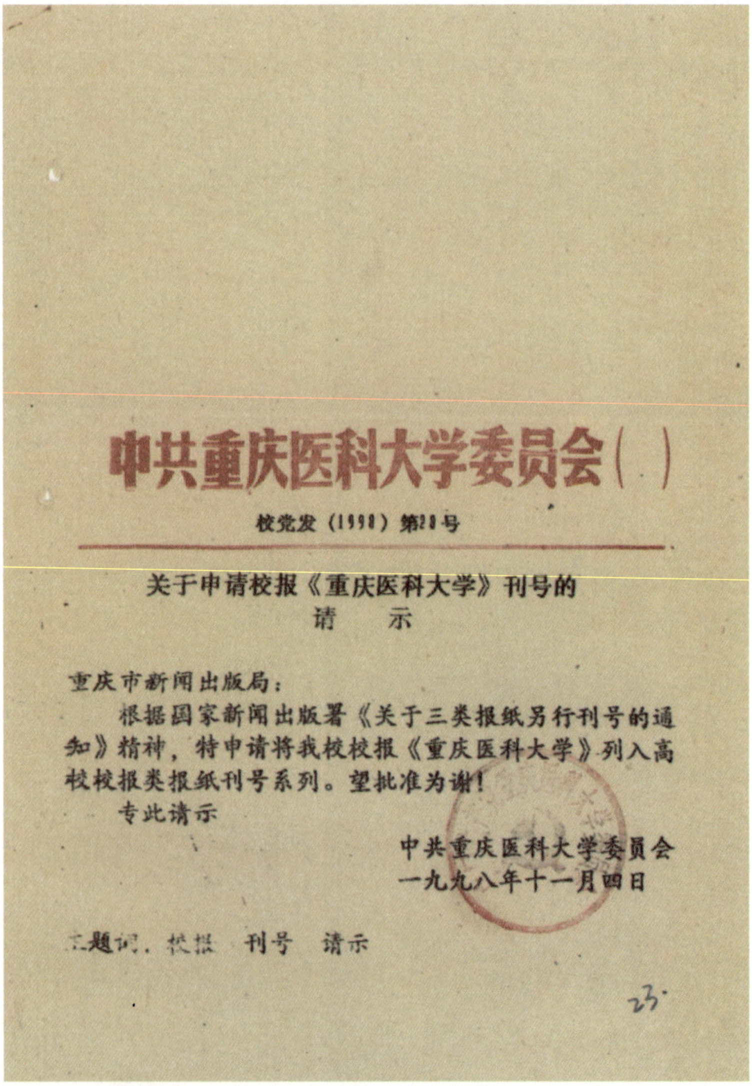

中共重庆医科大学委员会（ ）

校党发（1998）第28号

关于申请校报《重庆医科大学》刊号的
请　示

重庆市新闻出版局：

根据国家新闻出版署《关于三类报纸另行刊号的通知》精神，特申请将我校校报《重庆医科大学》列入高校校报类报纸刊号系列。望批准为谢！

专此请示

中共重庆医科大学委员会
一九九八年十一月四日

主题词：校报　刊号　请示

23

中共重庆医科大学委员会
关于申请校报《重庆医科大学》刊号的请示

重庆医科大学报

CHONG QING YIKEDA XUEBAO

150

CN50—0819/G

2007年1月20日

新年贺辞

2006年绿云校区建设工作盘点

附二院外科楼正式投入使用

重庆医科大学发表最新PNAS文章

公共卫生学院举行迎新趣味运动会

名人论医

迎新年拔河比赛精彩纷呈

把祝福送给最敬爱的人

喜讯

第二届金域奖学金发放

《重庆医科大学报》第150期　第一版　第四版

《重庆工商大学》

2002年创刊

1985年创刊
《渝州大学》

1994年创刊
《重庆商院报》

2002年合刊
《重庆工商大学》

《重庆工商大学》报于2002年6月6日创刊，由创刊于1985年的《渝州大学》和创刊于1994年的《重庆商院报》合刊而成。

第二版 重庆工商大学 2002年6月6日

同心同德 开拓创新 办好重庆工商大学

本报评论员

在新世纪，在高等教育规模取得较快发展，高等教育管理体制改革取得较大突破的可喜形势下，经国家教育部、重庆市人民政府批准，一所在原渝州大学和重庆商学院合并基础上组建的多科性大学——重庆工商大学，在社会各界人士的大力支持和全校师生员工的热切企盼中，肩负着自身的历史使命扬帆起航了。

组建重庆工商大学是重庆市委、市政府和重庆市教委一直非常关注的一件大事。组建重庆工商大学，既是我市经济发展的迫切需要，也是高校管理体制改革和布局结构调整的要求，符合高等教育事业走内涵式发展为主的道路的要求。组建重庆工商大学，有利于优化资源配置、深化体制改革、促进产学研结合、提高教育教学质量和办学效益。

我们欣喜，我们会永远记住这个值得浓墨重彩渲染的日子，因为这个日子蕴含的快乐和幸福太多太多，因为无论过去、现在还是将来，各级领导、各界人士都给予了我们并将一如既往地给予我们极大的关注、重视与支持，因为我们有幸赶上了高校布局结构调整、实施西部大开发战略给我们带来的良好机遇，因为我们能更好地在科教兴渝、为国家培养适应社会主义市场经济需要的“四有”人才中发挥重要作用，因为我们的心愿是一致的，那就是同心同德建设这个我们共同的家园——重庆工商大学。

我们重任在肩。重庆工商大学，作为重庆市唯一一所以经、管、文为主，法、理、工等学科渗透的多科性大学，担负着为重庆地区社会经济发展培养高层次工商管理人才、旅游商贸人才、市场营销人才、金融管理人才和科技人才，为重庆实施西部大开发战略、三峡库区建设、西南地区乃至全国培养高层次的经济、管理、技术、文化建设人才的重任，担负着为把重庆建设成为长江上游经济中心提供智力支持的重任。唯有务实基础、苦练内功、开拓创新，全心全意依靠广大教职员工，才能担负时代赋予我们的神圣使命。

我们必须关注挑战。随着中国加入世界贸易组织，教育市场的逐步开放和教育竞争的加剧日益明显。作为一所崭新的学府，如何更新教育观念，准确定位，努力追求办学特色，加强特色建设，打造学校品牌，是一个迫切需要高度重视的问题。我们要不断深刻认识办学特色建设的必要性和紧迫性，努力提高学校办学层次，提升学校教学科研整体实力，在保证稳定和发展的基础上，切实推进实质性合并和集中办学，加快校园规划建设、学科建设、师资队伍建设和教学条件建设，营造良好的育人环境，努力把学校建设成为综合实力居西部地区同类高校前列的、具有鲜明特色的高水平多科性大学。团结就是力量，创新就是动力。让我们认清形势，秉承办学优良传统，主动迎接挑战，不断锐意改革，为把学校办出特色、办出水平、办出品牌而努力奋斗！

发刊词

21世纪的第二个初夏，在具有三千年悠久历史的文化名城和长江上游的工商重镇——重庆，诞生了一所新型的多科性大学——重庆工商大学，伴随着重庆工商大学扬帆起航，《重庆工商大学》报经重庆市新闻出版局批准，现在同广大读者见面了。

作为党委机关报的《重庆工商大学》报，将始终高举马列主义、毛泽东思想和邓小平理论的伟大旗帜，以江泽民“三个代表”重要思想为指导，坚持正确的舆论导向，坚持正面宣传为主和团结鼓劲的方针，发挥其舆论导向和舆论监督的功能，及时地为广大师生提供学校改革、建设和发展的信息，忠实地记载工商大学人育人兴校的光辉历史，为教学科研和培育一代新人服务，为广大师生提供积极向上的新闻和文艺作品；成为党委、行政联系全校师生的桥梁、纽带，成为学校舆论宣传的重要阵地和信息窗口。

《重庆工商大学》报为四开旬报，每期四版。第一版为学校要闻版，主要刊登学校改革建设发展方面的新闻，设置《十日论坛》、《育人兴校》《新闻简报》等栏目；第二版为综合版，主要刊登教学科研后勤方面的成果信息和动态新闻，设置《学人风范》、《科技百花园》等栏目；第三版为学生版，主要刊登学校坚持“三个面向”和拓展学生素质教育方面的成果信息和动态新闻，设有《青春永恒》、《希望之页》等栏目；第四版为文艺版，设有《翠湖副刊》。

新的世纪，新的大学，新的希望。《重庆工商大学》报是一株刚出土的幼苗，需要全校各级领导和全体师生的呵护和精心耕耘。她将以宣传党的政策、推动教育改革为办报理念，竭诚为广大师生读者提供真实可靠信息，依靠集体的智慧去播种明天的希望；她将肩负起工商大学人的重托，面向师生、面向读者、面向未来，办出特色，开创辉煌。

成立大会期间活动安排

	时间	内容	地点	负责人
6月5日	7:30-22:00	报到	学校南岸区接待处、翠林宾馆接待处	罗卫 苟朝莉
	19:30	文艺晚会（外地领导、来宾）	体育馆	朱伯兰
6月6日	7:30-9:30	参加庆典大会的领导、来宾报到	体育馆	黄志亮
	9:30	重庆工商大学成立大会	体育馆	王勇
	10:30	重庆市高校布局调整新闻发布会	国际学术报告厅	市教委
	11:30	宏桥科技软件捐赠暨校企合作签字仪式	国际学术报告厅	范贵麟
	11:30	香港国际专业服务机构与重庆工商大学签署合作协议	国际学术报告厅	陈兵
	11:30	领导、来宾由各组引至一餐厅（翠林宾馆）二餐厅（饮管中心自选厅）就餐	国际学术报告厅	黄志亮
	15:00	高校改革与发展研讨会	报告厅	黄志亮
	19:30	文艺晚会	体育馆	朱伯兰
	20:00	观夜景（外地领导、来宾）	一颗树观景台	黄志亮
6月7日	8:00	观光旅游（外地领导、来宾）	市内景点	罗卫 苟朝莉

▲拟修建的办公大楼

▲修建中的实验大楼

▶校园一角（南岸校区）

▲校园一角（沙坪坝校区）

◀校园一角（江北校区）

《重庆工商大学》创刊号 第二版

重慶工商大學

CHONGQING GONGSHANG DA XUE

重庆工商大学报编辑部　第1期（专刊）　本期共8版

国内统一刊号：CN50-0823/（G）　总编：周希贤　2002年6月6日

许嘉璐副委员长为我校题写校名

本报讯　应我校邀请，在重庆工商大学挂牌前夕，全国人大常委会副委员长许嘉璐教授，挥毫为我校题写“重庆工商大学”校名（如下图）。

重慶工商大學

許嘉璐

重庆工商大学扬帆起航

全国人大常委会副委员长许嘉璐题写校名
市政府领导及近200家单位来电来信祝贺

本报讯　6月6日，一个万紫千红的喜庆日子，直辖后的新重庆精心打造的一所长江上游的多科性工商学府——重庆工商大学正式挂牌宣告成立。

重庆工商大学是经国家教育部和重庆市人民政府批准，由原渝州大学和原重庆商学院合并成立的以经济学、管理学、文学为主，法学、理学、工学等多学科渗透的多科性大学。现有20个教学系（院）和基础教学部、“两课”教研部、高等职业技术学院、成人教育学院及与欧洲派斯集团联合创办的派斯国际经济管理学院、与法国丹尼国际公司联合创办的丹尼国际学院、与《经济日报》报业集团联合创办的融智学院等二级学院。目前在校全日制普通本专科学生近16000人，成人教育学生近9000人，已为社会输送了本专科毕业生30000多名。

重庆工商大学的成立，对于合理配置重庆市的科技、教育资源，进一步优化高等教育的结构，促进产学研结合，提高科研水平、教育质量和办学效益等都具有重要的意义。

根据教育部和重庆市人民政府关于同意渝州大学和重庆商学院合并筹建重庆工商大学的通知，中共重庆市委组织部于4月23日宣布了重庆工商大学党政领导班子。新大学领导班子组建后，按照国家关于《普通高等学校设置暂行条例》和《全国高校设置评议委员会章程》，召开了全校教职工大会，对新校的运行机制作了部署；明确了办学指导思想和学校定位，组建了新校学术委员会；狠抓学科建设，以迎接新校挂牌为契机，奋力推进各项工作，学校呈现出蓬勃发展的良好势头。

重庆工商大学的成功组建，得到了各级领导和社会各界人士的关心和大力支持。

新大学挂牌前夕，全国人大常委会副委员长许嘉璐为重庆工商大学题写了校名。重庆市人民政府市长包叙定和中共重庆市委办公厅、重庆市人民政府办公厅等近200家单位发来贺信，对重庆工商大学的成立表示热烈祝贺。包市长在贺信中指出，组建重庆工商大学，是我市贯彻中央关于实施西部大开发战略决策，加快“科教兴渝”步伐的重要举措，是深化我市高等教育改革、加快高校布局结构战略调整的一件大事。他表示深信，重庆工商大学的成立必将对重庆市的改革开放和现代化建设产生积极影响。

重庆市人民政府市长包叙定同志的贺信

重庆工商大学：

值此重庆工商大学成立之际，谨表示热烈祝贺！并向全校师生员工致以亲切问候！

长期以来，渝州大学和重庆商学院坚持正确的办学方向，立足重庆、面向西南、辐射全国，主动适应社会主义市场经济对人才的需求，为重庆的经济发展、社会进步作出了重要贡献。渝州大学、重庆商学院组建重庆工商大学，是我市贯彻中央关于实施西部大开发战略决策，加快“科教兴渝”步伐的重要举措，也是我市深化高等教育改革、加快高校布局结构战略调整的一件大事。重庆工商大学的成立必将对重庆市改革开放和现代化建设产生积极影响。

希望全校师生员工，以合并组建为契机，紧密团结，艰苦奋斗，切实加快基础建设，稳定推进各项改革，积极探索人才培养、科技进步同经济发展紧密结合的新路子，努力把重庆工商大学建设成为在西部地区具有重要影响的多科性大学！为实施西部大开发战略和实现重庆新的振兴作出更大的贡献！

重庆市人民政府市长　包叙定

2002年6月6日

竭诚培养高层次的经济建设人才

——在重庆工商大学成立大会上的讲话

重庆工商大学校长　王崇举

各位领导、各位来宾、老师们、同学们：

在这绿树葱郁、鸟语花香的六月，我们欣喜地迎来了重庆工商大学的成立，至此，我谨代表重庆工商大学党委和行政，对光临大会的各位领导及来宾表示热烈的欢迎！对长期关爱原渝州大学和重庆商学院，帮助两校建设与发展的各级领导、各界朋友，两校校友和师生员工表示深深的敬意，对关心、支持重庆工商大学成立、成长的教育部、重庆市委、市政府、市教委以及社会各界表示衷心的感谢！对为新大学成立付出艰辛汗水的老领导、历届学校领导班子成员以及努力工作、勤奋学习的全校师生员工致以亲切的慰问！

重庆工商大学是经教育部批准的以经济学、管理学、文学学科为主，法学、理学、工学等学科渗透的多科性大学。原渝州大学和原重庆商学院合并组建重庆工商大学，是两校抓住高等教育发展的大好机遇自愿作出的明智选择，它有利于进一步提高学校的办学层次、科技地位，增强学校综合实力；组建重庆工商大学是重庆市委、市政府为实施科技兴渝战略而作出的关于高校布局结构调整的重大决策，它对于优化组合重庆市高等教育资源，为加快重庆市高等教育发展，满足重庆直辖市经济和社会发展对高级专门人才特别是经济、管理类高级人才之急需有着十分重要的意义。重庆工商大学的诞生来之不易，我们深感任重而道远，对未来充满信心。重庆工商大学已经明确了“以马列主义、毛泽东思想、邓小平理论和江泽民‘三个代表’重要思想为指导，坚持社会主义办学方向，全面贯彻党的教育方针和科教兴国战略；以育人为根本，以本科教育为主体，积极发展研究生教育，以学科建设为龙头，以教学为中心，以科研促教学，不断深化教育教学改革，促进规模、结构、质量、效益的协调发展；拓宽口径，加厚基础，提高能力，强化素质，为国家培养更多的适应社会发展和经济建设需要的复合型人才；立足重庆，服务西南，辐射全国，努力把学校建设成为以经、管、文为主，法、理、工等学科渗透，具有鲜明特色的高水平多科性大学”的办学指导思想和“厚德博学、求是创新”的校训。我们将在重庆市委、市政府和市教委的领导下，扎实工作，开拓创新，紧紧依靠全校教职员工，认真按照教育部和重庆市对新大学的要求，加快校园规划和建设，加强学科专业建设、师资队伍建设和教学条件建设，尽快达到国家规定的大学设置标准，并努力把重庆工商大学建设成为综合实力居西部地区同类高校前列、充满生机与活力的新型社会主义大学。

最后，诚挚地希望各级领导、兄弟院校、社会各界继续对重庆工商大学的建设与发展给予关怀、支持和帮助。

谢谢大家！

图为校领导集体审查校园规划。党委书记周希贤教授（中）、校长王崇举教授（右三）、党委副书记、副校长黄志亮教授（左三）、党委副书记朱伯兰副教授（左二）、副校长朱淑芳教授（左一）、副校长黄朗副教授（右二）、副校长王勇博士（右一）。

厚德博学　求是创新

《重庆三峡学院》

1979年创刊 《万县师专》 | 1994年更名 《三峡学院》 | 1994年更名 《四川三峡学院》 | 2000年更名 《重庆三峡学院》

1979年12月28日创刊

创刊报名《万县师专》

《重庆三峡学院》报前身可追溯为创刊于1979年12月28日的《万县师专》。

1994年6月《三峡学院》报出版第一期（总第78期），同年10月改名为《四川三峡学院》报。2000年3月，更名为《重庆三峡学院》报。

三峡学院

三峡侨星建筑装璜有限公司隆重开业

国家教委批准建立四川三峡学院

受聘为名誉教授荣誉院长

辛副省长来我院视察

来我院作学术报告

改正错误　制再落伍

《三峡学院》总第78期　第一版

重庆三峡学院

经国家教育部批准

我院更名为重庆三峡学院

根据国家教育部二〇〇〇年一月二十八日"教发［2000］9号"文件《关于同意四川三峡学院更名为重庆三峡学院的通知》精神，我院正式更名为重庆三峡学院。

唱响主旋律　打好主动战

重庆市普通高校宣传部长会在我院召开

总结回顾1999年宣传思想工作，安排部署2000年工作

聂卫国同志来校视察

万州区政协领导来校视察时强烈呼吁

支持我院建设统一和谐校园

学生表彰大会举行

我院标志性建筑

综合教学楼正式开工

该建筑总面积达18000平方米

我院校园网开通

《重庆三峡学院》总第145期　第一版

四川三峡学院

市委书记辜文兴来我院视察

代市长张元铸来校现场办公

《三峡工程与移民》

宿管科加强学生宿舍管理

《四川三峡学院》总第119期　第一版

万县师专

·第一期·

1979，12，28出版

万县师范专科学校学生会编

刊前小語

在新长征的撼天动地的战鼓声中，传来了「快给我人才」的紧急呼声。我们这些肩负着培养人才重任的师范专科学校学生，怎能不闻之而跃然奋起！为了迎接新的战斗任务，我们必须做好一切准备。

知识就是力量。为了吸取更多的知识来增强力量，我们特开辟了这个小园地，让大家能多呼吸些知识的馨香。

在这个园地里，我们将要种植这样一些花卉：有教学问题的专论和教学思想的漫谈，有学校活动的报导和教学工作的回忆，有教学经验的交流和教材教法的探讨，有教学资料的提供和实验工具的制作，有课文疑难问题的解答和教师进修书目的介绍，还有各种形式的文艺作品，春兰秋菊，百花吐艳。

这个新刊物，如一片破土而出的幼芽，沐浴着党的阳光雨露，正欣欣向荣；我们恳切希望有更多的园丁，来为它培土锄草，使它在江城的吊岩坪上，以艳丽的色彩和美妙的姿态来迎接八十年代的第一个春天！

最后，感谢四川日报社李半黎同志为本刊题字。

建校周年　再接再厉

·滕　越·

万县师范专科学校在高师班的基础上，成立一年了。在地委、高教局的领导下，调配了领导班子，充实了教学人员，增拨了开办经费，由于各方面的支持，和师生员工的努力，各方面工作进展较快。目前已设立中文、数学、物理、化学四个科，十三个班，共近七百人。教职员工有一百余人，藏书十万多册。师专的主要任务，是为本地区培养中学师资，同时也为全省培养一些教师（今年招生范围已扩大到十三个地区）。

我们党从来非常重视教育事业，要实现四化，教育是基础。我国当前经济较为困难，但明年教育经费仍有所增加。我们地区的教育事业，三十年中虽然遭到林彪、"四人帮"的破坏，在清除障碍的过程中，仍然在迅速发展。小学生已达一百二十万；中学生和中专生已达三十七万；新建起师范专科学校。尽管如此，还远远不能适应四化的需要。实现四化需要各方面人才，培养人才主要靠教师。当前中学师资不仅质量不高，而且数量奇缺，处于严重青黄不接状态，加速师资培养是我们光荣而迫切的任务。俗话说"名师出高足"，在一般情况下，学生成绩是教师教学水平的浮标。我们建校伊始，领导班子还要加强，教学人员尤应充实，校舍兴建刻不容缓，教学设备更需添置，体育场地急待征拨，面临的困难确实不少。在地委和高教局的正确领导下，我校第一批九十八名毕业生，将在八十年代的第一个春天走上讲台。现在有了克服困难的更有利条件，困难是人的教科书，它只会激发我们干四化的勇气，只会坚定我们办教育的信心。

展望一九八〇年，教育的春光更加明媚，中学教育结构将要改革，确定教师工作量，班主任工作实行补贴，工资进行调整，知识分子政策将进一步落实，大力表彰优秀教师，树立先进典型，教育事业的前程似锦，欣欣向荣，多么令人鼓舞！我们一定再接再厉，勇往直前。

在新长征的路途上，我们一定解放思想、端正政治思想路线、坚持党性、严守法纪、深钻业务、以身作则，甘当人梯，把知识火炬接力棒，传给年青的一代。我们坚信：在党的领导下，在各方面的大力支持下，师生员工，同心同德，精神焕发，艰苦创业，万县师专一定会茁壮成长！

校＊园＊短＊波

★我校为使同学学习专业教学法的基本知识并吸取先进经验，做好今后从事教学的准备工作，特为中文和数学两科分别举办了中学教学专题讲座。从十一月下旬开始，每周一次，现已举办四次。先后邀请了万二中语文教师熊大容、赵清仁，数学教师陆超、李淑芩，万一中语文教师向云鹄，数学教师帅子顺，地区教师进修学院数学教师罗继光，万县教师进修学校语文教师向可语等来校讲课。这些具有长期教学经验的教师在讲课中，内容丰富、生动，深受同学欢迎。

★在教学大楼走廊的墙壁上，文艺壁报如雨后春笋般纷纷贴出。本期来，我校同学的课外文学活动极为活跃，由各文学社团先后编出了《苗圃》、《浪花》、《太白岩》、《蒲公英》等，由于内容丰富、形式多样，已受到师生的喜爱和称赞。

★文娱活动正在我校大力开展，为庆祝建国三十周年，特举办了内容丰富多彩的文艺演出晚会，在晚会上除了音乐、歌唱、舞蹈、曲艺等节目外，并演出三个独幕话剧，其中《贺部长和他的女儿》一剧系中文科七七级的同学程特进、陶德宗共同创作，后又参加了地区文艺调演。

★在校团委的安排下，最近由中文科的四个团支部、数学科的四个团支部、理化科的三个团支部，分专业联合召开了学习经验交流会，共有十二名同学作了重点发言。他们从内容和形式的两个方面畅谈了自己的学习方法和体会，使同学们听后得到一些学习上的启发。

★我校学生会、团委会联合发起的"百日跑活动"，受到了全校师生的重视。长时间以来，每天清晨的校园大路上，人影幢幢，脚声嚓嚓，正逐步掀起跑步锻炼的热潮。在跑步活动中，大家不仅锻炼了意志，增强了体质，促进了学习，而且还提高了运动水平，中文科七七级的李建新和七九级的曹启放等同学，由于体质的增强，在市里举办的冬季学生田径运动会上，分别获得了男子八百米和一千五百米的第一名。

★十一月下旬，我校召开了首届学生代表大会。出席省学联第三次代表大会代表，传达了省学代会的精神；学生会总结了前段时间的工作；代表们讨论并研究了我校今后如何以"三好"为目标，以学习为中心开展各种活动；以及协助学校创造良好的教学秩序和生活环境；最后增选了学生会干部，并通过了大会决议。

（宋民政、吴显荣）

殷　切　的　期　望

——中学校长、主任座谈会发言摘记

我校为了解目前中学教学情况和广泛听取中学对新教师的教学要求，以便本校毕业同学担任教学前作好必要准备，特邀现在万县教师进修学院学习的部分中学校长教导主任，举行了座谈会。在十二月十一日的座谈会上，大家就目前中学教师在教学中存在的问题，对新教师的希望与要求，提出了许多宝贵的意见，现摘录如下：

云阳县南溪中学教导主任闵永林首先指出："师范学生应以做人民教师为光荣职责，牢固树立专业思想，加强基础知识的学习。目前中学生基础较差，这是'四人帮'十年浩劫给教学带来的严重损失，基础不牢，新的概念就是空中楼阁。我们的教师在教学中既要上新课，又要补旧课，这就要求教师首先要有较好的基础知识，常言说：'一桶水倒一碗水容易'，现在你们在校学习时就要装满这一桶水，以后教学时，才能深入浅出。"他还语重心长地说："我是热爱教育事业的人，我一家八个人，有七个人是教师，有人劝我退休，我还不想退。教师要受人尊重，首先要热爱自己的专业，只要巴心巴肠地教学生，学生是会尊重你的。在教育事业中为四化培养人材，就是为四化作贡献。"

忠县汝溪中学教导主任彭国民说："新教师要全面学好所开设的学科，才能适应变化着的情况"。他联系中学教师奇缺的实际情况说："你们到中学来，要碰到担任几门课教学的问题，有时既要教高中，又要教初中。学文科的不一定只教语文，还要教政治、历史、地理，尤其是很多中学缺外语教师，还要准备教外语，学数学的也可能要教物理、化学，所以，你们现在就要全面学好开设的全部学科，尤其是外语，不能偏废。"他还说："由于教师很少，可能还要担任班主任工作，你们也要学点做思想工作的方法，才能把学生管好教好。"

梁平县合兴中学校长唐兴万强调要认真学习教育学和教学法。他说："刚走出校门的年轻教师，热情高，干劲足，有出色完成教学任务的良好愿望，但经验较少，有急躁情绪，巴不得通过一两堂课就提高教学效果，于是采取满堂灌，老师讲的多，学生消化的少；批改作业多，仔细备课的少；只要求学生死记硬背，忽视基本概念的教学，结果却反而影响了教学效果。因此，如何把自己的东西变为学生的东西，使把戏能过手，怎样使四十五分钟课堂教学取得良好效果，这应该是大家要研究的问题。"

万县东风中学校长凌希政在发言中指出新教师要加强思想作风的培养。他谈到："当前学生的风气要有一个转变，学生的思想状况是复杂的，我们不仅要从教学上去提高他们，而且还必须用我们好的作风去影响和教育他们。喊破嗓子不如做出样子，无声命令的作用是非常大的，当教师的一定要以身作则。"

城口修齐中学副校长欧锡平希望学校加强学生艰苦奋斗、服从分配的教育。他说："我们山区最缺教师，中学教师三分之一是从小学抽来的。城口由于地势偏僻，交通不便，有的人不愿到山区来，致使教师奇缺的现象长期得不到改变，我们迫切希望学校对毕业同学加强艰苦奋斗、服从分配方面的教育，我们更欢迎新教师到我们山区来。"

座谈会上，还对如何适应未来中学教学工作的需要，如何熟悉中学教材，如何使教学理论联系实际，如何克服教学中的困难等问题进行了广泛的交谈。这些经验，对我们毕业班同学来说，都是极其有益的赠言。

为了适应未来教学工作的需要，我们一定抓紧离校前的宝贵时间，刻苦学习，努力钻研，把自己培养成为合格的人民教师，争取为四化多作贡献，才不辜负前辈们的殷切期望。

（刘文整理）

《万县师专》创刊号　第一版

《重庆党校报》

1999年3月16日创刊

《重庆党校报》于1999年3月16日创刊，着力反映全市党校（行政院校）系统的基本动态，反映全市干部教育的基本趋势，反映教学、科研、管理的新成就，为全市党校（行政院校）发展营造良好的舆论氛围。

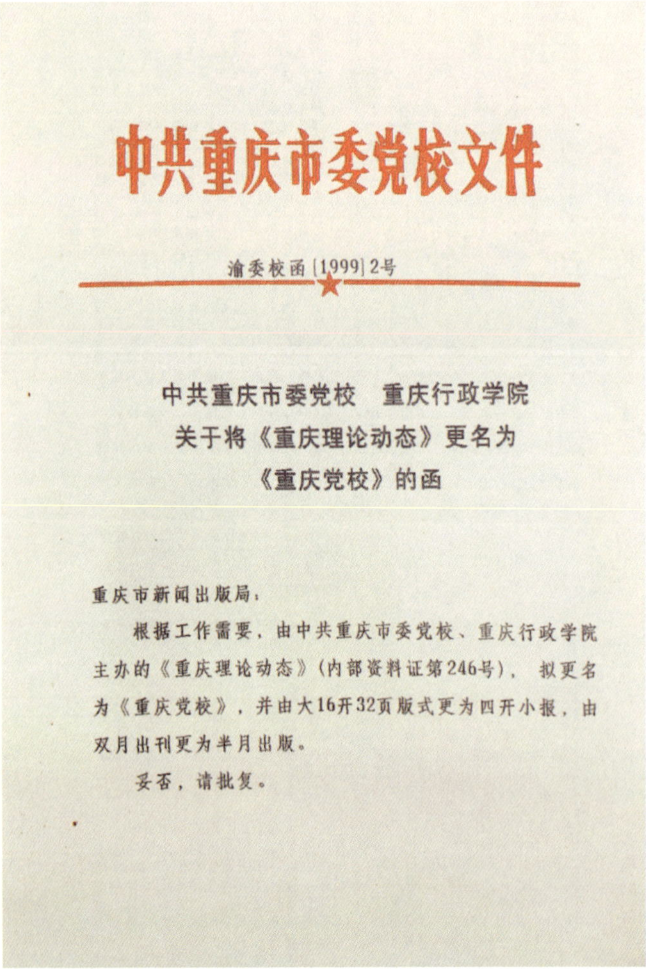
中共重庆市委党校文件

渝委校函[1999]2号

中共重庆市委党校 重庆行政学院
关于将《重庆理论动态》更名为
《重庆党校》的函

重庆市新闻出版局：

根据工作需要，由中共重庆市委党校、重庆行政学院主办的《重庆理论动态》（内部资料证第246号），拟更名为《重庆党校》，并由大16开32页版式更为四开小报，由双月出刊更为半月出版。

妥否，请批复。

中共重庆市委党校
重庆行政学院
关于将《重庆理论动态》更名为《重庆党校》的函

重庆党校报

CHONGQINGDANGXIAOBAO

中共重庆市委党校
重庆行政学院 主办
渝内第246号
1999年3月16日(总第1期)
编委会主任 程大鹏
主　　编 周勇

1999:校园的晨曦　　周勇　摄

努力开创党校工作的新局面

中共重庆市委副书记　市委党校校长　李学举

党的十五大以后，历史已将党校推向了一个更加重要的地位。这意味着重庆市委党校在重庆改革开放的历史进程中将发挥重要的作用。党校的全体同志应振奋精神，群策群力，努力开创党校工作的新局面。

重庆直辖后，尽管百事待兴，但市委仍将党校建设提上了议事日程，及时组建了直辖市委党校，并于去年4月下发了《关于贯彻〈中国共产党党校工作暂行条例〉，切实加强党校建设的通知》，对进一步加强各级党校建设提出了明确要求。我市各级党校在党委的领导下，在建设高素质干部队伍中发挥了重要作用。

但是，我市党校建设的整体水平仍然比较薄弱，各级党校，特别是区县(自治县、市)委党校的现状与用邓小平理论武装全党、建设高素质干部队伍的要求还有较大差距。突出表现在：一些党校的办学水平达不到应有的高度，“三个阵地、一个熔炉”的作用不能得到充分发挥；师资队伍的整体素质适应不了现阶段党校教学的需要，高素质的学科骨干教师和高素质的中青年骨干教师偏少，师资后继乏人的现象比较严重；办学经费严重不足，教学设施落后，办学条件较差，党校的教学环境和办学条件与党校的地位和应发挥的作用极不相称。这些问题都亟待研究和解决。

我们应该叫响一个口号：党要管党，党要抓校；我们应该坚定一个信心：把我们党校逐渐建成一流党校，走出一条新的发展路子；我们应该树立一个思想：为党校建设多做贡献。

今年下半年将召开全国党校工作会议。按照中央党校的意图，重庆党校工作会议将提前召开。市委组织部要与市委党校一起，精心筹备和组织好这次会议。尤其要做好会前的调查研究工作，找准制约我市党校发展的关键因素，提出应该采取的政策和措施，切实为我市党校，尤其是区县(自治县、市)党校的发展解决一点实际问题。

一九九九年是我国改革开放进程中至关重要的一年。今年我们将迎来五四运动八十周年、建国五十周年和澳门的回归，新的世纪也即将到来。同时，也是市委党校发展过程中极为重要的一年。希望全市党校系统的同志们共同努力，为把党校建设成为教学功能齐全、基础设施配套、教学手段先进、校园环境优美的一流党校而奋斗！

标题新闻

●中共重庆市委常委会议同意：李学举同志兼任重庆市委党校校长。

●重庆市人民政府常务会议决定：任命王鸿举同志兼任重庆行政学院院长。

党校建设要舍得投入

李学举同志视察大足县委党校时对党校工作提出新要求

（本报讯）1999年1月18日，中共重庆市委副书记、市委组织部部长、市委党校校长李学举同志视察了大足县委党校。基层党校简陋的条件，引起了他极大的关注。但当他得知，县委县府将投入上千万元实施党校的整体搬迁，新建校园不但规模大，设施齐备，并将于10月完工交付使用时，脸上露出了笑容。在听取了办学规模和师资结构等情况的汇报后，他指出：“现在科技发展日新月异，我国的改革开放也正在深入发展，党校教师要不断提高自己的知识水平和理论水平，才能适应形势发展的需要。否则，就会落伍。市委党校对区、县(自治县、市)党校的教师要加强培训。教师培训、进修也是一种投入，要舍得花钱，要形成一个制度。市委组织部和市委党校将从1999年起，举办党校师资理论培训班，这项措施对解决党校师资具有重要意义。”李学举同志还指出：“全市各级党校应加强联系，形成网络，发挥整体优势。党校的教师要深入实际，调查研究，互相交流，取长补短，从而提高全市党校系统的整体教育水平”。

（联络处）

本期责任编辑　一版琴欣文　三版苏伟　二、四版颜如春

解放思想　深化改革　团结一致　求真务实　开拓创新

我校(院)确定1999年工作要点

总的工作目标：在市委、市政府的领导下，高举邓小平理论伟大旗帜，认真贯彻落实党的十五大精神，坚持解放思想、深化改革、团结一致、求真务实、开拓创新的方针，认真贯彻落实教学科研一体化，深化教学、科研改革，进一步提高教学质量和科研水平；切实加强以教研队伍为重点的职工队伍建设；进一步加强党的建设和精神文明建设；加强行政管理、后勤保证工作和基础设施建设，以优异成绩迎接建国五十周年。

一、加大教学改革力度，提高教学质量，确保市委、市政府下达的干部教育任务的顺利完成

全力以赴完成市委、市政府下达给我校(院)的干部轮、培训任务，保质保量完成研究生班、大专起点本科班，函授本专科招生任务。进一步深化教学内容改革，推动教材建设。积极探索国家公务员培训工作的规律。努力履行教学、科研、咨询三大功能。加强教学方法研究，进一步提高教学质量。制定学科规划，加快学科建设进度。按照“明确方向、突出优势、体现特色”的原则，初步建立起比较完善、合理并与教学、科研相适应的新学科体系。进一步强化教学制度建设，加大教学组织和管理力度。健全授课质量考评办法。加强学员管理工作，探讨学员管理规律，紧紧围绕教学目标要求，努力做好学员服务工作。

二、切实贯彻“教学、科研一体化”指导思想，深化改革，实施“科研精品”战略，加大投入，进一步提高我校(院)科研工作的整体水平

抓好课题的申报和立项课题的管理。组织召开纪念建国50周年理论研讨会；启动《领导干部论丛》、《研究生论丛》；出版有较高水平的学术著作，编辑出版反映我校(院)研究成果的图书，向建国50周年献礼。积极组织和参与各级各类学术及理论研讨活动。不定期举行“学术沙龙”活动，活跃学术研究空气。(下转第二版)

我校(院)1998年十件大事

（本报讯）3月1日，经校委会审定，我校评出1998年十件大事。

1. 圆满完成了市委、市政府确定的党政干部和公务员的轮培训任务。全年承担厅局级干部进修班等12种班次共2300多名学员的培训任务。

2. 科研工作有新的进展。制定了校(院)科研发展规划，召开了纪念十一届三中全会二十周年研讨会，教研人员精品意识增强，一批成果获得奖励。

3. 图书资料信息工作的现代化建设有了实质性起步。校园网一期工程正式启动。建成了多媒体计算机教室，按新的教学科研格局调整了图书馆馆藏。

4. 人事政工工作改革取得了实质性进展。全校进行了定编、定员、定岗工作，从中层领导干部到工人岗位均实行双向选择和竞争上岗。校工会被市总工会命名为“模范职工之家”，治安消防工作获全市经文保系统“先进单位”，离退休工作被评为全市“先进单位”。

5. 完成了校园基本建设规划，制定了学校中长期发展计划，明确了学校下一步发展方向。

6. 学历教育稳定发展。研究生教育拓展了专业，函授教育理顺了关系。

7. 加强了对区县(自治县、市)党校的业务指导。成功地举办了区县行政学校(党校)校长研讨班和全市党校骨干教师教学方法交流会。

8. 根据市委部署，与市委组织部和市委宣传部联合实施了重庆市干部邓小平理论学习现状调查研究，历时四个月，直接调查单位28个，直接调查干部3341人，产生了较大影响。

9. 刊物工作发展势头好。在《探索》继续保持在全国党校系统刊物位居前列的同时，《公共行政管理》更名为《重庆行政》，由重庆市政府主管，行政学院主办，在国内外公开发行。

10. 东西两院6栋职工宿舍楼修建完工。

（校办）

《重庆党校报》创刊号　第一版

第六部分

1949年以前报纸

《渝报》

1897年10月创刊

《渝报》是重庆出版的第一家近代报刊，于1897年（光绪23年）10月创刊，创办者为宋育仁。《渝报》以“广见闻、开风气”为办报宗旨，用事实宣扬已经开办的新兴事业的优越性，以促进新事物的发展。

《渝报》主要靠私人捐款办报，系完全的民营，1898年光绪24年3月停刊，共计出版16期。

宋育仁
1897年在重庆创办《渝报》

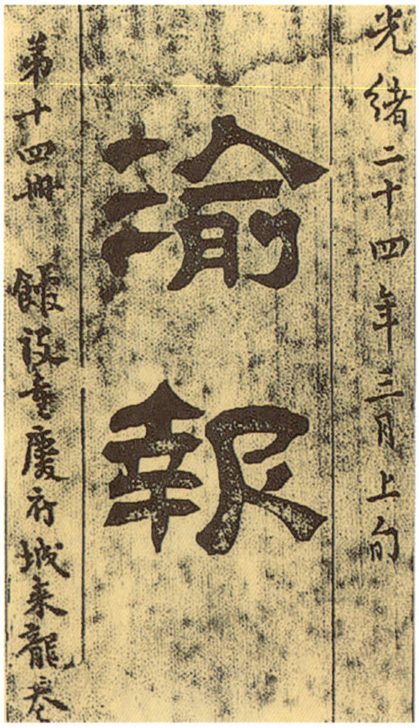

《渝报》报头

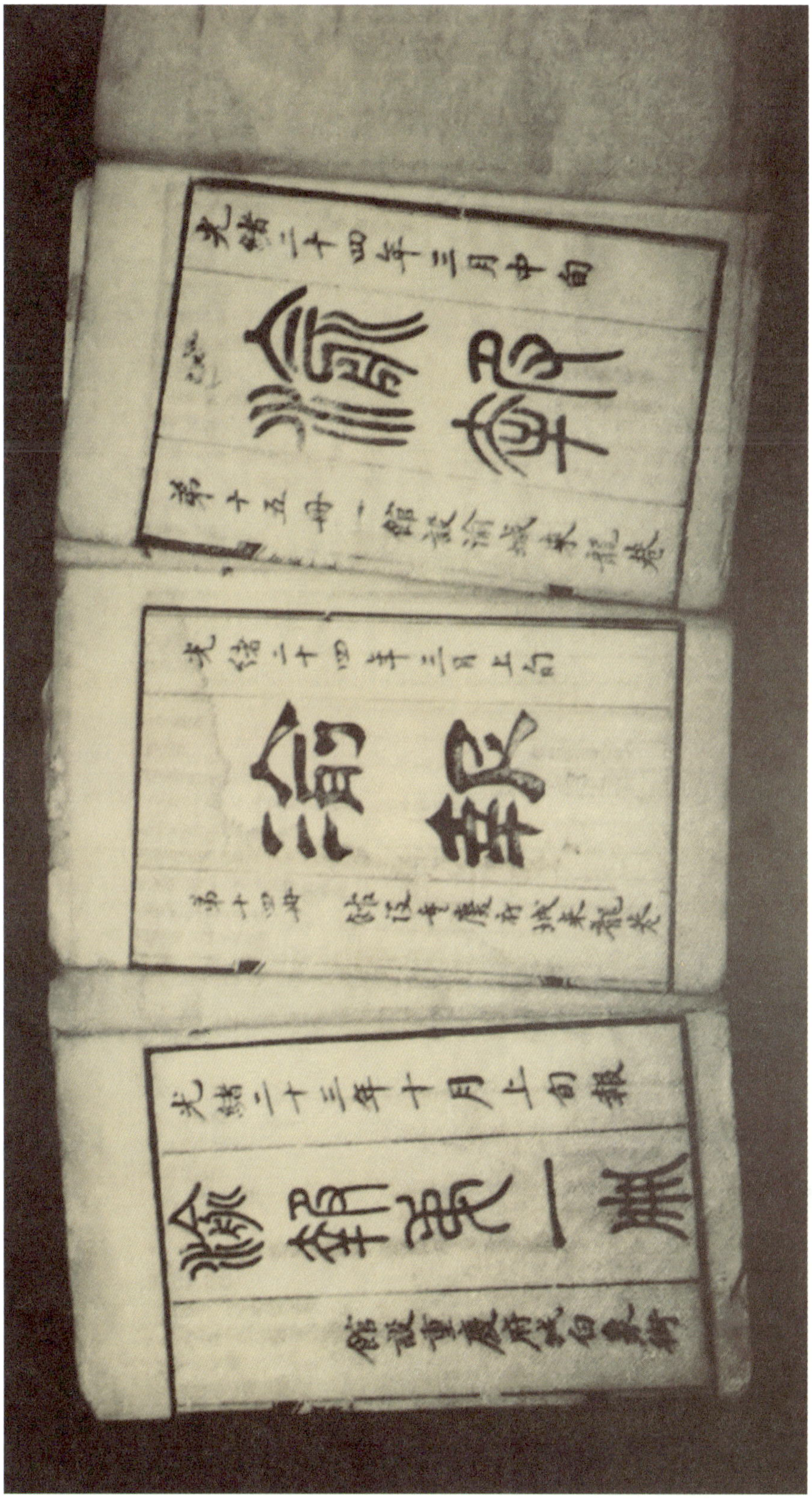

《渝报》报头

《国民公报》

1911年创刊	1912年更名	1912年更名	1950年终刊
《大汉国民报》	《中华国民报》	《国民公报》	《国民公报》

1911年12月17日创刊

创刊报名《大汉国民报》

《国民公报》前身为1911年12月17日创刊于成都的《大汉国民报》，1912年2月27日更名《中华国民报》。1912年4月22日与《四川公报》合并，更名为《国民公报》。1936年8月1日经过改组迁重庆出版发行，仍称《国民公报》，重新起号。1939年5月至8月14日，参加《重庆各报联合版》，同年8月15日恢复出报，至1950年2月16日终刊。

《国民公报》在成渝时期前后共存在37年零10个月，是当时成渝地区出版时间最长的报纸。

1946年6月1日，《国民公报晚刊》出版，时任《国民公报》总编辑曾俊修对晚刊提出"报纸杂志化、新闻趣味化"要求，内容上强调"包罗万象、图文并茂"。《国民公报晚刊》于1947年10月停刊。

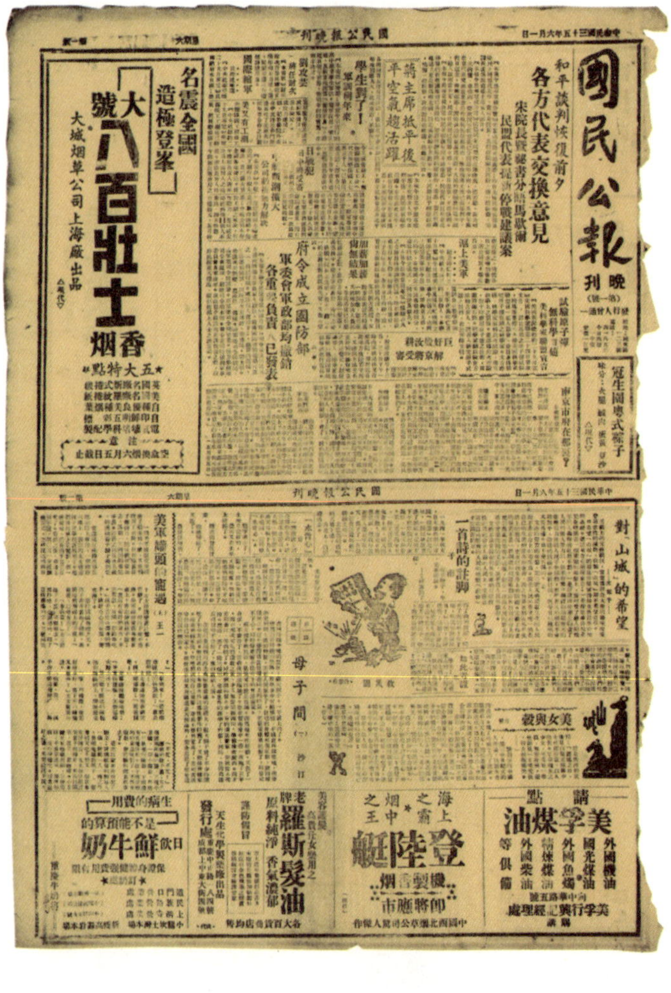

国民公報 晚刊

和平談判恢復前夕 各方代表交換意見

蔣主席抵平後 平空氣趨活躍

學生們到了！

府令成立國防部 軍委會軍政部均撤銷 各重要負責人已發表

名震全國 造極登峯 大號八百壯士香烟

大城烟草公司上海廠出品

五大特點

冠生園粵式粽子

南京市府在鄰

一首詩的註脚

對「山城」的希望

美軍歸頭的寵遇

母子間

美女與殺

生病的費用是不能預算的

日飲鮮牛奶

老牌羅斯髮油

原料純淨 香氣濃郁

海上之霸 烟中之王 登陸艇

機製香烟

請點 美孚煤油

《国民公报晚刊》创刊号 第一版

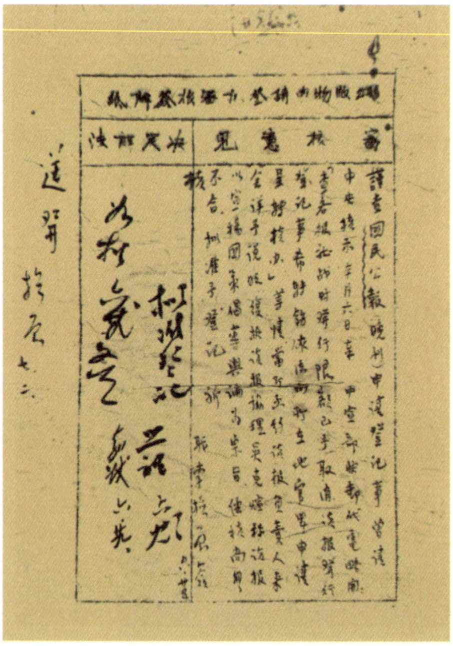

《国民公报晚刊》

申请登记的相关档案资料

中華民國元年四月十二號 國民公報 （一）
國民公報
本報緊要廣告
本報係四川公報與中華國民報合併而成凡預定有四川公報及中華國民報者均由本報補送兼訂考延長日期廣告亦然此後關於兩報社之函件請逕寄本社爲荷此佈
社論
國民公報出世宣言
祝辭
政治敗壞之風俗
上海來電
要電
交通中心
總統令
新聞一
岑西林之位置
藏邊防設治
青海總督之議
南京近聞
唐紹儀到寧記
解釋總統有赦罪之權
南京解散兵隊之籌畫
危局

《国民公报》创刊号 第一版

《重庆日报》

1904年10月17日创刊

1904年10月17日，近代资产阶级民主革命宣传家、爱国实业家卞小吾创办《重庆日报》，是重庆新闻传播史上最早的日报之一，宣传资产阶级民主革命。

卞小吾
《重庆日报》创办人

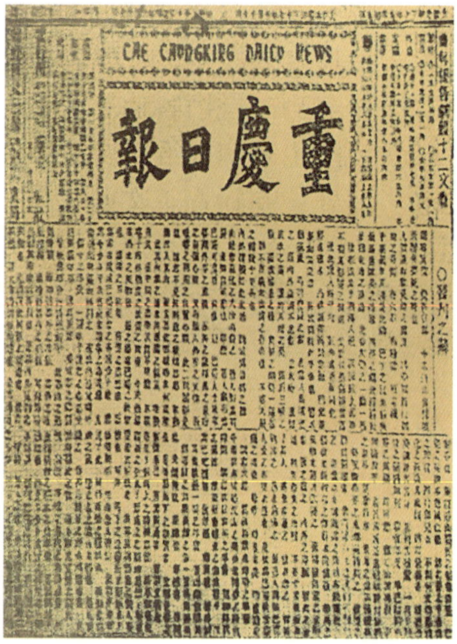

重慶日報

《重庆日报》创刊号 第一版

中華民國三十八年一月一日　重慶日報　星期六　第一版

重慶日報

第一零三號

發行人　向廷瑞

本報今日出版三大張

惠訂本報　賜刊廣告

請撥電話　三七五六

恭賀新禧　敬祝進步

中國毛紡織廠股份有限公司全體員工謹賀

總公司重慶林森路二一二號

製造廠巴縣李家沱工業區

中外馳名

梁山吳永瑜竹簾

本廠特聘：名畫家楊濟川先生作畫

本廠出品：一百餘種　圖批發應有盡有

梁山吳永瑜竹簾織造廠出品

恭賀新禧

宏興鵝鵠茶渝行同人敬賀

恭賀新禧

恭賀新禧！

金圓牌香烟於卅八年元旦之日

帶來了高貴的烟質：

並特設「獎券」給吸烟的朋友們無限的幸福！

華新烟廠暨同人鞠躬

·當心封口·

特獎一千元　頭獎五十元

二獎二十元　三獎十元

四獎五元　五獎一元

注意：獎以本市廠記經私自有券蓋本國與經章理為效

華新烟廠

恭賀年禧

重慶日報全體同人鞠躬

局長陳去惑

恭賀新禧

重慶牛羊皮豬鬃腸衣輸出業同業公會

理事長　楊賀彬

常務理事　張澤生　劉伊凡　蔣僕疾　徐文勝

理事　古今佛　熊志誠　蔣鎮鈺　李致欽　熊國中　向志宏　隆森　許昌明　張棟樑　李崇白

常務監事　王竹修

監事　楊會城　邱仿堯　田鷹鳴　況致君

敬賀年禧並祝多福

重慶市顏料業同業公會全體理監事鞠躬

恭賀新年健康

重慶市紙菸商業同業公會全體理監事鞠躬

敬賀新禧并祝順利其祥

揚子飯店鞠躬

《新蜀报》

1921年2月1日创刊

《新蜀报》创刊于1921年2月1日。发源于重庆的《新蜀报》是重庆乃至四川的第一份新闻日报。首任社长由“少年中国学会”发起人之一陈愚生担任，以“输入新文化，交流新知识”为办报宗旨。全面抗战爆发后，《新蜀报》拥护抗日民族统一战线主张，积极投身抗日救亡运动。1950年1月停刊。

《新蜀报》社址

陈愚生
《新蜀报》创办人之一、首任社长

1930年，《新蜀报》社长鲜英
在重庆留影

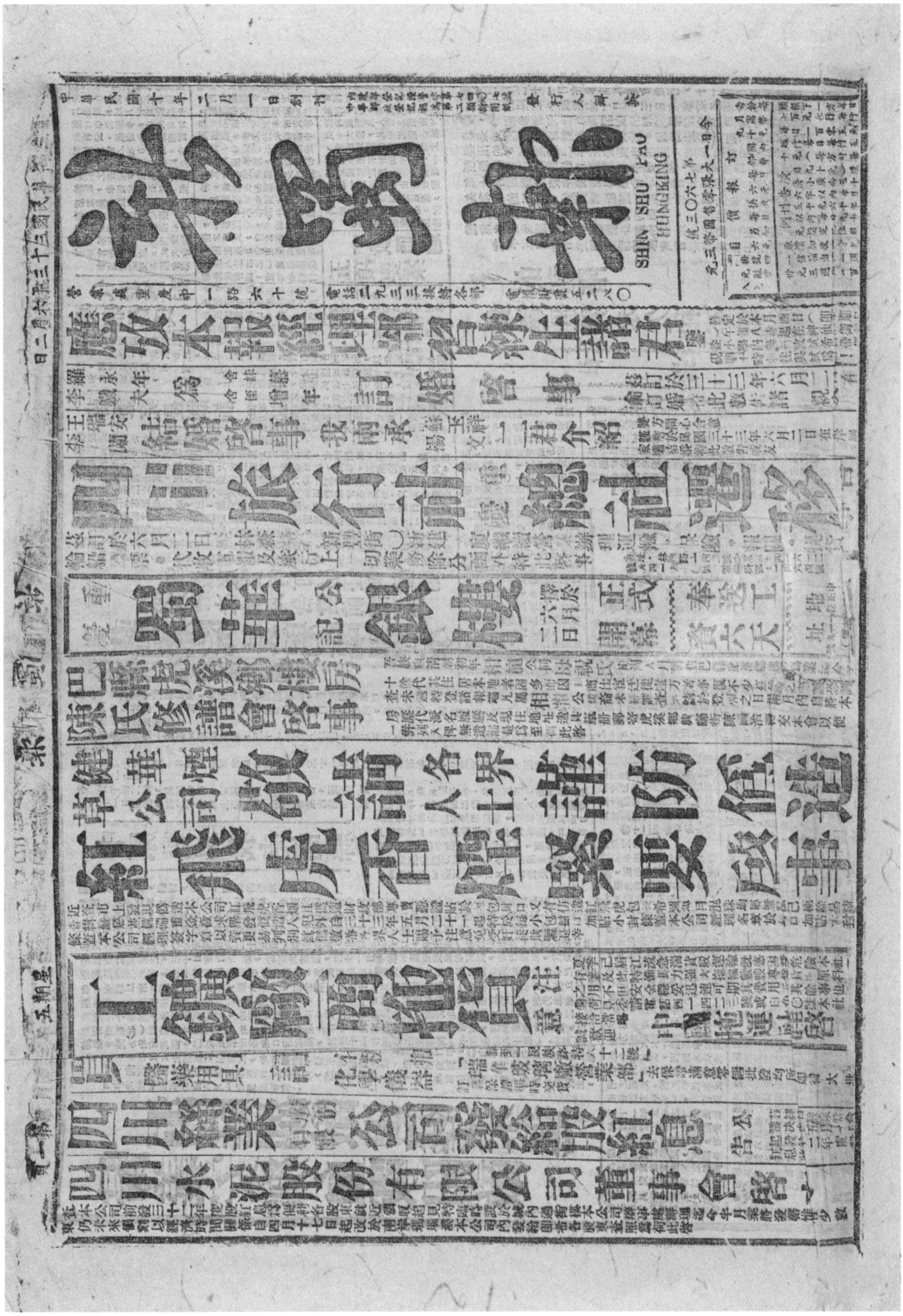

中華民國三十三年六月二日 星期五 新蜀報 第一頁

新蜀報

SHIN SHU PAO

第七六〇三號

應放本報經理部習練生諸君鑒

訂婚啟事

結婚啟事

四川旅行社總社遷移

蜀華銀樓 正式開幕

巴縣虎溪鄉樓房陳氏修譜會啟事

健華煙草公司敬請各界人士謹防假造紅飛虎香煙緊要啟事

工鑛廠商拖貨注意

四川絲業公司發給股紅息

四川水泥股份有限公司董事會啟事

《新蜀报》第7603号 第一版

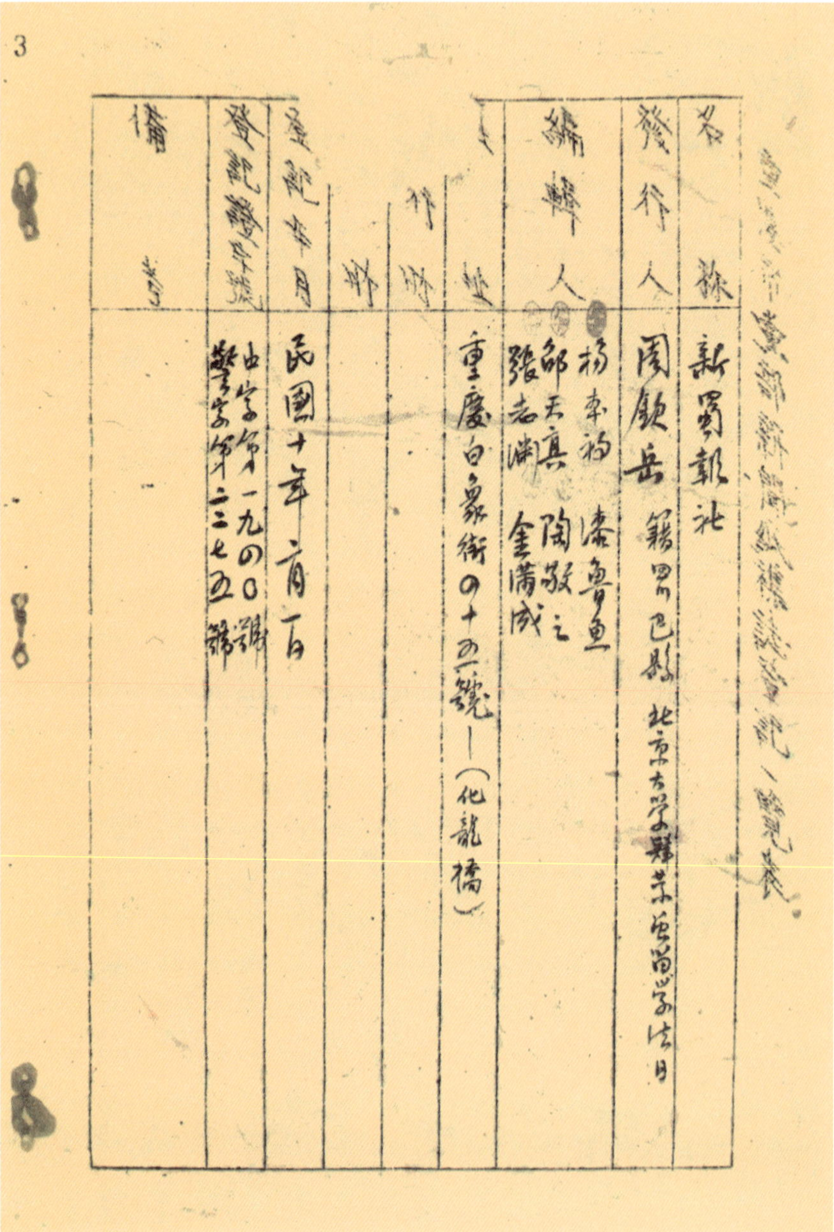

3

重慶市黨部新聞紙准許登記一覽表

名稱	新蜀報社
發行人	周欽岳　籍貫巴縣　北京大學畢業留學法日
編輯人	楊本初　漆魯魚　郎天真　陶敬之　張志渊　金满成
地址	重慶白象街の十五號—（化龍橋）
刊期	
資本	
登記年月	民國十年[illegible]月[illegible]日
登記證字號	內字第一九〇〇號　警字第二二七五號
備考	

新蜀报社新闻纸准许登记一览表

周钦岳
《新蜀报》的主笔

1933年9月，新蜀报社全体职员合影

《南川旅蓉同乡会报》

1921年2月1日创刊

《南川旅蓉同乡会报》于1921年由旅蓉同乡会创办。现存于南川区档案馆的《南川旅蓉同乡会报》出版于1923年。

中華民國十二年六月一日 南川旅蓉同鄉會報 第四版

隨感

讀南平—南川魂—南川聲—南川旅蓉會報之感言

雜纂

勸友人考四川女子實業講習所書

本報投稿簡章

《南川旅蓉同乡会报》 第4期 第四版

中華民國十二年六月一日　南川旅蓉同鄉會報　第一版

南川旅蓉同鄉會報

第四期

會務進行重要數則

▲第四屆職員一覽

據本會選舉章程，每學期選舉職員一次，本期應在正月內舉行，嗣因上屆所有議決議案八及應執行事項（去歲會于十二月二十八日始行閉會）未能了結，後因軍事發生，禁止開會，故延至古二月初旬，始實行改選，除理事不能連任外，選出職員如左，

理事　楊德一　張德孚

評議主任　周曉新　章樹楓

外交兼庶務張德修，楊季君，庶務員羅名福，招待員李維新張秋潮，

會報職員，分編輯部（編輯主任二人，編輯員四人），發行部（有發行股印刷股校刊股）茲爲便利起見，特改定編輯主任一人編輯員一人發行部發行股校刊股兼印刷股云

會報編輯部　主任魏官傑　編輯員楊子若

會報發行部　發行主任楊德一　余元成　校刊羅年爾周模

▲反對新舉南川教育會長章在商的理由

南川縣的教育，自從有了學校的名稱以來，直到現在，敢說完全沒甚進步。推究這個原因，一方面雖然是由人民的生活太單純，觀念太卑陋，心理奴隸的慣性，所致；但一方面還是這些辦教育的先生們，太好了的過錯！所以我們希望今日社會上，需要一個主持教育的人，必須具有下列數種資格：

（1）要受過高等教育的。

（2）他的性質要富於社會服務，且純潔的；並沒受惡社會同化的。

（3）他的生活要具有平民階級的習慣的。

以上數種要素，若是缺了一件也不行，回顧我們南川縣的教育，這樣不振，當然是「人」的問題，所以我們應該尋個較好的人來，充當南川縣教育會長，指導和補助本縣教育的進行才對：不料這個死不要臉的章在商，也被選了這個位子了！我們縣中大文豪大面子的先生們啊，你的招牌拾幅子的法團會長，都可以隨便給人，這個位子，却是非常重要，至少也要幾分人氣的人，才可以呀！章在商的爲人，除了做幾件殘慘的事體，說幾句刻薄的言語，穿幾套時髦衣服，在街上做皮以外，還有甚麼本事？這樣浮滑的少年，配得上領袖教育界嗎？要是按着上面所提出的三個標準，去觀察章在商，只有打一個負（一）號，他是清末中等農業學校的學生，他在社會上服務的成績，不惟他受了惡社會的同化，反而要製出更惡的社會來，他本來是個平民階級的子弟，偏要「裝腔做勢」，若貴族，若官僚，若紳戶……遮着他那種天賦的聰明！可惜完全誤用了一種力的壓服那「平民」的模樣，來做那些平民的幻想，真個是純粹的流氓，有些還要騙弄他的刀俎，和滑稽的文字，去[illegible]鄉下的小百姓，嗎弄老先生們呢；

去年他趁着打仗的時候，鄉中的人們都驚惶了，他就是大膽平日所自誇的手腕，竟將把本縣的知事位子騙到手裏：在商那是稍有人心，應當知何替本縣做幾樁有益的事體，要也不應該再擴選污，這個些下台後的笑罵，和危險；不料在商，因爲平日「夏樂七林」，尤其是當選外國鄉學生哥隱瞞，他竟把個機會廢，趁着「將來的機會」，個行徑騙，並且把從前的快意，就是把南川留學生的津貼費，用如事一筆給全取消了！在商特你藉着，這宗津貼款子，並不是官家經費，換句話說：不是國庫和省款，不能受行政官吏，隨意的處分的。因爲他—指津貼費—是地方公款性質，曾經由各法團會議解決，今來補助留學生，這算是地方自治事業，關於教育範圍的，當着這個自治潮流極盛的時代，難道你（指在商）還敢背逆行事嗎？不過可憐你太沒智識，連「人」還未有幾成，常識更說不上，偶個你要不害羞的去運動知事來做，實在「孩及全經」啊！請看諸君，試看南川那第七期上李敏章在商一段做知事的小史，便不必我們「饒舌」了！

鄉父老兄弟們啊！你們大概都沒有出過南川，以爲只要是做過知事的，不管他人格怎樣，總是怎樣，總算是第一流的資格，甚麼事都要他來特，那便「大錯特錯」了！我們想教育會長，是甚教育界的先生們來推選的，就不應該選舉的「一類識」，也許是……大人老爺們要想拉幾個走狗，來做自己的爪牙，所以拚命替他運動出來，淺淺人勢，要是這個推測不錯，還可爲本縣教育界哭！爲受教育的青年子弟哭！鄉父老兄弟們啊：你們雖然不知道教育是怎麼？你們總知道愛惜自家的兒女，難道你們忍心使自家的兒女，去受那位當先生教的「父惜子不會」，「子非父不管」的教育嗎？有許多國於當先生的話，我們實不忍心說啊！總人而實在是要着來辦的關係，和教育的重要，感化的要緊，所以要議決，共同努力，反對於在商當任教育會長，除已請求本縣知事外還外，特地把我們反對他的理由寫出來，請求旅外人士的同意，作一致的主張，和鄉父老兄弟們，明白公正的判斷罷。

南川旅蓉同鄉會
南川旅外學會成都分會　同啓

十二年五月十八日

質問楊靚學書

逕啓者本會於十一年十二月二十七日，接 貴所寄來油印物，及省公署賞費章程各一件，當即召集開會討論，僉謂賞費一宗，係由省署通令各縣中籌措，增加百分之五，作爲的款，各縣視學，當即遵照辦理，無容異議，乃 先生倡議，復有議決賞費之舉，豈有省署通令，以昭信守，而必待 先生提之議決也耶，此本會之不解者一也，

至於賞費之設，固可資助寒畯子弟，而補設，則是含有提倡獎導之意，法良意美，並行不悖，如巴中大足等縣，即於省署通令賞費之前，本縣即設有津貼，至今仍以合乎所定標準，學生自行領取其一，因賞費者，必須循證之故，今乃將原有補助費，一律改爲賞費，假若原有津貼，必須受省令支配者，此又本會之不解者二也，

且補助費原有的款，係由本邑各法團各機關議決，經學不過照章辦理而已，成立至今，已五六年，縱欲有所變更，勢非經過縣議會之議決，並徵求留學界之同意方可，今爲二者合而爲一，使已經補助費者，然將中止，萬一其所在之學校，非國立，非省立，而不會賞費所規定，則又將何法以調劑之，豈無因此而生輟學之虞，其非愛護學子之道，此又 會之不解者三也，

來件又有以學費收入不敷，另非籌集經費，查補助費籌成立有年，而所領者，係須已入省外國外之專門大學，合計不過數人而已，不需是，乃近年來，特無正式報銷，其不足之來明白指定，從非 貴所濫用，而屬歷屆執事者，先生竟不加察，遽欲[illegible]注此，此又本會之不解者四也。

（5）來稿[illegible]有以去取及修改之權但不許修改者須預先聲明
（6）來稿若爲譯件務請將原文交下
（7）本報一律登刊真名故投稿諸君書名[illegible]
（8）來稿若用外號或無名姓本報恕不登載
（9）來稿[illegible]登載與否原稿恕不退還
（10）來稿[illegible]本刊一期[illegible]

《重庆商务日报》

1914年创刊	1916年更名	1938年更名	1951年停刊
《商务报》	《重庆商务日报》	《商务日报》	《商务日报》

1914年4月25日创刊

《商务报》于1914年4月25日创刊。1916年更名为《重庆商务日报》，1938年更名为《商务日报》，是重庆商办报纸的典型。报纸总体放在对经济方面的关注上，有专门的版面刊发报道各地商情调查，各行各业商业活动情况统计、报告、总结，各地各方面商业发展趋势等，以开阔商民眼界，为其寻求商机、作出决策提供依据。

《重庆商务日报》 第1587号 第二版

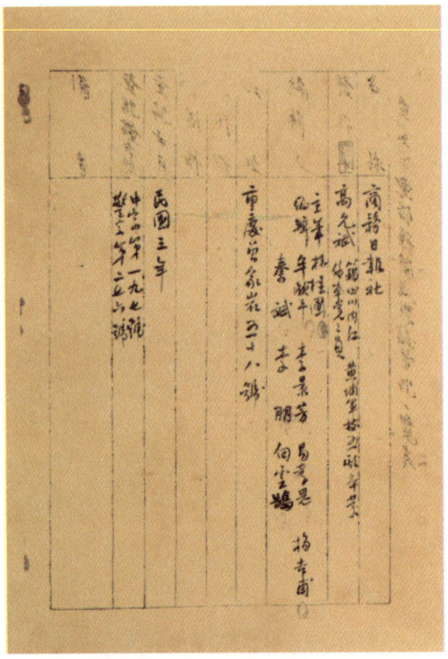

商务日报社的相关档案资料

中華民國二十三年五月 …… 星期六 …… 商務日報 …… 第一版

重慶商務日報

Commercial Daily News Chungking

本館在重慶商業場商會內 第一千五百八十七號

電報掛號（零五二三）電話 二三號（今日出版三大張）

法商重慶中和銀行廣告

存款諸君注意 重慶美豐銀行啟事

重慶 新豐正號

永信成綢緞莊

諸君，小號本是誠信無欺的宗旨，開設許久想為各界知道的，現在又由滬、杭、蘇、浙等埠，運到大批新奇的貨品，如（雷機葛）（羅緞綢）（毛葛）（府綢）（香雲紗）（嗶嘰呢）（毛嗶）（杜閣香）（毛綢呢……等），俱該貨廉價，無不克己歡迎的。

永信成啟

重慶富川儲蓄銀行

敬啟敝行現依多數存戶之要求特發行隨時取現存票計五元十元二十元五十元百元五種票面明定金額並有號碼編列號碼後蓋有本行之圖記由經理簽名捺印存執諸公敬希查照

謹啟

德大綢緞莊大減價

商業場大同公司開第八次股東會通告

敬啟者本公司定期於陰曆五月十三日假總商會地點開第八次股東大會屆時務希各股東惠臨特此登報尚希明察

重慶商業場大同公司啟

華盛的綢緞再貨又齊備又時式而又格外價廉

新到特奇物品披露於後

元青時花鐵機緞 三閃色杭花緞

各色超等華絲葛 各色如琢毛呢

加寬閃色雪花呢 頭等頂上駝絨

新穎出浆男女裝

新正廣東水檳榔 各種罐頭美味

湘繡山水綉花屏

以及名人書畫家庭陳設婚嫁禮品十色五光萬種千樣難以枚舉諸君如需何種物品請來選擇不惟滿足心意且價值克己尤非虛謬

重慶華盛綢店商業場分店都郵街

住渝劉恢……經理王峻山啟

重慶總商會內 …… 印刷

《嘉陵江》

1928年3月4日创刊

1928年创刊	1931年更名	1948年更名
《嘉陵江》	《嘉陵江日报》	《北碚日报》

《嘉陵江》报于1928年3月4日创刊，由爱国实业家卢作孚在北碚创办，并担任第一任主编。初为三日刊，后改为双日刊，1931年元旦改为日刊，改名为《嘉陵江日报》，1948年9月1日，更名为《北碚日报》，至1949年12月15日终刊。

卢作孚
《嘉陵江》创办者

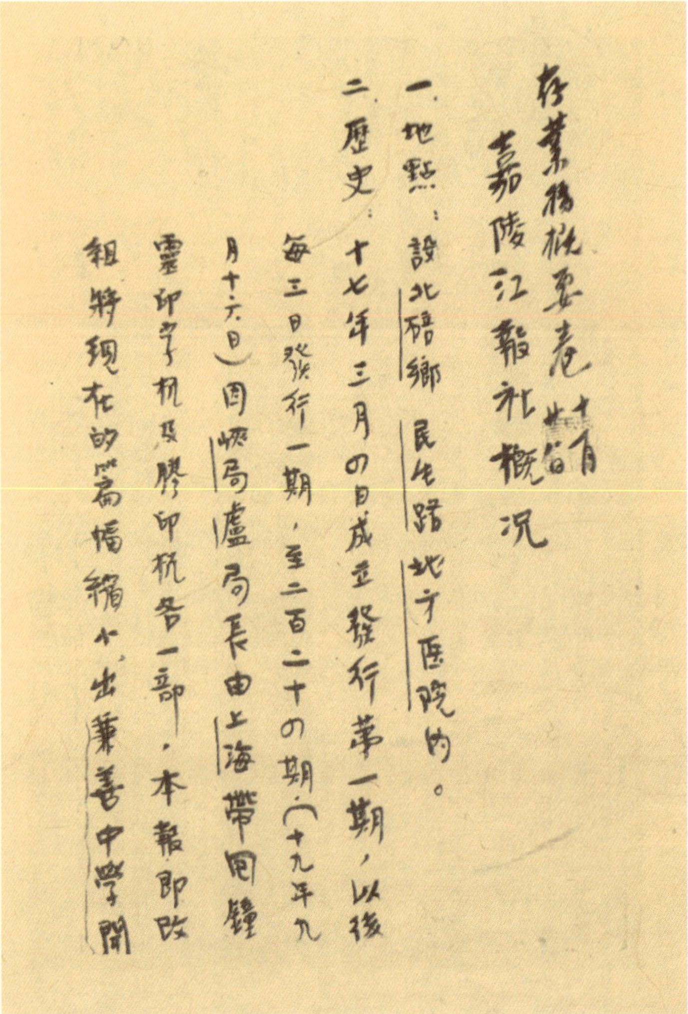

存業務概要卷

嘉陵江報社概況

一、地點：設北碚鄉民生路地方醫院內。

二、歷史：十七年三月四日成立發行第一期，以後每三日發行一期，至二百二十四期（十九年九月十六日）因峽局盧局長由上海帶回鐘靈印字機及膠印機各一部，本報即改組特現在的篇幅縮小，出兼善中學開

记载嘉陵江报社概况的档案资料

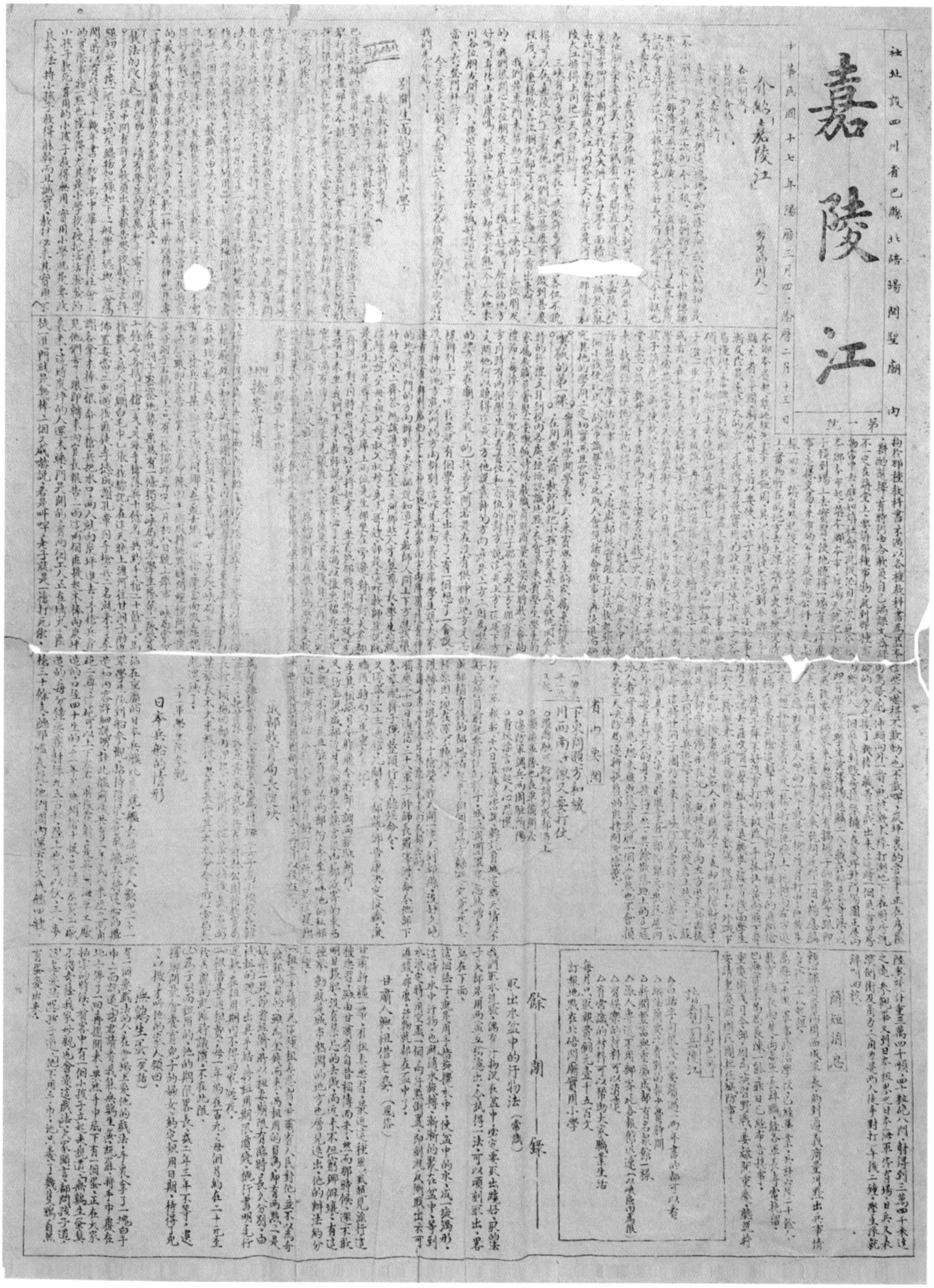

社址設四川省巴縣北碚場關聖廟內

嘉陵江

中華民國十七年陽曆三月四日 陰曆二月十三日

第一號

介紹《嘉陵江》

別開生面的實用小學

省內要聞

成都教育局大增狀

日本兵艦的情形

請看《嘉陵江》

△有趣味的材料可以消遣

△有常識的材料可以幫助大家職業生活

每月只取報費銅元壹千五百文

訂報地點在北碚關廟實用小學

餘聞錄

取出水盆中的汙物法（常識）

甘肅人與租借老婆（風俗）

《嘉陵江》创刊号　第一版

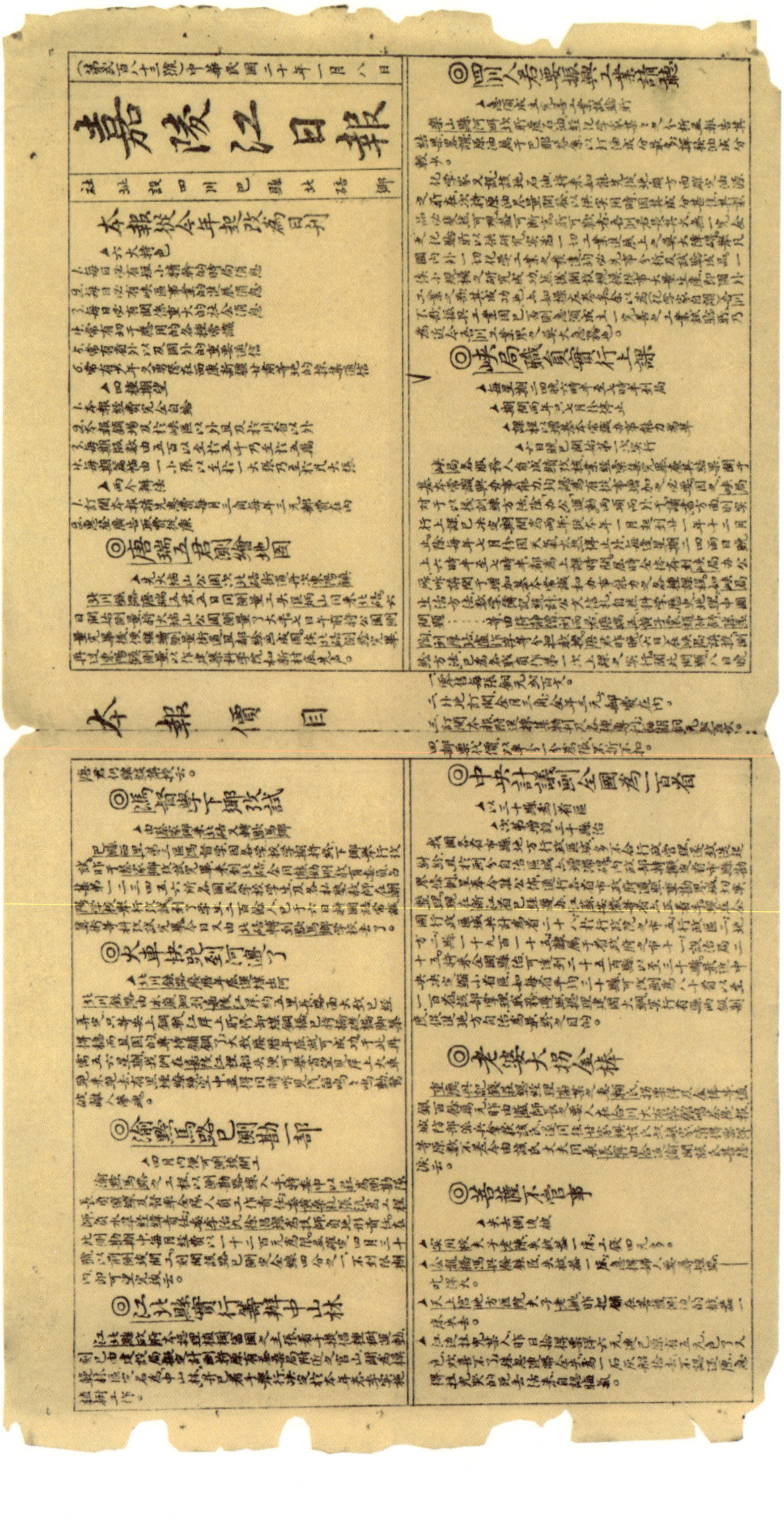

《嘉陵江日报》第283号　第一版

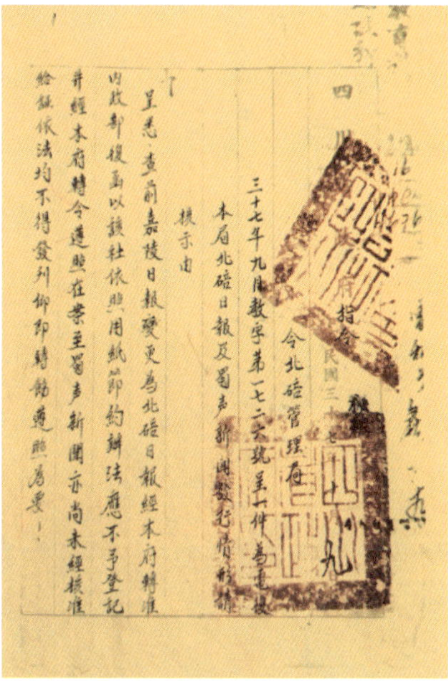

四

指令

令北碚管理局

三十七年九月教字第一七二六號呈一件，為呈報本局北碚日報及蜀声新聞發行情形請

據呈由

呈悉。查前嘉陵日報變更為北碚日報經本府轉准內政部覆函以該社依照用紙節約辦法應不予登記，并經本府轉令遵照在案。至蜀声新聞亦尚未經核准給證，依法均不得發刊。仰即轉飭遵照為要！

《嘉陵江日报》变更为《北碚日报》的档案资料

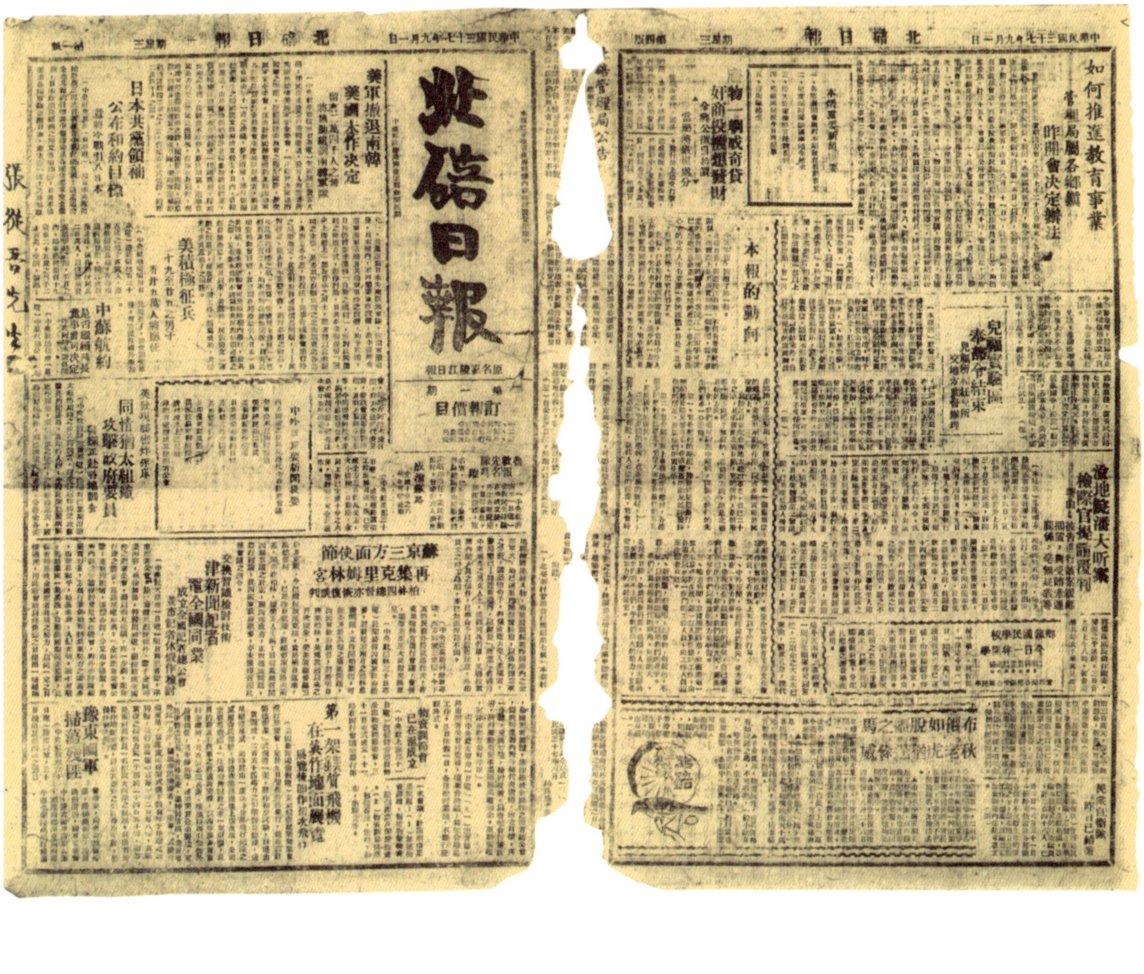

北碚日報 中華民國三十七年九月一日 星期三 第一版

北碚日報

原名嘉陵江日報

第一期

訂報價目

美軍撤退南韓 美國未作決定

日本共黨領袖公布和約目標

美積極徵兵

中蘇航約

同情猶太組織攻擊政府要員

蘇京三方面使節 再集克里姆林宮

津新聞記者 電全國同業

第一架噴氣飛機

豫東國軍

北碚日報 中華民國三十七年九月一日 星期三 第四版

如何推進教育事業

管理局屬各鄉鎮 昨開會決定辦法

本報的動向

《北碚日报》创刊号 第一版 第四版

《济川公报》

1931年1月11日创刊

《济川公报》于1931年1月11日在重庆创办。创办者为四川军阀刘湘，1939年3月停刊。

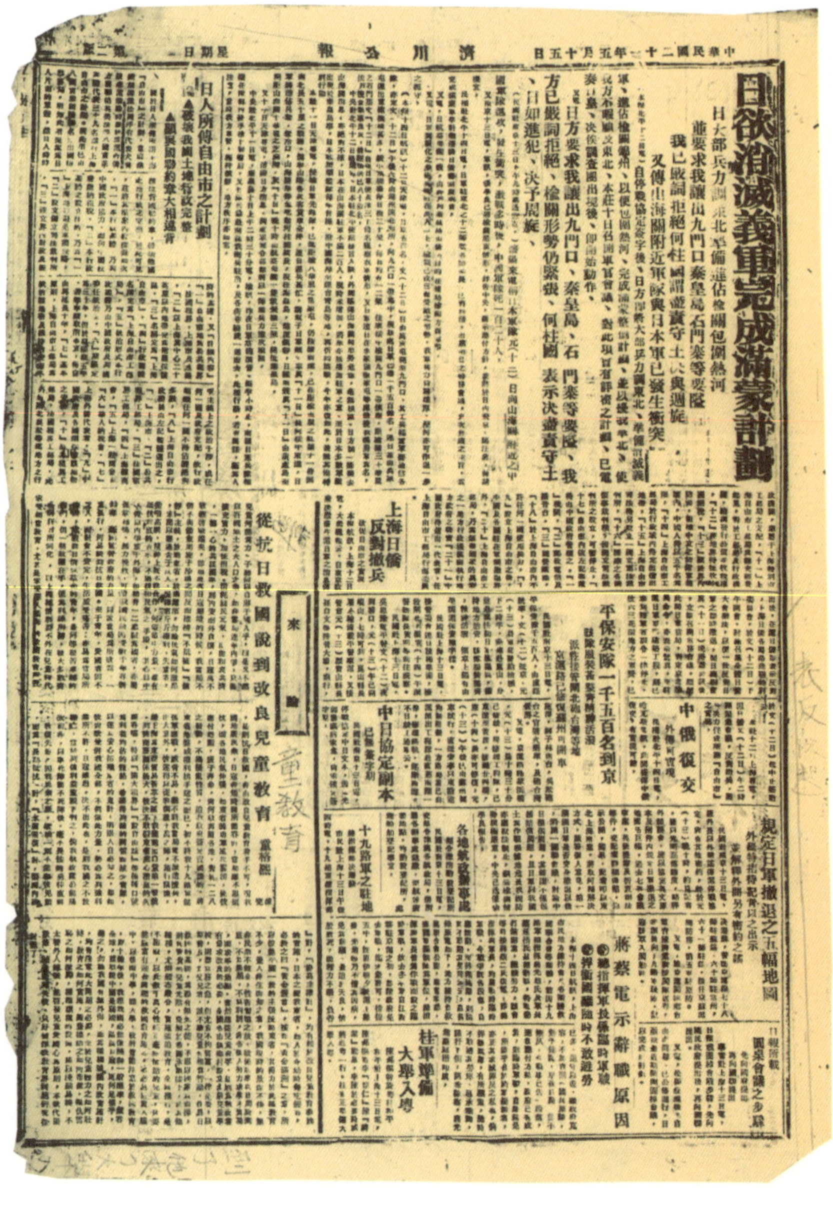
中華民國二十一年五月十五日　濟川公報　星期日　第二張

日欲消滅義軍完成滿蒙計劃

日大部兵力調東北準備進佔榆關包圍熱河

並要求我讓出九門口秦皇島石門寨等要隘

我已嚴詞拒絕何柱國謂盡責守土以與週旋

又傳山海關附近軍隊與日本軍已發生衝突

日方要求我讓出九門口、秦皇島、石門寨等要隘、我方已嚴詞拒絕、榆關形勢仍緊張、何柱國表示決盡責守土、日如進犯、決予周旋

日人所傳自由市之計劃

上海日僑反對撤兵

來論

從抗日救國說到改良兒童教育

平保安隊一千五百名到京

中俄復交

中日協定副本

十九路軍之駐地

各地航空

蔣蔡電示辭職原因

桂軍準備大舉入粵

《济川公报》第433号　第二版

△訂報價目

濟川公報

△社址重慶公園路（老金局巷內倉壩子啟文印刷局代印）

第四百三十三號
本日出版兩大張
每份售洋五百文

本報啟事

招請各城鎮鄉場經售處

啟者　本行為抵制仇貨發達大宗代替品「愛國仍丹」藥力較仇貨高上數倍，今在渝試辦，已到茲為推廣起見，特請各場鎮各鄉場經售有願意者請來函接洽……

天生元仍丹總行

電話掛號一七九

北京武學書館

各縣團務應用書籍

北京武學書館啟

感謝伍東陽醫士復我健康

左建章啟

小洞天藝館

劉南齋

首善診療所廣告

本診療所之目的

本診療之收費

介紹良醫

聚興誠銀行

本行呈准國民政府財政部立案註冊領有營業執照字第一零七號……在案，依據新章資本五十萬元已於三月一日全數收足，茲將本行營業範圍列左：

（一）各種存款　（二）各種放款　（三）各種匯兌　（四）貼現
（五）押匯　（六）各種貨幣及生金銀之兌換或買賣　（七）代理收付各種款項　（八）保管各種貴重物品　（九）其他銀行一切事務

天一醫寓規定

凡治雀斑土斑天花疤痕……一切皮膚病症……

永興隆綢號

各界請鑒，久享盛名專售四川出產最適宜之……本號特產……本號作長年之顧主。

總店陝西街　支店……街

上成上

男女理髮室

重慶中國銀行

關岳廟街辦事處

定於三月二十一日開幕

存款　匯兌

電話三十一號

重慶中國銀行啟

聽天存談相

子中段馬路三十一號

實業速成班招生廣告　李國安

少壯不努力
老大徒傷悲

重慶市民銀行都郵街稽查部

真建昌花板出售

買者請至機房街十二號與鄭恒久接洽

《大声日报》

1935年10月16日创刊

1935年创刊
《大声日报》

1939年创刊
《合川日报》

1939年合刊
《合川大声两报联合版》

1941年继续发行
《合川日报》

1949年终刊
《合川日报》

《大声日报》于1935年10月16日创刊。《合川日报》于1939年2月1日创刊。1939年9月，改《合川大声两报联合版》出版。联合版于1941年停刊，《合川日报》继续发行，至1949年12月终刊。

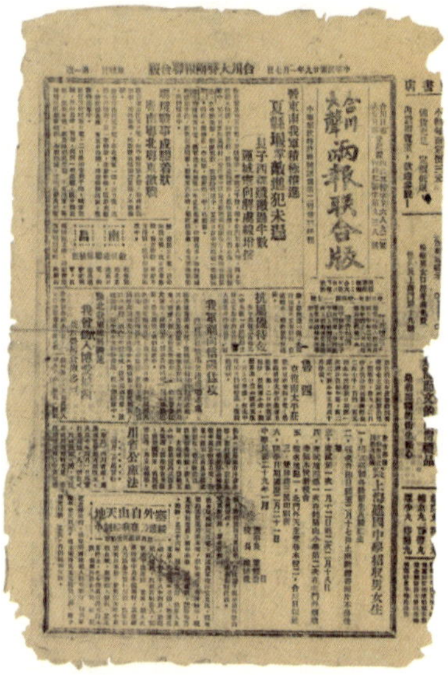

合川大声两报联合版

《合川大声两报联合版》第117号　第一版

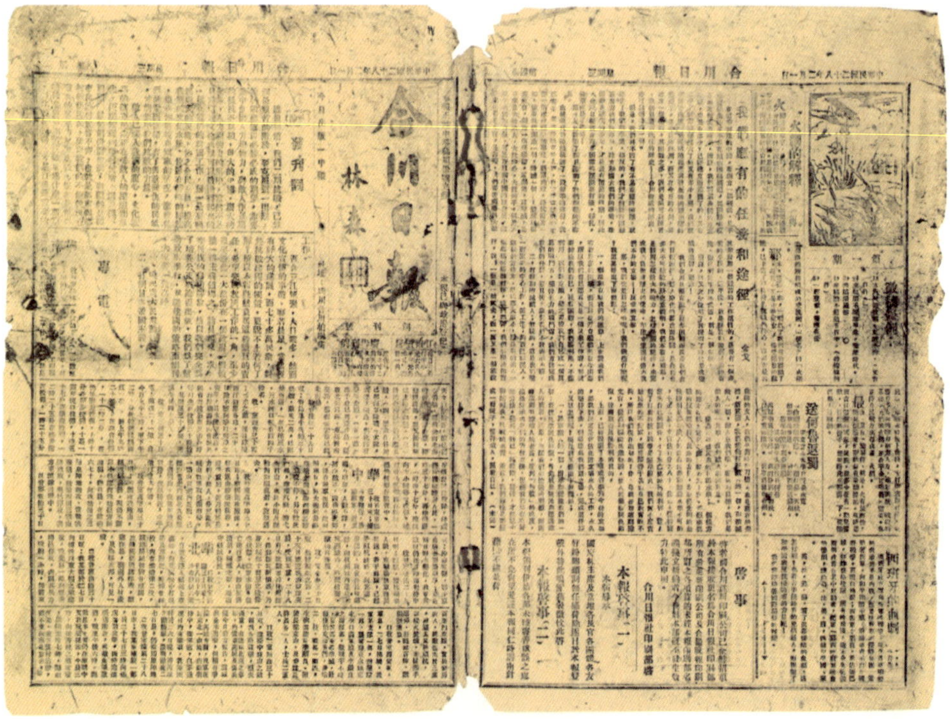

合川日报

《合川日报》创刊号　第一版　第四版

《大声日报》第195号 第一版 第四版

大聲

中華民國廿五年六月二日

廣告刊例

平津因日增兵人心浮動

宋哲元在邸接見記者

望社會人士應自加鎮定

華北交涉日聲明無野心

我禁政成績及限期 各國代表極為讚譽

一致抨擊日縱容韓人 在我國境內販賣毒品

日僧在廈建寺强遷民墓

紀念五卅

衛立煌赴六安

奉安紀念

庇護走私貨車

鼓樓鎮李握高啟事

曾煥章啓事

《佛化新闻报》

1937年创刊 《佛化新闻报》 | 1937年更名 《佛化新闻》 | 1942年停刊 《佛化新闻》

1937年6月16日创刊

《佛化新闻报》于1937年6月16日创刊，是当时四川地区唯一的佛教报纸。1937年7月5日，更名为《佛化新闻》，并增出《佛化评论》。1942年10月停刊。

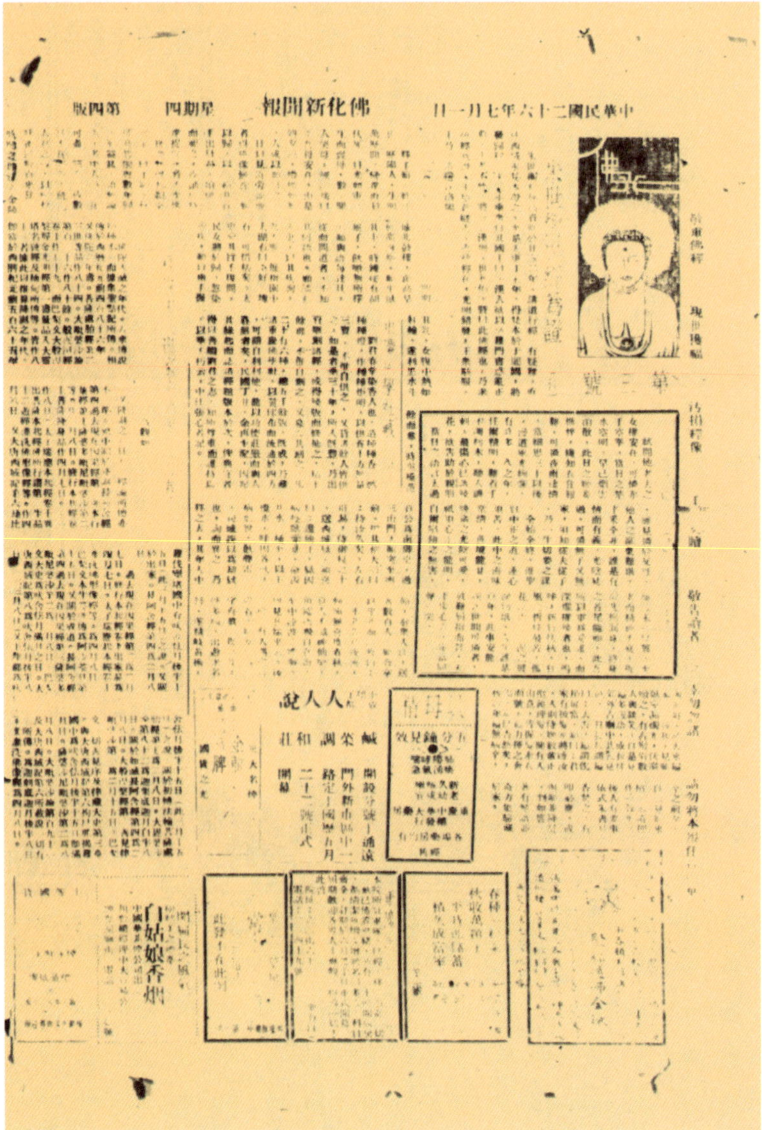

中華民國二十六年七月一日 佛化新聞報 星期四 第四版

《佛化新闻报》第3号 第四版

中華民國二十六年七月一日　佛化新聞報　星期四　第一版

佛化新聞報

第三號

社址

定報價目

廣告刊例

發行部

香光齋專造

弘傘法師近影

峨嵋山

經文經名　皆佛法身　請勿污損　擁羅無量

請勿以本報包裹物品

請勿以本報揉抹器物

《新华日报》

1938年1月11日创刊

1938年1月11日《新华日报》在武汉创刊，1938年10月25日汉口沦陷，遂迁至重庆继续发行。

1947年2月28日，《新华日报》在重庆出版最后一期——3231期，历时9年1个月18天。

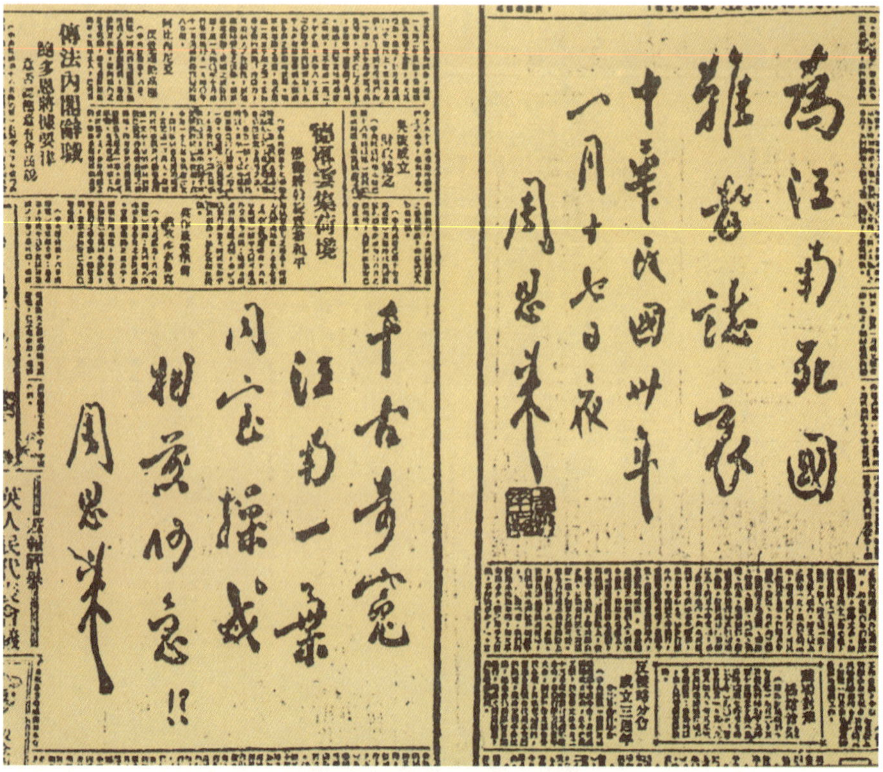

为江南死国难者志哀
中华民国卅年一月十七日夜
周恩来

千古奇冤
江南一叶
同室操戈
相煎何急!!
周恩来

1941年1月18日，刊登在《新华日报》的周恩来同志题词和挽诗

中華民國二十七年一月十一日　SIN XUA RHBAO　星期二　第一版

新華日報

中華民國二十七年一月十一日創刊　今日出版一大張

鞏固團結抗戰到底　胡考

發刊詞

在民族自衛戰爭的怒潮中，本報得與讀者諸君及全國同胞相見，本報同人實覺無限之感奮及欣幸，甚願于此相見之初，一傾本報創立之初衷及今後努力之鵠的。

日寇猖狂，國家破碎，我前方數十萬將士正以熱血頭顱爲民族之獨立生存而流血犧牲，我後方千百萬民衆亦正以英勇堅毅之精神爲前線之勝利而努力奮鬥。全中國沸騰着「貫徹抗戰到底，爭取最後勝利」，在今天成爲激響于全中國的雄偉壯烈的呼聲。我們堅信在偉大的民族覺醒的基礎上，在我們的力量更廣泛的動員，更嚴密的組織，更親切的團結的基礎上，中華民族的兒女們是有充份的力量足以戰勝日寇，維護我們珍貴的民族生命的。本報願在爭取民族生存獨立的偉大的戰鬥中作一個鼓勵前進的號角。爲完成這個神聖的使命，本報願爲前方將士在浴血的苦鬥中，一切可歌可泣的偉大的史跡之忠實的報道者紀載者；本報願爲後方民衆支持抗戰參加抗戰之鼓動者倡導者，在「抗日高于一切，一切服從抗日」之原則下，本報將盡其棉薄提倡與讚助一切有利于抗戰之辦法，設施，方針，力求其迅速確實的實現，而對於一切阻礙抗日事業之缺陷及弱點，本報亦將勇敢地盡其報道的警鐘的功用。本報願與全國一切志切救國的抗日的戰士與同道，互相勉勵，手攜手地共同爲驅除日寇爭取抗戰最後勝利而奮鬥。

不僅如此，我們深信，當前挽救國家危亡的民族自衛抗戰實爲我中華民族復興之必經途徑及其起點。爲我們民族的光輝的前途計，不僅需要在今天全國同胞精誠團結共同救國，而且需要在抗戰勝利後和衷共濟共同建國。民族獨立，民權自由，民生幸福的新中國是我們民族優秀的兒女們近百年來前仆後繼再接再厲所力求實現的理想，我們願意在踏着先人們奮鬬的血跡而爲這崇高的理想而鬬爭時担負其應盡的職責。

欲求抗戰的最後勝利，欲求獨立自由幸福的新中國之實現，其在今天和將來，均舍加強我們內部的團結，鞏固抗日民族統一戰線外，別無方法與途徑。這是挽救時局和復興中華的關鍵。本報同人前曾爲創造此偉大的團結而努力奮鬬。于今團結初成之時，本報更將盡其所能爲鞏固與擴大抗日民族統一戰線而効力。本報願將自己變成一切抗日的個人，集團團體，黨派的共同的喉舌；本報力求成爲全國民衆的共同的呼聲；同時本報將無情地抨擊一切有害抗日與企圖分裂國內團結之敵探漢奸及托派匪徒之陰謀。務使實現地無分南北東西，人無分老幼男女之鐵一般堅固的團結，并且在這個團結之中，各種力量能夠互相幫助互相扶持，共同負責共同發展，四萬萬五千萬人民的堅固團結，將成爲牢不可破的新的長城，保護我們民族的生命，將成爲堅不可摧的新的基石，創立起獨立自由幸福的新中華！

當此發刊之始，本報更希望全國人士及讀者諸君，對本報力加扶持讚助培植指導，使新華日報能與我們光明燦爛的新中華同時生長發育與同垂永久！

本報創刊伊始，荷蒙黨政軍領袖，社會羣賢，紛賜題詞，無任榮幸！茲依據收到之先後，逐日製版刊載，藉光篇幅，感謝之餘，謹向賜詞諸公致民族解放敬禮！

新華日報館謹啓

《新华日报》创刊号 第一版

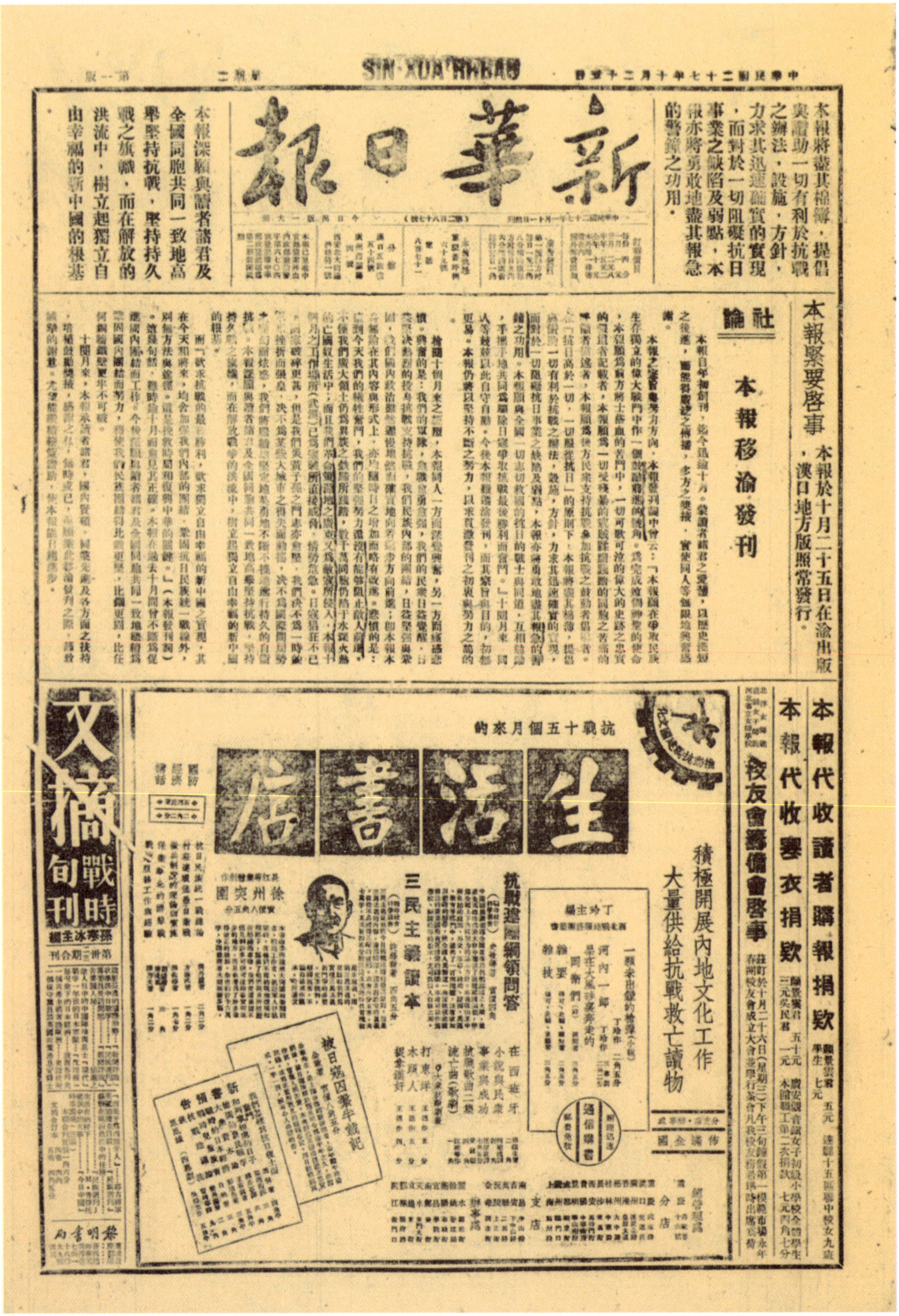
中華民國二十七年十月二十五日　星期二　SIN HUA JIH PAO　第一版

新華日報

本報將盡其綿薄，提倡與贊助一切有利於抗戰之辦法，設施，方針，力求其迅速確實的實現，而對於一切阻礙抗日事業之缺陷及弱點，本報亦將勇敢地盡其報急的警鐘之功用。

本報深願與讀者諸君及全國同胞共同一致地高舉堅持抗戰，堅持持久戰之旗幟，而在解放的洪流中，樹立起獨立自由幸福的新中國的根基

本報緊要啓事　本報於十月二十五日在渝出版，漢口地方版照常發行。

社論　本報移渝發刊

本報自年初創刊，迄今已逾十月。蒙讀者諸君之愛護，以歷史後進之後進，而能得廣泛之傳播，多方之援助，實使同人等無限地興奮感謝。

本報之努力方向，本報發刊詞中曾云：「本報願在爭取民族生存獨立的偉大戰鬥中作一個鼓勵前進的號角。為完成神聖的使命，本報願為前方將士浴血的苦鬥中，一切可歌可泣的偉大的史蹟之忠實的報道者記載者，本報願為一切受殘暴的寇賊蹂躪踐踏的同胞之苦痛的呼籲者描述者，本報願為後方民眾支持抗戰參加抗戰之鼓動者倡導者。本「抗日高於一切，一切服從抗日」的原則下，本報將盡其綿薄，提倡與贊助一切有利於抗戰之辦法，設施，方針，力求其迅速確實的實現，而對於一切阻礙抗日事業之缺陷及弱點，本報亦將勇敢地盡其報急的警鐘之功用。本報願與全國一切志切救國的抗日的戰士與同道，互相鼓勵，手攜手地共同為驅除日寇爭取抗戰最後勝利而奮鬥。」十個月來同人等亦以此自守自勵。今後本報雖遷渝發刊，而其宗旨與目的，初無更易。本報仍將以堅持不斷之努力，以求貫澈發刊之初衷與努力之鵠的。

檢閱十個月來之經歷，本報同人一方面深覺興奮，另一方面深感慚憤。興奮的是：我們的軍隊，愈戰愈勇愈強，我們的民眾日益覺醒，日益堅決熱烈的投身抗戰支持抗戰，我們民族內部的團結，日益堅強與鞏固，我們國內政治雖然還慢慢地然而確實地向著進步方向前進；即本報本身無論在其內容與形式上，亦均隨時日之增加而略有改進。慚憤的是：直到今天我們的犧牲奮鬥，我們的堅強努力還沒有能夠阻止敵人前進。不僅我們廣大領土仍為異族之鐵蹄所踐踏，數千萬同胞仍陷于水深火熱的亡國奴生活中；而且我們革命策源地之廣東又為敵寇所侵入，本報十個月之工作場所（武漢）已為強敵所直接威脅，情勢危急。日寇猖狂不已，國家殘破更甚，但是我們炎黃子孫之鬥志亦愈堅，我們決不為一時的挫折而氣餒，決不為某些大城市之得失而動搖，決不為國際間局勢之變幻而炫惑，我們將繼續堅定地英勇地不斷不撓地進行持久的自衛抗戰。本報謹願與讀者諸君及全國同胞共同一致地高舉堅持抗戰，堅持持久戰之旗幟，而在解放戰爭的洪流中，樹立起獨立自由幸福的新中國的根基。

而「欲求抗戰的最後勝利，欲求獨立自由幸福的新中國之實現，其在今天和將來，均會加強我們內部的團結，鞏固抗日民族統一戰線外，別無方法與途徑。這是挽救時局和復興中華的關鍵。」（本報發刊詞）這幾句話，雖時逾十月而愈見其正確。本報在過去十月間曾不斷為促進國內團結而工作。今後當與讀者諸君及全國同胞共同一致地繼續為鞏固國內團結而努力，將使我們民族團結得比鋼更堅，比鐵更固，比任何銅牆鐵壁更牢不可破。

十閱月來，本報承讀者諸君，國內賢碩，國際先進及各方面之扶持，培植鼓勵獎掖，感深之餘，無時或已；在此移渝發刊之際，謹致誠摯的謝意。尤望能繼續愛護贊助，俾本報能日趨進步。

本報代收讀者購報捐款

本報代收寒衣捐款

校友會籌備會啓事

抗戰十五個月來的

生活書店

積極開展內地文化工作
大量供給抗戰救亡讀物

抗戰建國綱領問答

三民主義讀本

徐州突圍

被日寇囚繫半載記

新書預告

文摘戰時旬刊

開明書店

《新华日报》第287号　第一版

位于重庆化龙桥虎头岩下的《新华日报》报社

《大公报》

创刊于天津

1938年迁至重庆

《大公报》创刊于天津，1938年迁至重庆。1938年12月1日，出版在渝第一期。抗战胜利后，《大公报》复迁上海，重庆版作为分版继续出版，至1952年8月4日停刊，后以重庆版《大公报》为基础，创设《重庆日报》。

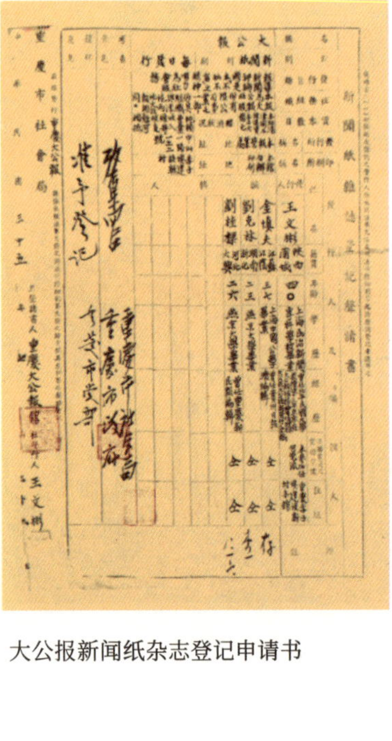

大公报新闻纸杂志登记申请书

各綫軍事形勢堅穩

反攻廣州不久當有進展

敵窺西北我正嚴密戒備

英大使返滬談話

中國決心長期抗戰

英國無與日本妥協可能

敵封鎖長江

津浦北段展開游擊戰

社評

本報在渝出版

《大公报》第12657号 第二版

中華民國二十七年十二月一日 大公報 （星期四） （第二張）

大公報

Ta-Kung-Pao
(L'Impartial)
重慶
CHUNGKING
CABLE ADDRESS: "TAKUNGPAO"

本報特別啟事

大公報館啟

怒潮劇社

中國電影製片廠 全體演員百餘人總動員……

中國萬歲

偉大悲壯四幕國防劇

演出者：鄭用之 導演：應雲衛
編劇：唐納 舞台監督：史東山

一部調和了脂粉和血肉寫成的四幕國劇，暢快地吐露了十幾年來壓積在每個中國人心頭的苦悶，哀怨，和憤怒，看了「中國萬歲」彼才會明白在抗戰中的祖國的偉像！

中國電影製片廠榮譽作 八百壯士 二日起在青年會民衆影院公演

熱血忠魂 不日在國泰大戲院重演

正中書局服務部舉辦

購書獻金運動

並不增加讀者經濟負担，而人人有救國機會！

愛國讀者購書獻金辦法

正中書局服務部函購代辦所

郵政儲金匯業局

郵政擔保 穩固可靠

本局辦理國內外匯兌各項儲金存欵及其他一切銀行業務如蒙賜顧竭誠歡迎

地址：段牌坊二十七號 電話：一二〇七號

川鹽銀行 鹽業銀行駐渝辦事處

漢口協慶百貨號開幕啟事

以批發的價碼零賣給門市的顧客

由漢遷移來渝開業 舉行門市大推銷！

註冊 商標

白敬宇眼藥

主治

砂眼，紅白雲翳，赤絲血縷，胬肉攀睛，眼癢昏花，風火爛眼，迎風流淚，羞光畏明，一切眼病，功效迅速，萬試萬靈。

重慶分行 小樑子 仙會橋 七十號

特別聲明

張祖蔭律師受聘為白敬宇眼藥店常年法律顧問

電話一二一七

《重庆各报联合版》

1939年5月6日发刊

《重庆各报联合版》于1939年5月6日发刊，由《中央日报》牵头，召集《新华日报》《大公报》《时事新报》《扫荡报》《国民公报》《新蜀报》《商务日报》《西南日报》《新民报》出版联合版。1939年8月12日停刊，持续3个月零7天，共计出版发行99期。

中華民國二十八年五月六日　星期六　第一版

重慶各報聯合版

第一號　今日出版一中張　每份零售五分

發刊聯合版啓事

中央日報　大公報　時事新報
掃蕩報　新蜀報　新民報
西南日報　商務日報　國民公報

茲因水電交通及印刷發生障礙，并奉最高當局手諭，重慶各報自今日起一律停刊，暫由各報發行聯合版，每日出版一中張或一大張。時間內（一）本報等定戶暫時停止送報，由本報等聯合發行零售，（二）廣告暫由各報營業課代收。聯合出版

聯合版發刊詞

重慶各報聯合版，今天開始發刊，這個聯合版參加的分子，是重慶全體日報。聯合版發刊的日期，在重慶大轟炸後的第二日，我們有幾點意見，願公告於讀者。

第一，最近敵機的狂炸重慶，是抗戰開始後敵人獸行表現最野蠻殘酷的一幕，敵人這一次轟炸重慶，目標全在平民及商業區域，敵機轟炸之不足，還繼以燒夷，敵人殘害中國平民之不足，還任意向外國人民及在華外交機關，掃射及投彈，敵人毀滅我們工商業機關之不足，還盡量毀滅我們的文化事業，重慶這次敵機的狂炸，我們同業的犧牲慘重，我們聯合版的發刊，在將來中國有報業史上，永遠是慘痛悲壯的一頁，中國現在與未來的新聞記者，决不忘這個聯合版發刊時的慘痛環境。

第二，聯合版所表現的精神，最顯著的是團結，文化界本來最艱團結的，中國的抗戰後，全國集中於一個主義，一個目標，辛苦奮鬥，我們的全國團結一致，多半是敵人幫助我們的，敵人對我們多壓迫一分，我們的團結便加深一層，重慶的報界，現在本是集合京滬漢的精英，今天集合在一個組織下面發行聯合版，在人力物力方面，比以前格外能充實，我們對抗戰的宣傳，比以前格外能盡責，我們報界這次的聯合組織，自信對業務上將更有進步，對讀者更可盡我們的責任。

第三，敵人對我的各種殘酷手段，我們的回答，是加緊我們的組織，我們要拿組織的力量，去破碎敵人一切的陰謀詭計，敵人這幾天對重慶轟炸的罪行，處處表示他們的愚蠢，他們用這種手段來壓迫我們，只有促成中國各階層社會的有組織的抵抗和反攻，重慶新聞界的聯合組織就是一個顯例。我們相信重慶的民衆，經這次大轟炸後，雖然受到人生最大的痛苦，但是大家敵愾愈深，抗戰决心愈堅，這是必然無疑的。重慶這幾天的環境太悲壯了！重慶的新聞界，在各種悲壯的經歷中，更謀加緊我們的組織，展開我們奮鬥的陣容。聯合版是這種精神的一個表現。

蔣委員長撥款一百萬元
緊急救濟被難同胞
指定何應欽負全責指揮一切
統一公私車輛船舶免費輸送

（中央社）蔣委員長對[illegible]日被敵機襲擊災難之難民，異常關切，除已與孔院長商定立撥款一百萬元，施行緊急救濟，并督飭中央及地方各級黨政軍暨青年團等，所有機關一律盡力協助救護。委座昨日手令，[illegible]

中央黨部及國府

行政院方面

政府免費疏散辦法
孔院長令各機關切實辦理

蔣委員長派王侍衛長指揮輸送難民
蔣委員長夫婦汽車亦派出　倍見當局愛惜救護

被炸區善後及救濟正加緊辦理中
撫濟組駐辦各災區難民　積極登記收容難民

請被災市民注意

各領館外僑住宅竟亦遭敵機轟炸

龍雲通電全國痛斥汪主張

五月這筆血債我們必須清算
重慶市區雖遭摧殘　最後勝利却更有把握

不怕轟炸更要抗戰
王[illegible]生

《西南日报晚刊》

1935年创刊	1935年更名	1938年更名	1939年更名
《枳江日报》	《人民日报》	《西南日报》	《西南日报晚刊》

1935年5月21日创刊
创刊报名《枳江日报》

1939年9月18日，《西南日报晚刊》第一期出版，其前身可追溯至创刊于1935年5月21日的《枳江日报》。出版4个月后《枳江日报》停刊，至1935年11月1日，更名为《人民日报》出版。1938年5月21日，报纸改组，更名《西南日报》。1939年5月，西南日报社参加《重庆各报联合版》，后出版4开4版的《西南日报晚刊》，至1941年冬停刊。

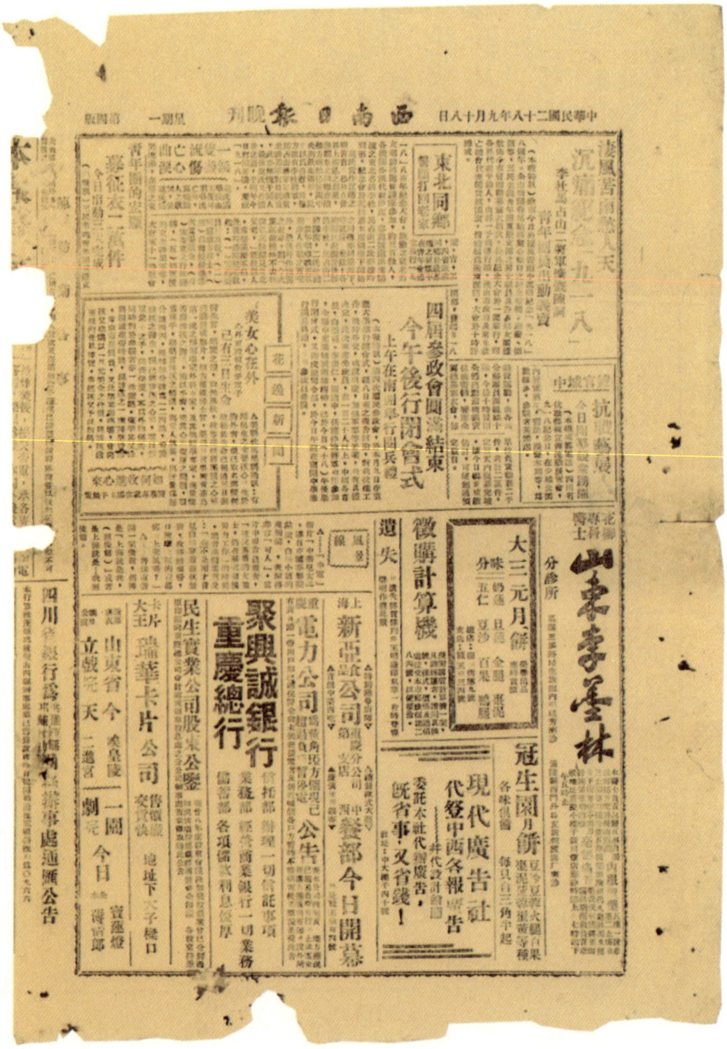
西南日報晚刊
四川省銀行
聚興誠銀行
重慶總行
徵購計算機
現代廣告社
冠生園月餅
電力公司公告

《西南日报晚刊》创刊号 第四版

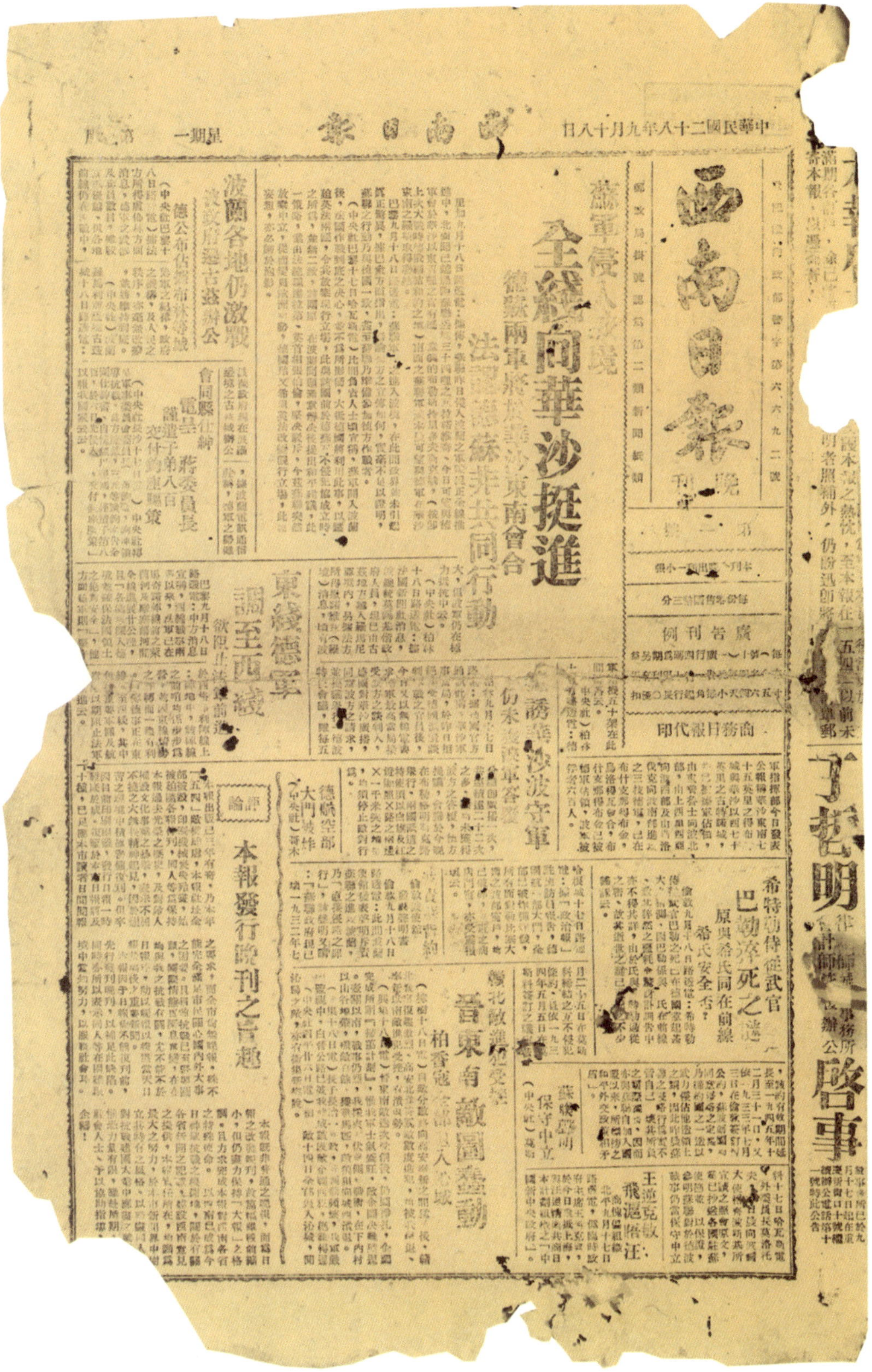

《西南日报晚刊》创刊号 第一版

《文化新闻》

1940年4月12日创刊

《文化新闻》报创刊于1940年4月12日。《文化新闻》关注教育文艺，内容包括战地文化动态、后方文化动态、国际文化动态、文化事业的推广、新书介绍等。

中華民國二十九年四月二十日（星期六） 文化新聞 （第一版）

重慶市圖書雜誌審查委員會審查證雜字第一六九一號
呈請中宣部內政部登記中

發刊報告

覺吾

重慶是「戰時首都」，是對敵全面抗戰發號施令的「大本營」；同時又是大後方的中心，建設近代國家的策源地，計劃中樞，全國人心所繫，世界觀瞻所關，致敵人死命的一切威力所在，人文薈萃，動態萬千！所以重慶的報章雜誌，發行的種類數量也特別多，但是兩年來的重慶，出版界却存有一個很大的缺陷，就是說雜誌儘管討論問題，報紙儘管記載新聞，而對於文化動態的紀錄，文化事業的指導的工作，却是很少表現。我們知道這不是有責任者的不注意，而是限於物質的條件。雜誌縱然多，每個雜誌的篇幅都比戰前減少，每篇文章的平均字數幾乎不出兩千字；報紙縱然多，大報沒有超過一大張的，而軍事，政治，外交等各項新聞又比過去幾乎多了三四倍，所以每家報紙對於中央社的重要稿件，無法大量接受，如是，關於教育文藝戲劇……這類的，「文化新聞」，如何有篇幅來刊載？編輯部的字紙簍裏每天裝滿了被揚棄的從各方面投來的文化新聞的稿件，第二天看報的人見不到一點文化新聞的影蹤，編者抱歉，閱者失望，這狀態已經兩年多了，我們爲着這種客觀的需要，特地發刊本刊，因此本刊的任務也就在彌補這一分缺憾的責任上，希望文化界的同志們指教，維護！

「文化新聞」的作風是雜誌報紙化，趨向注意美觀，內容兼顧趣味，包括以下各欄：1.行都文化動態；2.戰地文化動態；3.後方文化動態；4.國際文化動態；5.文化事業的推薦批判；6.新書介紹。各欄一律歡迎投稿，各稿一經發表，一律致送决不低於當前標準的稿費。並歡迎批評，索閱，交換。

文化新聞

創刊號
每份定價五分
社址 兩浮支路八十三號
每逢星期六出版
發行人 魯覺吾

每週評壇
文化的創造時代

《文化新闻》 创刊号 第一版

《民众小报》

1940年10月10日创刊

《民众小报》于1940年10月10日创刊。该报所有正文文字均加注拼音，主要目的是为了扫除文盲、普及汉字与周知新闻。

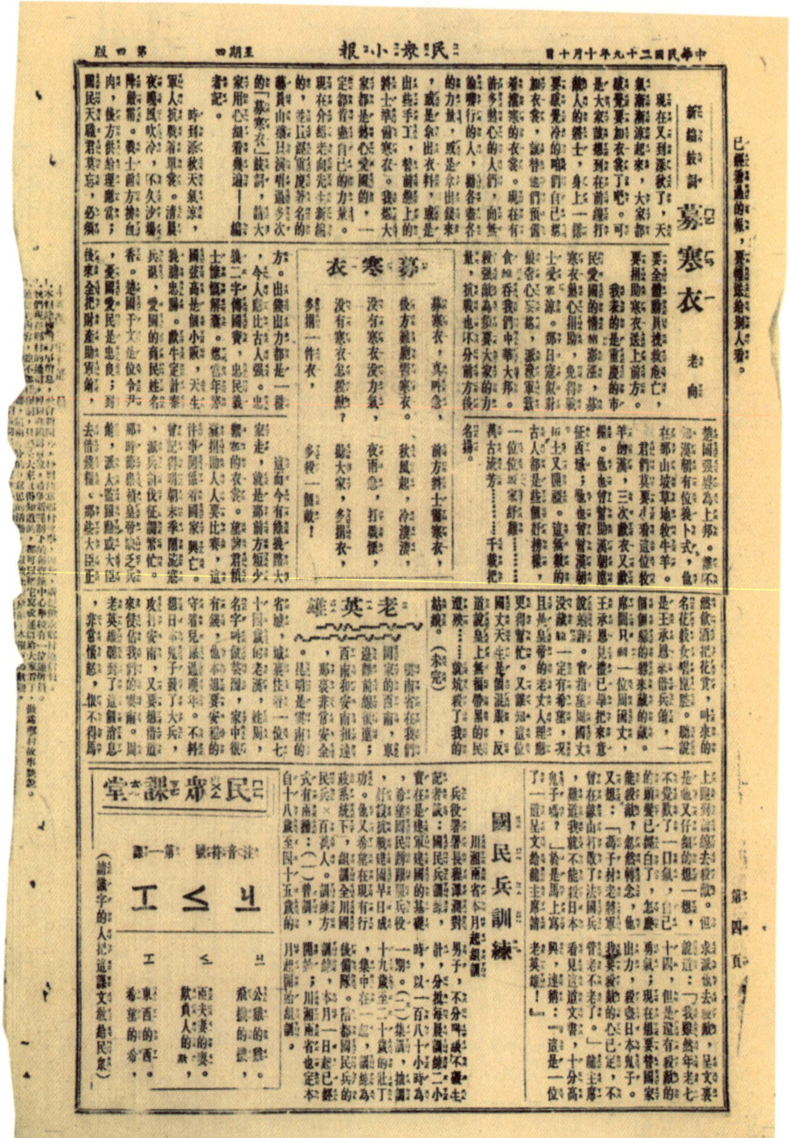

民眾小報

募寒衣

老英雄

國民兵訓練

民眾課堂

《民众小报》创刊号 第四版

中華民國二十九年十月十日　民眾小報　星期四　第一版

民眾小報

王世杰題

三日刊

（創刊號）

編輯發行者：民眾小報社
通訊處：（一）重慶川東師範教育部
（二）青木關教育部國語推行委員會

定價
零售每份　五分
定閱一月　五角
定閱半年　二元五角
定閱全年　五元
外埠郵寄　不另收費

國音字母表

（一）聲母（二十四個）

（二）韻母（十六個）

（三）結合韻母（二十二個）

發刊詞

黎錦熙

在這個抗戰緊急的時候，民眾小報發刊，有什麼重要的意義呢？第一個意義，是要把我們的文字，交給民眾，大家公用。我們中國的文字，從前並不是有人不肯交給民眾，是民眾不容易接收，因為實在太多了，太難了。現在只要民眾能先把這四十個很簡單的注音符號學會，就可以看這個民眾小報。這個報，每個字的旁邊，都把注音符號注了字音，不認得的字，字的旁邊自然注着字音，就好像站着你們的老師。這麼一來，不怕字太多，字太難，我們的文字，就可以交給民眾，民眾可以全部接收，大家公用了。

第二個意義，是要民眾每個人每天能夠多吃一頓飯——精神上的飯。全國的智識份子，每天都是要吃這一頓飯的，尤其是在這個抗戰的時候，加上世界大戰，誰都要問：今天的報到了沒有？假如一天沒有看報，就彷彿這一天少吃了一頓飯似的。這個民眾小報，報告戰事的消息，介紹戰時的常識，鼓勵抗戰的精神，培植建國的本領。這一頓精神上的飯，本來是打算每天預備的，因為力量不夠，只好每三天或者五天預備一次。

民眾小報，假如沒有第一個意義，我敢說，我們這一頓飯，是白白的預備了，因為大多數的民眾，還是吃不下去的。反過來說，假如第二個意義不周全，這頓飯吃了也不夠飽，飽了也沒有什麼養料。

從前的報，三四大張，太多了，現在頂多一張，忙人看起來，還是太多。這個小型的民眾小報，我們想努力辦到一件事，就是對於第二個意義，想剔除費話，辦到古人說的「提要鉤玄」，連知識份子需要的這一頓飯，也可以供給。因此，對於第一個意義，也希望知識份子十分注意，大家動員來做民眾的領導！

襄河東西斃敵很多

宜昌砲聲陣陣

襄河東岸，我軍分向楊嶺、長嶺、文家咀等地的敵人進攻，斃敵很多。襄河西岸，我軍向門東北敵人朱家埠、朱家埠北的周家山坡工事抵抗，又被我軍打敗。這一戰，我共打死敵人三百。

宜昌對岸的磨盤山敵人，用砲向我轟擊，想着突攻，經我軍先後猛烈還擊，敵人受損失很大，不敢出動。

山西南部戰事激烈

張茅大道我克據點

山西南部晉城附近的敵人，經我軍連日圍住一段攻擊，敵人傷亡很重。千多人向晉城西南進，想挽回潰敗的形勢，又被我軍痛打，傷亡很多。現在我軍仍在加緊把敵人殲滅。

在山西南部戰事，我軍進展神速；安邑、猗氏一線戰況，更是激烈，我並向聞喜、曹張部一帶挺進。敵人現在大部分集結在鐵路、公路沿線，保守據點，以安邑為中心，分運城、張店鎮、解州，想侵擾我南鎮、張茅、陌南。我軍夜攻擊，把張茅大道上龍窩、吉家坡、北莊各據點先後打下後，又乘勝進攻茅津渡北的八政村。

鄂南贛北有小戰事

豫東我軍攻入淮陽

鄂南通城古龍山的敵人，二三兩日屢向我九嶺以北發砲射擊；在通城南五里市的步兵，藉砲兵掩護，也向我圍山進犯。經我軍奮勇痛擊，敵人遺棄屍體百多具，竄回原地。

贛北敵集結步、騎、砲兵一部，向我西山西北的小路口進援。經我軍猛烈痛擊，就狼狽敗逃。

豫東方面，我某部在九月二十八日早二時，謝排長清河率領奮勇隊由北門首先衝進城內，跟敵人發生激烈巷戰，打死很多敵人。二十九日，敵又從商邱調來一千多人，猛向城西一帶反攻，終被我軍打退。

只要學會注音符號，就能夠看懂民眾小報。

《江津日报》

1936年1月创刊
创刊报名《津报》

1936年创刊 《津报》	1941年创刊 《江津日报》	1947年合版 《江津日报民言日报联合版》	1948年更名 《新江津日报》
		1948年合版更名 《新江津日报民言日报联合版》	

《江津日报》创刊于1941年10月24日，于右任题写报名。其前身是创刊于1936年元旦的《津报》。1947年7月，《江津日报》与《民言日报》合出联合版。1948年2月《江津日报》更名为《新江津日报》，联合版于3月2日随之更名为《新江津日报民言日报联合版》。

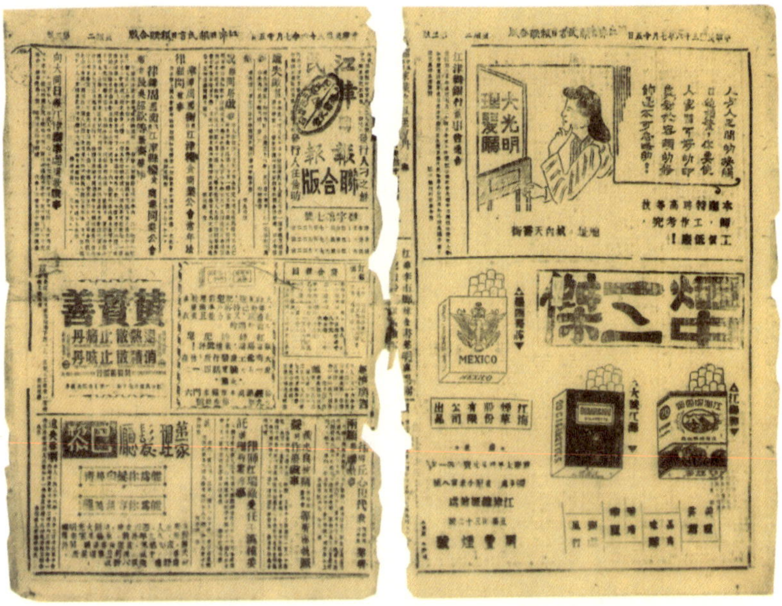

《江津日报民言日报联合版》第7号 第二版 第三版

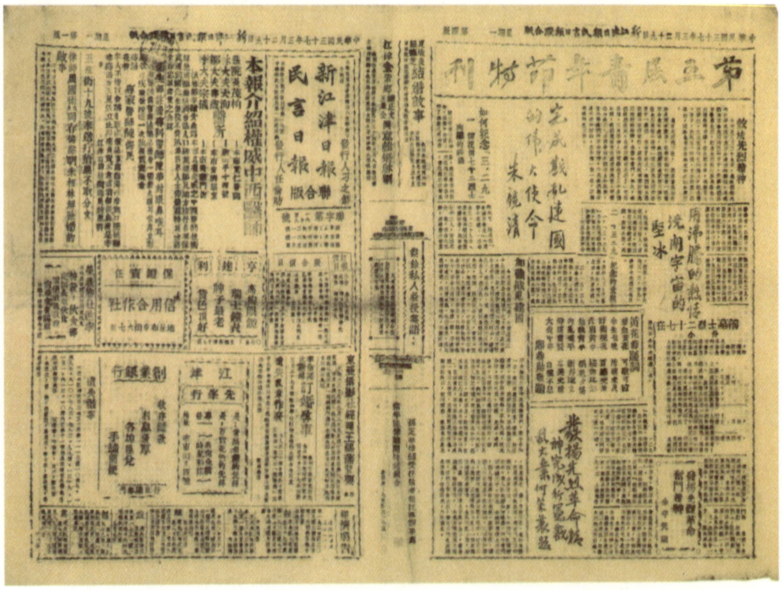

《新江津日报民言日报联合版》第168号 第一版 第四版

中華民國三十年十二月三日 江津日報 星期三 第一版

江津日報

右任

第十九號

報價：每份二角 一月四元五角 三月十三元 半年二十五元 外埠連郵在內
廣告：長行二元 短行一元 小廣告一個三元

闡揚三民主義 宣傳[illegible] 發布政府政令

外交談判成往事 美倭殆將動武了

羅斯福今午返華府籌討對策 來栖深夜訪赫爾

「本報重慶二日專電」華盛頓電：來栖野村於昨日深夜一時正，突請見國務卿赫爾，談話時間甚長，聞來栖已接獲東京方面對赫爾條件之答復，惟內容不詳。

「香港電」外訊，日本政府對美國國務卿赫爾所提之條件，已有答復。業於昨日有新訓令致來栖，內容未詳。

「華盛頓國際電」東條之演說，已徵日本接受美國基本條例之希望更趨淡薄，暗示日方大批軍隊及軍用品已運抵越南，使路桑國之緬甸方面傳出之消息，或可於數日之內發動。赫爾國務卿今日答覆記者詢問時稱：日本對泰採取行動後，太平洋大規模衝突是否隨之爆發一項問題，必須詢諸陸海軍當局。一般輿論均暗示日本與美國外交之結束將進至軍事範疇。

「華盛頓路透電」赫爾國務卿或將明日再晤來栖，聞或為下午三時。來栖將代表日方以日本政府之覆文交赫爾。

蘇軍反攻大勝

羅斯多夫西百里內無德軍 莫斯科形勢好轉

（倫敦電）據蘇聯息，南路蘇軍已進至羅斯多夫以西一百英里，蘇軍之大捷為開戰後第一次與德軍鏖戰，已收復村鎮二十處之多，圖拉方面亦收復十餘村落，其他各地已使德軍攻擊趨[illegible]。

於莫斯科蘇軍事發言人：羅斯多夫之役為德軍開戰以來之大挫。莫斯科廣播稱德軍將西遁，潰退情形猶如德軍於退出羅斯多夫時曾檢殺難民數百，市內德尸累累。莫斯科形勢好轉。

（柏林電）德軍宣布自羅斯多夫撤退，蘇軍不斷反攻。德軍[illegible]及炮隊已開狂炸羅斯多夫，必須使該城被毀，[illegible]已成廢墟。

粵東我軍克汕尾

南昌敵施放毒氣

（本電重慶二日電）軍息：（一）粵東我軍收復汕尾，殲敵甚多，擊毀敵艦，並獲戰利品甚多。（二）贛北我軍廿六日分向南昌以東據點進擊，廿八日我軍曾一度衝入川府部，廿八日向宜興以南進擊。（三）我軍廿六日分向南昌以東據點進攻，敵依工事頑抗，戰至廿八日晨我轉攻入荷湖州與敵肉搏三小時，殲敵甚眾，敵調四溪敵增援，我奮勇殺敵，敵施放毒氣，戰至廿九日晨敵增援反撲，并以飛機三架助戰，但仍被擊退，是役斃敵四百餘，獲軍用品甚多，我於任務達成後安然歸還。

儲才為國 董事何妨多用

（本報訊）本市儲才商業補習學校，自九月開課以來，因管教得體，成績甚佳，該校為地方人士之好學者所樂趣。近為籌集經費，組織董事會，公舉施幼青為董事長，周紫華[illegible]。

糖價猛跌 還看跌

（本報訊）此間糖價昨日猛跌，三十日糖價每包三百七十元，前日即跌至三百五六，昨日猛跌至三百三十元一包。內行人謂，糖價尚存底約二千包以上，此間存貨多，售少，將繼續看跌。

五區糧紳踴躍輸將

（本報訊）茲探得縣屬第五區各鄉鎮截至十一月二十五日止所收獻食數目，計金紫二千二百三十九石五斗九升二合，先峰三五七、三一五石，黃泥二七七一、三二八石，清平三一四五，八五六石，龍山一五八六，七八四石，廣興二四五四，至○三石，賈嗣二六七九，一石，杜市二六三○石，高牙三八一一，九石，吉安青泊二五二一，○四石，廣武五一八六一石，和平一五九二，三一六石，仁沱一四五四，四六二石，順江五○一，三二石，珞璜一五六七，六三二石，馬鬃二八九一，○六六石，白二五以後紳很踴躍。

史太林派女渡美

（羅馬合衆電）據消息傳來，蘇聯大使李維諾夫之妻，史達林現派其女渡美，佐助李維諾夫，要求美國加強援蘇。

倉庫遷倉壩

正名符其實

（本報訊）糧食部四川糧食儲運局江津縣倉庫，頃已由白沙遷至縣城，德縣府內舊址續辦公。

張錦柏、孫願毅、[illegible]、徐洪灝、張樹華、敬恆修、刁學鴻等為常事，刁學鴻氏任校長，徐洪灝任教務主任，所授課程均甚切要。該校近并選派學生十人赴綦參與四川省銀行之行員考試。

黃鷹三、張廷瀚、李均安、劉琢章、吳篤忠[illegible]。

英國的老牌占星書

預測一九四二年世界大局

遠東部分中國獲得勝利結局

（一月）東歐戰爭繼續進行。民主國方面將有一個重要的政治家去世。

（二月）戰爭更加激烈，更嚴重的結果落在俄國，會有革命爆發之可能，尤其是烏克蘭。

東歐在苦密，風暴狠狠地捲之下，西印度阿根廷發生地震。日本國內不安。

（三月）東歐（包括羅馬尼亞及保加利亞）將有更大的動亂。東京有濁象，和平的傾向，日本人民生活極不快樂。

（四月）倫敦舉行重要會議，和平的[illegible]。東京已在愁慘中，世運當頭。

（五月）高加索伊朗受地震威脅，東京運氣消沉。

東歐情勢極端混亂（中國獲得勝利結局）。（六月）中國西班牙恢復帝制，紐約、英國發生大規模事變，與人類宗教發生新紀元的開始。

（本報正呈請登記中）

發行人 刁之鮮

社址江津通泰門街

電報○○○一 電話直叫本社

《中央日报扫荡报联合版》

1938年创刊 《扫荡报》 | 1942年联合出版 《中央日报扫荡报联合版》

1942年6月1日联合出版

1938年10月1日，《扫荡报》出版发行，其前身是《扫荡三日刊》。1932年6月23日扩版更名为《扫荡日报》，1935年迁往汉口后改名为《扫荡报》。

1939年5月6日，重庆10家报纸共同推出“联合版”，《扫荡报》参与其中，直至8月13日。

1942年6月1日，《扫荡报》与《中央日报》合刊，形式上是两个报头并列出版，实际上是两报合并，《扫荡报》停刊。

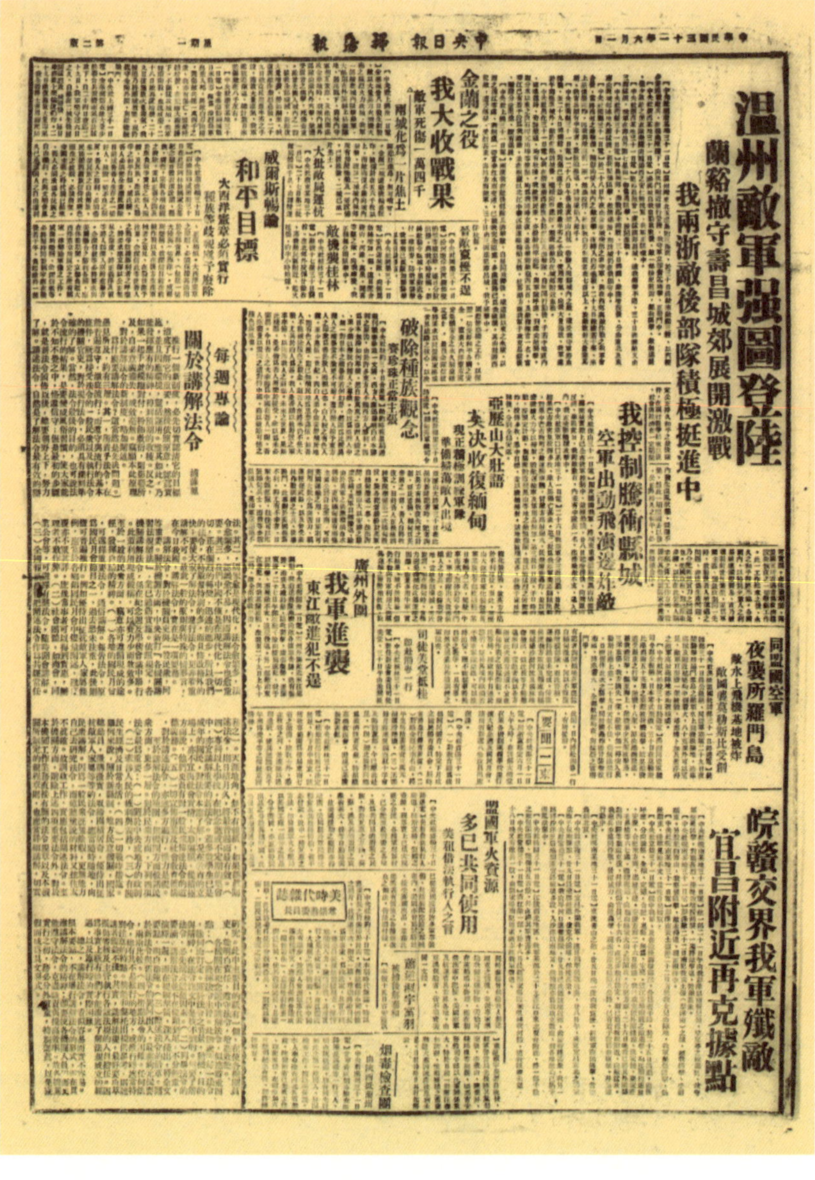

中央日報 掃蕩報

溫州敵軍强圖登陸

蘭谿撤守壽昌城郊展開激戰

我兩浙敵後部隊積極挺進中

我控制騰衝縣城

金蘭之役 我大收戰果

和平目標

破除種族觀念

每週專論 關於講解法令

我軍進襲

同盟國空軍 夜襲所羅門島

盟國軍火資源 多已共同使用

皖贛交界我軍殲敵 宜昌附近再克據點

《中央日报扫荡报联合版》第二版

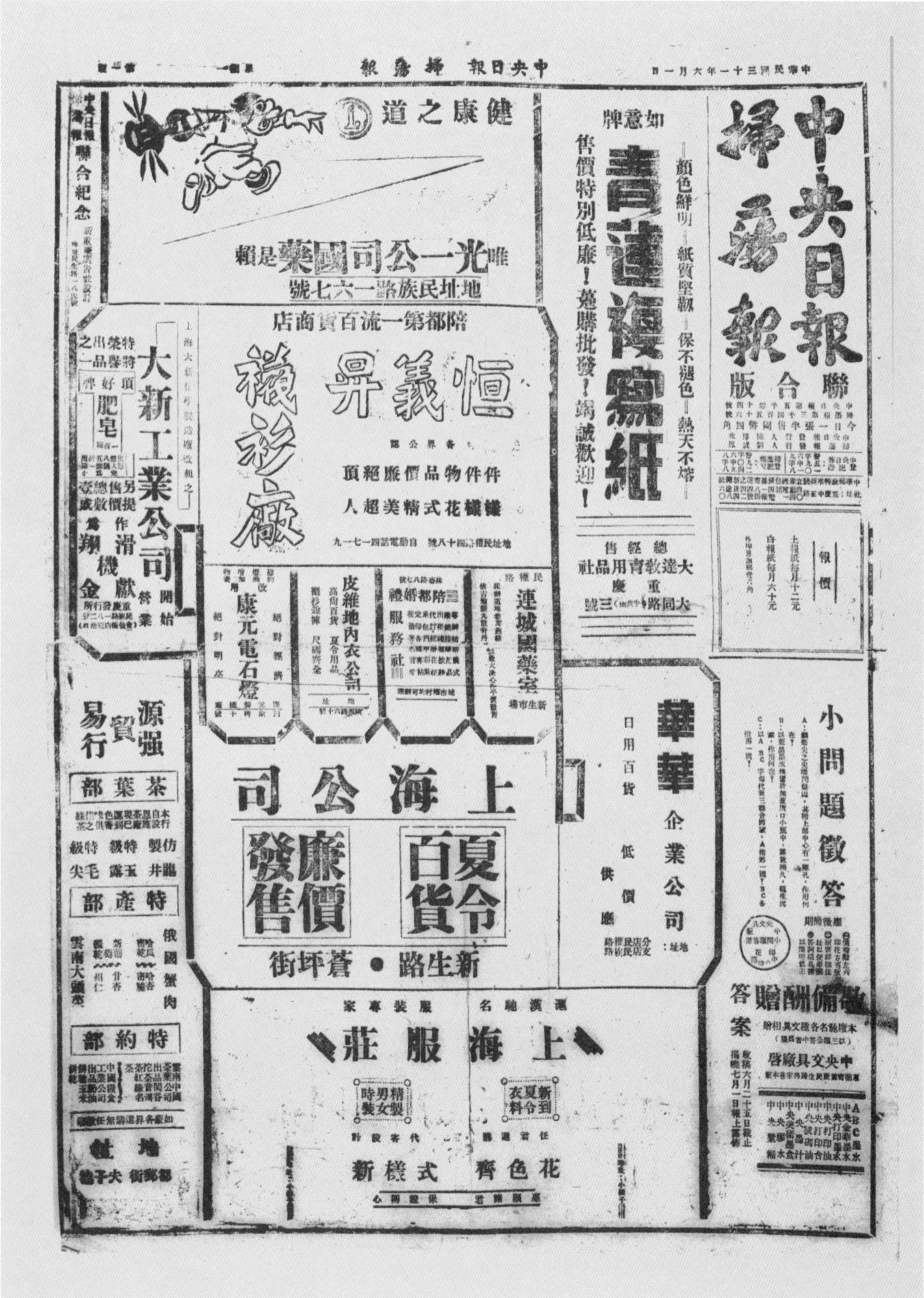

中華民國三十一年六月一日　中央日報　掃蕩報　第一版

中央日報 掃蕩報 聯合版

中央日報掃蕩報聯合紀念

健康之道

唯一光公司國藥是賴

地址民族路一六七號

如意牌 青蓮複寫紙

顏色鮮明 紙質堅韌 保不褪色 熱天不熔

售價特別低廉！蒞購批發！竭誠歡迎！

總經售 大達教育用品社 重慶 大同路三號

報價

上報紙每月十二元

白報紙每月六十元

陪都第一流百貨商店

恒義昇襯衫廠

件件物品價廉絕頂

樣樣花式精美超人

地址民權路四十八號 自動電話四一七一九

大新工業公司

特聲出品 特榮之一

頂好牌肥皂

康元電石燈

皮維地內衣公司

陪都婚禮服務社

連城國藥室

源强貿易行

茶葉部

仿製龍井 特級玉露 特級毛尖

特產部

俄國蟹肉 雲南大頭菜

特約部

地址

上海公司

夏令百貨 廉價發售

新生路·蒼坪街

華華企業公司

日用百貨 低價供應

小問題徵答

敬備酬贈答案

中央文具廠啓

上海服裝莊

滬漢馳名 服裝專家

新到夏令衣料 精製男女時裝

任君選購 代客設計

花色齊 式樣新

《营中日报》

1940年10月10日创刊

《营中日报》创刊于1940年10月10日，由重庆青年夏令营营中日报社发行，主要内容是夏令营相关新闻，设有文艺副刊。

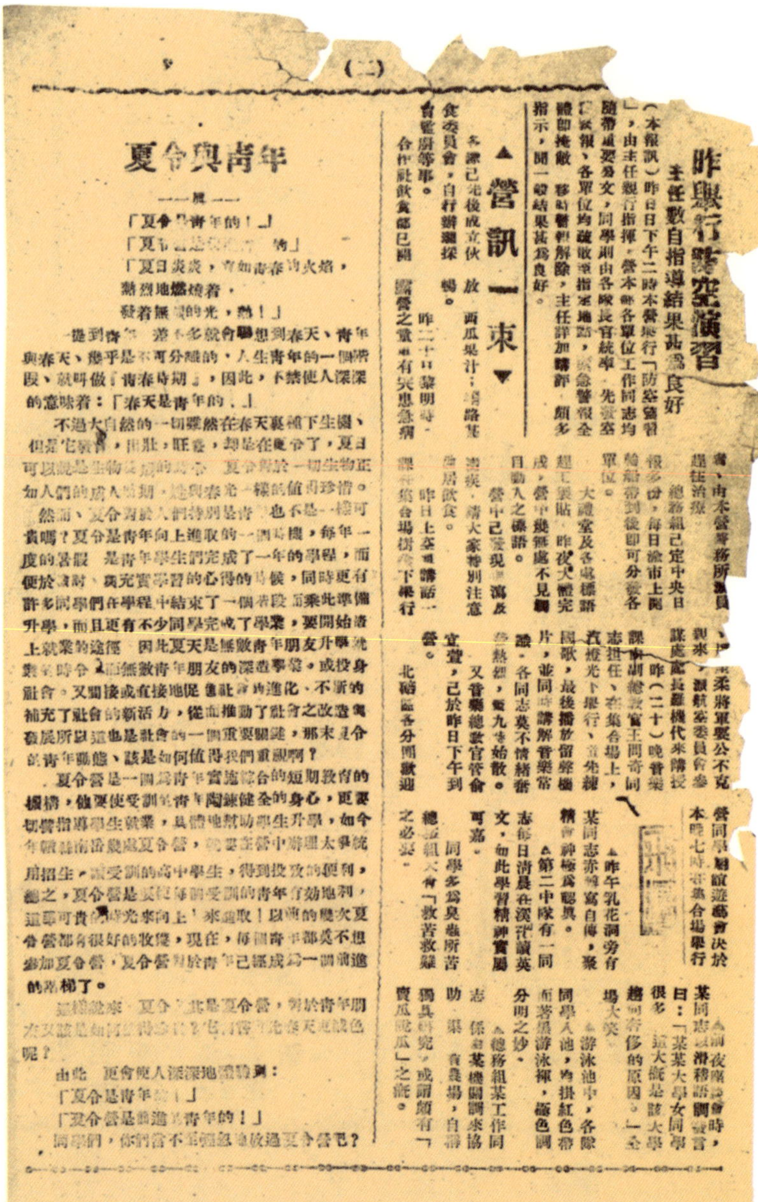

（二）

夏令與青年

——展——

「夏令[illegible]青年的！」

「夏[illegible]的」

「夏日炎炎，有如青春的火焰，
熱烈地燃燒着，
發着無[illegible]的光，熱！」

一提到青年，[illegible]差不多就會聯想到春天、青年與春天、幾乎是不可分離的，人生青年的一個階段、就叫做『青春時期』，因此，不禁使人深深的意味着：「春天是青年的。」

不過大自然的一切雖然在春天裏萌[illegible]生機、但是它發育，茁壯，旺盛，却是在夏令了，夏日可以說是生物[illegible]的[illegible]令，夏令對於一切生物正如人們的成人[illegible]期，[illegible]與春光一樣的值得珍惜。

然而、夏令對於人們特別是青年，也不是一樣可貴嗎？夏令是青年向上進取的一個時機，每年一度的暑假，是青年學生們完成了一年的學程，而便於[illegible]、與充實學習的心得的時候，同時更有許多同學們在學程中結束了一個階段，而乘此準備升學，而且更有不少同學完成了學業，要開始走上就業的途徑，因此夏天是無數青年朋友升學就業至時令，[illegible]無數青年朋友的深造事業，或投身社會，又間接或直接地促進社會的進化、不斷的補充了社會的新活力，從而推動了社會之改造與發展所以這也是社會的一個重要關鍵，那末夏令的青年動態、該是如何值得我們重視啊？

夏令營是一個為青年實施綜合的短期教育的機構，他要使受訓的青年陶鍊健全的身心，更要切實指導學生就業，具體地幫助學生升學，如今年[illegible]夏令營，[illegible]中[illegible]大學[illegible]用招生，[illegible]受訓的高中學生，得到投考的便利，總之，夏令營是[illegible]受訓的青年[illegible]地利，這[illegible]可貴的[illegible]來向上，來進取！以前的幾次夏令營都有很好的收獲，現在，每個青年都莫不想參加夏令營，夏令營對於青年已經成為一個前進的階梯了。

[illegible]

由此，更會使人深深地體驗到：

「夏令是青年的！」

「夏令營是前進的青年的！」

同學們，你們當不[illegible]放過夏令營罷？

昨舉行防空演習

主任親自指導結果甚為良好

（本報訊）昨日下午二時本營舉行「防空演習」，由主任親行指揮，營本部各單位工作同志均隨帶重要公文，同學則由各隊長官統率，先發空襲警報，各單位均疏散至指定地點，緊急警報全體即掩蔽，移時警報解除，主任詳加講評，頗多指示，聞一般結果甚為良好。

▲營訊一束▼

各課已先後成立伙食委員會，自行辦理採購。

[illegible]

昨二十日黎明時，[illegible]

[illegible]

北碚區各分團歡迎[illegible]

▲昨午乳花洞旁有某同志[illegible]

▲第二中隊有一同志每日清晨在溪邊讀英文，如此學習精神實屬可嘉。

▲游泳池中，各隊同學入池，均掛紅色帶，[illegible]游泳褲，顏色調分明之妙。

▲總務組某工作同志[illegible]

（一）

中華民國三十二年七月二十一日 星期三

營中日報

·第四期·

重慶青年夏令營營中日報社出版

六科學團體年會會員
今晨來營參觀
本營舉行茶會歡迎并請指導

（本報訊）中國科學社，中國地理學會，中國學會、中國動物學會，中國氣象學會，中國數學會等六科學團體在北碚舉行聯合年會，已於昨日圓滿閉幕，本營特與該會主任委員盧作孚先生洽妥，招待諸會員先生來營參觀，指導，已誌前訊，茲悉該會全體會員定於今日上午前來，屆時本營將舉行茶會歡迎、並由各組長及訓育幹事招待參觀全營，請予指導、按各會員均係科學專家、對本營訓練，必能提供寶貴之意見。

中央團部來營舉行
團務展覽

（本報訊）中央團部爲使本營同學明瞭本團各部份業務開展概況起見，特將組織訓練、宣傳社會服務、編審、視導，[illegible]處室之各元統計圖表團員活動照片及出版刊物等運營展覽，

社評
歡迎六科學團體聯合年會諸先生

本營此次入營典禮伊始、適值中國科學社、中國地理學會，中國植物學會，中國動物學會、中國氣象學會、中國數學會等六科學團體聯合年會在北碚舉行，各會會員先生皆爲夙負盛譽之學者，且不少馳名國際之專家，溽暑遠征，賢勞可念、今日圓滿閉會，復承聯袂來營，參觀指導，本營全體同志幸接光采，欽佩交深，謹致數言，藉申歡迎之誠意、兼以就教於諸君子。

近代立國，以「國防」之鞏固爲要素，故曰「無國防即無國家」；而國防之建立與確保，又無不賴科學以奠其深固之基礎，故曰「無科學即無國防」。是以科學之發達與否，對於一民族國家之盛衰，具有不可[illegible]天挺聖[illegible]爲百[illegible]

團長繼承遺志，領導全民，往者訓勉青年，力矚認識今日之時代爲科學與羣衆之時代、蓋以科學精神發揮羣衆力量，實爲國防之精萃，而青三民主義演進過程之必然趨勢也。自抗倭軍興，全民敵愾，當時者益感國防之重要，亦遂益覺科學提倡之不容稍緩，而我 團長更於「中國之命運」一書中，以精當之語，指示吾民族努力之目標，爲「促成中國現代化」，爲「建設文化經濟國防三體合一之新中國」。且謂「當使戰爭與生產之技術爲人生服務，而不可使戰爭與生產之技術役使人生」。夫中國現代化之促進，固必有待於科學之助力，而析其因素，則發展經濟，鞏固國防，殊一而不賴科學之功。苟科學不發昌明，則[illegible]國國防所需之戰爭技術，與因發展經濟所需[illegible]產技術，終不能爲人生服務，而所謂文化建[illegible]吾人三復 領袖之教訓，誠不能不瞿然以驚，惕然以覺，而望科學界先進諸君子共贊嘉謀，以致我民族於遠大光輝之域也。

本團[illegible]全[illegible]代表大會以後，我團長[illegible]同志、務[illegible]展[illegible]實、担負偉大艱鉅之時代任務，故以後本團救主要之使命，實爲以有系統之科學培植革命建國之幹部。六科學團體諸先生，[illegible]膺「科學建國」之重任，爲中華民族之精英，與本團之時代任務，若合節[illegible]。本營同志尤幸地近陪都，有獲親教之機會，當今[illegible]展[illegible]之際，敬祈不吝教益，多予輔導，庶使篤實風氣，系統精神，因涵濡切磋之功，而見潛移默化之效。他日若使戰爭與生產技術，果能爲人生服務，而建立國防[illegible]國經濟[illegible]展文化進步之新中國，皆拜諸君子之嘉惠，豈不誠歟！

人V

《营中日报》第4期 第一版

《金融导报》

1944年9月6日创刊

《金融导报》创刊于1944年9月6日，其内容有社评、时事要闻、金融动态、物价行情、金融专论、金融常识等。1946年元旦，该报迁上海出版。

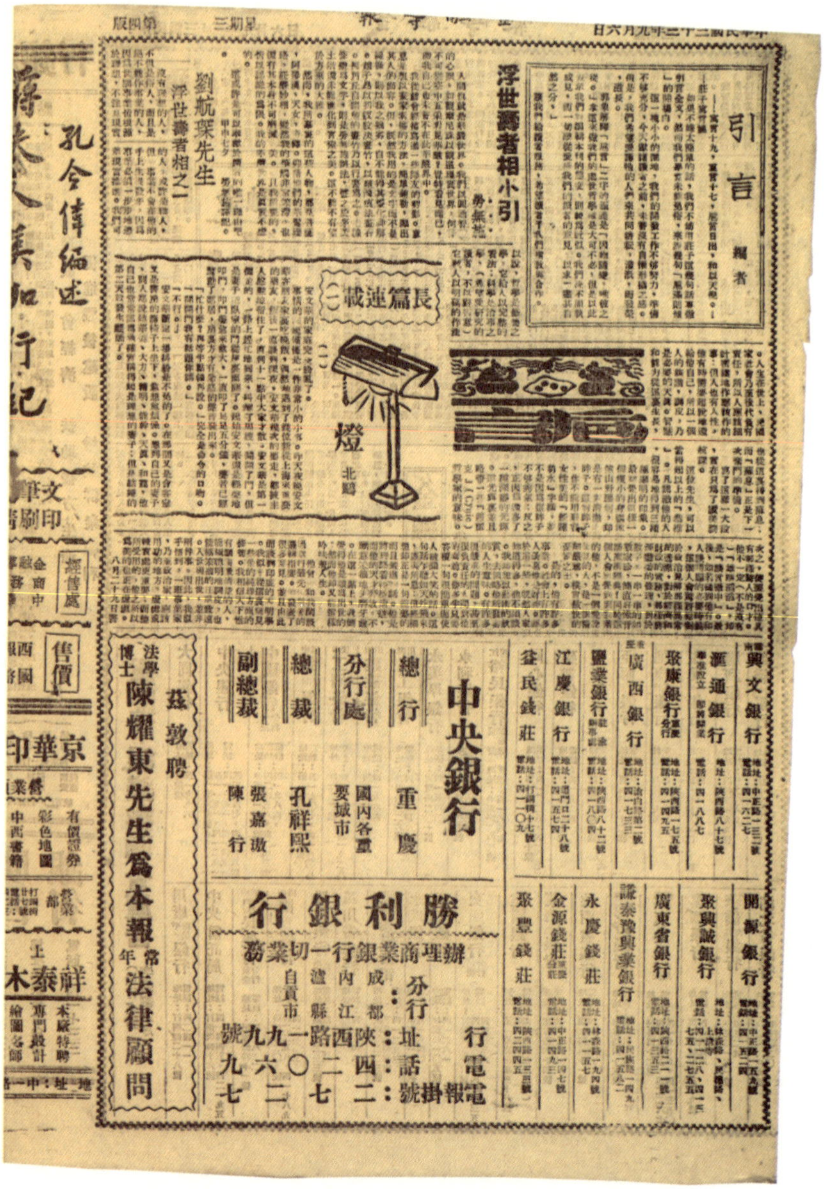
引言
浮世繪者相小引
劉航琛先生
浮世繪者相之一
長篇連載
孔令侃編述
中央銀行
總行 重慶
分行處 國內各重要城市
總裁 孔祥熙
副總裁 張嘉璈 陳行
勝利銀行
辦理商業銀行一切業務
分行：成都 內江 瀘縣 自貢市
行址：陝西路一九九號
電話：四二〇六九
電報掛號：二七二七
茲敦聘
法學博士陳耀東先生為本報常年法律顧問
興文銀行
滙通銀行
聚康銀行
廣西銀行
鹽業銀行
江慶銀行
益民錢莊
開源銀行
聚興誠銀行
廣東省銀行
謙泰豫興業銀行
永慶錢莊
金源錢莊
聚豐錢莊

《金融导报》创刊号 第四版

中華民國三十三年九月六日
金融導報
重慶
THE FINANCIAL POST
(Chung Yung Tao Pao)
第一號
發行人 何伊仁
創刊辭
三屆三次參政會開幕
蔣主席親臨致詞
發展經濟穩定經濟
盡力扶助工業生產
財政經濟政策業已配合
三日金融
利息
黃金
鼓勵儲蓄
穩定幣值
央行開辦黃金存款
社評
今日之金融業
物價行情

《金融导报》创刊号 第一版

《市民周刊》

1945年3月29日创刊

《市民周刊》创刊于1945年3月29日。该报内容有国外大事述评，市政新闻报道，也有一些知识性、趣味性的副刊。1946年2月底停刊。

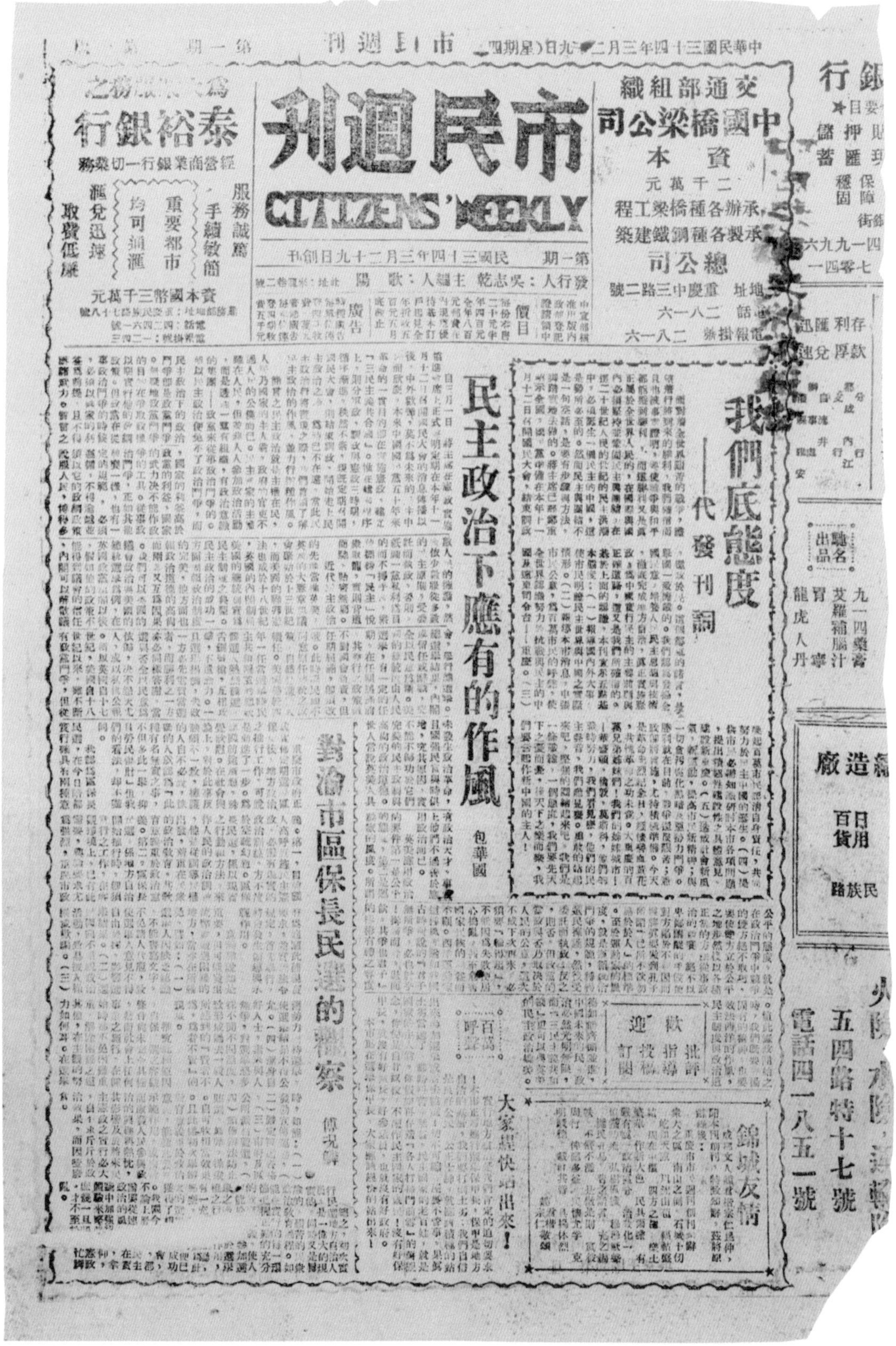
中華民國三十四年三月二十九日（星期四） 市民週刊 第一期 第一版
市民週刊
CITIZENS' WEEKLY
民國三十四年三月二十九日創刊 第一期
發行人：吳志乾 主編人：歐陽
爲大眾服務之
泰裕銀行
經營商業銀行一切業務
服務誠篤 手續敏簡
重要都市 均可通匯
匯兌迅捷 取費低廉
資本國幣三千萬元
交通部組織
中國橋梁公司
資本 二千萬元
承辦各種橋梁工程
承製各種鋼鐵建築
總公司
地址 重慶中三路二號
我們底態度
——代發刊詞
民主政治下應有的作風
包華國
對治市區保長民選的觀察
錦城友情
大家趕快站出來！
歡迎 批評 指導 投稿 訂閱
百萬呼聲
存款 利匯
日用百貨
民族路
五四路特十七號
電話四一八五一號

《市民周刊》创刊号 第一版

《正气日报》

1945年7月创刊

《正气日报》(军中版)于1945年7月创刊,专供军中阅读。

中華民國三十年十月一日創刊
內政部登記證警字第七七〇三號
發行人 黃寄慈
社址：重慶復興關
電話：二五九三
東南版社址：廣東梅縣梅正路

正氣日報

軍中版 渝新一號
中華民國三十四年七月十六日

今日四開一張
每份零售二十元
每份每月國幣六百元正
外埠郵寄每月六元
快遞每月一百八十元
航寄每月二百四十元
軍人半價優待

美艦續砲擊敵北部 重創北海道室蘭港
飛機千架亦協同出擊

【綜合報導】美空軍對日本本土進行的空中攻勢，好似打開台的鑼鼓，愈打愈緊。四月份以迄五月上旬悉集中轟炸名古屋的飛機製造工廠和東京西郊的工業區，尤以九州南部的敵空軍基地被炸次數最多。由此可以看出：他們是毀滅日本的飛機工業，而後者係削弱日本自殺飛機的機場。

到五月下旬，美方完成了上項兩大任務。即於廿四日開始每日以五百架以上的空中堡壘，夠炸東京市區，因大部份均用燃燒彈，迄廿六日深夜，東京的繁華區域已成為焦土，皇宮亦於是夜焚毀。

自五月廿四日至七月九日之間，美機以火攻戰術泛炸橫濱、大阪、神戶以及本州南部、四國、九州各主要工業城市。各該地的軍需產業亦為轟炸的主要目標。

七月十日起，美機的空中攻勢復轉向本州北部。如十日的襲擊仙台，十四日的轟炸北海道，艦隊砲轟岩手縣的釜石及函館係擴等。

兩支強大艦隊 參加作戰
美方公報說：目的在加強對日封鎖

【綜合報導】美太平洋艦隊，內包括第三艦隊最強大的主力艦，四日以航機轟擊北海道及本州北部後，十五日晨九時三十五分（東京時間）互艦三艘復駛近內浦灣砲擊北海道南岸的室蘭港。該港位於北海道的西南尖，與本州東北部的函館只是一水之隔，為半島區三大港之一，乃日本第二大鋼鐵業中心。有製鋼的日本製鐵工廠，可造大砲，砲彈及船舶等人口六了［illegible］。在昇留斯少將指揮下轟擊達一小時之久。

參加此役的艦隊中有快速戰艦衣阿華號、密蘇里號，另有威斯康星號及密蘇號。美新聞處十五日由關島電：此項消息，並發表室蘭港及其附近目標的行動，仍在繼續中。據尼米茲將軍發表公報，十四日在本州北部砲擊釜石的是另一艦隊，本土的艦隊計有兩個，由此可明白駛近敵其實力姑不問可知。

美機轟擊室蘭港之同時，曾有美機千餘架轟擊日本北部。作戰第二日歷史性的轟炸。東京廣播：琉球基地美機一百七十架昨日分四批轟炸九州和四國西部地區的機場。又有美機百架於午時轟射東海道區域的若干機場，城市和運輸設備。

據關島美太平洋艦隊總部公報說：美海空軍此次對日本北部的襲擊，乃擴展和加緊對日的海空封鎖，并藉以破壞其資源。

美機轟炸台灣

【美新聞處馬尼剌十五日電】麥克阿瑟總部今日宣佈：美重轟炸機曾冒惡劣氣候，向台灣作摧毀性的襲擊。

美軍第十師由義調遠東

【中央社羅馬十四日路透電】美山岳部隊第十師，將調太平洋作戰。該師前參與義大利之戰，波河一役，功績很大。美軍自地中海戰區調遠東以此為第一次。

緬南英軍……恢復主動地位

【中央社緬甸盟軍前進司令部十五日路透電】東南亞盟軍總部本日公報說：尚有英軍第十四軍，現在西湯河區域作積極作戰。

美海軍新部署
西歐佬趋將領調太平洋 增強空軍力量加緊攻日

【中央社訊】據美新聞處華盛頓十四日電：美海軍部長福萊斯特爾今日宣佈：統帥方面最巨大的調動，調動將領有二十九人，均為司令官。海軍「將領」，並非一般表示歐洲戰火已熄［illegible］。

婆羅洲澳軍……迫近……

【中央社馬尼剌十四日路透電】麥克阿瑟元帥本日公報說：婆羅洲澳軍攻佔沿海鐵路時，佔領吉馬尼斯京北九英里的貝巴城。現在離汶萊灣約廿英里。被困於比福德東南約五英里的殘餘日軍，仍極力抵抗中。附巴板及曼加爾地澳軍，佔領撤水上機基地及海軍供應地、岸邊巴板碼頭，設施現已開放。

……活動，因而逐漸恢復……動。

本年，用優秀的優越司令官，自此瓜代作戰已久的同僚。此時調動於三十日內即實行。華盛頓十四日路透電，美海長於任命兩位太平洋艦隊的航艦司令時說：太平洋上美海軍的空軍力，將為海軍全部空軍力量百分之六十。第一航艦隊時機混合艦隊司令前太平洋第三艦隊司令密契爾中將，已被任命為海軍航空作戰副總司令。現任太平洋艦隊副總司令陶爾斯中將則任海爾賽上將第三艦隊之第二航艦特種混合艦隊司令。華盛頓十四日合眾電，官方發表派施曼海軍少將任海軍中之第一航艦特種混合艦隊司令。

宋院長離蘇返國
史達林曾設宴餞行

【中央社莫斯科十五日路透電】據消息靈通人士說，宋子文院長諒將於三週內再赴莫斯科。

【中央社莫斯科十四日專電】宋院長一行偕同傅秉常大使，於今晨八時一十分離莫斯科，往機場送行的，有蘇聯外交人民委員會副委員羅索夫斯基等人。外次胡世澤則仍留。

【中央社莫斯科十四日路透電】史達林委員長昨晚十時在克姆林宮歡宴宋院長，我國方面列席的有傅秉常、胡世澤等。蘇方參加的人員為莫洛托夫和其他高級官員。史達林委員長與宋院長首先舉杯為蔣主席祝頌，宋院長亦為史氏頌祝，其換盞且乾杯多次，宴會在極歡洽的空氣中結束。

閩境有旱象

【中央社永安十四日電】閩境半月來苦熱，連日都到華氏表一百十度，據氣象消息，雨量稀少，閩北各地早稻已見旱象。閩東南各地，早谷已將收成，只有晚稻稍受影響。

杜邱史赴柏林途中 波茨坦會議今開始
傳美總統將要求蘇聯幫助解決日本

【中央社倫敦十四日路透電】波茨坦三巨頭會議，決定十六日開始。史達林委員長和莫洛托夫已離莫斯科。邱吉爾首相亦於今日離英途中。

【中央社倫敦十四日路透電】每日郵報華盛頓消息：三巨頭會議揭幕時，美總統杜魯門將提出發展德國的新計劃，因目前的四區分管辦法，他十分不滿意。杜氏主張取消現在的全部政府，使將來德國能有真正的結合而採取一致行動。美總統並將要求蘇聯在亞洲方面提供一切可能的援助，各方面現認蘇聯必將對日宣戰。但杜魯門於三巨頭會議時，似將以美英兩國發言人的地位，首先要求蘇聯給予戰爭以外的一切援助。

杜魯門總統昨抵比利時

【中央社布魯塞爾十五日路透電】杜魯門總統搭乘巡洋艦今晨到安特衛普。艾森豪威爾元帥於數分鐘前已先到。杜艾二氏及隨員一列乘汽車到布魯塞爾附近機場，搭機赴柏林。

【中央社倫敦十四日路透電】英軍艦七艘及驅逐艦六艘（巡洋艦「北明翰」），本日在英吉利海峽迎接杜魯門總統所乘的巡洋艦二艘。并護送它駛往安特衛普。

【中央社訊】據美新聞處華盛頓十四日電，美國務院公佈，出席三巨頭會議的美方全體官員已安抵巴黎。又莫斯科方面說：美駐蘇大使哈里曼今日下午已搭機離蘇赴會。

會場地點仍守秘密

【中央社柏林十四日合眾電】參加三巨頭會議的第一批要員，今晚到達柏林市外數英里的秘密地點。這在什麼地方，目前還不能宣佈。會議的一切十分秘密。

義大利對日宣戰

【中央社訊】據美新聞處羅馬十四日電：義外交部本日宣佈：義大利已對日本宣戰，於本日午夜生效。

發刊詞

本報自民國三十年十月一日在江西贛縣發刊後，因承各地讀者熱烈愛護，銷數逐年增加，發行遍及全國。至去年夏秋間，敵寇攻陷長衡，遂導黔桂，西南與東南交通隔斷，本報以社址在東南，遂與西北西南各地讀者頓失連繫。本年一月間，敵寇又在東南戰場蠢動，二月五日贛縣棄守，本報備遭浩劫，財物損失殆盡，同仁顛沛流離，備嘗艱苦。但本報同仁之抗戰意志與事業熱忱，並不因敵寇之無情摧毀，而稍為減，且以為「塞翁失馬」之喻，與敵艱苦周旋到底。故於本年五月一日在廣東梅縣用刊梅版：以便繼續為東南讀者服務，然以交通尚未恢復，未能與西南西北讀者謀面，引為憾事！

目前以納粹崩潰瓦解，歐洲戰事結束，英美軍隊積極東調，太平洋戰爭已臨決戰前夕，我國為配合盟邦作戰，準備大舉反攻，而此偉大智識分子武裝之形成，因有中國號召十萬青年軍之號召，邦之積極發動，武器裝備殆無重大問題；惟如何使其由物質武裝，轉而具備精神武裝，則須文化界人士，作共同之努力。本報為供應青年軍之精神食糧，乃決定發行軍中版，經過數月來之籌備，今日始與讀者見面，洵足以告慰讀者且足以自慰者，此其一。

再就國內大勢而論，抗戰八年，領袖之正確指導，與全民全面動員，國力固有增長，然亦以長期作戰，消耗甚大，政治社會問題，愈益複雜，物質條件，亦益艱苦，則際此時期，如何發揚優點，克服弱點，力求進步，充實抗戰力量，自爲當務之急。六全代會中中央對於內政外交之幣要，尤以憲政，實現民主為中心方針，以備憲政，今後國人努力方向，自須循此途徑，履及劍及，埋首苦幹，擴大民衆動員，以求各方面之切實有效的改進。本報言論向以宣揚國策為主，且注意於國內外情勢之發展，非獨正視現實，暴露弱點，並作積極而積極之建議，以供政府與社會人士之參考採擇。今後本報內容除對青年軍實際問題立論外，一切現實問題之觀察，自當稽本此根本立場，努力以赴。換言之，本報之根本態度是：凡有利於抗戰大眾與國計民生者，自應悉力宣揚。反之，其有礙抗戰，阻撓革命與建軍之進展者，亦當予以抨擊，藉以答報讀者之雅望，此其二。

愷報紙為實際武器，亦為社會大衆之公器，非鬥爭無以求生存發展，非有廣大讀者之愛護贊助，則鬥爭力量亦無由發揮，何能達成時代課予之任務？本報今後惟有企盼當局先進，同仁能力薄弱，亦盡感兵間，以指導以及愛護本報之廣大讀者，全軍官兵同志，以指導與協助，使本報同仁得以堅定信念、鼓舞精神，向前邁進，則抗戰前途幸甚，本報前途幸甚！

《世界日报》

1925年2月10日创刊

《世界日报》1925年2月10日创办于北平，1945年5月1日迁重庆复刊发行至1949年12月。该报主要报道群众生活、青年心理、经济财政、社会动态等。

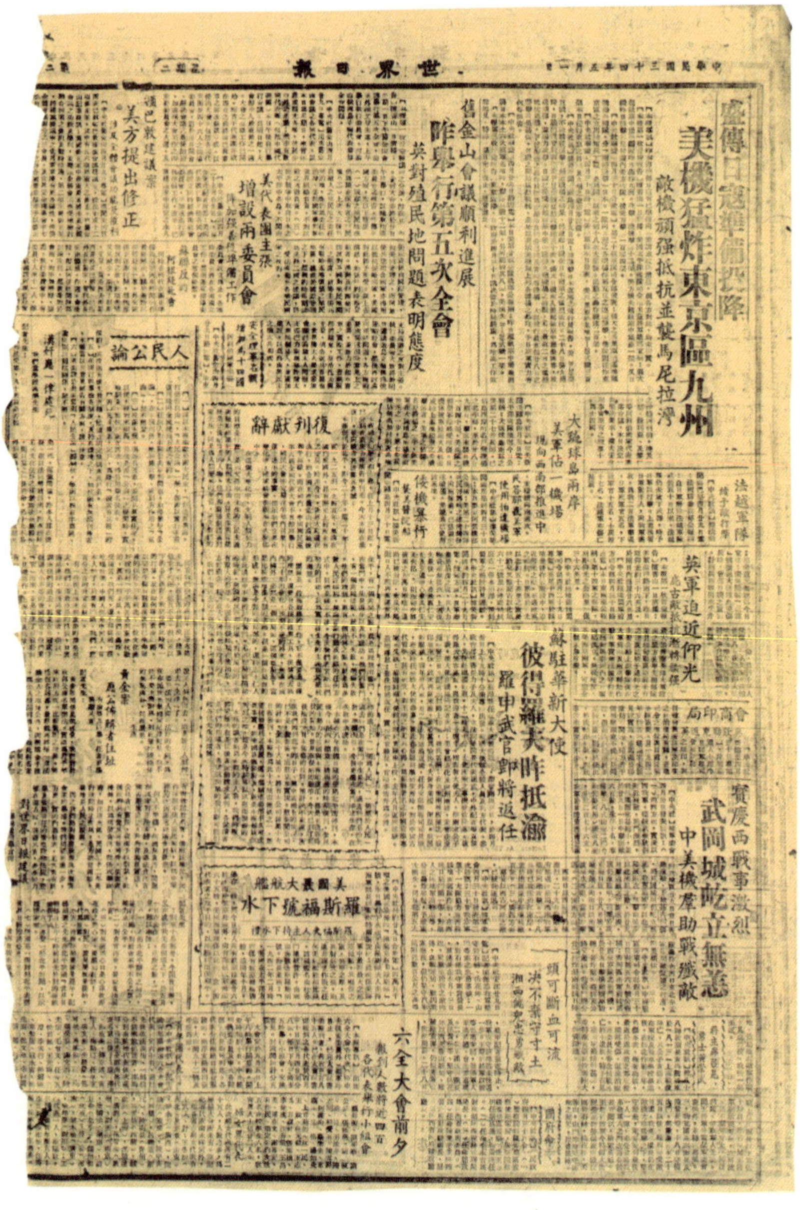

世界日報 第二版 中華民國三十四年五月一日

盛傳日寇準備投降

美機猛炸東京區九州

敵機頑強抵抗並襲馬尼拉灣

舊金山會議順利進展

昨舉行第五次全會

英對殖民地問題表明態度

巴黎建議案

美方提出修正

美代表團主張

增設兩委員會

人民公論

復刊獻辭

大琉球島兩岸

美軍佔一機場

現向西南部推進中

法越軍隊

英軍迫近仰光

蘇駐華新大使

彼得羅夫昨抵渝

羅中武官鄧將返任

寶慶西戰事激烈

武岡城屹立無恙

中美機羣助戰殲敵

美國最大航艦

羅斯福號下水

頭可斷血可流

決不棄守寸土

六全大會前夕

《世界日报》第149号 第二版

第三版
中華民國三十四年十月十日 星期三 第一張

世界日報

社址 重慶中山二路新聞大廈
中華郵政登記認為第二類新聞紙類（執照第一一〇〇）

重慶市金融暨各界聯合慶祝

國 慶 紀 念

中央銀行

中國銀行 中正路 電話四二四三七 中山三路 電話二六八九

交通銀行 重慶打銅街二十六號 電話四一〇三四——六轉接各部

中國農民銀行 重慶 民族路二十一號 電話 四一八三二——四一七三八

中央信託局 重慶 第一模範市場十七號 電話 四一四四五 電報掛號五六六五

郵政儲金匯業局 重慶 上清寺儲匯大樓 電話 二八九三

重慶銀行 重慶 陝西路四一號 電話 四二〇四五

金城銀行 重慶 分行陝西路 電話 四二三六二 四二三六三

大同銀行 重慶 分行打銅街電話四一九九六 儲信部中山一路 電話二二八四

建國銀行 行址：重慶民族路二號 電話：四一六五二

匯通銀行 行址：民族路一二〇號 電話：四一八八七

勝利銀行 行址：重慶陝西路一九九號 電話：四二六六九

和成銀行 行址：重慶中正路一七六號 電話：四一八一六——四一八七二

永利銀行 行址：重慶陝西路一七九號 電話：四一四九四——四一八〇三

和豐銀行 重慶林森路望龍門 電話：四一四七四

川康平民商業銀行 重慶 打銅街二十八號 電話 四二四一一——二

中國實業銀行 中正路一六一號 電話 四一二一〇——四一三五一

其昌銀行 陝西路一八二號 電話四二〇二二 電報掛號四〇〇一

安徽省銀行 陝西路一二九號 電話：四一七一二

湖南省銀行 行址：打銅街三十八號 電話：四一六五八

成大銀號 專營商業銀行業務 總址：民族路十六號

永生錢莊 地址：重慶陝西路二一七號 電話：四一五六三 電報五四四五

重慶電力公司 地址：民權路六三號 電話：四一九三三 四一五五七

民生實業公司 地址：第一模範市場 電話：四一三〇六

生生農產製造公司 地址：上清寺生生花園 電話：二八三九 電報：八〇五八

中國航空公司 總公司：川鹽銀行二樓 電話 四一八八八 售票處：珊瑚壩飛機碼頭 電話二六八二

重慶自來水公司 地址：領事巷第一號 電話：二五四八

四川絲業股份有限公司 地址：陝西路九十二號 電話：四一七八六

永利貿易股份有限公司 地址：林森路七十七號 電話：四一四三六 電報：〇〇七七

重慶中國國貨公司 供應國產日用百貨 定價公道歡迎惠顧 地址民族路二四一號 電話四二三五六

寶元渝

綢布 呢絨 日用 百貨
總店陝西路 電話四一五二七
分店民權路 電話四二二八四

百貨總彙 恒義昇襪衫廠 搜羅時代物品 供應社會需要
總分支店地址

《民主报》

1946年2月1日创刊

《民主报》于1946年2月1日创刊，旨在加强民主舆论，表达民盟和其他民主党派、人民团体的政治主张。

抗战时期《民主报》与《新华日报》被誉为国统区的“两大火炬”。1947年3月1日停刊。

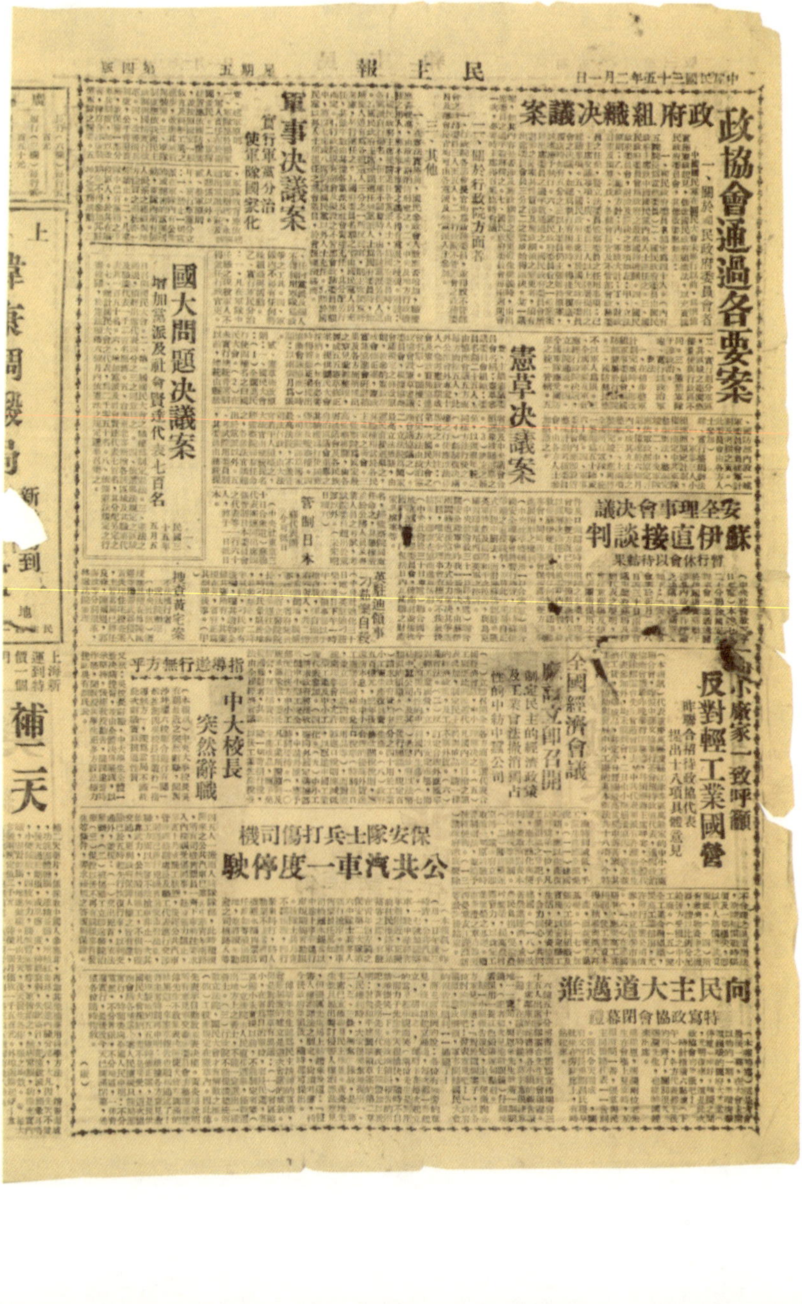
民主報　中華民國三十五年二月一日　星期五　第四版

政協會通過各要案

政府組織決議案

軍事決議案

國大問題決議案

憲草決議案

安全理事會決議 蘇伊直接談判

全國經濟會議

中大校長突然辭職

反對輕工業國營

保安隊士兵打傷司機 公共汽車一度停駛

向民主大道邁進

補一天

《民主报》创刊号 第四版

中華民國三十五年二月一日 星期五 民主報 第一版
民主報
重慶臨時版
第一號
發行人 張瀾 社長 羅隆基
重慶商務印書館分館
全部港滬版參考書
廉價發售
一般參考書七折
工具書及雜誌八折
擴充陳列逐日輪流更換
歡迎參觀指導選購
實售價僅合原價三折至六折
望龍門白象街本館
沙坪壩本館支店
一月二十日至二月十九日
發刊詞
完成民主團結歷史任務
政協會昨日閉幕
大會通過施政綱領，政府組織，軍事，國民大會，憲草等組委會報告。
和平建國綱領
壹 總則
貳 人民權利
參 政治
肆 軍事
伍 外交
蔣主席致詞
民盟代表要求
釋放張學良等
東北問題未獲表示遺憾
張瀾主席
今晨返蓉
健康綢緞局
遺失啟事
茲遺失重慶中國農民銀行黃金存單 03473 號
計二兩登報作廢

《民主报》创刊号 第一版

《陪都晚报》

1946年5月12日创刊

《陪都晚报》于1946年5月12日创刊。该报追求荒诞离奇的新闻，在标题上采用耸人听闻、夸张的词语以吸引读者，于1949年12月31日终刊。

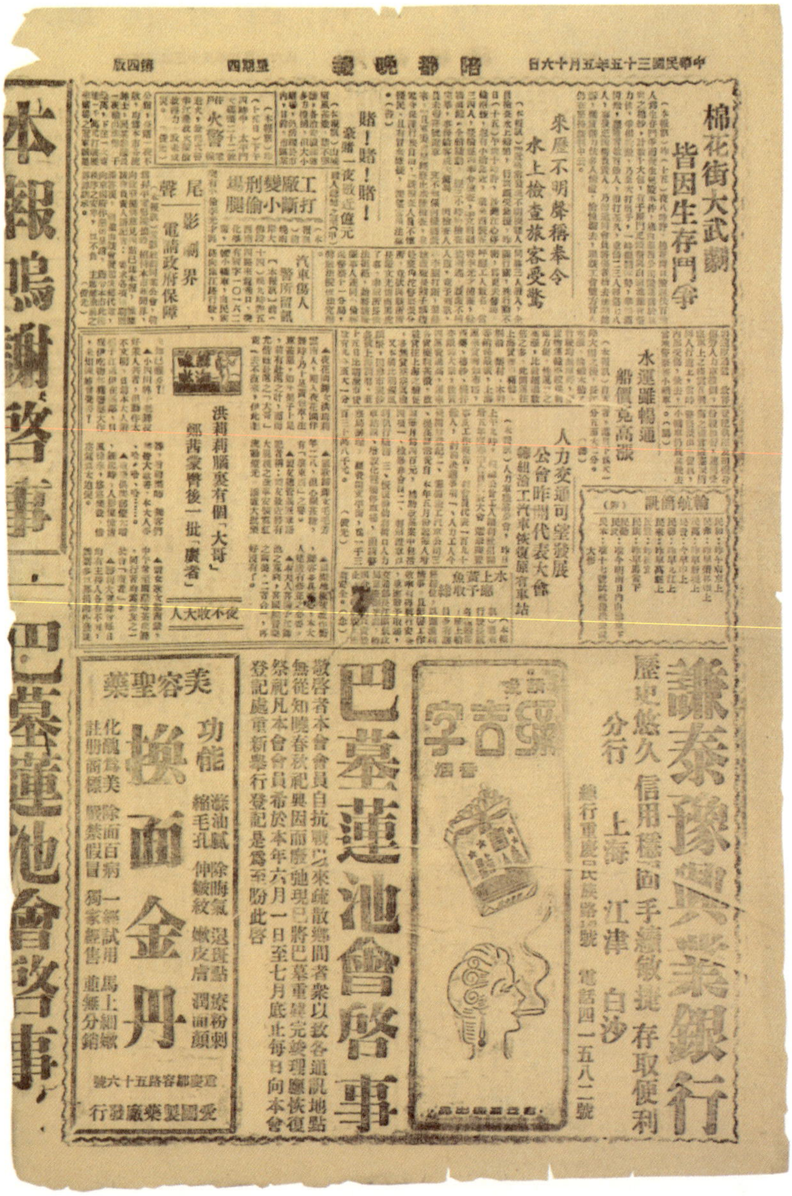
中華民國三十五年五月十六日　陪都晚報　星期四　第四版

棉花街大武鬬 皆因生存鬥爭

來歷不明冒稱奉令 水上檢查旅客受驚

賭！賭！賭！

工廠打斷小偷腿

汽車傷人

尾聲 影劇界 電請政府保障

水運雖暢通 船價竟高漲

人力要運可望發展 公會昨開代表大會

本報鳴謝啓事

巴墓蓮池會啓事

謙泰豫興業銀行　歷史悠久　信用穩固　手續敏捷　存取便利　分行　上海　江津　白沙　電話四一五八二號

吉字 香烟

巴墓蓮池會啓事

敬啓者本會會員自抗戰以來疏散鄉間者衆以致各通訊地點無從知曉春秋祀典因而廢弛現已將巴墓重建完竣理應恢復祭祀凡本會會員希於本年六月一日至七月底止每日向本會登記處重新舉行登記是爲至盼此啓

美容聖藥　換面金丹

功能　滌油膩　除晦氣　退斑點　縮毛孔　伸皺紋　嫩皮膚

化妝爲美　除面百病　馬上細嫩

註冊商標　嚴禁假冒　獨家經售　並無分銷

愛國製藥廠發行

《陪都晚报》第5号　第四版

中華民國三十五年五月十六日 陪都晚報 星期四 第一版

陪都晚報

發行人 胡林

【第一年】【第五號】【本報創刊於民國三十五年五月十二日】

青年軍復員校閱 決定各就地舉行

校閱官內定分六組出發

（本報訊）青年軍各該人員退伍事宜之辦理，頃由青年軍退伍管理處組校閱，於五月下旬，就各該分別舉行考試，予以合法之復員待遇，協同利節地舉行，分六組出發，各組設主任一人，已由該處內定人選，同時由政治部派出上中校閱官八名再就各區配備分類派部步科略行通信等校閱官數名，於本月十七日前，遵照指定地點出發，於二十二日前到達，至於各該員之交通問題，由地方統籌辦理，俾如期舉行考試。（振光）

張自忠將軍殉國六週年

渝各界往梅花山公祭

茶葉公會機構不整 加價以後再加價

教局公佈合格教師

實施三峽水利工程 美即派工程師來華

戰時陪都上銀幕

黃侯女士談天府影業

登陸艇廿艘 招商局接收

加強國家法治 首都成立警察署

盧作孚赴加拿大

保安隊大出巡 地痞流氓遭殃

滄農民銀行將縮小組織

糧部運糧赴湘 船隻頗成問題

今日金融

台省駐渝辦事處即行結束

青年館舉辦學術演講

賭窟一瞥（上）

夜帝

新丗六行之二

《陪都晚报》第5号 第一版

《民联日报》

1946年5月创刊

《民联日报》于1946年5月由冯玉祥在一艘重庆开往南京的名为“民联”号的轮船上创办。该报每期印刷100多份，总计7期。

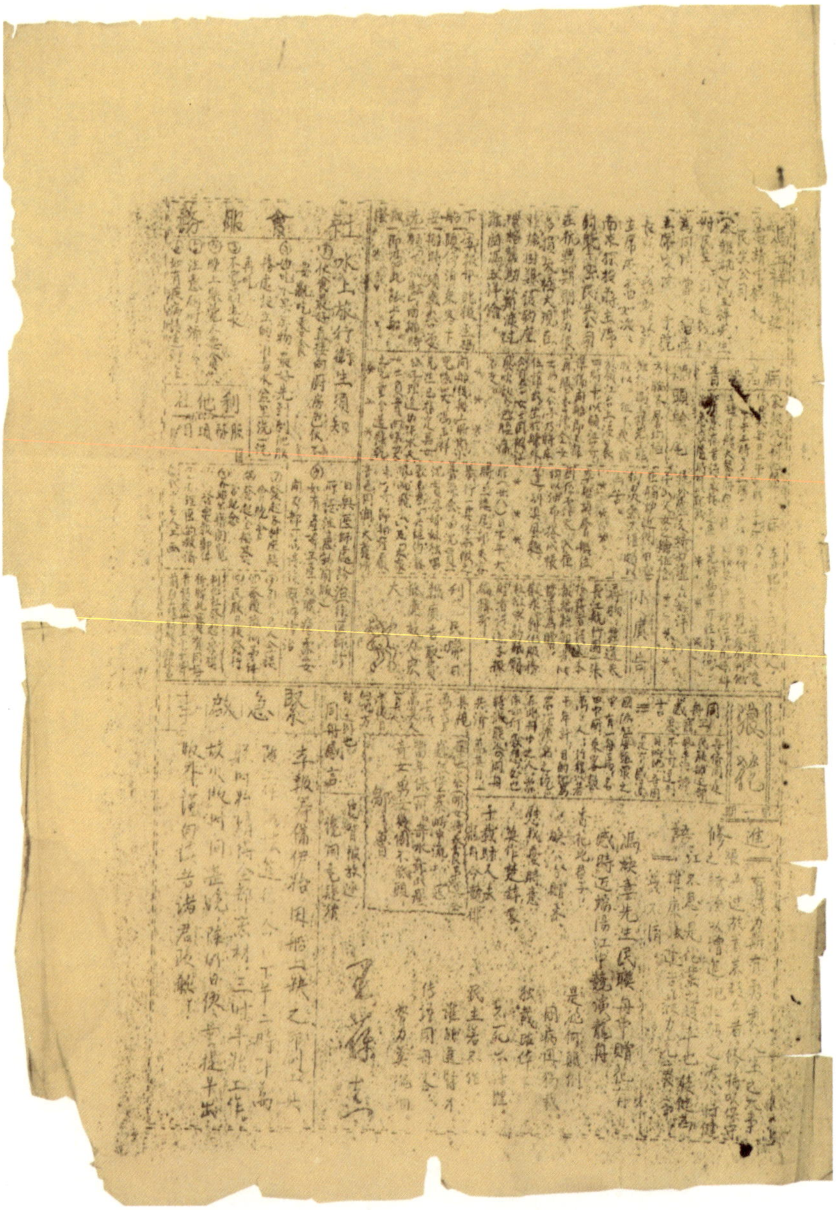
社會服務

水上旅行衛生須知

緊急啟事

《民联日报》创刊号 第二版

中华民国三十五年五月 日　民联日报　第一期 第一版

民联日报

创刊号

政府军向哈尔滨吉盘石二地前进

民盟代表昨抵京

本报今晚停止出刊

《中央晚报》

1946年10月10日创刊

《中央晚报》于1946年10月10日创刊，是国民政府《中央日报》的晚刊，于1946年12月16日停刊。

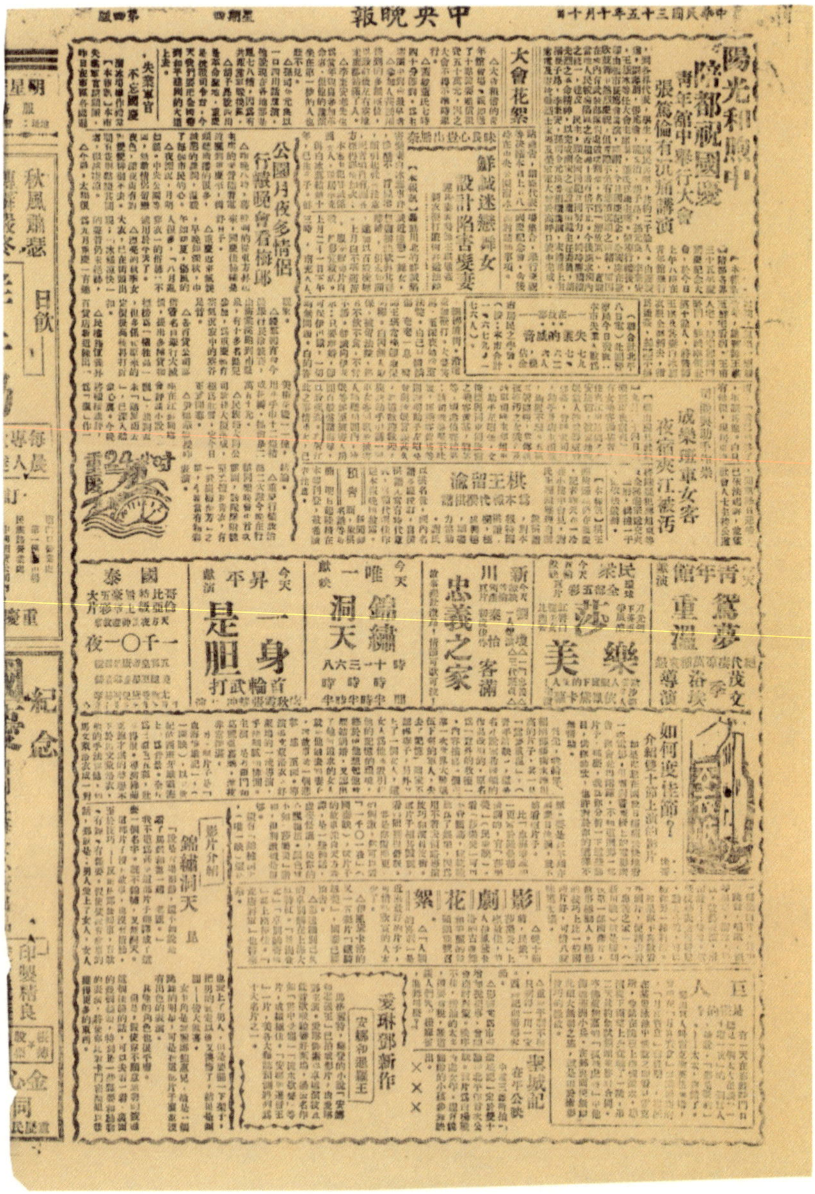
中華民國三十五年十月十日 中央晚報 星期四 第四版

陽光和煦中 陪都祝國慶

大會花絮

公園月夜多情侶

《中央晚报》创刊号 第四版

中央晚報

星期四　第一版

國大如期召開

頒令日期日內將決定

未公佈代表遴選竣事

【本報南京九日專電】政府代表張厲生前晚接見本報記者談稱：「國民大會決定如期在下月十二日召開。共黨方面雖已向外界表示暫不提出國大代表名單，惟政府方面，仍虛席以待共黨方面之隨時出席。」

（又電）洪秘書長蘭友前晨接見本報記者表示：關於正式頒佈國大召集令問題，日內當能有重大決定。各黨派名單，正在催斷之中。至尚未公佈之代表七十四名，業經遴選竣事，惟在國府未正式公佈前，礙難發表。參政員請求為國大當然代表，當局正在研究，總可有圓滿結果。

主席華誕不返里

空忙寧波許多人

……定製焰火，上海方面，亦託人向美軍訂購美國花炮，不料，於二日乘專機……

納粹的戰犯啊！

上海美鈔市場

現已恢復交易

昨日上海商情

戈壁牌香烟　業已應市

啟文印刷局

婚禮服務社　出租結婚禮服

《中央晚报》创刊号　第一版

《凯旋报》

1946年10月10日创刊

《凯旋报》于1946年10月10日出版，1947年上半年停刊。

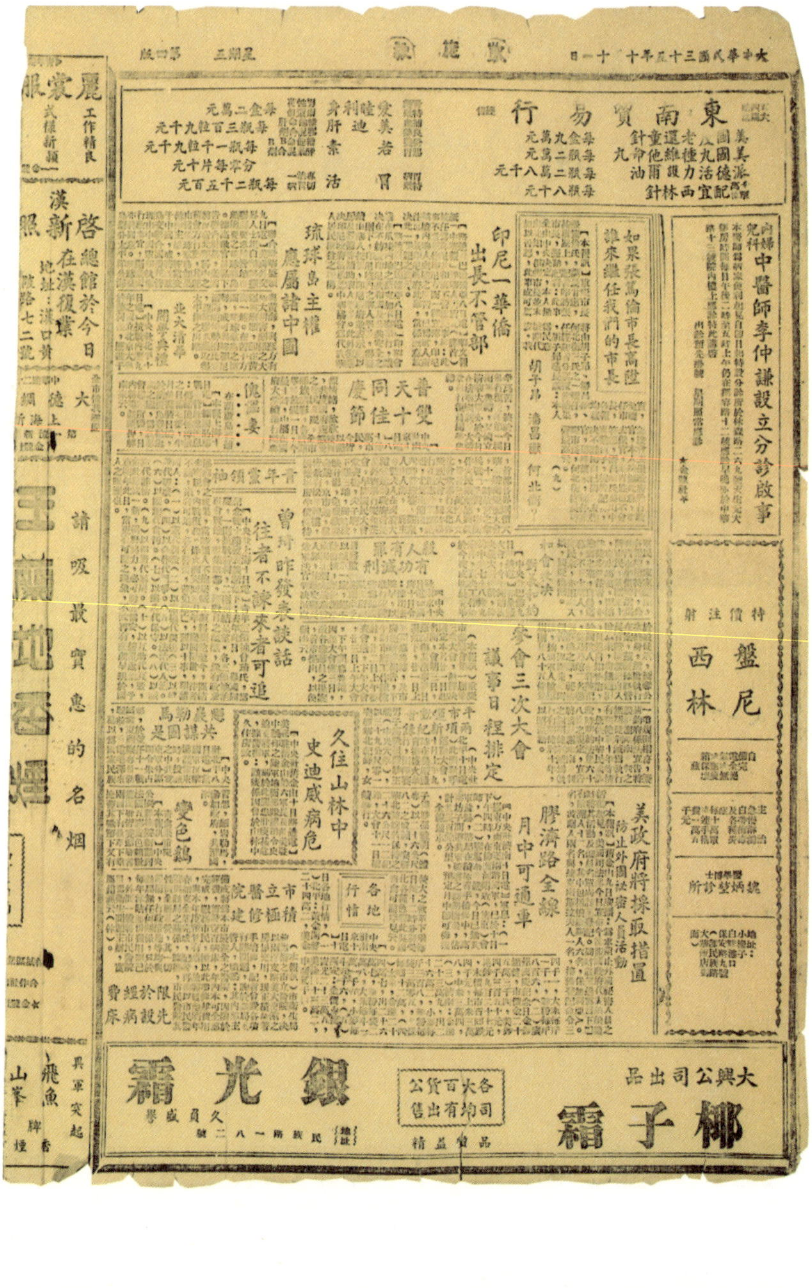
東南貿易行

中醫師李仲謙設立分診啟事

印尼一華僑出長不管部

琉球島主權應屬諸中國

如果張篤倫市長高陞 誰來繼任我們的市長

普天同慶 雙十佳節

參會三次大會 議事日程排定

曾琦昨發表談話 往者不諫來者可追

久住山林中 史迪威病危

膠濟路全線 月中可通車

美政府將採取措置

盤尼西林

請吸最實惠的名烟

大興公司出品 椰子霜

銀光霜

《凯旋报》第2号　第四版

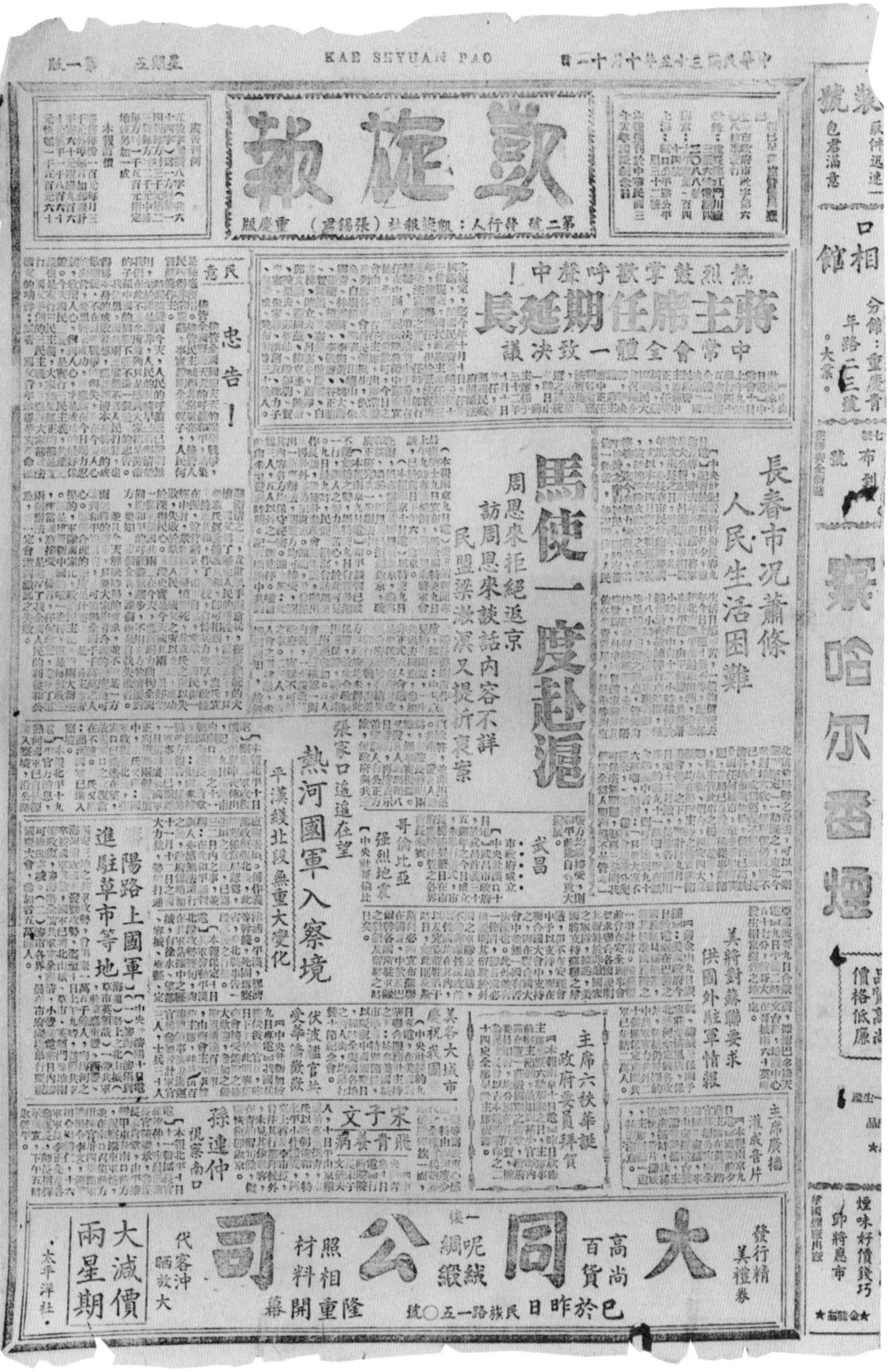
KAE SHYUAN PAO
中华民国三十五年十月十一日
星期五
第一版
凯旋报
第二号 发行人：凯旋报社（张锡君） 重庆版
热烈鼓掌欢呼声中！
蒋主席任期延长
中常会全体一致决议
民意
忠告！
马使一度赴沪
周恩来拒绝返京
访周恩来谈话内容不详
民盟梁漱溟又提折衷案
长春市况萧条
人民生活困难
热河国军入察境
张家口遥遥在望
平汉线北段无重大变化
阳路上国军
进驻草市等地
武昌
哥伦比亚
强烈地震
美将对苏联要求
供国外驻军情报
主席六秩华诞
政府要员拜贺
美各大城市
庆祝我国庆
伏波舰官兵
受华侨欢欣
宋子文
飞青养病
孙连仲
视察南口
主席广播
灌成音片
大同公司
高尚百货
发行精美礼券
一楼 呢绒绸缎
照相材料
代客冲晒放大
大减价两星期
太平洋社
巴於昨日民族路一五〇号 隆重开幕
哈尔香烟
价格低廉
烟味好价钱巧

《凯旋报》第2号 第一版

《权衡报》

1947年1月15日创刊

《权衡报》于1947年1月15日创刊出版。

中華民國[illegible]年[illegible]月[illegible]日　（星期五）　權衡報　第一版

權衡報

本報已呈請省府轉內政部登記

★創刊號★

社址：重慶內二街一十號

本報價目

本報每日出版一張，零售每份六百文，定閱本埠每月六角，全年六元八角，外埠全年六元加郵費一角，廣告價目另有詳章。

代印：新記合川印刷社

創刊的理由

[illegible]完全[illegible]的，幾個朋友在這個地方[illegible]了[illegible]年，[illegible]都有顆赤熱的心，誰會逃避現實呢？[illegible]之後是[illegible]文，那[illegible]大也曾離開他的岩穴而步入都市。

「怎樣？辦一個報吧。」

[illegible]，沒有顧念，與困難和阻礙搏鬥在[illegible]的生活中早已習於，且成為日常的嗜好，因此，大家[illegible]以苦[illegible]的姿態與諸君相見。

我們的意見：

[illegible]必然的，已到達了[illegible]的[illegible]一九一四至一九一九的戰爭所給予的[illegible]，不能使[illegible]武主義者（或國家）警惕[illegible]的，殖民地（毋寧說市場吧，）之[illegible]。

[illegible]年十一月二十八日德日協定成立後，[illegible]三位一體」遂告成功，這侵略勢力底[illegible]抬頭，吾人擬為火藥與血腥的氣味[illegible]政府曾竭力聲明此種協定純屬於經濟[illegible]日本已承認意大利吞併阿比西尼亞[illegible]互相設立長春總領事館，在事實上承[illegible]內容之真象如何，吾人視此不難自明[illegible]兩大壁壘之形成，亦愈明顯。[illegible]於此種對立的形態中，我們的友邦[illegible]會更[illegible]其所謂大陸政策——已[illegible]年的[illegible]抗戰底[illegible]的內幕，會不是[illegible]政策中之[illegible]政策的[illegible]於彼之鐵蹄下。

當局抗敵的決心，和遠大的[illegible]的顯慮，已為世所共見，（且深為吾人所欽佩）但一般（尤其是內地的）渾渾噩噩及憂疑浮動者，亦復不少，「國家乃人民之國家，人民應為國家後盾」且不為天經地義之偉論？是故喚醒民眾使其明瞭（徹底的）一般現勢而能精誠團結共禦外侮，乃為吾人首圖，且值茲民族存亡關頭，置身劇[illegible]衆前鋒之新聞界的，當前的急務，亦非此莫屬。

其次，文化之能急極的傳播和推進與否，一民族之安危實系繫之，期使內地的文化水準提高，遂為我們必圖之二。

按目前社會經濟之結構，一般的倫理標準為其影響而子[illegible]無遺，舊者自然摧毀，而新的却又未見如何樹立，（什麼是好與醜，美與惡呢？）對於接近真理的，向上的道德之扶植，我們更願深為盡力。

至若新聞界本身所應守的信條和道德，我們尤必遵循，我們辦這個報紙是屬於社會底，而不願它只是某一階層的代言人。

今後，本報之能發展而擴大——雖然我們盡了我們的心和力量，則尚有待於社會人士的支持和愛護。

公論（名論）

[illegible]

本期刊例

[illegible]

《权衡报》创刊号　第一版

《挺进报》

1947年7月创刊

《挺进报》于1947年7月创刊，前身为《彷徨》，是中共地下党重庆市委的机关刊物。

陈然
河北香河人，《挺进报》特支组织委员，代理特支书记负责《挺进报》印制工作

南岸野猫溪正街31号中粮公司机器厂修配车间
陈然旧居和《挺进报》秘密印刷地

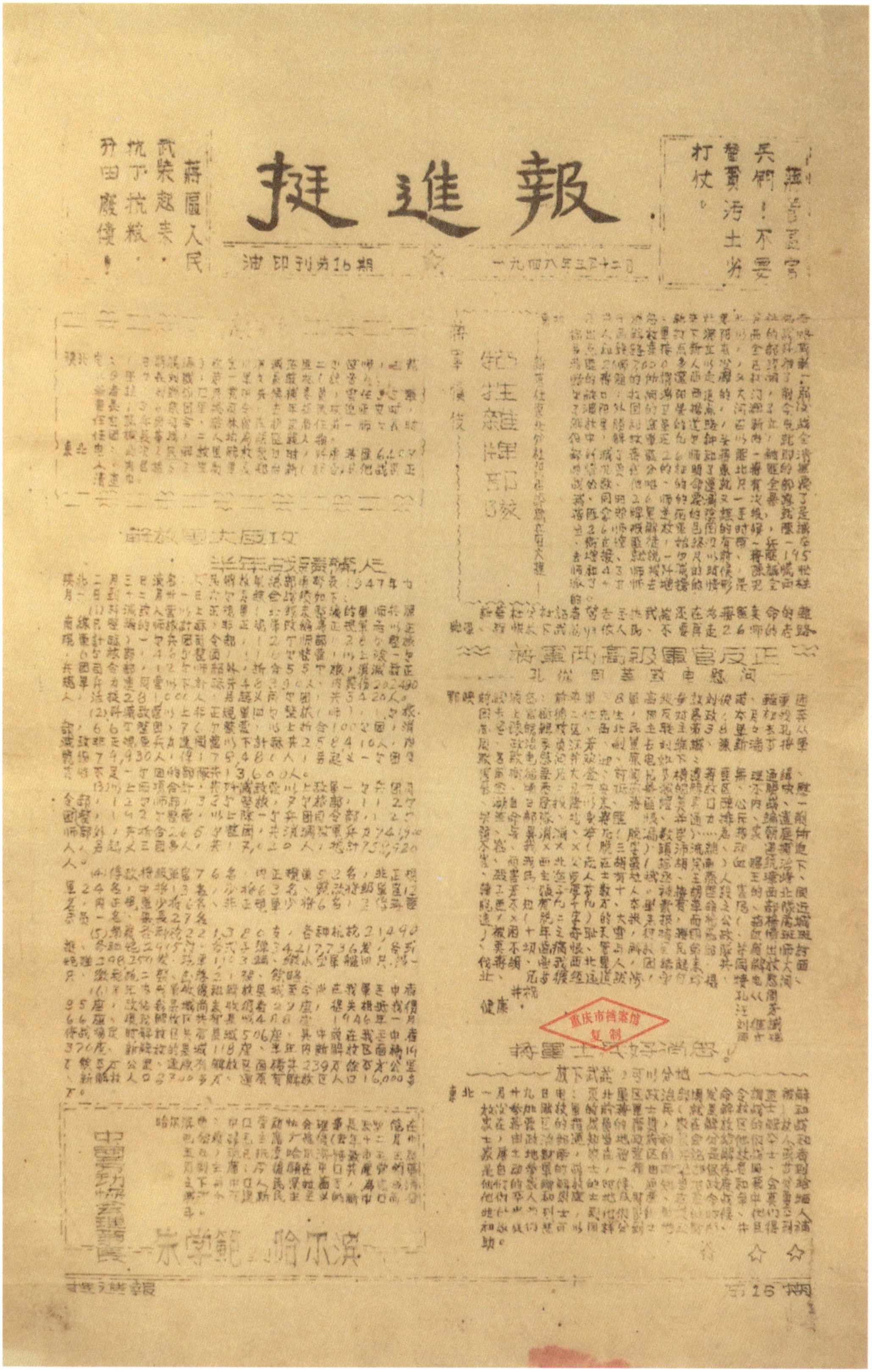
挺進報

油印刊第16期　一九四八年三月十二日

蔣區人民武裝起來，抗丁抗粮，分田廢債！

蔣管區士兵們！不要替貪污土劣打仗。

解放軍大反攻

蔣軍兩高級軍官反正

孔從周等致電慰問

蔣軍士兵好消息！

放下武器，可以分地

中華全國勞動協會理事長

哈爾濱

挺進報　第16期

重庆市档案馆 复制

《挺进报》第16期 第一版

《綦江日报》

1947年8月创刊

《綦江日报》于1947年8月初创刊，1948年终刊。

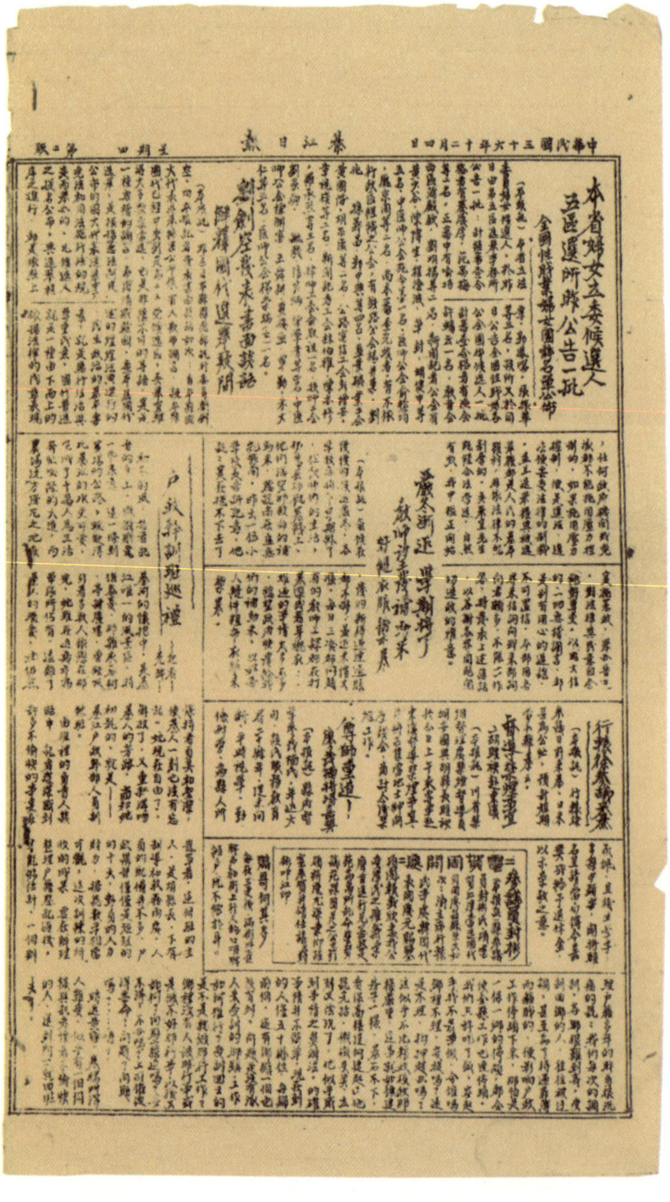
中華民國三十六年十二月四日

本省婦女立委候選人
五區選所昨公告一批

《綦江日报》第65号 第二版

中華民國三十六年十二月四日　綦江日報　星期四　第一版

本報經綦江縣政府社總字第一號核准
發行人：池錫淮　社址：綦江交通路

綦江日報

第六五號

聲有温光山李我青何蔡輝遺失家川郵區第三〇三七、二六〇五、一八一三號存差工證書各一枚，特此登報申明作廢。
三〇三七號 温光山
二六〇五號 李我青
一八一三號 何蔡輝
同啟

池長禮 張祿祥 訂婚啟事

我倆承 池長渠 鄧彩華 兩先生介紹，經雙方家長同意，定於民國三十六年十二月六日在綦訂婚，特此敬告 親友。

脫離同居啟事

我與余金山由甲保長介紹同居，諸多意見不合，已於十二月一日脫離同居關係，特此登報聲明，敬告 親友。
賴光華啟

封彬／為感謝各方親友暨本縣父老昆季推戴之聲明

彬當此次國大選舉，承蒙推戴，不勝感激……，本縣父老昆季，不棄愚頑，遠道惠臨……，特此登報聲明，諸維 亮察。

重擔

短篇小說　劍卿

（續）

那有空錢留在家裡嗎？」又是無地：「你呀！真是個糊塗蟲，大囊牛，盡務皇的錢，頑不到，借不到，又不能向朋友借，哼！你看今天我們娘母三人就活活餓死算數，你……」

「求你別再說下去了吧，我受不了。」他就不下去，妻居然有求求她。

懦弱的天性，也遺來了深重的痛苦和受著非人所能忍的妻屈，他不是本地人，本鄉遠在千里以外，大前年隨着又縣長到綦南來以後，自己本身很辛苦，在衙前當職差拿的本務職，沒有在外面找外快，生活的艱苦已把他騙成一個脆性憂鬱的人了。常生活的數子拿出他抽得他呻吟孩呼，喘不過氣來的時候，想要解脫這痛苦，又有作長期的安慰，但有妻兒們需要着生活，使他感覺了死比生更可怕更痛苦，這只圖自私的安息，留下更艱苦拉子妻弱妻幼子求負起，那各方種責和煩瑣，不是這脆弱的心靈和道德觀念深的他，所能微得出的，因此他不能不遺新地走更沉重担子，這看更艱苦的日程，也至死為止，最不幸的是近來因為戰事的消息，於他兼異是糟害了長難，但他終於被牽了，這難是天不平的事，但他不敢哼一句，只能將一切情感和委屈偏把在心裡，尤其在偏頭粗暴的妻子面前，他忍受着妻駡和冀落，總是在避免夫妻間的衝突，這怎麼不叫他俯首下心對付下去呢？

「我的丈夫你先甚麼呀！」明著指着粗暴的高呼。

「難道你呢？你是開保却不知道，好去買東西給孩子吃」

「要錢為那什麼錢。是不是沒有辦法：為妻兒給未下地的孩子準備一件胎衣，但看東西一天一天的漲，將來這幾個錢連一寸布都扯不到的」她頓和一下，全身發抖地塊跟他說：這些塊錢也，這是你的親家我御的。」

「你怎麼不早說呢，唉！害得我找了半天」他發了一口氣，無力的埋怨一句。

「我就不曉得你找甚麼，吼！我問你，今天怎麼辦？薪餉呢？」他的妻散下剪刀連同布塊擲入竹衣兜裡，憤憤地問。

「哦……」這好是精天精神使他苦夢初醒的事情過來，問題是長太嚴重了，要是吃的一項就叫他如那高夠似的會壓倒在身上，這可能有夠負的責的危險，他近年來因為物價如走上坡路似的一步一步往上昇，每月所得的薪水，只能維持着不像人的生活，如果薪水再在處務員手裡週轉幾天，可怕的飢餓就要來威脅他，但他總是逆來順受，任其自然過。（以下待續）

簡報

▲聯軍戰將高燕擬守關中進軍大別山區
▲加強北方軍事指揮
▲綏靖總部又一措施，蔣主席手令成立總部
▲滬津糧價狂漲立法院會議決議
▲蔣主席將任新制度校長
▲張嘉璈昨自京抵滬，據稱當局對平抑物價有決策，日內即將美國援華
▲美國駁斥蘇共立法手續即先行參議院討論通過後已交眾議院
▲長江輪船海上遇難
▲湘桂黔鐵路衛鄉校已通車
▲人權委員會大會籍草案擬出世界人權法案，建議各國廣泛保障人民自由
▲聖地雜亂益擴大，猶太人下動員令，由教聯盟七國政治委員會決定期會商已分新佈局勢
▲法政局危機愈由法社黨要求政府向國會討論處理工潮
▲川省參會昨推派代表請政府鑒於選政

后记

2021年，中国共产党成立100周年之际，重庆市报业协会制定“重庆报纸记忆”系列丛书出版计划，利用档案资料编辑出版重庆境内创刊的报纸情况，真实反映重庆报刊发展历程。同年11月，市报业协会印发通知面向全市会员单位征集报纸创刊号,正式启动该项计划。2022年8月，历经9个多月的收集、整理、编辑、校对等筹备工作，丛书首本《重庆报业创刊号档案资料汇编》定稿完成。在筹备过程中，重庆报业集团领导、有关单位都给予了极大的关心和支持，各区县融媒中心、报纸出版发行机构、部分企事业单位和高校档案校史部门等全力参与，在提供报纸档案资料的同时，还主动梳理史料，为本书及丛书的后续编辑奠定了坚实基础。此外，本书从策划到档案资料的收集、整理，再到书稿的设计排版等还得到重庆市兰台档案研究院的倾力支持，在此一并表示衷心感谢。

“历史是一面镜子，鉴古知今，学史明智。”期待本书能为广大读者进一步了解重庆境内报纸发展历史，做好新时代党的新闻舆论工作提供借鉴帮助。

编　者

2022年6月